© by Roberto Fiorini
© by Edizioni LWS Lean Workspace
Via Fratelli Bellotti, 16 48121 Ravenna, Italy
www.leanworkspace.com

Progetto grafico di Roberto Fiorini

ISBN 978-88-906115-0-6
Finito di stampare nel Giugno 2011
Rev.2
Tutti i diritti di copyright sono riservati. Ogni violazione sarà perseguita a termini di legge.

ROBERTO FIORINI

Esistenza, Spazio e Ufficio

Guida alla progettazione esistenziale degli spazi di lavoro

Ovvero:

come, generando benessere, si possa recuperare efficienza

INDICE

INDICE 5

STORIA ED EVOLUZIONE DELLO SPAZIO UFFICIO 19

    Dalla rivoluzione industriale agli anni '50 21

    Gli anni '60 22

    Gli anni '70 23

    Gli anni '80 24

    Dagli anni '90 ad oggi 25

INTRODUZIONE ALLO SPAZIO ESISTENZIALE 29

    Elementi dello spazio esistenziale 30

    Centro 31

    Direzione e percorso 32

    Area o Dominio 33

    Le forme mediatrici 33

I LIVELLI DELLO SPAZIO ESISTENZIALE 36

    Livello 5: Il Paesaggio azienda 37

    Livello 4: Il livello urbano o dipartimentale 37

    Livello 3: della "casa" o del "posto di lavoro" 39

    Livello 2: Livello del corpo 40

    Livello 1: Livello della "mano" ossia degli oggetti/strumenti di lavoro 40

    L'interazione dei livelli e la traslazione nell'ambiente fisico 41

Introduzione all'ergonomia 44

La qualità sensoriale 45

La valutazione della qualità sensoriale: i New Human Factors 46

LIVELLO 1 - ACCESSIBILITÀ E FUNZIONALITÀ DEGLI OGGETTI 48

Necessità ergonomiche di accessibilità degli oggetti 49

Gli oggetti del livello 1 in ufficio 49

Classificazione valoriale degli oggetti livello 1 67

Interazione e accessibilità del sistema oggetti del Livello 1 69

L'utilizzo dei dati antropometrici 69

Geografia degli oggetti del Livello 1 75

Aree radiali di distribuzione degli oggetti livello 1 78

Area prossimale 78

Area mediale 78

Area distale 79

LIVELLO 2 – IL LIVELLO DEL CORPO 81

2.1 - Analisi degli aspetti scientifici 81

Premesse posturali 81

Identificazione degli elementi compositivi del Livello 2 84

1- Il sistema dei piani di lavoro 84

Flusso del lavoro d'ufficio 85

2- Il sistema dei contenitori 88

3- La poltrona per ufficio 90

Caratteristiche fondamentali della poltrona ideale 92

- Rischi per la salute 92
- Prescrizioni ergonomiche 93

2.2 - ANALISI DEGLI ASPETTI PSICOFISICI 94

Le zone spaziali nascoste negli uffici americani (E.T.Hall) 94
- Esemplificazione grafica della "Zona di Hall" 98
- Riempire il vuoto concettuale 100
- Esemplificazione grafica degli spazi concettuali 101

Introduzione alla progettazione cromatica 105
- La Teoria Espressionistica 106
- La composizione cromatica naturale 109

IL LIVELLO 3 – LA DIMORA PUBBLICA: CONFINI E PROTEZIONE VISIVA E UDITIVA 111

IL CONFINE RECINTUALE 111

GLI SPAZI VISIVO E UDITIVO 111

L'ATTENZIONE 113

INVASIONI DEL CAMPO VISIVO 115

Introduzione alla percezione visiva 115

La suddivisione del campo visivo 116

Analisi delle perturbative visive sul posto di lavoro 119
- Case study 119

Misurazione delle interferenze visive sulla giornata lavorativa 121
- Esempio 1 122
- Esempio 2 122

Come ovviare alle interferenze visive 124

INVASIONI DEL CAMPO ACUSTICO 126

Definizione di "rumore" 126

Effetti nocivi dell'inquinamento acustico.. 126

Il rumore nell'ambiente ufficio.. 130

Rumore di fondo 132

Sorgenti di rumore e picchi sonori 134

Intelligibilità del parlato... 135

Il mascheramento sonoro e la privacy del parlato... 137

Assorbimento acustico... 141

    Risuonatore di Helmholtz..143

    Calcolo dell' assorbimento acustico totale in una stanza 144

Come ovviare alle invasioni del campo uditivo 147

    Il Comfort acustico 147

    Gli uffici in pianta aperta 154

        Privacy del Parlato bilaterale e livelli di perturbativa acustica 155

        Identificazione dell'"Ambiente Base"...156

        Il controsoffitto..159

        Gli schermi divisori 161

        Dimensioni della stazione di lavoro 163

        Il pavimento...164

        Conclusioni e riepilogo 165

        Prescrizioni per uffici in pianta aperta 167

        Graficizzazione dei nuovi confini recintuali 171

La privacy uditiva negli uffici confinati 174

    La trasmissione del rumore 175

    Fonoisolamento 176

    Calcolo delle prestazioni di fonoisolamento per partizioni divisorie 182

    Calcolo delle prestazioni di fonoisolamento per partizioni divisorie composte 185

    Esempi di formule per il calcolo dell'indice di valutazione del potere fonoisolante di pareti divisorie 186

    Requisiti per controsoffitti 188

    Requisiti per pavimenti galleggianti 188

    Prescrizioni per uffici confinati 190

APPROFONDIMENTI - Livello 3 .... *192*

  Nozioni di Acustica 192

    Aspetti generali di acustica 193

    La pressione sonora 194

    La sensazione sonora 195

    Meccanismi di propagazione del suono in campo libero 196

    Meccanismi di propagazione del suono in spazio confinato 197

    Grandezze di riferimento e definizioni principali: 198

    Tabella unità di misura e parametri 200

    Fonometro 201

  Il rumore nell'ambiente lavorativo: Panorama Legislativo 203

LIVELLO 4 – IL LIVELLO URBANO DIPARTIMENTALE: ASPETTI DISTRIBUTIVI 209

  4.1 L'ISOLA DI LAVORO IN SPAZI APERTI: CONFIGURAZIONE GEOMETRICA 210

    Matrice distributiva su cellula a base quadrata *212*

Cluster a base quadrata a 6 posti di lavoro 213

Cluster a base quadrata a 12 + 12 posti lavoro 214

Matrice distributiva su cellula a base esagonale 217

Cluster a base esagonale a 6 posti di lavoro 218

Cluster a base esagonale a 12 + 12 posti lavoro 219

Matrice distributiva su cellula a base ottagonale 222

Cluster a base ottagonale a 6 posti di lavoro 223

Cluster a base ottagonale a 12 + 12 posti lavoro 224

Comparazione tra le varie geometrie di isola lavorativa 227

4.2 LE ISOLE DI LAVORO SPECIALIZZATE IN SPAZI APERTI 230

1 - Isola di lavoro con necessità di ricevimento al posto lavoro 230

2 - Isola di lavoro gemellata lateralmente 231

3 - Isola di lavoro gemellata frontalmente e lateralmente 231

4 - Isole di lavoro tipo bancone reception o box sportello 232

5 - Isola di lavoro con maggiori superfici di dispiegamento documentale (uffici tecnici, aree CAD) 233

4.3 LE AREE DI LAVORO COLLETTIVE 234

Il lavoro di gruppo 234

Gli spazi meeting come spazi di attrazione sociale 236

Introduzione alla Prossemica 236

Significato 236

Lo spazio semideterminato 237

Le distanze dell'uomo 238

Distanza intima 238

- Distanza personale 238
- Distanza sociale 239
- Distanza pubblica 239

La distanza sociale nelle diverse culture 241
- La cultura tedesca 241
- Le culture americana e inglese 241
- Le culture latino europee 242
- La cultura araba 244

Indicazioni ed esempi progettuali 246

Polivalenza e multifunzionalità degli spazi meeting 254
- 1- Riunioni di staff quotidiane 254
- 2 - Riunioni polivalenti estemporanee 255
- 3 - Riunioni riservate di livello dipartimentale 255
- 4 - Riunioni con fornitori 255
- 5- Riunioni di team-work e briefing di progetto 256
- 6- Conference room 256
- 7- Riunioni collegiali in video conferenza 257
- 8- Riunioni con clienti 258
- 9- Travelling lounge 258
- Conclusioni 259

Gli spazi di pausa 260
- Caffetteria 260
- Relax 261

Gli spazi tecnologici 262

      Gli spazi di archiviazione..262

4.4. GLI SPAZI DI GOVERNO..265

   Il sistema dei piani di lavoro e meeting 268

4.5 I PERCORSI E LA PIANIFICAZIONE SPAZIALE 275

   Introduzione all'analisi tassonomica 275

   La pianificazione dello spazio 280

      La distribuzione dei flussi 281

      I percorsi 281

         Percorsi matrice 281

         Percorsi di impianto 282

         Percorsi di collegamento 282

   Fasi operative..282

      Fase 0 – valutazione dell'ambiente preesistente 282

      Fase 1 – macro zonizzazione per aree omogenee 284

      Fase 2 – zonizzazione analitica 286

      Fase 3 – assegnazione posti lavoro..288

      Fase 4 – progettazione lay-out finale 290

LIVELLO 5 - IL LIVELLO DEL PAESAGGIO..292

IL PAESAGGIO: I MITI DELLE ORIGINI..292

I CARATTERI DISTINTIVI DEL PAESAGGIO ANCESTRALE 295

5.1 LA LUCE 296

   Grandezze fotometriche 297

      Flusso luminoso 297

Intensità luminosa 297

Illuminamento 298

    Utilizzo del Luxmetro 299

Luminanza 299

    Utilizzo del Luminanzometro 301

    Tabella Grandezze fotometriche e unità di misura 302

L'illuminazione nell'ambiente ufficio *303*

La luce e il lavoro al video terminale *305*

Prevenzione da inquinamento luminoso *307*

    Posizionamento del posto lavoro rispetto alle sorgenti di luce artificiali 307

    Posizionamento del posto lavoro rispetto alle sorgenti di luce naturali 308

    Come ovviare al contrasto 310

    Reazioni dell'operatore in caso di illuminazione inadeguata 310

Energia, illuminazione sostenibile e luce naturale *313*

Prescrizioni generali *314*

Esempio di calcolo *317*

APPROFONDIMENTI Livello – 5.1 - La luce 319

    5.1.1 Nozioni di illuminotecnica 319

        Energia radiante elettromagnetica 319

        Propagazione della luce 320

        Materiali: riflessione e trasmissione 321

        Percezione visiva 323

        Colore 325

5.1.2 Sistemi di illuminazione degli interni 326

    Lampade 326

    Corpi illuminanti 329

5.1.3 Panorama legislativo 332

    Lavoro al VDT – Abbagliamenti e riflessi 332

    Norma UNI EN 12464-1 novembre 2002 332

5.2 L'ARIA E IL CLIMA 333

La funzione dei sensi chimici *333*

    L'olfatto 333

    La sensazione olfattiva 334

    Organizzazione delle vie olfattive e conseguenze funzionali 335

    Psicofisica della percezione olfattiva 335

    Gli stimoli olfattivi 336

    Gli effetti psicologici degli odori 336

L'aria e le malattie associate agli edifici *337*

L'inquinamento indoor *338*

Le malattie *340*

Linee guida proposte dalla ASHRAE *342*

Inquinanti biologici negli ambienti lavorativi per ufficio *343*

Gli impianti di climatizzazione come causa di inquinamento *344*

    Tabella di potenziali fonti di contaminanti: 345

    Aspetti di manutenzione e igienici 346

Conclusioni e prescrizioni *348*

Prescrizioni per impianti esistenti. 349

Prescrizioni per nuovi impianti 350

Sistemi di climatizzazione ad irraggiamento 350

APPROFONDIMENTI Livello – 5.2 - L'aria e il clima 352

Panorama normativo rilevante 352

5.3 Cielo e Terra 353

Pavimenti 354

Pavimenti galleggianti 354

Moquette 355

Moquette eco-compatibili 356

Soffitti 356

Requisiti acustici 356

Altezze di posizionamento 357

Sostenibilità delle materie prime 357

Conclusioni sul livello del paesaggio 358

ESISTENZA E SOCIETÀ DELLA CONOSCENZA 360

L'illusione del multitasking 362

L'ansia da adattamento 365

Dal National Post, Ellen Wulfhorst 366

Il sovraccarico cognitivo 369

Information Overload di William Van Winkle 369

Diminuire l'efficienza 370

Al di fuori dell'ufficio 370

  Affaticamento da informazioni 370

PREVENZIONE DA INQUINAMENTO COGNITIVO E DISTRAZIONI AUTO INFLITTE 372

 Le distrazioni auto inflitte 372

  Cosa fare? 372

  'Assicuratevi di fare ciò che conta di più per voi' 373

   In ufficio 374

   A casa 378

 Concetti di Organizzazione Snella 380

BIBLIOGRAFIA **383**

*Dedicato a Milena e Costanza,
la mia paziente e meravigliosa famiglia*

*"Tutti sanno che una cosa è impossibile da realizzare,
finché arriva uno sprovveduto che non lo sa e la inventa".*

Albert Einstein

Storia ed evoluzione dello spazio ufficio

La parola "Ufficio" ha origini antiche: deriva dal latino *officium* e ai suoi equivalenti nelle varie lingue romanze. In origine non denotava necessariamente uno spazio o un luogo, bensì una carica (come una magistratura).

Gli uffici, nell'antichità classica, erano spesso parte di un complesso palaziale o di un tempio dove erano conservati papiri e pergamene. Antichi testi, narrando del lavoro degli *scriba*[1], alludono a spazi a loro deputati per lo svolgimento del loro lavoro. Nell'Alto Medioevo (1000-1300 d.C.) si vide l'ascesa della cancelleria medievale, che di solito era il luogo dove veniva svolta la corrispondenza governativa e dove le leggi del regno venivano ricopiate per la loro divulgazione. Le loro pareti erano allestite con grandi casellari, precursori dei moderni scaffali, atti a contenere e conservare rotoli di pergamena. L'avvento della stampa nel Rinascimento non modificò in modo significativo la conformazione di tali uffici di governo.

Fu durante il XIII secolo che la formulazione inglese della frase cominciò a indicare un luogo preciso dove venivano svolte specifiche funzioni (es. *l'ufficio di…* ecc.). *Geoffrey Chaucer*, nei *Racconti di Canterbury*, sembra aver usato per la prima volta la parola *ufficio* nel 1395 per definire un luogo dove venivano svolte transazioni d'affari anche se, nell'epoca fiorente dello sviluppo del commercio rinascimentale, le attività di stoccaggio, vendita al dettaglio e contabilità, venivano svolte tutte nello stesso edificio.

Fu, invece, durante il XV secolo che la densità di popolazione in molte città raggiunse il punto in cui vennero destinati specifici edifici ai mercanti per svolgere il loro business.

Nello stesso periodo a livello nobiliare, la moda dello "*studiolo*" (o *camerino*) di derivazione umanista quale ambiente privato di palazzo, deputato sia alla coltivazione di

---

[1] *Il termine scriba era attribuito a persone che, in culture ed epoche diverse, si occupavano di scrivere, tenere la contabilità e di altre attività anche tecniche che richiedessero la padronanza della scrittura. Gli esempi storici più famosi sono quelli degli scriba egiziani, ebraici e sumeri.*

interessi culturali sia al ricevimento di ospiti particolari, divenne parte dell'architettura dei complessi palaziali più importanti nell'Italia del secolo XV fino al XVII.

Basti ricordare gli studioli più famosi quali[2]: quello di Lionello d'Este (1477-1463) nel *Palazzo di Belfiore* a Ferrara, di Federico III da Montefeltro (1473-1476) nel *Palazzo Ducale di Urbino*, di Guidobaldo da Montefeltro (1479-1482) nel *Palazzo Ducale di Gubbio* (PG), di Isabella d'Este (1497-1523) nel *Palazzo Ducale di Mantova*, di Alfonso I d'Este (dal 1507) nel *Castello Estense* a Ferrara, di Cosimo I (1545-1559) e Francesco I de'Medici (1570-1572) nel *Palazzo Vecchio* a Firenze, di Vespasiano Gonzaga Colonna (1585) nel *Palazzo Ducale* a Sabbioneta (MN), di Cosimo II de' Medici (dal 1622) nella *Villa di Poggio Imperiale* a Firenze.

In seguito, pitture e illustrazioni pre-industriali, come quadri o arazzi, mostravano sovente personalità dell'epoca ritratte nei loro uffici privati, intenti nella lettura di libri o nella scrittura su rotoli di pergamena.

Prima dell'invenzione della stampa e della sua diffusione, la linea di demarcazione tra ufficio privato e biblioteca privata era, (come oggi, negli studi domestici) molto sottile e tendenzialmente le due attività condividevano lo stesso spazio.

---

[2] Fregolent Alessandra, *Il Camerino*, in Giorgione, Milano, 2001
Nell'immagine: S. Bonaventura da Padova nello studiolo (XIV sec.). Autore ignoto

DALLA RIVOLUZIONE INDUSTRIALE AGLI ANNI '50

Con l'avvento della Rivoluzione Industriale (XVIII e XIX secolo) si videro sorgere banche, ferrovie, assicurazioni, commercio al dettaglio, fu scoperto e diffuso il telegrafo e sorse l'industria. Per concludere le operazioni commerciali, si rese necessario destinare un numero crescente di impiegati per gestire l'elaborazione degli ordini, della contabilità, e la gestione dei documenti specializzando sempre più gli ambienti destinati a tali funzioni. Con essi nacquero i primi arredi specializzati (posti di lavoro). All'inizio di derivazione dagli scrittoi domestici, la maggior parte dei quali, aveva sovrastrutture di archiviazione (cassetti e stipi) che si elevavano dal piano di lavoro conferendo agli operatori una sorta di spazio *per concentrarsi* ed un certo grado di privacy.

L'aumento del costo dei terreni nei centri cittadini portò a concepire la realizzazione degli edifici multipiano, unitamente all'invenzione dell'ascensore (1850), da parte di *Elisha Otis*: fatto che contribuì a rendere sempre più rapida l'escalation verso gli edifici per uffici multipiano.

Grazie allo sviluppo dell'industria meccanica, l'attività lavorativa in ufficio e, di conseguenza, gli spazi di lavoro e gli arredi, furono influenzate in modo significativo dalla diffusione di alcune scoperte fondamentali: quella del telefono (in Italia dal 1877), delle calcolatrici meccaniche prodotte industrialmente e della macchina da scrivere. Strumento (quest'ultimo) la cui invenzione sembra attribuibile all'avvocato novarese *Giuseppe Ravizza* nel 1846, e brevettato in seguito (nel 1855) come *cembalo scrivano*. La macchina da scrivere è stata, di fatto, uno dei primi dispositivi di largo utilizzo per la rapida redazione di documenti in formati standardizzati e il suo utilizzo fece nascere una nuova professione inizialmente riservata alle donne: la dattilografia. Nelle fasi della sua diffusione, vennero definiti gli standard di posizionamento dei tasti (QWERTY), per dattilografare a memoria e per facilitare l'alternarsi ergonomico di mano destra e mano sinistra. Standard da allora rimasti pressoché immutati. La prima macchina da scrivere elettrica venne prodotta nel 1901 (*le due foto*

provengono dal sito http://www. officemuseum.com).

A livello di "piani" di lavoro, è del 1915, l'introduzione del *Modern Efficiency Desk* presso la *Equitable Life Insurance Company* di *New York City*. Prodotto dalla statunitense *Steelcase*, di fatto un piano di lavoro orizzontale sormontante una cassettiera, progettato per consentire una visione panoramica (quindi senza sovrastrutture di contenimento frontali) degli uffici e, per i *managers*, un controllo "a vista" dello svolgimento delle attività lavorative degli impiegati. Tuttavia, già a metà del XX secolo, appariva evidente che, per ottenere efficienza dal lavoro impiegatizio, occorreva porre attenzione al controllo della privacy.

GLI ANNI '60

Nel 1969 l'uomo sbarca sulla luna ed è in quegli anni la creazione da parte del designer *Robert Propst*, attraverso la americana *Herman Miller*, del primo rivoluzionario "sistema" per ufficio *open space* con posti di lavoro schermati, classificato tipologicamente come *cubicle desk*. Rilasciato nel 1967 con il nome di "*Action Office II*" questo sistema generò una vera rivoluzione nel modo di produrre e organizzare gli spazi di lavoro, dando nuova linfa al segmento industriale mondiale dei mobili per ufficio e definendo il nuovo "standard" mondiale per le gestione degli uffici *open space* o *screen landscape*. Il suo scopo originario fu proprio quello di isolare (anche se parzialmente) gli impiegati dai rumori e dalle distrazioni di uno spazio di lavoro troppo "aperto" in favore di una maggior privacy lavorativa e di benefici nella concentrazione, oltre a consentire una certa personalizzazione del posto di lavoro stesso. I piani di lavoro orizzontali erano generalmente sospesi e retti dal sistema di schermatura verticale

---

[3] *http://en.wikipedia.org/wiki/Cubicle*

a "recinto" che si sviluppava attorno ad essi. In questo schema i piani si specializzano e si sdoppiano in una configurazione a "L" e vengono definiti come *piano principale* e *piano di servizio* o *allungo dattilo*.

Gli anni '60 segnano inoltre l'inizio della diffusione dei concetti di Ergonomia applicati al mondo del lavoro. Disciplina nata in Gran Bretagna nel 1949 come approccio progettuale trasversale, al fine di tutelare la sicurezza e promuovere il benessere delle persone sul lavoro. Nel 1961 furono create l'Associazione Internazionale di Ergonomia (I.E.A., *International Ergonomics Association*) e la S.I.E. (Società Italiana di Ergonomia). Negli stessi anni, in Italia avveniva la diffusione per il grande pubblico della macchina da scrivere attraverso la Olivetti *Lettera 22*: uno dei prodotti di maggior successo della Olivetti negli anni cinquanta (Compasso d'Oro nel 1954, miglior prodotto di design del secolo secondo l'*Illinois Institute of Technology* nel 1959).

GLI ANNI '70

Gli anni '70 sono anni che determinano, dal punto di vista informatico, una decisa svolta nella evoluzione del mondo del lavoro e dell'impresa e diedero vita ad eventi che segnarono il mutamento epocale che avvenne nel successivo decennio. Si compiono i primi studi sull'applicazione dell'informatica ai sistemi informativi aziendali, tesi a coprire particolari esigenze o particolari funzionalità del sistema impresa e delle amministrazioni pubbliche. I cosiddetti *Centri meccanografici* (patrimonio di grandi imprese o pubbliche amministrazioni) lasciano il posto ai *Centri Elaborazione Dati* (CED), anche se la definizione originaria rimase per molti anni nel linguaggio comune.

Sulle scrivanie appaiono i primi video terminali collegati ai sistemi informativi centrali, posizionati per volume e conformazione, negli elementi "d'angolo" tra i due piani di lavoro principali.

Nel mondo della produzione di mobili per ufficio, in Europa, appaiono produzioni di arredi sempre più qualificate come varietà stilistica e design. In particolare in Italia, la bolognese *Castelli*[4] emerge sul mercato per il lancio del "sistema" di arredi *PERT-80* (1973), disegnato dal designer tedesco *Hans Hell* e caratterizzato da una grandissima

---

[4] *Decio G. R. Carugati, Castelli, Milano, 2000, pp.83-99*

varietà di componenti (piani di lavoro, schermi, contenitori), unita a finiture di pregio e una produzione industriale dedicata nel nuovo stabilimento di Imola (BO). Nello stesso periodo la stessa azienda, lancia sul mercato tre sistemi di partizioni mobili inserite nel *Sistema Parete Integrato* anch'esse prodotte in uno stabilimento dedicato a Frosinone. Qualche anno dopo (1979) *Castelli* lancia la avveniristica linea di sedute *Vertebra* disegnata da *Emilio Ambasz* e *Giancarlo Piretti* per cui nel 1981 riceve il compasso d'oro.

GLI ANNI '80

Negli anni della cessazione della guerra fredda e dell'abbattimento del muro di Berlino, avvengono rivoluzioni informative ed informatiche altrettanto determinanti per l'era moderna. A livello informativo, si sviluppano i *Materials Requirements Planning* (MRP), cioè moduli software dedicati alle esigenze di informatizzazione aziendale nelle varie fasi di pianificazione dell'approvvigionamento, trasporto e consegna dei materiali.

A livello informatico nasce il *personal computer* e, con esso, l'Era dell'informatica distribuita.

Il primo personal computer di successo prodotto su scala industriale, e il primo per cui fu usata la denominazione *personal computer*, è considerato l'*Apple II*, introdotto sul mercato nell'aprile del 1977. Vi erano stati tuttavia in precedenza alcuni modelli definiti da alcuni, a posteriori, dei personal computer, dato che ne avevano molte delle principali caratteristiche (es. l'*Olivetti Programma 101*, l'*Altair 8800* e il mitico *Commodore*). Nel 1981 fece la sua comparsa nel mercato il primo di una serie di personal computer che divennero ben presto molto popolari: l'*IBM 5150*, meglio conosciuto come *PC IBM*. Macchina solida e affidabile, godeva di assistenza tecnica distribuita ed era espandibile tramite un bus interno (caratteristica che solo l'Apple II all'epoca possedeva). Grazie al suo successo, il PC IBM divenne lo standard *de facto* nell'industria del personal computer unitamente al sistema operativo MS-DOS di cui la Microsoft acquisì i diritti nel luglio 1981, e che, il mese dopo, immise sul mercato nella sua prima versione.

I posti di lavoro specializzano la postazione "d'angolo" conformandola a ospitare i nuovi ingombri delle unità desktop, originariamente disegnate per essere sottoposte al video. Di fianco ai PC appaiono i primi modelli commerciali di stampanti inkjet prodotti dalla *Hewlett Packard* grazie allo sviluppo della tecnologia termica.

Nel mondo della produzione di mobili per ufficio si continua a investire in tutta Europa in prodotti di maggior impatto formale e *Castelli*[5] nuovamente emerge per l'immissione sul mercato della seduta *Penelope* (1982) disegnata da *Charles Pollock*, del sistema di arredi (piani, schermi e contenitori) denominato *dalle 9 alle 5* (1986) disegnato da *Richard Sapper*, dalla fortissima ed innovativa caratterizzazione stilistica e con sistemi di supporto a travi cave, destinati all'alloggiamento dei cavidotti di impianto che, già all'epoca, cominciavano ad affollare i piani di lavoro. E' del (1989) il lancio, sempre da parte di *Castelli*, della linea di arredi *Executive* firmata da *F.A. Porsche*.

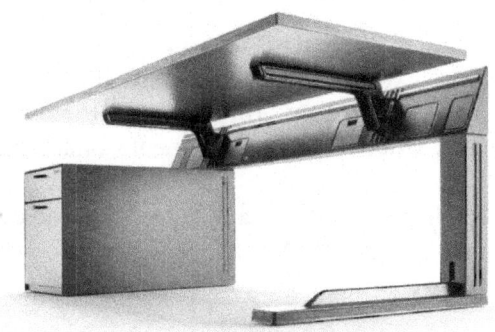

DAGLI ANNI '90 AD OGGI

Gli anni novanta rappresentano, per il mondo intero, gli anni della grande transizione sociale verso la "Società della Conoscenza" globale (*Knowledge Society*) dovuto alla nascita e rapidissima diffusione di Internet.

E' nel 1991 che il governo statunitense emana la *High performance computing act*: legge con cui viene prevista la possibilità di ampliare, ad opera dell'iniziativa privata e con finalità di sfruttamento commerciale, una rete Internet fino a quel momento di proprietà statale e destinata al mondo scientifico. Questo sfruttamento commerciale viene subito messo in atto anche dagli altri paesi e nel 1993 il CERN, l'istituzione europea dove nasce il *World Wide Web*, decide di renderne pubblica la tecnologia che sta alla sua base, affinché possa essere liberamente implementabile da chiunque.

Da tale successo ha inizio la crescita esponenziale di Internet su scala globale che in pochissimi anni porterà la "rete delle reti" a cambiare per sempre la società umana rivoluzionando le modalità di relazione e il mondo del lavoro, tanto che nel 1998 si arriverà a parlare di "nuova economia" (*new economy*) e già l'anno successivo si potevano contare almeno 200 milioni di utenti connessi in rete. I posti di lavoro in ufficio si fanno più compatti e i piani diventano baricentrici agli strumenti elettronici del nuovo mondo digitale, costituiti dalle *unità*: desktop+video+tastiera. Sistemi che assumono ben presto anche le caratteristiche della portabilità con l'avvento dei PC portatili o *laptop* ("*lap*" in inglese indica proprio il piano che si viene a creare sulle gambe quando si sta seduti).

---

[5] *Ibidem, pp.110-133*

Sono però anche anni di crisi e guerre: in medio oriente (ricordiamo il 2 agosto 1990 l'invasione del Kuwait da parte dell'Iraq), in Bosnia (1995) in Cecenia e nel continente africano. In Europa entra in vigore l'Euro anche se non ancora nella forma di contante ed in Italia esplode il caso tangentopoli decimando la cosiddetta "prima Repubblica".

Si comincia globalmente a intravedere in questi anni che il "sogno" di crescita infinita dell'economia di mercato, intravisto negli anni '70, a fatale detrimento delle risorse del pianeta, è destinato inevitabilmente a tramontare.

L'11 dicembre 1997, a Kyōto, in Giappone viene firmato l'omonimo protocollo fra 159 stati per contenere l'effetto serra. Si apre l'era dell'economia sostenibile.

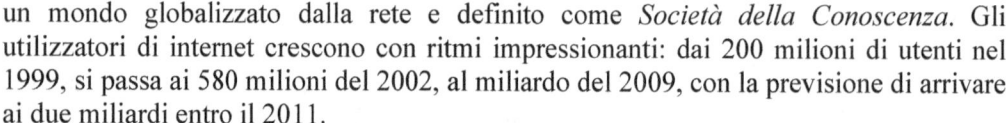

Dagli anni '90 all'era contemporanea lo scenario informatico continua la sua vertiginosa evoluzione e ascesa a supporto di un mondo globalizzato dalla rete e definito come *Società della Conoscenza*. Gli utilizzatori di internet crescono con ritmi impressionanti: dai 200 milioni di utenti nel 1999, si passa ai 580 milioni del 2002, al miliardo del 2009, con la previsione di arrivare ai due miliardi entro il 2011.

La *Knowledge Society* arriva a dotarsi di sistemi sofisticatissimi di ricerca delle informazioni che ben presto diventano colossi a livello di impresa (Es. *Google*). Ben presto inoltre arriverà a dotarsi di piattaforme di confronto sociale "digitale" di massa, con l'avvento dei social network nel web. Sovvertendo i concetti di reti sociali "fisiche" sinora catalogati dalla sociologia moderna.

Zygmund Bauman, il sociologo postmoderno, attraverso l'articolo di *Roberto Arduini*[6] , ci fornisce una precisa riflessione sul fenomeno di relazione digitale più diffuso al mondo quale è Facebook:

'...*Bauman ha indagato, in un incontro all'Auditorium di Roma, il social network più diffuso al mondo, scandagliando la nuova natura dei legami che viene a instaurarsi fra i suoi utenti. «Il social network tenta di abbattere ogni limite, moltiplicando le "amicizie"», dice il sociologo. «Ma oltre un certo numero si può supporre che si tratti solo di voyeur che scrutano l'altrui vita quotidiana». Ma per la maggior parte dei giovani di oggi, vivere la vita sociale per via elettronica non è più una scelta ma una necessità.*

---

[6] *Roberto Arduini, Articolo da: L'Unità -web, 9 aprile 2011, - http://www.unita.it/italia/zygmund-bauman-facebook-br-tra-mercato-privacy-e-voyeurismo-1.281696*

Ma allora, lo strabiliante successo di Facebook non sarà dovuto al fatto di aver creato il mercato su cui, ogni giorno, necessità e libertà di scelta si incontrano? [...] La domanda si ripete tra gli ascoltatori... «*Un pensiero davvero illuminante, ma che purtroppo va ragionato un tantino meglio...* », *confessa Nicola:* «*La società corre a ritmi vertiginosi, le nuove manifestazioni sociali tendono a mutare al di là dell'ultra nichilismo*».

«*Sto leggendo Paura Liquida*», *interviene Alfonso.* «*Penso che leggerò anche gli altri. Una finestra di umana lucidità*». *Marco, invece, torna sulle critiche ai modelli ideologici:* «*Il socialismo reale è stato un fallimento economico, il consumismo capitalistico sta giungendo a saturazione ed è sul punto di implodere, solo un'ideologia, cioè una logica delle idee, alternativa può dare un presente e soprattutto un futuro alla qualità della nostra vita*». «*Anche se in continua relazione con i suoi simili*», *spiega Sabrina*, «*oggi l'uomo è sempre più solo, solo nella sua follia*». «*Siamo tutti "liquidi"* », *le risponde Gabriella:* «*La politica, la società e, soprattutto, nostri sentimenti...*»'

Nell'ufficio, in questi anni, lo spazio si contrae e si purifica. Si approccia ad una sorta di freddo minimalismo artificioso che amplifica il distacco dal mondo reale verso quello digitale, un "nuovo mondo" illusorio, novello specchio di *Parnassus*, rassicurante effimero coagulo di spazi sociali, dove il più faticoso *contatto fisico* diventa un'opzione, "una" tra le scelte possibili, nella gamma dei rapporti sociali interpersonali.

La ricerca di nuove frontiere intellettuali (o di antiche identità?), appaiono spingere l'essere umano (i tanti *Marco, Sabrina* o *Gabriella:* giovani della generazione "X") a tendere verso l'esigenza di una nuova *rinascenza*; la restaurazione di un nuovo *umanesimo* per ambire a rimettere l'Uomo e la sua dignità intellettuale, di nuovo al centro del suo universo sociale ed individuale. Universo che, in questo lavoro, cercheremo di ricostruire partendo dalle sue fondamenta storiche. Dai fondamentali spaziali dell'esistenza umana.

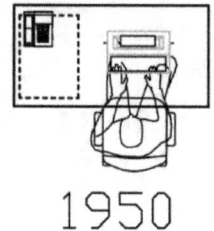
1950

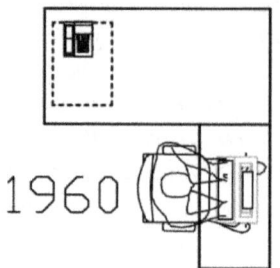
1960

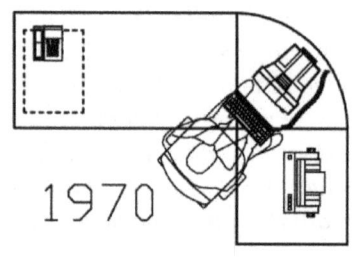
1970

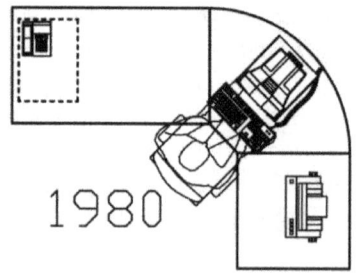
1980

1990

2000

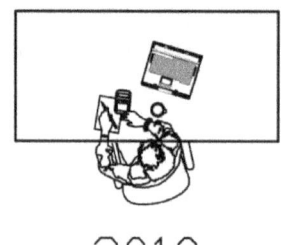
2010

2020

> *"Fu Karl Marx, mi pare, a dire che l'evoluzione andrebbe studiata a ritroso, con un occhio fisso alle specie così come si sono evolute, e l'altro rivolto all'indietro in cerca di indizi".*
>
> *Jerome S. Bruner*

INTRODUZIONE ALLO SPAZIO ESISTENZIALE

Dal punto di vista della psicologia della percezione *Christian Norberg-Schulz* scrive: *'…gli schemi organizzativi elementari consistono nella determinazione di centri o luoghi (prossimità), direzioni o percorsi (continuità) ed aree o domini (chiusura). Per orientarsi l'individuo ha bisogno anzitutto di afferrare queste relazioni…'*[7]

L'ambiente di lavoro in un ufficio è un microcosmo che ha regole e caratteristiche topologiche molto simili a quelle del macrocosmo cittadino. Vi sono strade principali e secondarie (percorsi principali e di collegamento), piazze e luoghi di incontro (atrio e sale riunioni), bar e ristoranti (caffetteria e mensa), di rappresentazione come i teatri (vedi: sale conferenze) nonché i luoghi istituzionali di potere: prefettura, questura, municipio che potrebbero corrispondere agli uffici dei responsabili, dei capi divisione o dell'amministratore delegato.

---

[7] Norberg-Schulz C., Esistenza Spazio e Architettura, trad.it. Roma, 1975 (ed. orig. Existence, Space and Architecture, Oslo 1971), p.28

Gli uffici quindi possono essere realisticamente assimilati alle "case" diurne (o condomini) per 5 giorni su 7 e la viabilità è facilitata dai percorsi di collegamento (corridoi) tra gli stessi.

Il dato informatico invece, l'output produttivo dell'*Homo Impiegatus*, viaggia su mezzi diversi, con velocità diverse e per questo vive di regole molto diverse. Ma di questo ne parleremo in seguito. Per aiutarci a canonizzare un metodo per affrontare una corretta progettazione degli spazi ufficio, definiti da *Lynch*[8] come gli "spazi di azione", seguiremo il percorso tracciato da *Christian Norberg Schulz* nel suo libro *Esistenza Spazio e Architettura*, (titolo cui immodestamente ci siamo ispirati per il nostro lavoro) partendo dalle tematiche più profonde che legano l'uomo all'immagine o all'idea del "suo" ambiente (pubblico o privato che sia). Quelle del suo *Spazio Esistenziale*.

ELEMENTI DELLO SPAZIO ESISTENZIALE

Piaget scrive in merito alla vera natura dello spazio: esso '*...non risiede nel carattere più o meno esteso delle sensazioni in quanto tali, ma nell'intelletto che collega queste sensazioni [...] lo spazio è il prodotto di un rapporto che intercorre fra l'organismo e l'ambiente in cui è impossibile dissociare l'organizzazione dell'universo percepito, da quello dell'attività stessa...*'[9]

Dalle teorie di *Piaget*, *Norberg Schulz* classifica lo spazio esistenziale come: '*una parte necessaria della struttura dell'esistenza*' espressa nelle sue due componenti fondamentali: quella astratta (generazione di schematizzazioni topologico geometriche degli spazi) e quella concreta (acquisizione di elementi e caratteri ambientali quali il paesaggio, l'ambiente urbano, gli edifici e gli oggetti).

Lo spazio del bambino viene descritto da *Piaget* come: '*...una collezione di spazi separati ognuno interamente concentrato su una attività singola...*' quindi le relazioni che collegano questi spazi sono di natura topologica e caratterizzati da *continuità* e *recinzione*. Si può dire quindi che le caratteristiche elementari dell'orientamento umano sono fondamentalmente caratterizzate dalla necessità di determinazione di *centri o luoghi*, di *direzioni o percorsi* e di *aree o domini*, indipendentemente dalla connotazione geometrica degli stessi.

---

[8] Lynch K., *The Image of the City*, Cambridge Mass. 1960, p.128
[9] Piaget J., *The Child's Conception of the World*, London, 1929. p.91

CENTRO

Sin dagli albori della civiltà, l'uomo ha sempre avuto la necessità di definire il "centro" di ogni luogo come metodo di organizzazione generale dell'ambiente sia fisico che spirituale, ed anche come luogo fisico di relazione con la divinità attraverso la mediazione simbolica di elementi di contatto con l'ultraterreno '...*dove macrocosmo e microcosmo si relazionano...*'[10] quali: *axis mundi*[11] naturali identificati da elementi del paesaggio (come montagne o alberi secolari) o manufatti emblematici come pilastri obelischi oppure impianti templari religiosi o funerari.

Centro inteso, quindi, come "luogo" di partenza o come meta, ma anche come riferimento intimo al mondo personale di qualsiasi individuo: al concetto di "Casa" da cui partire e a cui ritornare. Ricordiamo che: '...*la parola "faraone" era costituita dai due geroglifici: PER = casa (rappresenta la pianta semplificata di una casa) e AA = grande (rappresenta una colonna dalla forma stilizzata, a cui si attribuisce genericamente il significato di grande)* [12]

Centro come luogo in cui l'uomo si sofferma e abita lo spazio, dove distingue il suo "posto personale": il '...*conosciuto rassicurante in contrasto con l'ignoto e il minaccioso che lo circondano...*'[13] interagendo con l'ambiente circostante.

Centro inteso anche come luogo rilevante della struttura urbana: '...*nelle vecchie mappe cittadine, compaiono generalmente due tipi di vedute: la città come si presenta dall'alto nella sua totalità organica ed una della piazza del mercato che ne costituisce il nucleo e il cuore...*' il suo centro vitale '...*dato il formato, la piazza provvede la prospettiva necessaria al godimento di edifici fondamentali della città le cui funzioni di fulcri*

---

[10] Fiorini R., *L'Orizzonte dei Re*, Ferrara 2003, p. 179
[11] L' axis mundi (detto anche asse cosmico, asse del mondo, pilastro del mondo, Columna cerului, centro del mondo), nella religione o mitologia è il centro del mondo e/o il collegamento tra cielo e terra. Come il polo celeste e polo geografico, esprime un punto di collegamento tra cielo e terra dove i quattro punti cardinali si incontrano
[12] Ibidem, p.25
[13] Norberg-Schulz C., *Esistenza Spazio e Architettura*, trad.it. Roma, 1975 (ed. orig. Existence, Space and Architecture, Oslo 1971), p.29

visuali, fisici e psicologici sono perciò accentuate...'[14] Altra condizione fondamentale per poter "abitare" uno spazio, è la definizione topologica di *interno* ed *esterno*.

Dal punto di vista formale e simbolico, la conformazione "concentrata" assume naturalmente la forma "esistenziale" più antica: ossia quella circolare caratterizzata da un un punto ed un circolo che lo circonda. Nella simbologia egizia '...*Il centro del sole appare essere come una pupilla. Il suo cerchio, nel geroglifico dell'occhio isolato, equivale al simbolo del Sole: Ra...*'[15] Da esso ed attraverso di esso per tramite del centro e dell'incontro di una retta con la sua circonferenza, '...*si forma una stella attraverso cui gli uomini trasmettono la loro esistenza...*'[16]

DIREZIONE E PERCORSO

L'appropriazione di un ambiente per l'uomo assume il significato di allontanamento da un luogo noto (dimora o centro di partenza) ed un percorso *"nella direzione del suo scopo"*. Il moto in avanti a rappresentare la direzione dell'attività dell'uomo, e *"indietro"* a rappresentare la distanza percorsa. Il percorso costituisce perciò una caratteristica fondamentale dell'esistenza umana ed è generativo dei grandi simboli delle origini. L'allontanamento dal centro e il suo ritorno definiscono infatti nel rapporto geometrico simbolico tra centro e circonferenza, i punti cardine dell'*orientamento* che sono il cerchio e la croce: uno dei simboli primari nella strutturazione del mondo, qualificato come *decussis* dagli agrimensori romani e costituito dall'intersezione tra il *cardo* (nord-sud) e il *decumano* (est-ovest).

Non necessariamente rettilinei, i percorsi nel mondo reale si definiscono per successione lineare e assumono valenza solo se relazionati ai punti o luoghi di origine e di destinazione. Essi dividono l'ambiente in aree più o meno conosciute definite da *Norberg Schulz* come *domini*.

---

[14] Ibidem, pp.111,112.
[15] Fiorini R., L'Orizzonte dei Re, Ferrara 2003, p.108
[16] Schwarz R., Von bau der Kirche, pp.24 e s.

AREA O DOMINIO

I *domini* possono essere definiti come: aree o territori su cui si strutturano i luoghi ed i percorsi. Assumono valenza unificatrice dello spazio esistenziale trasformandolo in spazio coerente. I domini naturali (che possono essere identificati come i territori, gli oceani, i deserti le montagne) associati a quelli politici (regioni, città, quartieri, rioni o speciali destinazioni d'uso) per effetto dei luoghi e dei percorsi che li attraversano, formano il quadro complesso dei luoghi strutturati per le attività umane.

La strutturazione dei quartieri o dei rioni rimanda al concetto di *continuità tematica* relativa alla soddisfazione dell'esigenza esistenziale di "appartenenza a qualcosa di conosciuto". In quest'ottica la ripetizione del *carattere distintivo*, dell'archetipo di luogo in un dominio, va considerato attentamente perché soddisfa questo bisogno.

LE FORME MEDIATRICI

I luoghi i percorsi e i domini, combinati tra loro, definiscono la dimensione dello spazio esistenziale e formano una totalità integrata di forze interagenti che, unite, costituiscono il "*campo*": concetto che definisce la ricerca di equilibrio della posizione *umana* in un contesto psicosociale dinamico.

L'interazione tra *luoghi* e *direzioni di percorso* crea necessariamente un "*varco*" nel margine. *Varco* che assume nel tempo una valenza simbolica importante nella strutturazione dei luoghi: quella della *Porta* o *Portale*, elemento principe (in quanto "apertura") della comunicazione tra i luoghi, oppure tra i luoghi e i domini.

Il *campo esistenziale* richiede il suo corrispettivo architettonico, quindi necessita di forme mediatrici per la sua connotazione spaziale. '*…lo spazio architettonico è una forma simbolica, in grado di trasmettere i significati più alti del mondo dell'uomo attraverso una certa similarità strutturale, cosicché luoghi, percorsi, domini e livelli dello spazio esistenziale trovino il loro corrispondente fisico…*'[17]

---

[17] *Ibidem, p.69*

La caratterizzazione formale del *Luogo* come *spazio in cui si svolgono attività* ha radici antichissime e la sua prima espressione fisica consiste, come abbiamo visto, nella recinzione circolare di un dominio la cui proprietà essenziale è: '*...la definizione di un confine netto che garantisce una protezione sia fisica che psichica...*'[18] Nei secoli, i cosiddetti spazi "*centralizzati*" vennero variati all'infinito e in sostanza rappresentavano una immagine archetipica che *Schwarz* definì come: '*il cerchio sacro: una delle più potenti matrici del mondo*'[19]. Altra forma derivata di tipo *tensionale* tra uomo e spazio è l'ellisse utilizzata da Michelangelo nella pavimentazione di Piazza del Campidoglio (e ricollegata idealmente all'*Omphalos* delfico) dove, ponendo l'uomo al centro della composizione "*in espansione*", ne definisce il carattere esistenziale distintivo.

Oltre al cerchio e all'ellisse quali forme archetipiche connotanti: luoghi, fulcri e centri, un'altra forma simbolica determinante nella cultura dell'uomo, sin dall'antichità più remota, è quella caratterizzata dai *percorsi*: basti pensare alla caratterizzazione formale dei lunghi corridoi cerimoniali nelle piramidi solari della IV dinastia egiziana nonché dell'essenza stessa dei templi funerari: caratterizzati dalla dinamica dell'approccio: '*...i lunghissimi corridoi cerimoniali rappresentavano per definizione il tracciamento architettonico della sequenza rituale secondo la metrica temporale dell'approccio al Tempio: essi erano il sentiero della "traversata..."*'[20]

Il percorso in sé può essere rappresentato da un'asse di percorrenza e il suo *carattere* viene determinato dal rapporto che intrattiene con i luoghi con cui interagisce. Poiché ogni luogo '*...è alimentato dalla tensione tra forze centripete e forze centrifughe, il*

---

[18] Ibidem, p.74
[19] Schwarz R., Von Bau der Kirche, p.29
[20] Fiorini R., L'Orizzonte dei Re, Ferrara 2003, p.54

luogo e il percorso debbono essere interdipendenti...'[21] La storia dell'architettura offre infiniti esempi di "strutture di percorso" nell'urbanistica delle grandi città, nei ponti, nell'architettura dei giardini, nei percorsi d'acqua, nelle scalinate, ecc..

---

[21] Norberg-Schulz C., Esistenza Spazio e Architettura, trad.it. Roma, 1975 (ed. orig. Existence, Space and Architecture, Oslo 1971), p.80

"Prima ancora della ragione vi è il movimento volto all'interno che tende verso ciò che è proprio".

Plotino, Enneadi, III, 4.6

I LIVELLI DELLO SPAZIO ESISTENZIALE

Gli elementi dello spazio esistenziale, rielaborando il pensiero di *Norberg Schulz*[22], si possono sintetizzare, nella maggior parte delle culture, su cinque livelli gerarchici, qui sotto rappresentati (dal *micro* al *macro*):

1. **Livello della *"mano"***. In questo livello, il più basso, le dimensioni e le forme degli oggetti sono relative a funzioni estese della mano: afferrare, scrivere (mediante l'utilizzo di una penna o sulla testiera del PC), utilizzare il telefono, accedere a documenti, ecc.
2. **Livello del *"corpo"***. Determinato dalla dimensione del corpo. Contempla le funzioni del: sedersi, curvarsi, muoversi ed interagire col corpo ecc., nonché quelle della definizione areale/ergonomica e percettiva degli oggetti "di supporto" (superfici, piani di lavoro) agli oggetti del livello precedente.
3. **Livello della *"casa o del posto di lavoro"***. Dimensionato da azioni e movimenti corporei più estesi rispetto al livello precedente. Contempla le azioni del camminare ed agire all'interno del proprio spazio di pertinenza per raggiungere parti di esso e poterne fruire.
4. **Livello *"urbano o dipartimentale"***. Può comprendere vari sottolivelli quali, ad es.: quello rionale, (nel nostro caso del *gruppo di lavoro* cui si appartiene rispetto ad altri ecc.) e considera gli aspetti di interazione sociale dell'individuo con altri appartenenti al proprio gruppo di lavoro o a gruppi differenziati.
5. **Livello del *"paesaggio o aziendale"***. Può comprendere il paesaggio sia fisico (quello circostante: lo *sfondo*, l'edificio, che a suo volta comprende le pareti, le finestrature, i pavimenti ed i soffitti ecc.) che politico: il *paese* (o l'azienda) in cui si vive: lo *stato sovrano* rispetto ad altri. Generalmente è il livello che contiene tutti gli altri livelli.

---

[22] Norberg-Schulz C., *Esistenza Spazio e Architettura*, trad. it. Roma, 1975 (ed. orig. *Existence, Space and Architecture*, Oslo 1971), p.47

Si potrebbe dire inoltre che, al di sotto del livello 1, si potrebbero classificare i sottolivelli dell'*uomo digitale* (o *Homo Zappiens* per usare il termine coniato da *Wim Veen*) oltre il confine dello "specchio magico" costituito dallo schermo del vostro computer. Immaginiamo il livello *zero* costituito dallo *schermo* del PC, inteso come una sorta di confine *"di Parnassus"*[23] tra il mondo reale e quello digitale, e che all'interno di esso si possano poi riclassificare vari livelli di oggetti e paesaggi digitali a partire dal livello -1 in poi. Ma questo sarà oggetto di uno studio successivo…

LIVELLO 5: IL PAESAGGIO AZIENDA

Gli schemi di questo livello si formano dalla interazione tra le attività umane e la topografia dei luoghi, generando lo "*sfondo*" dello spazio esistenziale. Estendendo i concetti di *paesaggio* di *Schwarz*[24] al mondo dell'ufficio, anziché alla casa, si potrebbe dire che: '…*le montagne sono pareti, i campi pavimenti, i fiumi corridoi, le coste margini, e il punto più basso della catena montuosa è la porta…*' Il paesaggio quindi, contiene naturalmente i livelli inferiori e ne favorisce la relazione appagando i diversi bisogni umani a livello di luoghi, percorsi e domini.

Conferendo identità stanziale ai suoi abitanti, il paesaggio genera sicurezza e quindi favorisce storicamente lo sviluppo naturale delle attività. Traslato all'ambiente lavorativo, il livello del paesaggio comprende gli elementi fisici che costituiscono il microcosmo aziendale rispetto al macrocosmo esterno/mondo. Ossia: le finestrature, le pareti perimetrali, il pavimento ed il soffitto e i relativi ambiti di caratterizzazione fisica.

LIVELLO 4: IL LIVELLO URBANO O DIPARTIMENTALE

A questo livello troviamo le strutture esistenziali determinate dall'interazione tra i diversi "*luoghi*" del paesaggio in una relazione stabile e identificabile. I principi di prossimità di detti *luoghi* (immaginiamo gli edifici parti di un rione o i rioni parti di una

---

[23] *The Immaginarium of Doctor Parnassus, film diretto da Terry Gillian, 2009*
[24] *Schwarz R., Von der Bebauung der Erde, p.11*

città – come anche i posti lavoro parti di un dipartimento o i dipartimenti parti di divisioni aziendali), nonché delle *aperture* o *porte* per il funzionale sviluppo dei percorsi (quindi della *comunicazione*) tra essi, sono fondamentali per una loro piena definizione.

Questo presuppone una certa organizzazione dello spazio attraverso percorsi, nodi e distretti che, a livello cittadino, potrebbero essere rappresentati da: vie, piazze e rioni/quartieri. Parimenti a livello di impresa potrebbero essere: percorsi, spazi collettivi (sale riunioni, di ristorazione, aree tecniche ecc.) o di governo (capi ufficio) e, a un sovralivello, gli altri dipartimenti.

Le immagini urbane tipiche di questi spazi, secondo *Claude Lévi-Strauss*, si basano su relazioni topologiche semplici che compaiono più o meno ovunque in diverse culture. Le più elementari sono il *"recinto"* e la *"conglomerazione"*: dirette espressioni di funzioni individuali e sociali, che troviamo combinate su vari livelli e integrate da percorsi.

Per favorire l'integrazione sociale dell'individuo in un ambiente strutturato secondo le logiche del paesaggio urbano (o dipartimentale), occorre quindi relazionarlo alle specificità della *dimensione spaziale-esistenziale*.

Occorre realizzare: '*...un ambiente [...] che faciliti la formazione delle "immagini": di quartieri con un carattere particolare, di percorsi a direzioni definite, e di nodi che siano luoghi specifici...*'[25] Traslato al mondo dell'ufficio, questo livello definisce e identifica i vari raggruppamenti dei *luoghi-dimora* a livello dipartimentale o rionale: ossia identifica i gruppi di lavoro (dipartimenti tecnici, commerciali, amministrativi, logistici ecc) e le relazioni spaziali e dimensionali che li caratterizzano.

---

[25] *Norberg-Schulz C., Esistenza Spazio e Architettura, trad. it. Roma, 1975 (ed. orig. Existence, Space and Architecture, Oslo 1971), p.53*

LIVELLO 3: DELLA "CASA" O DEL "POSTO DI LAVORO"

Sin dall'epoca più remota, la *casa* ha costituito il centro dell'attività umana e la funzione di "abitare" secondo *Heidegger*, '...*è il principio fondamentale dell'esistenza*...'[26]

Gli spazi privati all'interno dello spazio urbano sono considerabili come: *case* anche se esistono dimore a carattere *pubblico* (logicamente assimilabili ai nostri *posti di lavoro*) dove la sfera pubblica è considerata estensione di quella privata '...*fino al punto che si può dire dire dell'uomo che "abita" sia in edifici pubblici che a casa sua. In altre parole che il concetto di "dimora" ha molte possibilità di variazione*...'[27]

Strutturalmente la dimora (privata o pubblica che sia) si definisce come un "*luogo*" anche se all'interno di essa vive una struttura interna di spazi subordinati collegati da percorsi. Essa '...*esprime la struttura dell'abitare in tutti suoi aspetti fisici e psichici*...'[28] L'insieme delle attività che vi si svolgono e che intrattengono anche relazioni mutevoli con l'esterno, nel suo complesso costituiscono esse stesse una forma di vita. Esempio di applicazione fisica di questi concetti, è la *Casa Andreis* di *Paolo Portoghesi* e *Vittorio Gigliotti*: in essa i domini sono densificati in cinque fulcri che definiscono serie concentriche di circoli, creando un campo dinamico ottenuto da discrete separazioni degli spazi ed aperture verso l'esterno, nonché da percorsi ottenuti dagli spazi interferenziali tra un luogo e l'altro; generando un *campo* complesso ed articolato (ma non dispersivo) che consente sia riposo che movimento.

Traslato nel mondo dell'ufficio, questo può essere considerato il livello del *luogo/posto individuale di lavoro*. Il suo *carattere* sarà definito dal sub livello successivo degli oggetti concreti che lo abitano (camino, tavolo, letto, oppure: scrivania, libreria, poltrona ecc.). Appartenente a questo livello, può sussistere il *valore*

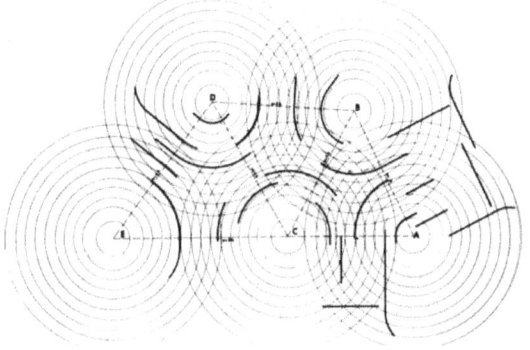

---

[26] Heidegger M., *Bauen Wohnen Denken*, pp. 20,21,35
[27] Norberg-Schulz C., *Esistenza Spazio e Architettura*, trad. it. Roma, 1975 (ed. orig. *Existence, Space and Architecture*, Oslo 1971), p.53
[28] Ibidem, p. 54

di posizione del *luogo/dimora/posto-lavoro*, rispetto agli altri appartenenti allo stesso *gruppo sociale* o dipartimentale e i suoi confini *fisici*: ossia gli schermi perimetrali o le partizioni divisorie amovibili che ne definiscono la posizione a livello urbano.

LIVELLO 2: LIVELLO DEL CORPO

I livelli inferiori dello spazio esistenziale possono essere quindi definiti dagli oggetti di arredo (le suppellettili che "*contengono*" a loro volta il sub livello degli oggetti di uso comune ovvero gli *strumenti* di lavoro) e dalla loro interazione con l'uomo nei diversi ambiti. Il livello del corpo si occupa di analizzare la valenza esistenziale degli oggetti o

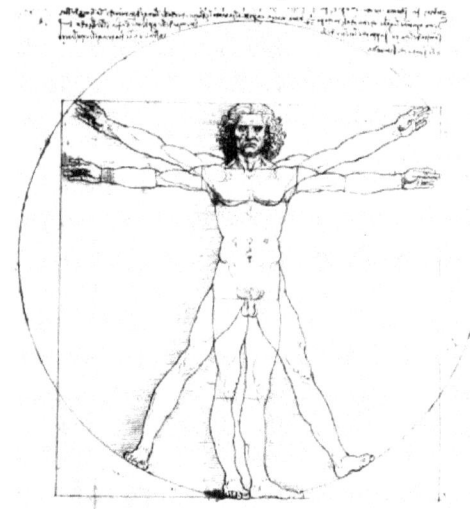

fulcri funzionali o archetipici all'interno della dimora (privata o pubblica). Ne sono esempio: il tavolo e le sedie che hanno sempre caratterizzato (a livello del *corpo*) il *luogo* di riunione della famiglia, così come il *camino* o il letto, ecc.

Nella trasposizione al *posto di lavoro* possono essere considerati elementi di questo livello, tutti gli arredi che lo compongono e lo definiscono: ossia mentre gli schermi di perimetrazione, così come le partizioni mobili, possono essere considerabili come la definizione fisica dei *margini*; dei confini, del *recinto del luogo* appartenenti al livello precedente, in questo livello, il tavolo (la scrivania), la poltrona e le sedie, i contenitori, possono essere considerati *oggetti* appartenenti al *livello del corpo*. Oggetti che devono essere analizzati e definiti ergonomicamente nonché classificati in modo percettivo per la funzione specifica di interazione che devono svolgere. Gli oggetti che devono *supportare* o *contenere*, e l'uomo stesso.

LIVELLO 1: LIVELLO DELLA "MANO" OSSIA DEGLI OGGETTI/STRUMENTI DI LAVORO

Questo è livello, il più basso, ed è dedicato agli oggetti o agli strumenti di lavoro. Come abbiamo detto, in questo livello le dimensioni e le forme degli oggetti sono relative a funzioni estese della mano: afferrare, portare, scrivere (con una penna o attraverso la tastiera del PC), utilizzare il telefono, il mouse, aprire cassetti, accedere a documenti, poterli sfogliare ecc..

Gli oggetti o meglio, gli *strumenti* domestici o lavorativi, devono possedere quindi caratteristiche di *accessibilità* ed essere quindi conformati ai canoni ergonomici definiti dagli attuali studi di ingegneria antropometrica. A livello esistenziale si possono classificare gli oggetti: *"puri"*, direttamente legati a funzioni precise: vengono conosciuti dall'uomo nel modo più diretto possibile e storicamente connotati da forme che esprimono quasi sempre la loro funzione. Ad un sovralivello, esistono i cosiddetti *"oggetti intermediari"*, ossia oggetti privi di *forma assoluta* legata alla funzione e generatori di fenomeni percepibili ad un livello di interazione intellettuale più alta. Attualizzando il concetto di *oggetti intermediari* del *Brunswick*[29] ai nostri tempi, un loro moderno esempio può essere rappresentato dal computer o dal videoterminale: strumenti a cui si può realisticamente *accedere* (alla loro memoria nonché alle proprietà informatiche di sistema; quindi ai risultati di *utilizzo* degli stessi: il loro *output* produttivo) solo attraverso un livello conoscitivo superiore, che nulla a che fare con la forma esteriore dell'oggetto. Come dicevamo, lo studio degli oggetti è parte delle discipline dell'ingegneria umana che si fondano sulla premessa che: *'ogni cosa deve essere progettata in funzione delle persone, del loro ambiente di vita e di lavoro.'*[30] Il campo di studi specifico (che comprende anche gli *oggetti* del livello precedente) è quello della *Ergonomia*: disciplina basata sulle scienze biologiche umane tra le quali è compresa, oltre l'anatomia e la fisiologia, anche la psicologia.

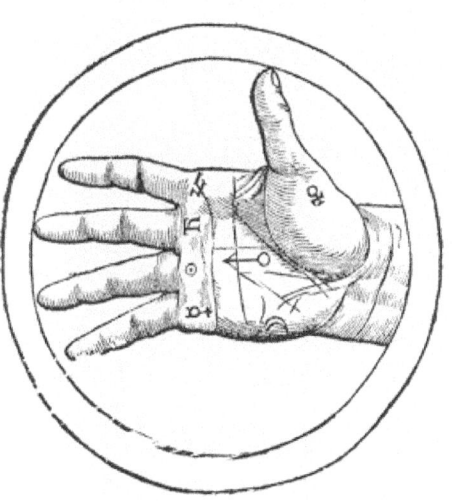

L'INTERAZIONE DEI LIVELLI E LA TRASLAZIONE NELL'AMBIENTE FISICO

Lo spazio esistenziale è quindi definito dai vari livelli, a formare una totalità articolata corrispondente alla struttura dell'esistenza. Più in dettaglio potrebbe essere definito anche come: *'...una totalità simultanea, in cui i livelli interagiscono per formare un complesso campo dinamico...'* esso inoltre: *'...contiene un sistema di centri [...] come quando si pensa a diversi luoghi noti di una città [...] ciò significa che i livelli si contengono reciprocamente'*. Inoltre: *'Ad ogni livello i centri sono connessi mediante percorsi. I domini possono anche contenere dei sottodomini oltre ai luoghi e i percorsi...'*

---

[29] Norberg-Schulz C., Intenzioni in architettura, trad. it. Roma, 1983 (ed. orig. Intentions in Architecture, London 1963), p.39
[30] Panero J.– Zelnik M., Spazi a misura d'uomo, trad. it Milano 1983 (ed. orig. Human Dimension & Interior-Space, New York, 1979), p. 19

In generale si può quindi dire che: '...*lo spazio esistenziale è formato da vari sistemi che si sovrappongono, si penetrano e interagiscono a vicenda...*'[31] generando spazi complessi a volte causa dei conflitti tipici originati dalle incessanti tensioni umane e, a volte, causati dalla: '*ricchezza e ambiguità dell'esperienza moderna*'[32] che predilige, naturalmente, la ricerca di spazi compositi ed articolati atti a soddisfare stimoli ed esigenze di natura esplorativa, differenziata ed avventurosa. L'equilibrio da ricercare in sede progettuale, si situa naturalmente al confine estremo della complessità: causa di confusione e quindi rifiuto ed allontanamento.

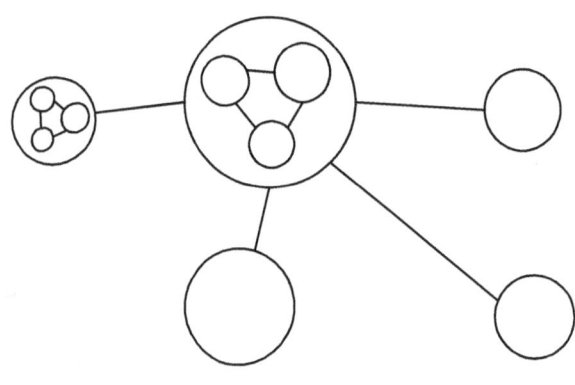

Il metodo per ovviare ad entrambe le situazioni (eccesso di stimoli e varietà = confusione, e al contrario, assenza di complessità e connotazione = noia, smarrimento) è quello di generare uno spazio dell'esistenza che contenga *immagini esistenziali* autoreferenziali di orientamento ai vari livelli: dal generale al particolare (macro e micro), atte ad evitare la sensazione di *smarrimento* in uno spazio *organicamente mobile* privo di connotati esistenziali.

Quindi il problema ambientale da affrontare, come scrive *Norberg-Schulz*: '...*non è però solo di natura tecnica, economica, sociale o politica. E' soprattutto un problema umano: il problema di salvare l'identità dell'uomo. [...] L'uomo ha abbandonato il suo posto e ha conquistato il mondo. Ciò che gli resta è il vuoto e non la libertà effettiva. Ha dimenticato quel che significa abitare [...] Libertà presuppone ancora sicurezza, e la sicurezza è possibile solo attraverso l'identità umana, di cui lo spazio esistenziale costituisce aspetto fondamentale...*'[33]

La traslazione nell'ambiente fisico delle esperienze esistenziali consiste, prima di tutto, nella riassunzione delle esperienze individuali in esperienze sociali pubbliche: traducendo i concetti comuni e le aree interferenziali[34] soggettive, in proprietà *basilari* delle loro traduzioni fisiche. Nella traduzione delle immagini psichiche in canoni generalisti per il mondo fisico, gli aspetti scientifici; ossia le regole fisiche che

---

[31] Norberg-Schulz C., *Esistenza Spazio e Architettura*, trad. it. Roma, 1975 (ed. orig. Existence, Space and Architecture, Oslo 1971), p.58
[32] Venturi R., *Complexity and Contradiction in Architecture*, New York, 1966, p.22
[33] Norberg-Schulz C., *Esistenza Spazio e Architettura*, trad. it. Roma, 1975 (ed. orig. Existence, Space and Architecture, Oslo 1971), pp. 63,64
[34] Ibidem, p.67

disciplinano il mondo reale, saranno il necessario *campo* di mediazione affinché il processo di traslazione fisica avvenga senza detrimento delle qualità valoriali psicologiche. I *canoni* tensionali che ne emergeranno dovranno convergere da un lato alle qualità *esatte* delle scienze bioambientali e dall'altro alle ambiguità intrinseche del mondo psicologico esistenziale.

La ricerca di questo equilibrio, nonché la sua traduzione in *grammatica spaziale* per l'ambiente lavorativo, sarà oggetto del prosieguo di questo lavoro.

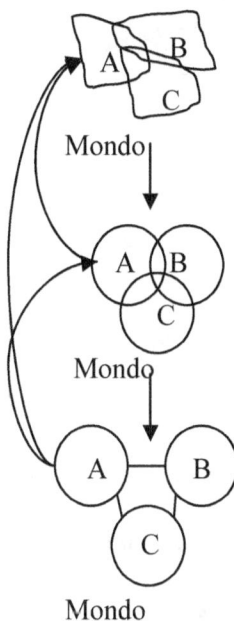

INTRODUZIONE ALL'ERGONOMIA

Nata in Gran Bretagna nel 1949 per opera dello psicologo *Kennet Frank Hywel Murrell* (1908 – 1984), come approccio progettuale trasversale che coinvolgeva studiosi di varie discipline (psicologi, fisiologi, ingegneri, medici e antropologi), al fine di tutelare la sicurezza e la salute e di promuovere il benessere delle persone sul lavoro. *Murrell* utilizzò per la prima volta il termine "Ergonomia", che deriva dal greco *ergon* (lavoro) e *nomos* (legge), e fondò la prima società nazionale di ergonomia. Nel 1961 furono create l'Associazione Internazionale di Ergonomia (I.E.A., *International Ergonomics Association*) e la S.I.E. (Società Italiana di Ergonomia).

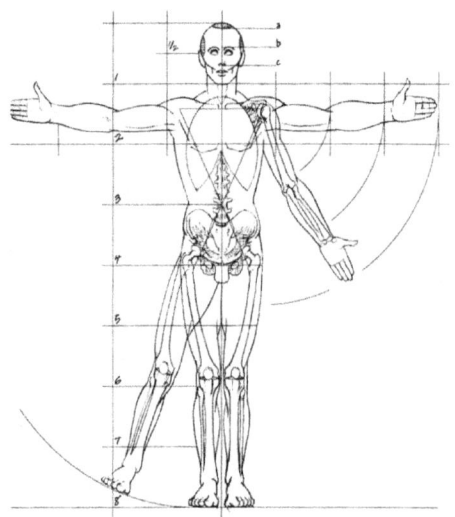

Definita come: '*scienza che studia il rapporto uomo – macchina – ambiente, per ottenere il migliore mutuo adattamento*'[35] oppure: '*...disciplina scientifica che studia l'interazione tra gli individui e gli altri elementi di un sistema nello svolgimento di una determinata attività. Obiettivo dell'ergonomia è accrescere il benessere dell'uomo e la performance complessiva del sistema attraverso l'ottimizzazione della compatibilità uomo-sistema. L'esame progettuale dell'interazione uomo-sistema include fattori fisici, cognitivi, sociali, organizzativi e ambientali*'[36].

L'ergonomia è oggi considerata una metodologia scientifica per analizzare valutare e progettare sistemi che includono l'uomo al fine di integrare le esigenze dello sviluppo produttivo con il rispetto delle risorse naturali. L'obiettivo è il raggiungimento della compatibilità tra il mondo che ci circonda e le nostre esigenze derivanti dalle nostre caratteristiche anatomiche, fisiologiche, psicologiche e sociologiche.

Gli obiettivi dell'ergonomia sono spesso distinti tra quelli orientati a garantire il benessere dell'individuo, ossia dell'utente-operatore, e quelli orientati a garantire l'efficienza dell'organizzazione. Questa distinzione, frequentemente utilizzata in ambito aziendale, individua i diversi fattori sui quali possono incidere le conseguenze dell'intervento ergonomico.

---

[35] *dal dizionario Garzanti della lingua italiana*
[36] *definizione di ergonomia da parte della IEA (International Ergonomics Association)*

Sulla base delle caratteristiche e delle capacità fisiche e sensoriali del gruppo di utenti di riferimento e delle attività richieste, possono essere identificati i requisiti che definiscono i livelli di qualità e le relative soglie di accettabilità.

Per quanto riguarda la compatibilità fisico-dimensionale tra utente e prodotto, è necessario conoscere le dimensioni corporee degli utenti di riferimento, le loro capacità e/o limitazioni nei movimenti e nell'esercizio della forza muscolare. Ciò significa utilizzare i dati relativi a specifici parametri antropometrici per la definizione delle specifiche di progetto. Ad esempio: i dati relativi alla variazione della statura, o delle zone di raggiungibilità, consentite dal movimento delle braccia e delle mani, all'interno del gruppo di popolazione o del gruppo di utenti considerati, permettono di definire le distanze minime e massime dal pavimento entro le quali collocare strumentazioni di controllo e comando delle apparecchiature.

In relazione alle estreme differenziazioni delle misure del corpo umano da individuo a individuo, popolazione e popolazione, i valori medi si sono rivelati di scarsa utilità ed è stato fondamentale introdurre il concetti di seriazione statistica applicate alle misure del corpo, arrivando a esprimere i dati antropometrici in *percentili*[37].

Per quanto riguarda la componente sensoriale e percettiva è necessario invece conoscere i meccanismi di base dei nostri sistemi sensoriali, le modalità con le quali si attuano i processi di recezione ed elaborazione degli stimoli e i processi di adattamento alle condizioni esterne e, infine, individuare i parametri necessari alla definizione delle specifiche progettuali.

LA QUALITÀ SENSORIALE

L'approccio ergonomico alla *qualità* sensoriale, può avvenire secondo *Francesca Tosi*[38] attraverso tre fondamentali aree di ricerca:

1. **L'ergonomia "classica"** caratterizzata dall'approccio *human factors*, ossia dallo studio sulla compatibilità degli oggetti con le caratteristiche psico percettive degli utenti e l'ambiente circostante.
2. **L'Used Centered Design** (UCD) ossia la ricerca del prodotto focalizzata sull'utente, comprendente le ricerche di cui al punto

---

[37] *"Il percentile indica la percentuale di persone di una determinata popolazione aventi dimensioni del corpo di una certa misura (o minore)."* Panero J.– Zelnik M., Spazi a misura d'uomo, trad. it Milano 1983 (ed. orig. Human Dimension & Interior-Space, New York, 1979), p. 34

[38] Tosi F., Beccali M., Gussoni M., Ergonomia e ambiente, Progettare per i cinque sensi, Milano 2003, p. 23

precedente ma intesa a valutare l'*usabilità* degli oggetti da parte di campioni di utenti, per specifica destinazione d'uso.
3. **L'area dei New Human Factors**, comprendente gli aspetti precedenti a cui si aggiunge una precisa valutazione delle qualità sensoriali ed emozionali del prodotto.

Ritenendo l'area di studio relativa ai *New Human Factors* (area che presuppone comunque il riferimento conoscitivo ai metodi dell'ergonomia tradizionale) un superamento dell'approccio ergonomico classico per andare *oltre i confini dell'usabilità* (ossia affrontare un terreno di ricerca sulle componenti più innovative dell'ergonomia; più vicine alla psicologia e alla sociologia) desideriamo soffermarci unicamente sulle sue caratteristiche intrinseche, ritenendole più coerente con le prospettive di studio di questo libro.

La valutazione della qualità sensoriale: i New Human Factors

Le principali tendenze riferibili alla *piacevolezza d'uso* di particolari oggetti nell'area dei *new human factors*, sono riconducibili principalmente a fattori demografici, generazionali ed alla generale tendenza verso una qualità di vita, intesa come benessere psico-fisico ed emozionale.

Maggior bisogno di *sicurezza* e di *fruibilità* dei prodotti, uniti all'invecchiamento[39] e alla femminilizzazione[40] del mercato, hanno riqualificato trasversalmente le nuove esigenze di approccio al design, sia a livello geografico che sociale. Le nuove esigenze possono riassumersi in tre categorie:

1. **Individualismo:** necessità di affermazione della propria individualità attraverso la personalizzazione del sistema degli oggetti.
2. **Tribalismo:** necessità di identificarsi in un *sistema sociale* (clan, corporazione) attraverso connotazioni specifiche del sistema degli oggetti.
3. **Edonismo:** attenzione verso il proprio benessere e la propria salute. Si esprime con una particolare attenzione al *sistema ambiente* ed alle sue caratteristiche di comodità, fruibilità, salubrità e prevenzione delle condizioni di fatica e stress psicofisico, nonché una particolare attenzione alla salvaguardia dell'ambiente inteso come ecosistema sostenibile.

---

[39] *L'età della "vecchiaia" corrisponde oggi ad età anagrafiche più avanzate rispetto al passato: i settantenni ed ottantenni di oggi sono mediamente persone attive e consapevoli, con capacità finanziarie ed un approccio più riflessivo ai prodotti.*
[40] *Crescita delle popolazione femminile rispetto a quella maschile.*

In tutti e tre i casi, le esigenze degli utenti si identificano con la corrispondenza dei prodotti alla sfera più alta dei loro bisogni, correlati alle aspettative di: benessere psicologico ed emotivo (rassicurazione), gratificazione personale (possesso) o di dimostrazione di status sociale (tribalismo, clan).

La traduzione di queste esigenze al sistema degli oggetti può essere descritta sinteticamente[41], nella ricerca di:

1. **Piacevolezza fisiologica**: riguarda le proprietà: tattili (forma e dimensioni degli oggetti), prensili (qualità superficiali: rugosità, morbidezza, grip), funzionali (modalità d'uso, di manipolazione, di attivazione), termiche (capacità conduttiva e termica), acustiche (*feed back* sonori), visive (cromaticità, forma) e olfattive (profumo del materiale), del sistema degli oggetti.
2. **Piacevolezza sociale**: riguarda le proprietà *aggregative* o di integrazione o interazione sociale del sistema oggetti (soddisfazione del tribalismo).
3. **Piacevolezza psicologica**: riguarda le proprietà specifiche di un oggetto a facilitare un compito e a trasformarlo in esperienza piacevole e soddisfacente: ne sono esempio la categoria degli oggetti mediatori, quali: *PC, Notebook, Smartphone, Tablet* ecc.
4. **Piacevolezza ideologica**: valore estetico (design di pregio, valore artistico), sociale (sostenibilità di un prodotto) o ideologico (un libro).

La valutazione sulla "*piacevolezza*" di un oggetto nasce quindi da una sintesi valoriale delle differenti sensazioni e si compone (in una condizione di test di prodotto) di due livelli di giudizio, dei quali, il primo dovrebbe essere immediato e soggettivo (un giudizio "*a pelle*" del singolo potenziale utente, avulso da influenze esterne) e il secondo un giudizio meditato e consapevole espressione collegiale di un campione rappresentativo di potenziali utenti.

---

[41] *Tosi F., Beccali M., Gussoni M., Ergonomia e ambiente, Progettare per i cinque sensi, Milano 2003, p. 135*

> *"È il nostro notarli che mette degli oggetti in una stanza,*
> *la nostra abitudine che li toglie di nuovo e libera spazio per noi."*
>
> *Marcel Proust*

LIVELLO 1 - ACCESSIBILITÀ E FUNZIONALITÀ DEGLI OGGETTI

Nella valutazione del panorama generale del *sistema degli oggetti* (costituito dagli *strumenti lavorativi* presenti nell'ambiente ufficio), desideriamo premettere che non sarà scopo di questo libro entrare nel merito delle loro proprietà stilistiche (o di design, nel vastissimo repertorio di offerte presenti sul mercato), bensì di focalizzare i lettori sui loro aspetti qualitativo-sensoriali *"apprezzabili"*, traducibili in benefici agli utenti. Questo si tradurrà in una classificazione degli stessi con livelli diversi di qualità valoriali (piacevolezza) al fine di costruire un sistema spaziale idoneo (livello 2) alla loro valorizzazione = generazione di piacevolezza = benessere psicofisico del campo.

Cercheremo inoltre di evidenziare le corrette prescrizioni di utilizzo degli oggetti, qualora la natura degli stessi possa prevedere attraverso un loro uso improprio, nocumento agli utenti con conseguenze sulla salute e sulle performance lavorative.

Analizzeremo infine le loro valenze dimensionali, utili a ricavare uno spazio *areale* di tipo meta progettuale, funzionale alla determinazione delle superfici ospitanti o di supporto al livello superiore (2).

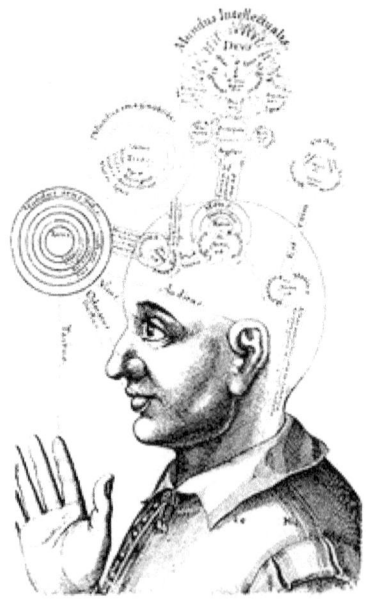

NECESSITÀ ERGONOMICHE DI ACCESSIBILITÀ DEGLI OGGETTI

GLI OGGETTI DEL LIVELLO 1 IN UFFICIO

Il sistema di oggetti presente a questo livello (1) composto dagli strumenti che oggi popolano abbastanza frequentemente una postazione di lavoro d'ufficio, si può riassumere nel seguente elenco:

1. *Smartphone*
2. *Notebook o PC portatile, Tablet*
3. *Schermo o monitor del PC*
4. *Tastiera*
5. *Mouse (e mouse pad)*
6. *Computer desktop*
7. *Lampada da tavolo*
8. *Telefono fisso*
9. *Calcolatrice da tavolo*
10. *Portapenne/portaoggetti*
11. *Cestino gettacarta*
12. *Multiprese elettriche e dati*
13. *Documenti di lavoro e consultazione*
14. *Stampanti, fax, fotocopiatrici, scanner (personali o di sistema)*
15. *Portadocumenti o leggio*
16. *Poggiapiedi*

1- SMARTPHONES

Molto spesso sono i gadget elettronici più costosi e più ingombranti da portare, ma gli *smartphones* (i telefoni intelligenti) parenti stretti più dei *tablets* o dei *notebooks*, che dei cellulari, sono la novità del momento: l'oggetto tecnologico attualmente più desiderato sul mercato tecnologico, in grado di soddisfare praticamente tutti i livelli di *piacevolezza* sensoriale (a+b+c+d).

In mano, in tasca, sul tavolo durante una colazione di lavoro, sul comodino prima di andare a letto, nella borsa della spiaggia, nella tasca della tuta da sci, nella sacca da golf, praticamente onnipresente, lo *smartphone* non si abbandona mai. Dai *top managers* ai piccoli imprenditori, per tutti è diventato un *must* insostituibile. La *smartphone-mail* viene oggi usata (e abusata) sempre di più ed ha cambiato le tempistiche di risposta personali ed aziendali.

Anche se non appartenente alla "*geografia*" statica del panorama degli oggetti di uso comune in ufficio (luogo caratterizzato per sua definizione dalla *stanzialità* degli oggetti), la sua presenza (visti i costi accessibili), si è imposta in modo determinante a tutti i livelli della scala gerarchica tanto da vederlo apparire di fianco ai *lap-top* (con cui conversa "*amabilmente*") mantenendo attivi tutti i livelli di comunicazione sia privata che aziendale.

Lo *smartphone* fa parte della categoria degli *oggetti intermediari* e le controindicazioni all'utilizzo sono ovviamente legate ad un uso improprio sia dal punto di vista relazionale che fisiologico.

Per sopravvivere alla *smartphone-mail* "*mania*" occorrerebbe limitare il "*rispondi a tutti*" compulsivo, altrimenti i danni potrebbero essere esponenziali. Oltre al tempo che richiede una tale attività, spesso le mail da esso generate danno luogo a fraintendimenti dovuti alla dimensione contenuta dell'oggetto (tastiera-display) il quale, invitando alla *sintesi*, può però amplificare l'effetto *fraintendimento*. Quando si avverte la possibilità di un conflitto è bene alzare il telefono (o magari incontrarsi a bere un caffè) e chiarirsi a voce.

Dal punto di vista fisiologico, per evitare problemi di affaticamento per la vista sarebbe opportuno evitare attività prolungate di lettura e scrittura sugli *smartphones*. Occorre inoltre ricordare l'importanza, durante la lettura/scrittura, di distogliere spesso lo sguardo dallo schermo per fissare oggetti lontani, così come quando si lavora al computer portatile o fisso.

Le dimensioni di uno *smartphone* sono ovviamente molto contenute e legate alla portabilità quindi possono stare ovunque sul piano di lavoro ed essere trasportati alla bisogna, seguendo l'operatore nel suo peregrinare. Generalmente durante le attività al *PC* o al *notebook*, stazionano di fianco ad essi garantendo un livello di accessibilità alla comunicazione praticamente totale.

2- NOTEBOOK O PC PORTATILE, TABLET

Unitamente agli smartphone, è la categoria di strumenti di lavoro più in fermento dal punto di vista della ricerca tecnologica e del design; forme e tecnologie si rincorrono offrendo agli utenti una grandissima varietà di modelli in grado di soddisfare le utenze più svariate sia nei termini della *piacevolezza* (a+b+c+d) che delle prestazioni.

Il *notebook*, assieme al *tablet* (il suo probabile futuro successore), fa parte della categoria degli oggetti intermediari e il suo limite di utilizzo, a livello *prescrizionale*, potrebbe essere connesso solo ad un suo uso eccessivo senza l'ausilio di particolari accorgimenti.

L'utilizzo intensivo dei computer portatili (*laptop, notebook* o *tablet*), comporta maggiori difficoltà per gli utenti nel mantenere una postura ergonomicamente corretta e conforme alle prescrizioni suggerite dalla medicina del lavoro[42]. Le prescrizioni infatti ne sconsigliano l'utilizzo nel luogo di lavoro se non per brevi periodi (con il Decreto legislativo 81/2008 anche le attività connesse all'uso del computer portatile rientrano in quelle tutelate dal titolo VII relativo ai videoterminali).

Per ovviare a ciò, vista la evidentissima praticità di utilizzo di questi strumenti, occorrerebbe adottare alcuni utili accorgimenti, quali:

1. Regolare la luminosità e il contrasto dello schermo in modo ottimale.
2. Quando si prevede di dover effettuare un lavoro prolungato (lavoro di scrittura o calcolo, ecc.) seduti è bene collegare il *laptop* a una tastiera esterna, dotarsi di un supporto in modo da sollevare lo schermo e orientarlo adeguatamente (ne esistono con sistemi di ventilazione forzata per raffreddare la CPU).
3. Collegare eventualmente il *laptop* a uno schermo esterno (facilita il lavoro con più documenti aperti), posizionato in modo stanziale sulla postazione di lavoro.
4. Collegare il *laptop* a un mouse separato, dotato di tappetino poggia polso.

---

[42] *Inail, Il lavoro al videoterminale, ed. 2010*

Conviene inoltre:

1. Cambiare spesso posizione facendo pause frequenti,
2. Evitare di piegare la schiena in avanti,
3. Mantenere gli avambracci, i polsi e le mani allineati durante l'uso di mouse e tastiera, evitando di piegare o angolare i polsi.

Le dimensioni di un portatile sono oggi abbastanza varie: diciamo che potrebbe occupare uno spazio variabile da c.a. 45 x 45 cm. in configurazione *stand-alone*, e schermo aperto, fino ad uno spazio di c.a. 47 x 45 cm. se associato ad una tastiera a cui vanno eventualmente sommati c.a. 50 x 25 cm. per uno schermo aggiuntivo.

3- SCHERMO (O MONITOR) DEL PC

Viene detto schermo (o monitor) la periferica di visualizzazione del computer. Si distinguono abitualmente due famiglie di schermi :

- **Gli schermi piatti o** *flat screen* (LCD) in dotazione a tutti i *laptop*, nonché ai computer fissi in commercio. Si tratta di schermi poco profondi (da qui il loro nome), leggeri e con una consumazione elettrica ridotta.
- **Gli schermi a tubo catodico** (sigla CRT per *Cathod Ray Tube*), in dotazione fino a qualche anno fa nella maggior parte dei computer fissi da ufficio. Si tratta di monitor voluminosi e pesanti, con una consumazione elettrica elevata, non più reperibili sul mercato.

Se avete ancora qualche stazione di lavoro dotata di schermi a tubo catodico, è opportuno dire che la scelta più efficiente è quella di sbarazzarsene per sostituirli con schermi LCD: infatti, uno schermo LCD consuma il 70% di energia in meno di uno schermo tradizionale a tubo catodico. Ci troviamo dunque di fronte a un grosso potenziale di risparmio. Tuttavia non dobbiamo dimenticarci che questi schermi, purtroppo, consumano energia elettrica anche da spenti. Il consumo è causato dal fatto che lo schermo, anche se spento, rimane collegato alla rete elettrica. Ricordiamoci quindi di scollegarli completamente alla fine della giornata lavorativa attraverso un sistema di spegnimento (tramite timer o con interruttore) dell'area lavorativa. Se siete un piccolo imprenditore, o avete un numero ridotto di impiegati, potete utilizzare una multipresa con interruttore per postazione di lavoro, in modo da poter spegnere completamente tutti gli apparecchi collegati ad essa alla fine della giornata lavorativa. Ne esistono di "*intelligenti*" che consentono di mettere in *slave* una serie di componenti accessori che vengono alimentati solo quando il componente *master* viene acceso.

L'adozione di schermi piatti ovvia anche al problema dell'esposizione ai raggi X di bassa energia generati dai monitor a tubo catodico. Gli schermi LCD, infatti, non emettono alcun tipo di raggi X, generano campi elettrostatici esigui, in quanto la loro superficie viene pretrattata. Inoltre essi generano campi elettromagnetici di bassa intensità che non raggiungono neppure le dimensioni del campo di un normale cavo di rete e quindi non destano nessun tipo di preoccupazione[43].

Lo schermo video è generalmente inclinabile e girevole. Il centro dello schermo andrebbe posizionato sull'asse visivo abituale di lavoro per evitare eccessivi e continui movimenti del capo sia in senso orizzontale che verticale. La corretta distanza visiva (distanza occhio/schermo) varia da 50 agli 80 cm lavorando su schermi delle dimensioni

---

[43] *Ibidem, p.10.*

abitualmente in uso. Per gli schermi molto grandi, come quelli utilizzati nelle postazioni di lavoro CAD, si possono prevedere distanze maggiori[44].

Lo schermo è un oggetto *tecnologico* poco appariscente nella forma (anche se ricco di contenuti stilistici sulla cornice perimetrale e sulla basetta) che è chiara espressione della sua funzione. E' considerabile anch'esso un *oggetto intermediario* e correlato all'utilizzo con una unità *desktop* (o un *notebook*) e attraverso di essi ad un ERP aziendale come terminale di sistema. Può essere in grado di soddisfare i livelli di "*piacevolezza*" sensoriale di tipo (a+c). Le dimensioni di uno schermo oggi in commercio sono abbastanza varie: diciamo che potrebbe occupare uno spazio variabile da c.a. 45 x 18 x 38 cm. per un 19", a c.a. 60 x 20 x 45 cm. per un 25".

---

[44] *Ibidem, p.15*

4- TASTIERA

Quando si parla di tastiere per *desktop*, occorre pensare a tastiere silenziose di tipo *slim* (ultra piatte: non serve in questo caso l'ausilio di un poggia polsi). Costano, come abbiamo già detto, qualcosa di più rispetto alle standard, ma sono resistentissime e silenziose quanto la tastiera di un *notebook* (parliamo di un'emissione sonora attorno ai 6 dB(A) contro i 31-38 dB(A) di una tastiera di vecchia generazione). Da valutare anche quelle in silicone (anche se non a tutti piacciono) sono anch'esse silenziose, economiche e molto igieniche (sono lavabili!).

Molte tastiere hanno la possibilità di variare l'inclinazione tramite la regolazione di appositi piedini. Trovare l'inclinazione più adatta tende a diminuire il possibile affaticamento a carico degli arti superiori. L'utente deve adottare l'inclinazione che gli comporti il minor affaticamento dei polsi che può valutare sperimentalmente con l'uso. Suggeriamo di sottoporre a test interno alcuni modelli di tastiera per qualche tempo e far scegliere il modello più idoneo da un gruppo di utenti selezionati.

Per la tastiera e il mouse si deve disporre di spazio sufficiente sul piano di lavoro, anche per consentire l'appoggio degli avambracci: per questo motivo la tastiera deve avanzare rispetto al bordo del tavolo di circa 10 – 15 cm.

La tastiera, come oggetto, può essere in grado di soddisfare i livelli di *piacevolezza sensoriale* di tipo (a+ c) e le sue dimensioni possono essere contenute in c.a. 45 x 18 cm.

5- MOUSE

L'utilizzo di questo dispositivo di input è diventato indispensabile per la gestione dei programmi applicativi. Una delle caratteristiche indispensabili è la facilità di impugnatura e la sua leggerezza. Al primo tipo di necessità si fa fronte con un design quasi ovoidale, che permette l'appoggio quasi completo del palmo della mano. Ma esistono anche altri tipi di soluzione quali, per esempio, delle forme asimmetriche che permettono una migliore presa laterale da parte del pollice e dell'anulare lasciando liberi l'indice e il medio all'utilizzo dei tasti frontali e della rotellina di scorrimento. L'impugnatura deve essere sicura e stabile.

Per garantire questa caratteristica alcuni mouse presentano delle superfici in gomma antiscivolo. Altri sono proposti in taglie diverse a seconda della dimensione della mano dell'utilizzatore. Nei mouse di ultima generazione, uno degli elementi in cui è sempre più facile imbattersi è rappresentato dalla rotellina di scorrimento. Questa aggiunta permette di scorrere le pagine di qualunque finestra, indipendentemente dalla posizione del puntatore del mouse. Una simile funzionalità si dimostra particolarmente utile quando si passa molto tempo in Internet, consultando pagine alla ricerca di informazioni.

È necessario quindi prevedere uno spazio adeguato alla destra (o alla sinistra se si è mancini) della tastiera per il posizionamento del tappetino per il mouse, il quale dovrà essere dotato di poggia polsi in gel atto alla riduzione dell'affaticamento di mano e polso e quindi alla prevenzione della sindrome del tunnel carpale. Oltre a delimitare e circoscrivere l'area di utilizzo del mouse sul piano di lavoro, il mouse pad è generalmente dotato di fondo antiscivolo: utile ad assicurare un più preciso puntamento del mouse.

Mouse + mouse pad, come sommatoria di oggetti, possono essere in grado di soddisfare i livelli di *piacevolezza sensoriale* di tipo (a+c) e dimensionarsi in c.a. 25 x 20 cm..

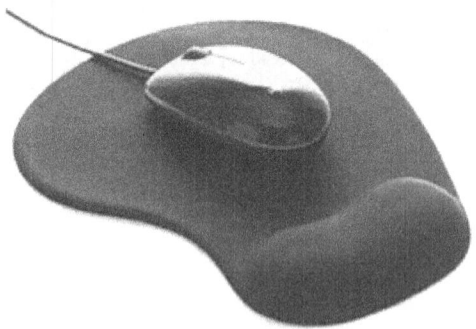

6- COMPUTER DESKTOP

Il computer *desktop*, spesso abbreviato in *desktop*, ma anche computer da scrivania ("*desktop*" è un termine inglese che in italiano significa "*scrivania*"), è una tipologia di computer contraddistinto dall'essere *general purpose*, di dimensioni tali per cui l'installazione su di una scrivania risulta essere la più appropriata.

In tale tipologia di computer rientrano la gran parte dei personal computer in dotazione agli utenti nel panorama impiegatizio. Il *desktop* è caratterizzato da una notevole espandibilità (si possono cioè aggiungere internamente altri componenti), facile riparabilità e da prestazioni quasi sempre superiori rispetto al computer portatile in ragione di maggiori risorse hardware (un maggiore quantitativo di memoria RAM, uno o più *hard disk* di maggiori capacità, ecc.).

Negli ultimi anni, l'evoluzione tecnologica, la concorrenza tra le aziende informatiche e la richiesta sempre maggiore di prodotti, ha provocato un repentino abbassamento dei prezzi, ma anche l'obsolescenza anticipata dei modelli. I computer moderni, infatti (ma non solo i *desktop*: anche i *notebook*, ecc.), hanno un tempo di vita utile (prima di diventare obsoleti) che supera raramente i quattro anni.

Nella concezione moderna di *desktop*, per le loro contenute dimensioni e lo chassis di forma più convincente (uniti all'adozione di schermi piatti) se non di grandi dimensioni (mini tower), si vedono alcune volte posizionati sulla scrivania nell'area "*morta*" dietro lo schermo stesso. Ovviamente in questi casi bisogna fare i conti con la rumorosità delle ventole che, se di tipo standard (quindi: non silenziose) hanno un'emissione sonora che va dai 20 ai 30 dB(A). E' preferibile quindi un posizionamento al di sotto del piano di lavoro, su uno dei molti supporti per *desktop tower* disponibili sul mercato, del tipo agganciabile alla scrivania o posizionato libero su un supporto dotato di ruote pivotanti.

I *case* dei *desktop*, nonostante gli sforzi dei designer, mantengono una forma scatolare abbastanza banale e si può quindi pensare che, appartenendo anch'essi alla categoria degli *oggetti intermediari*, possano al massimo soddisfare i livelli di *piacevolezza sensoriale* di tipo (c).

Le dimensioni dei *desktop minitower* sono abbastanza standardizzate e misurano circa 20x45x40 cm.

7- LAMPADA DA TAVOLO

La lampada da tavolo è un oggetto molto studiato dal design contemporaneo: per l'uomo moderno, si potrebbe situare al confine tra gli *oggetti intermediari* e quelli *puri* per la sua diretta relazione tra forma e funzione. E' in grado di soddisfare quasi tutti i livelli di *piacevolezza sensoriale* (a+c+d). Ne esistono di diversissime forme e dimensioni e i livelli di caratterizzazione formale ed estetica sono praticamente infiniti.

A livello tecnologico sono da preferire quelle a LED ad elevata potenza (risparmio energetico fino all' 80%, 20.000 ore di utilizzo = 20 anni sulla base di un utilizzo medio di 3 ore al giorno e 13.000 cicli di accensione). Ne esistono alcune dotate di funzione di autospegnimento dopo 14 ore di utilizzo ininterrotto. Dovranno essere dotate di regolatore di intensità luminosa per consentire di bilanciare il livello di fabbisogno luminoso nell'arco della giornata.

A livello ergonomico saranno da privilegiare il bilanciamento, la flessibilità di gestione e movimentazione del "braccio" portante che dovrà essere gestibile con una sola mano. La *testa* luminosa del diffusore dovrà essere facilmente ruotabile, orientabile e posizionabile in più piani dimensionali. Dovrà avere la doppia possibilità di essere fissata tramite morsetto o poggiabile tramite base mobile (entrambi con rotazione possibile a 360°), sui sistemi dei piani o dei recinti perimetrali, della postazione di lavoro dei livelli superiori (2-3).

Essendo un oggetto *sospeso* rispetto al piani di lavoro (a parte la sua base mobile, qualora in appoggio sul sistema dei piani, che potremo considerare di c.a. 20 cm. di diametro), la sua dimensione complessiva è quasi ininfluente a livello dei piani. Il suo ingombro aereo potrebbe attestarsi in altezza rispetto al piano di lavoro, variabile dai 20 ai 55 cm. per uno sviluppo medio totale del sistema dei bracci rispetto alla base, valutabile attorno agli 80 cm.

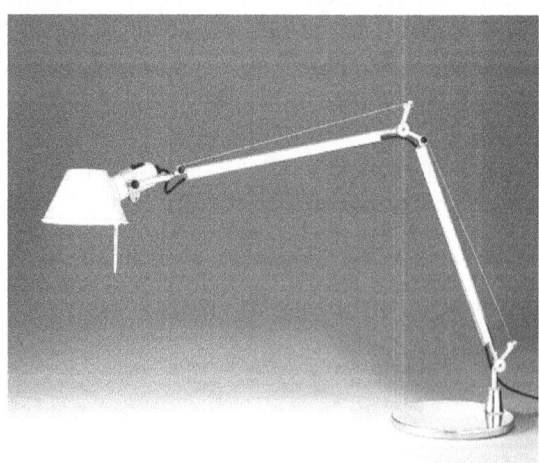

8- IL TELEFONO FISSO

Prima di affrontare il tema legato all'oggetto *telefono fisso,* occorre fare una doverosa premessa. A partire dalle aziende di medie dimensioni, il PBX (*Private Branch Exchange*) inteso come il *centralino* a cui sono collegati una serie di telefoni, per quanto belli esteticamente e ricchi di funzioni, è ormai considerato un sistema obsoleto. Le imprese oggi considerano il sistema telefonico come parte integrante della rete aziendale, dando per scontate le prestazioni più tradizionalmente *"telefoniche"* che viene naturale aspettarsi di poter svolgere davanti ai monitor dei PC.

Per questo è nata la CTI (*Computer telephony Integration*): una tecnologia che permette di interfacciare un sistema telefonico con un sistema informatico aziendale. Il concetto che muove questa tecnologia trae origine dal crescente bisogno di velocità e snellezza in tutte le operazioni aziendali, compreso l'ambito della comunicazione con clienti, fornitori, partners, enti e istituzioni.

In quest'ambito sono nati applicativi software (*CTI applications*) che consentono di vedere l'arrivo di una chiamata sullo schermo del proprio PC e di rispondervi con un click del mouse. Al momento della ricezione viene immediatamente aperta la scheda cliente del chiamante (se presente sulla propria rubrica su PC, o nell'anagrafica clienti/fornitori aziendale o dal CRM[45]) la quale presenta all'operatore le informazioni cliente/fornitore, permettendo all'operatore di avere sottomano immediatamente la "storia" del proprio interlocutore e dei suoi rapporti con l'azienda. Lo stesso discorso vale per le funzioni legate alla chiamata: interagendo direttamente con le rubriche elettroniche sopracitate, le funzioni permettono all'operatore di effettuare la telefonata direttamente dalla scheda del contatto desiderato, tramite un semplice click del mouse.

Le stesse applicazioni consentono inoltre di registrare gli estremi di ogni chiamata, per poi trasformarli o in informazioni economiche (sistemi di gestione addebiti) o tramite altri applicativi che interagiscono direttamente con la centrale telefonica, di inviare comandi ai singoli telefoni oppure inviare alla propria casella di posta elettronica la lista di tutte le chiamate effettuate e ricevute (anche quelle ricevute a computer spento). Per una media impresa, con un *Customer Service* o un Ufficio Acquisti, mediamente strutturati, un investimento sulla CTI si ripagherà molto presto fornendo le basi su cui poggiare progetti di maggiore focalizzazione al cliente e al fornitore.

Detto ciò, ci ritroviamo a considerare diverse opzioni relative all'apparecchio telefonico legate obbiettivamente alla specializzazione di impiego degli operatori stessi. Il mercato

---

[45] *Customer Relationship Management (CRM). Le applicazioni CRM servono a tenersi in contatto con la clientela, a inserire le loro informazioni nel database e a fornire loro modalità per interagire in modo che tali interazioni possano essere registrate e analizzate.*

offre infinite soluzioni tecnologiche che vanno dalle cuffie telefoniche professionali multiuso (con filo o wireless, mono o biauricolare) per utilizzo contemporaneo su più dispositivi (PC, telefono e cellulare), alle cuffie collegabili al classico telefono fisso con mini display LCD, funzioni vivavoce più le classiche dotazioni standard per questo tipo di apparecchi. Oppure ai telefoni (o cornette) USB collegabili direttamente ai PC, come pure i sistemi vivavoce/cuffie per PC via USB collegabili a cellulari e smartphone.

Gli *oggetti* da valutare, nella configurazione di maggior impiego di spazio (e per la stragrande maggioranza delle imprese: piccole, medie o grandi che siano) possono essere quindi due: la *cuffia* (mono o biauricolare con microfoni a cancellazione del rumore) e il *telefono fisso* (o il solo dispositivo vivavoce) collegabili tra loro e/o con il PC.

Il telefono fisso e le cuffie, in quanto oggetti *tecnologici,* possono essere in grado di soddisfare i livelli di *piacevolezza* sensoriale di tipo (a+c) e le loro dimensioni, all'interno dell'enorme patrimonio delle variabili di mercato, possono presumibilmente essere contenute in c.a. 25 x 35 cm.

9- CALCOLATRICE DA TAVOLO

Durante gli anni ottanta e novanta i due principali fabbricanti, *HP* e *Texas Instruments*, realizzarono continuamente calcolatrici dotate, di volta in volta, di un maggior numero di funzioni. Alla fine del millennio, la linea che divideva una calcolatrice grafica e un computer palmare non sempre era ben definita. Oggi sono strumenti sofisticati ed essenziali nell'area didattica scientifica e, in un ufficio, nonostante i calcoli vengano fatti prevalentemente dal computer (e le funzioni basiche siano incorporate in qualsiasi cellulare) mantengono saldamente le posizioni e non mancheranno mai di presenziare sul tavolo di qualsiasi impiegato o manager per i calcoli veloci all'impronta.

Le più usate in ufficio sono quelle con funzioni matematiche di base, tax, mark-up, con alimentazione solare+batteria, o USB+solare collegabili al PC.

Essendo anch'esse considerabili appartenenti alla famiglia degli *oggetti tecnologici* cui appartengono i telefoni fissi o le tastiere dei desktop, possono essere in grado di soddisfare i livelli di *piacevolezza* sensoriale di tipo (a+c) e le loro dimensioni, all'interno della vastissima offerta di mercato, possono essere contenute in c.a. 20 x 25 cm..

10- PORTAPENNE, PORTAOGGETTI

Ne esistono di diverse fogge, colori, dimensioni, ecc. e possono stazionare sia sul piano di lavoro, che ancorate al sistema di *schermi-recinto*. Nell'era digitale, sostituiscono di fatto integralmente le vecchie e costose cassettiere ancora onnipresenti negli uffici, utilizzate unicamente ad archiviare oggetti inutili (provate ad aprirne qualcuna per credere!). Servono a contenere e rendere disponibili i pochi oggetti (primari) di cancelleria (penne, matite, ecc.) utili al lavoro manuale in ufficio. Possono essere in grado di soddisfare i livelli di *piacevolezza sensoriale* di tipo (a+d) e le loro dimensioni, all'interno della vastissima offerta di mercato, possono presumibilmente essere contenute in c.a. 20 x 10 cm.

11- CESTINO GETTACARTA

Anche di questo articolo ne esistono di diverse fogge, colori, dimensioni ecc. e possono stazionare sia a terra, adiacenti il posto di lavoro, sia ancorati al sistema di *schermi-recinto*. Possono essere in grado di soddisfare i livelli di *piacevolezza sensoriale* di tipo (a) e le loro dimensioni, all'interno della vastissima offerta di mercato, possono presumibilmente essere contenute in c.a. 25x25 cm.

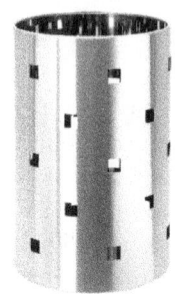

12- MULTIPRESE ELETTRICHE E DATI

Per la quantità di oggetti tecnologici *portatili* o nomadi presenti sulla scrivania, (*notebook, tablet, cellulari, smartphone, caricabatterie*, ecc.) la necessità di poter accedere facilmente a collegamenti con la rete energetica o informatica senza dover compiere pericolose evoluzioni per la schiena al di sotto del piano di lavoro, è oggi determinante. Come del resto uno *spazio* necessario a contenere i cavi in eccesso di collegamento ai vari strumenti, che altrimenti stazionerebbero in modo disordinato e ingombrante sulla scrivania.

 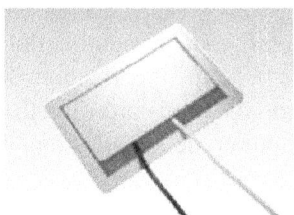

Non sempre una multi presa fissata in una posizione + o - accessibile dal posto di lavoro è risolutiva; come del resto l'adozione di torrette fisse o retrattili fissate a pavimento (di solito, anche spostando la quadrotta di pavimento galleggiante, risultano sempre lontane dal posto di lavoro). E' un tema che va affrontato con attenzione. Esistono sul mercato alcune soluzioni intelligenti e funzionali come multi prese *flip-top* a scomparsa, posizionabili attraverso asolature sul piano di lavoro dotate di un sistema di ribaltamento, e di acceso al sottopiano (dove dovrà essere allocata una semplice vaschetta raccolta cavi) tramite spazzole, per eliminare dal piano stesso ogni evidenza di prese o cavi in eccesso. Oppure torrette retrattili, fisse o nomadi, in grado di consentire l'accesso diretto o laterale il piano di lavoro, a multi prese elettriche o dati e di poter raccogliere al suo interno i cavi in eccesso.

Questi oggetti possono essere in grado di soddisfare i livelli di *piacevolezza sensoriale* di tipo (a). Le loro dimensioni, in caso di soluzioni *flip-top* possono occupare spazi (sul piano di lavoro) variabili da 19-24-36 cm. di larghezza, per 16 cm. di profondità, funzione della quantità di accessi necessaria. In caso di torrette retrattili, è necessario operare delle asolature di diametro 102 mm. sul piano di lavoro.

13 - DOCUMENTI DI LAVORO E CONSULTAZIONE

L'accesso e la gestione dei documenti di lavoro, intesi come *oggetti* a questo livello, è un tema molto delicato perché non può prescindere dall'organizzazione del lavoro del singolo utente, in relazione alla struttura aziendale di riferimento e la relativa *mission* d'impresa. In quest'ambito di analisi, gli *oggetti-documento* spaziano dalla tipica *corrispondenza*, consistente in *fogli* da consultare, ordinare e raccogliere, ai *documenti-progetto*, fino alla *manualistica*: riviste, dizionari, manuali d'uso ecc., e possono riclassificarsi genericamente nel seguente modo:

Documenti di lavoro:

I. **Di immediata consultazione** (giornaliera):
   i. Corrispondenza (vaschette orizzontali)
   ii. Progetti aperti in corso di elaborazione (contenitore porta progetti aperto)
   iii. Progetti da iniziare (contenitore porta progetti chiuso e sovrapposto)
   iv. Progetti sospesi (idem)

II. **Di consultazione frequente** (settimanale):
   i. Riviste specializzate (portariviste verticali)
   ii. Manuali o cataloghi di fornitori
   iii. Dizionari e prontuari

III. **Di consultazione saltuaria** (mensile):
   i. Testi di riferimento (scientifici, tecnici, legali ecc.)
   ii. Altri

Le necessità che immediatamente emergono da questa suddivisione sono due: la prima riguarda la disposizione di questi *oggetti* secondo i vari livelli di accesso lavorativo che possono ulteriormente riassumersi in oggetti di tipo "A", ossia di: *disbrigo quotidiano* (documenti di lavoro) e di tipo "B": di *consultazione, informazione* (manuali, cataloghi, testi scientifici e dizionari ecc.).

Entrambi, indipendentemente dal modello organizzativo aziendale, necessitano di livelli *diversi* di accessibilità e dislocazione nella postazione di lavoro. Mentre i primi (tipo "A") riguardano di fatto *l'input* lavorativo: sono ossia gli elementi *generativi* del processo lavorativo (senza di essi non esisterebbe il *lavoro* da svolgere) e quindi stazioneranno il tempo necessario alla loro contribuzione al processo, poi necessariamente dovranno essere catalogati e archiviati non appena terminata la loro funzione: ossia aver contribuito a generare valore (*output di valore, output documentale*). I secondi (tipo "B") dovranno coesistere ed essere disponibili durante il processo di creazione del valore (che normalmente si esprime a livello informatico), supportarlo fino al suo termine e rimanere presenti stabilmente presso la postazione di lavoro (medio-alta permanenza) fino al momento della loro sostituzione per obsolescenza.

Le due tipologie di oggetti quindi interagiranno, come vedremo nel livello successivo, in un "luogo" areale deputato alla loro interazione (*documento* "A" + *manuale* "B") prossimo al sistema degli oggetti informatici (PC/*notebook* ecc.).

Essendo gli *oggetti-documento* di dimensione e quantità variabili, anche se annoverabili nel *tipo* cartaceo, necessiteranno nei loro momenti di interazione reciproca mediata dall'utente, di *supporti-carrier* relativamente diversi.

Mentre i primi (tipo A) dovranno stazionare in *aree di incubazione* circoscritte assieme magari ad alcuni dei secondi, funzione del tempo di attraversamento dello specifico *progetto lavorativo* per poi essere archiviati, i secondi (tipo B) prenderanno parte al processo solo in modo estemporaneo e dovranno, in seguito, non appena terminata la loro funzione, rientrare nelle loro *aree carrier* di *deposito* per evitare di creare confusione ai primi. Nel capitolo successivo, quando tratteremo gli oggetti al livello 2, vedremo come meglio affrontare le tematiche spaziali e le esigenze di *matching* di entrambi i livelli.

Alcuni di questi oggetti (testi specialistici ecc.) possono essere in grado di soddisfare i livelli di *piacevolezza sensoriale* di tipo (c) e, anche se le loro dimensioni complessive possono risultare variabili per volume e dimensione, possono comunque essere riconducibili nei limiti tipologici e di *formato-stampa* dei documenti cartacei.

14- STAMPANTI, FAX, FOTOCOPIATRICI, SCANNER (PERSONALI O DI SISTEMA)

Le stampanti multifunzione *all-in-one* combinano una stampante laser o inkjet, con uno scanner, che di solito serve anche per offrire le funzioni di una fotocopiatrice, e inviare e ricevere fax. I prezzi di partenza sono molto bassi e si sarebbe tentati di portarsi a casa, con un investimento minimo, tipologie di prodotto che fino a poco tempo fa erano destinate agli uffici della media impresa. Molti produttori di stampanti multifunzione sfruttano un modello di business simile a quello dei cellulari: meno pagate la stampante, più vi costerà la sua gestione in ricambi (inchiostri). Scegliere il prodotto più economico, quindi, non sempre è la scelta migliore. I modelli più avanzati sono dotati di

lettore di schede di memoria e possono stampare le fotografie direttamente da questo tipo di supporti, spesso è presente anche una porta USB e sono configurabili in rete anche *WiFi*.

Normalmente in piccole e medie imprese, questi oggetti sono posizionati in un area dedicata (di tipo tecnologico) dell'ufficio e utilizzate in rete da più utenti. Difficilmente stazionano sulla postazione di lavoro singola a meno di piccole imprese o professionisti.

Questi oggetti possono essere in grado di soddisfare i livelli di *piacevolezza sensoriale* di tipo (a) e le loro dimensioni sono variabili funzione della tipologia di prodotto. Potremo dire che vanno da 45 x 45 cm. (le multifunzione a getto d'inchiostro più piccole) alle stampanti laser multifunzione per uso intensivo di c.a. 75x75 cm.

15- PORTADOCUMENTI O LEGGIO

Per particolari attività che richiedono una lettura continuativa di documenti (videoscrittura, inserimento dati, copiatura, ecc.) può essere utile l'ausilio di un *portadocumenti* o leggio. Quando questo oggetto viene utilizzato, deve essere posizionato alla stessa distanza visiva dello schermo al fine di ridurre i movimenti del capo (ed evitare continui adeguamenti della messa a fuoco, con conseguente affaticamento degli occhi e della zona cervicale). Ne esistono di diversi modelli: su braccio snodabile o da tavolo, dotate di buste di plastica rigide e

apertura a libro.

Questi oggetti possono essere in grado di soddisfare i livelli di *piacevolezza sensoriale* di tipo (a) e le loro dimensioni sono generalmente relative al contenimento fogli A4 e possono essere contenute complessivamente in 35x30x35 cm.

16- POGGIAPIEDI

Quando non si possono appoggiare i piedi comodamente sul pavimento, può essere necessario l'uso di un poggiapiedi. Bisogna evitare infatti di avere le gambe sospese o di far poggiare solo la punta dei piedi, per prevenire difficoltà circolatorie nella parte inferiore degli arti con sensazioni di indolenzimento, formicolii, ecc. Il poggiapiedi deve essere sufficientemente ampio, mobile e antisdrucciolevole.

Sono sconsigliati quelli di piccole dimensioni o quelli che costringono l'appoggio plantare su una barra al centro della pianta del piede.

Questi oggetti possono essere in grado di soddisfare i livelli di *piacevolezza sensoriale* di tipo (a) e le loro dimensioni possono essere contenute in c.a. 46 x 46 cm..

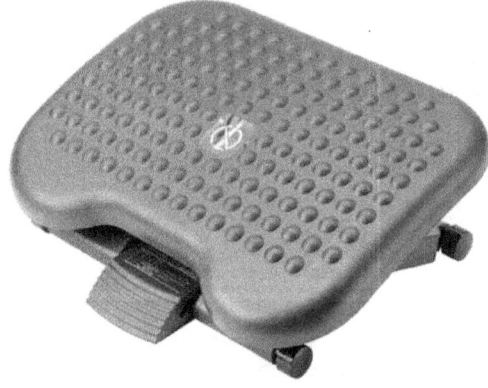

CLASSIFICAZIONE VALORIALE DEGLI OGGETTI LIVELLO 1

Cercheremo ora di attribuire un valore di *Piacevolezza Sensoriale* (PS) agli oggetti analizzati, in una scala valoriale da 1 a 9, relativa agli aspetti qualitativo-sensoriali *apprezzabili* e traducibili in benefici psicofisici per gli utenti. Questo, al fine di costruire un *sistema spaziale* idoneo (al livello 2) utile alla loro valorizzazione.

Attribuiremo quindi: un valore 3 agli aspetti *psico-fisiologici* degli oggetti; un valore 2 agli aspetti *ideologici* e un valore 1 a quelli *sociali*.

- a. Piacevolezza fisiologica: PS 3
- b. Piacevolezza sociale: PS 1
- c. Piacevolezza psicologica: PS 3
- d. Piacevolezza ideologica: PS 2

Questa riclassificazione definisce gli oggetti appartenere ai seguenti gruppi:

OGGETTI CON PS = 9

- Smartphone: piacevolezza sensoriale (a+b+c+d): PS=9
- Notebook o PC portatile, Tablet :piacevolezza sensoriale (a+b+c+d): PS=9

OGGETTI CON PS = 8

- Lampada da tavolo: piacevolezza sensoriale (a+c+d): PS=8

OGGETTI CON PS = 6

- Schermo o monitor del PC: piacevolezza sensoriale (a+c): PS=6
- Tastiera: piacevolezza sensoriale (a+c): PS=6
- Mouse (e mouse pad) : piacevolezza sensoriale (a+c): PS=6
- Telefono fisso: piacevolezza sensoriale (a+c): PS=6
- Calcolatrice da tavolo: piacevolezza sensoriale (a+c): PS=6

OGGETTI CON PS = 5

- Portapenne/portaoggetti: piacevolezza sensoriale (a+d): PS=5

OGGETTI CON PS = 3

- Computer desktop: piacevolezza sensoriale (c): PS=3
- Multiprese elettriche e dati: piacevolezza sensoriale (a): PS=3
- Documenti di lavoro e consultazione: piacevolezza sensoriale (c): PS=3
- Stampanti, fax, fotocopiatrici, scanner (personali o di sistema): piacevolezza sensoriale (a): PS=3
- Portadocumenti o leggio: piacevolezza sensoriale (a): PS=3
- Poggiapiedi: piacevolezza sensoriale (a): PS=3
- Cestino gettacarte: piacevolezza sensoriale (a): PS=3

[46] *Nell'immagine: Poltrona Proust di Alessandro Mendini, 1979*

INTERAZIONE E ACCESSIBILITÀ DEL SISTEMA OGGETTI DEL LIVELLO 1

Occorre ora definire spazialmente la geografia degli *oggetti* appartenenti al livello uno, in modo da evidenziare graficamente il sistema di relazioni che si instaurano tra loro e l'uomo in qualità di utente. Questo al fine di definire il giusto rapporto antropometrico, fisiologico e psicologico tra: il sistema degli oggetti di livello uno e quello dei loro supporti (*carriers*), di livello due (generati per supportare queste condizioni) e l'essere umano, posizionato centralmente a questo sistema di relazioni.

Per fare ciò occorrerà definire un *modello* antropometrico *regolare* al fine di poter valutare correttamente tutti questi aspetti.

L'utilizzo dei dati antropometrici

L'utilizzazione dei dati antropometrici si presenta come un processo apparentemente semplice, basato sulla individuazione dei dati utili al progetto e sulla loro traduzione in parametri progettuali di tipo grafico vettoriale (ambiente CAD).

In realtà occorre porre particolare attenzione alla scelta dei dati di riferimento considerando che le misurazioni si riferiscono generalmente alle dimensioni e alla capacità di movimento di persone che indossano un abbigliamento minimo, a capo scoperto e a piedi nudi. L'ingombro degli abiti deve quindi essere considerato come un fattore di variabilità sia per le dimensioni del corpo umano sia per la capacità di movimento poiché l'estensione e l'agilità possono essere diminuite dalla necessità di indossare capi d'abbigliamento invernali piuttosto che estivi.

I dati antropometrici rilevati all'interno di un campione di popolazione si presentano con valori variabili che possono essere presentati in forma comprensibile mediante istogrammi. La parte più alta della curva esprime sia il valore medio del carattere considerato, sia il valore più frequentemente rilevato all'interno della popolazione considerata e, infine, il valore al di sotto o al di sopra del quale si trova il 50% dei soggetti. Le misure rilevate sono generalmente suddivise in 100 parti percentuali cui corrispondono 99 medie (definite percentili) che indicano quale percentuale di popolazione presenta un valore di parametro $\leq$ a quello preso in considerazione. Il 5° percentile della statura in altezza indica, ad esempio, che il 95% della popolazione ha una statura superiore e che soltanto il 5% ha una statura inferiore a quel determinato valore.

Viceversa il 90°percentile indica che il 10% della popolazione ha una statura superiore e il 90% ha una statura inferiore. Per ciascun carattere considerato, le dimensioni medie rappresentano infatti la misura corrispondente al 50° percentile ossia la misura rispetto alla quale il 50% della popolazione ha dimensioni inferiori e il 50% ha misure superiori.

In funzione delle estreme differenziazioni nelle misure del corpo umano da individuo e individuo, i valori medi sono però di scarsa utilità. Progettare in base alle dimensioni corrispondenti al 50°percentile significherebbe infatti escludere la maggior parte degli utenti (ossia il 50% con dimensioni inferiori e il 50% con dimensioni superiori).

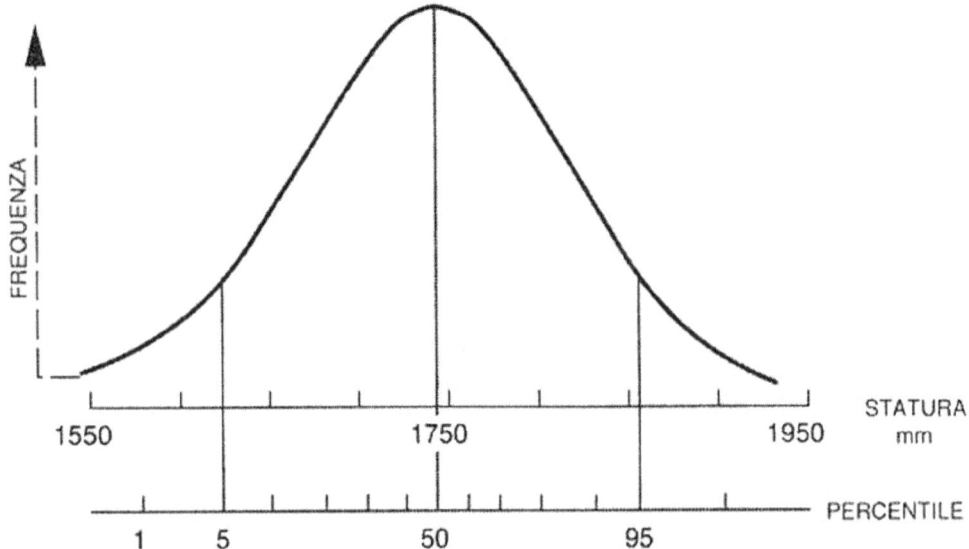

Nel nostro caso specifico, utilizzeremo quindi un modello grafico antropometrico ricavato dal *Dreyfuss*[47], che comprende un *range* che va dal 99° percentile maschile al 1° percentile femminile (campioni statunitensi - comprendenti quindi il campione medio europeo[48]) e opportunamente ampliato a livello grafico, per adattarlo ai nostri fini. Nella definizione grafica degli spazi di movimento, rispetto al modello antropometrico, abbiamo tenuto conto degli incrementi dimensionali costituiti dai capi di abbigliamento come esplicitato dai dati tabellari del *Dreyfuss*[49]. Il modello è stato ulteriormente verificato con i dati antropometrici espressi nel *Panero – Zelnik*[50].

---

[47] Dreyfuss H. Associates - Tilley A. R., *The measure of man & woman revised edition*, New York, 2002
[48] *Ibidem*, p.26
[49] *Ibidem*, p.31
[50] Panero J.- Zelnik M., *Spazi a misura d'uomo*, trad. it Milano 1983 (ed. orig. *Human Dimension & Interior-Space*, New York, 1979)

Al modello precedente sono stati introdotti analogamente i parametri relativi alla percezione visiva come da figura successiva. Da essa si potranno facilmente ricavare le aree entro cui posizionare gli oggetti-strumenti necessari alla lettura e alla video scrittura.

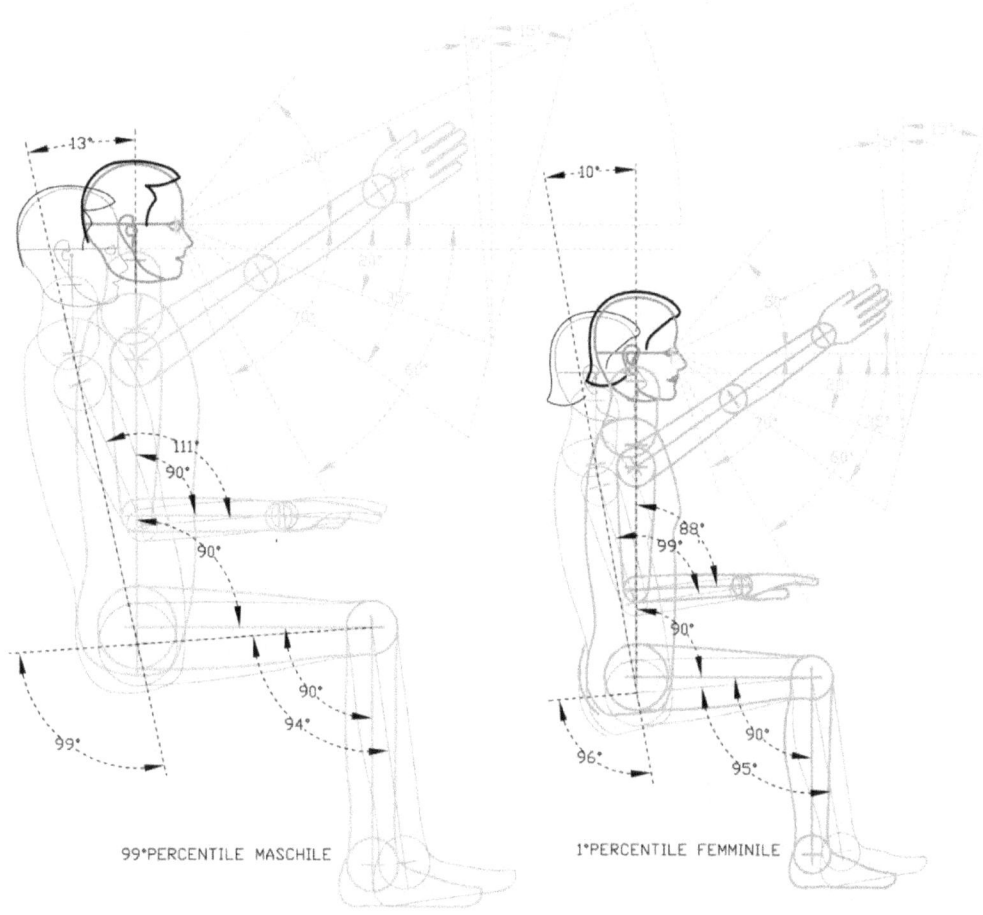

A questa prima lettura antropometrica possiamo associare l'area di pertinenza relativa alla tastiera del PC e al relativo spazio antistante ad essa (c.a. 10 cm. dal bordo del piano di lavoro), necessario a consentire l'appoggio degli avambracci (vedi tavole seguenti).

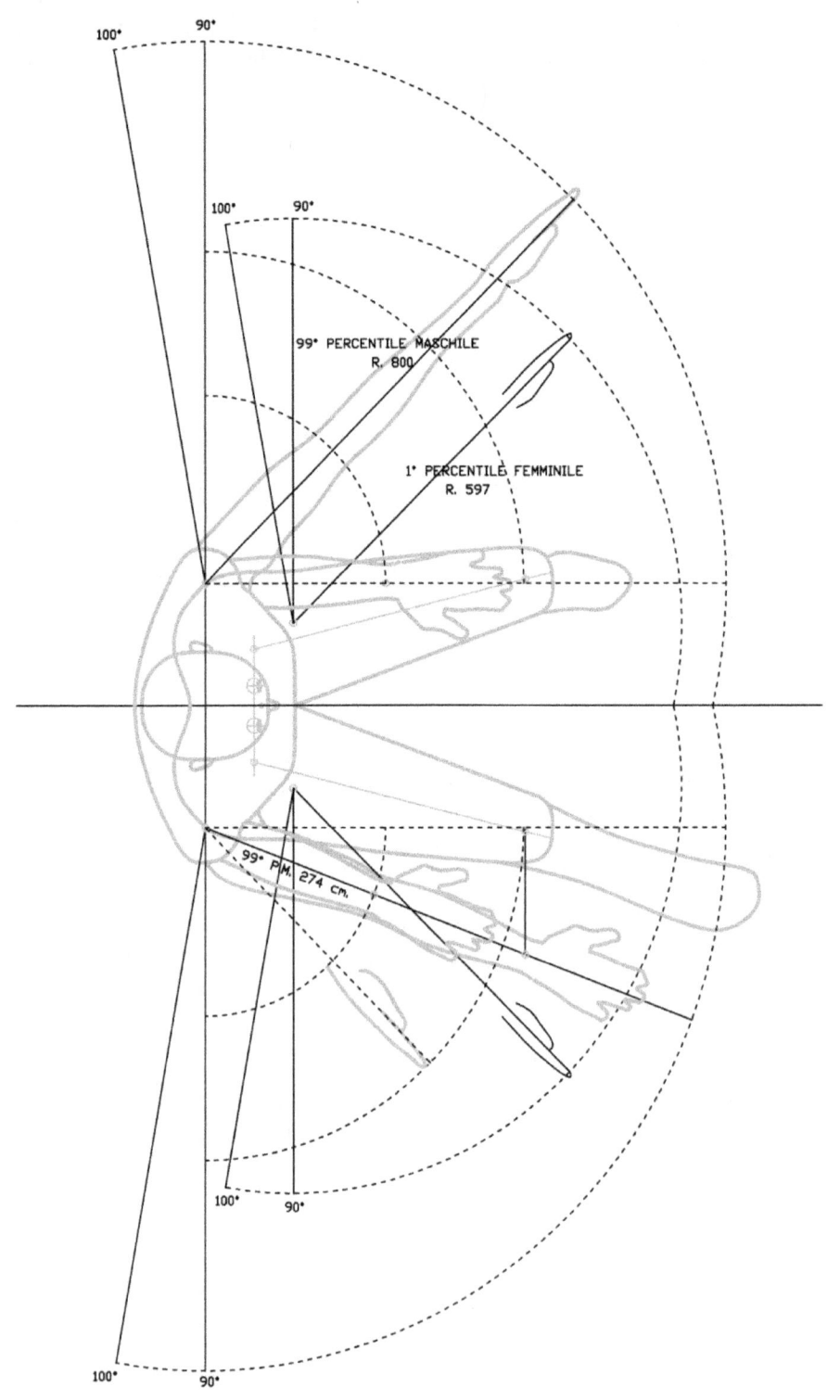

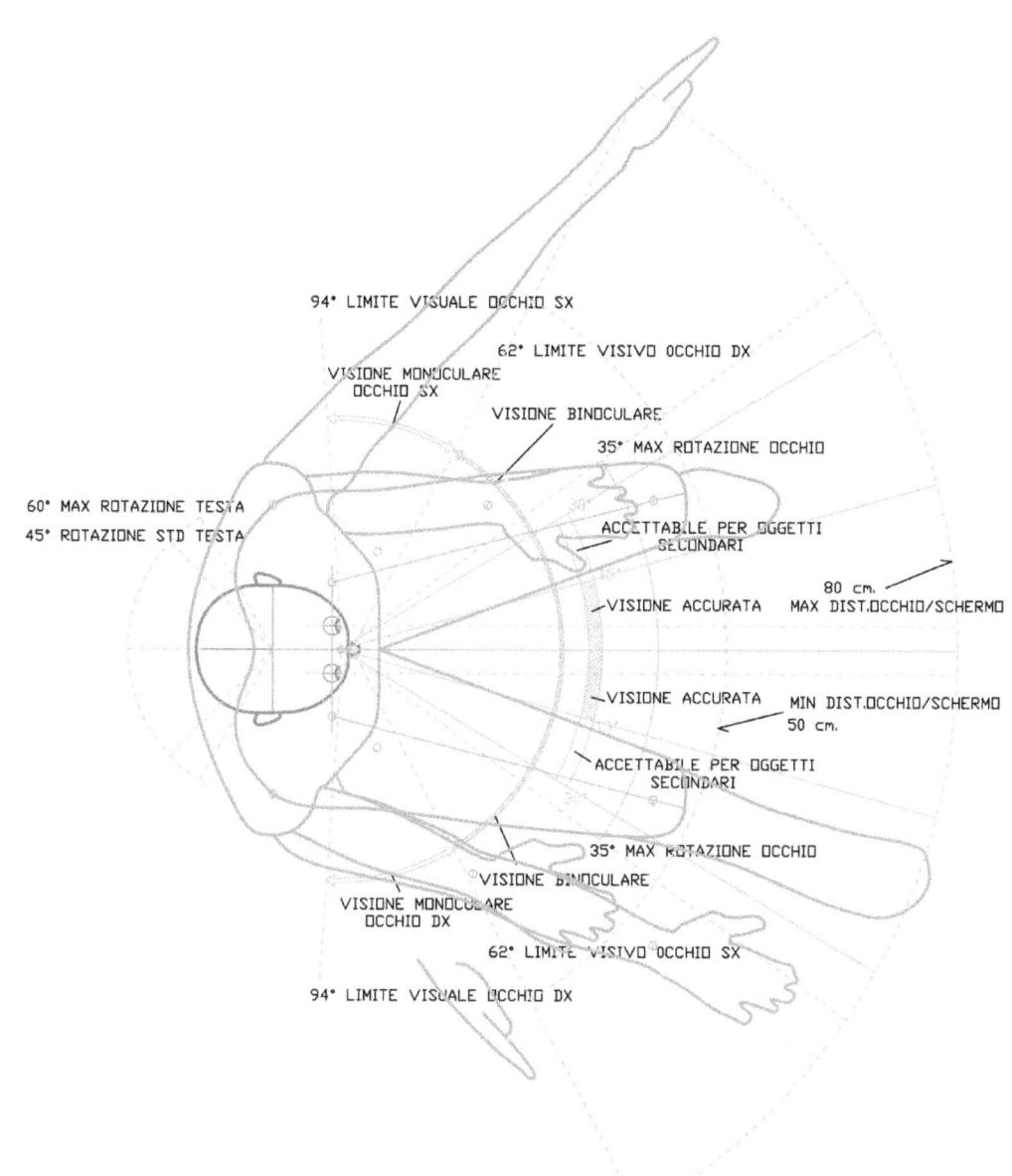

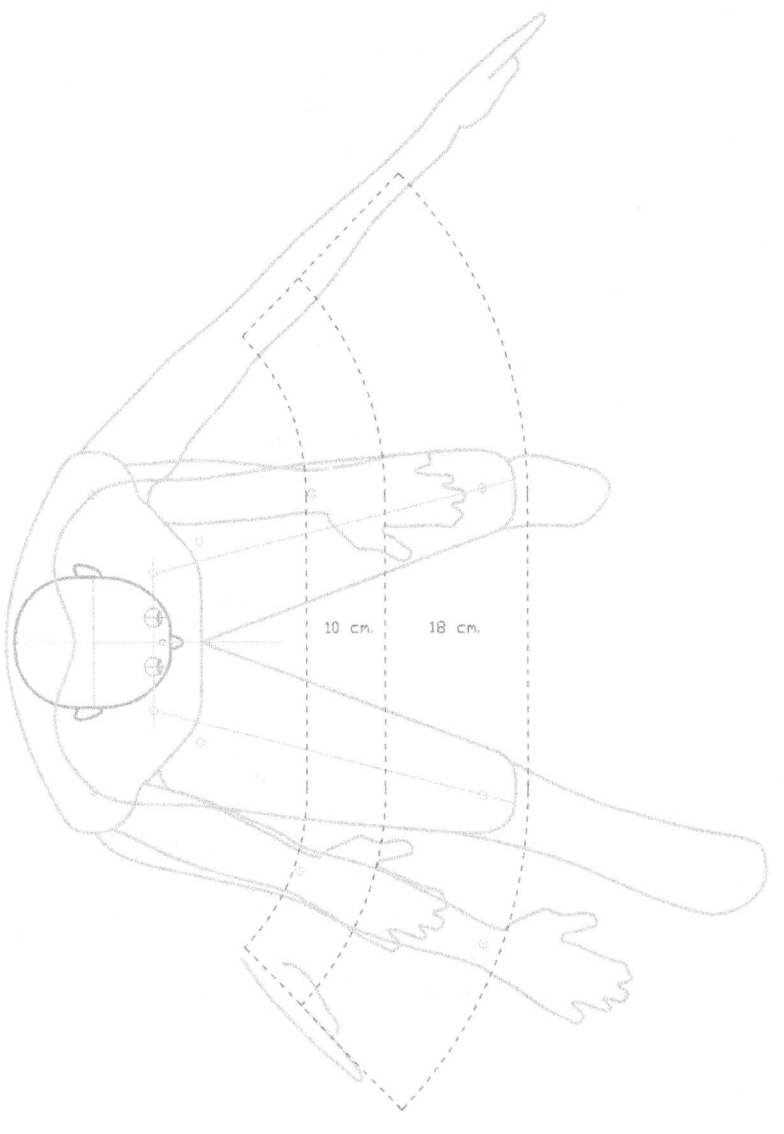

Geografia degli oggetti del Livello 1

A questo punto possiamo distribuire i vari oggetti appartenenti al livello uno attorno al nostro modello antropometrico seguendo uno schema naturale a conformazione "*concentrata*" (la forma *esistenziale* più antica).

Collocheremo quindi l'uomo in posizione baricentrica rispetto al sistema degli oggetti che saranno posizionati circolarmente rispetto ad esso, in posizioni accessibili affinché il loro utilizzo non costringa l'operatore ad assumere posture incongrue e compiere movimenti faticosi.

Come evidenziato nella figura, abbiamo posizionato sulla stessa direttrice visuale i due oggetti *cardine* dello *spazio digitale* ossia il monitor e la tastiera, onde evitare altre collocazioni che causerebbero frequenti rotazioni del capo e movimenti degli occhi. Va peraltro considerato che, in funzione di alcune specifiche attività lavorative, sono ritenuti accettabili rispetto a questa soluzione (schermo e tastiera davanti e documenti o portadocumenti posti lateralmente = soluzione con prevalente interazione con lo schermo); la disposizione con tastiera e documenti davanti e schermo di lato = soluzione con prevalente interazione con il documento.

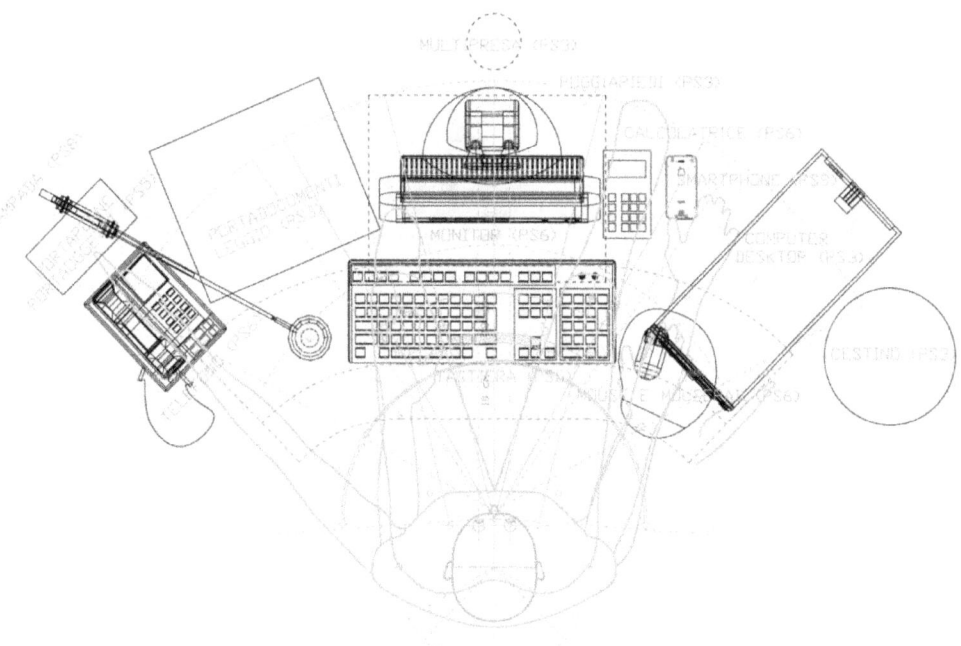

La determinazione della posizione dei rimanenti oggetti, può essere fatta sia valutando la frequenza d'uso degli stessi (destinando a quelli maggiormente utilizzati le prime aree radiali delle superfici di appoggio) sia valutando il loro coefficiente di *Percezione Sensoriale* (PS). Si otterrà così una geografia completa del *sistema degli oggetti* del livello uno, utile alla determinazione areale delle macro zone destinate alle attività di interazione con le attrezzature che potremo definire di categoria *"digitale"* (di fatto: la *geometria* dei piani di lavoro).

Attraverso il dislocamento degli oggetti nello *spazio digitale* vediamo infatti configurarsi un *meta-spazio* di lavoro compreso in un angolo di 90°, di raggio 125 cm. (rispetto al centro della postazione di lavoro) e di profondità 72,6 cm. In questo spazio trovano posto tre settori di corona circolare in cui si posizionano i vari oggetti secondo tre aree di maggiore o minore frequenza di utilizzo e/o livelli di PS. A questi settori possiamo attribuire la denominazione di: *area prossimale* (più vicina al corpo umano), *area mediale* (intermedia) ed *area distale* (area più lontana).

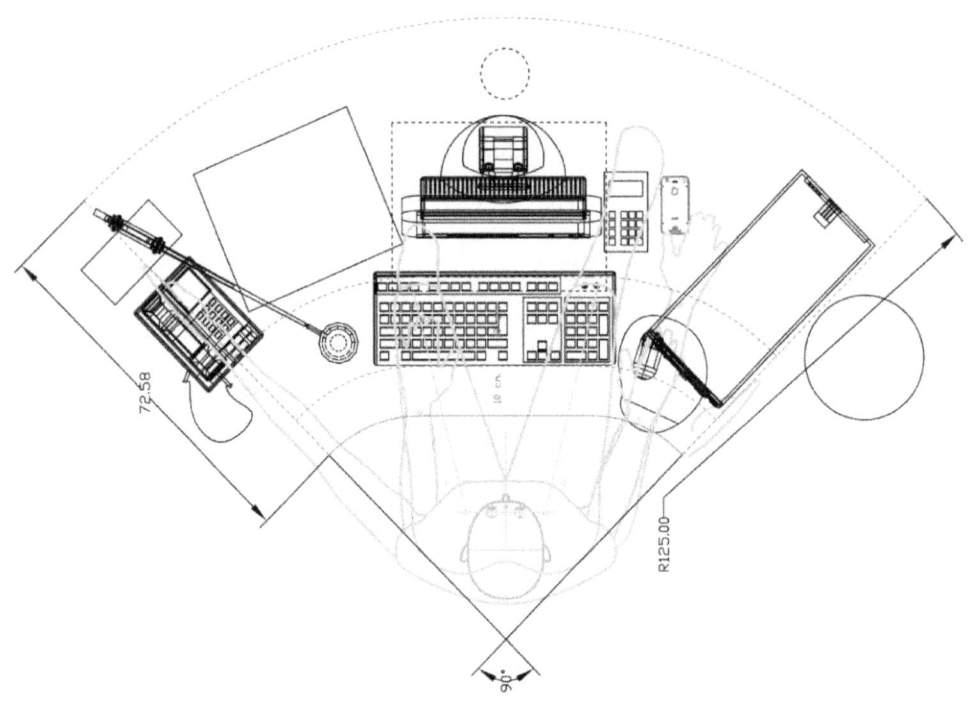

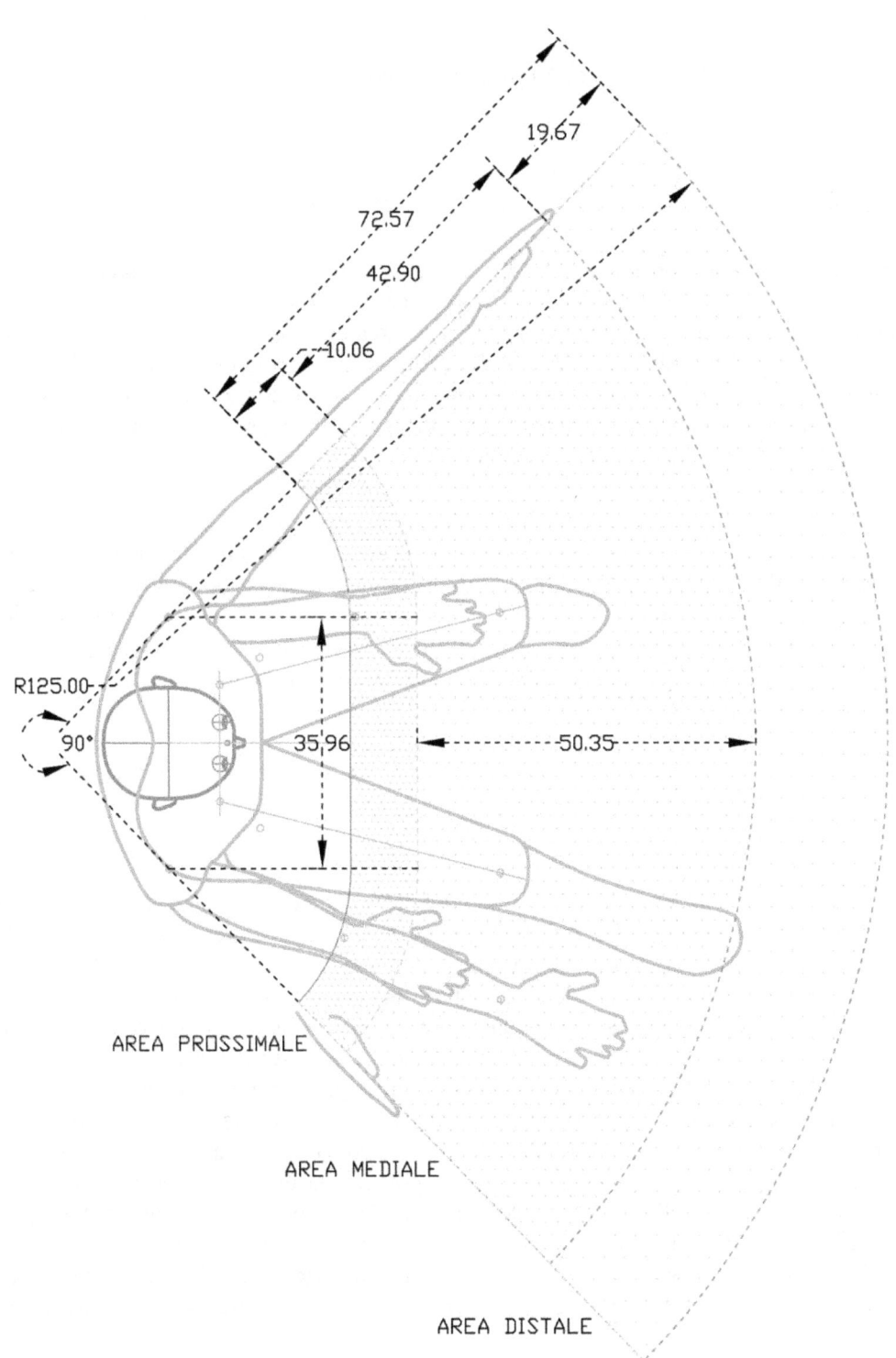

AREA PROSSIMALE

AREA MEDIALE

AREA DISTALE

Aree radiali di distribuzione degli oggetti livello 1

AREA PROSSIMALE

Nell'area *prossimale* profonda 10 cm. (come si evince dalla tavola precedente), si esplicano le funzioni di appoggio degli avambracci per l'esercizio delle *funzioni digitali* (scrittura sulla testiera, utilizzo del mouse). Tale area dovrà quindi essere perennemente sgombra da qualsiasi tipo di oggetto che possa ostacolare queste funzioni. Essendo inoltre un'area *carrier* molto vicina ai livelli di oggetti con un PS *alto*, occorrerà caratterizzarla con una *texture* materica atta sia a marcarne la funzione che la delimitazione *territoriale* rispetto alle altre.

Quindi: caratterizzazione funzionale per soddisfare i requisiti di *piacevolezza fisiologica* (tipo a) attraverso un deciso arrotondamento della sezione del piano (sagoma a: becco di civetta, toroidale o ala di gabbiano) e l'utilizzo di materiale con doti tattili apprezzabili (verniciatura a buccia di arancio o rivestimenti applicati e derivati dai cruscotti del settore automobilistico). Riteniamo inoltre utile suggerire una diversa scelta cromatica dell'area (es.: nero opaco o grigio antracite) per definirne decisamente i confini funzionali rispetto alle altre.

AREA MEDIALE

L'area mediale, la più ampia, confina a sud del nostro mondo antropocentrico con l'area prossimale e a nord con l'area distale. Le dimensioni di quest'area si sviluppano sulle due aree laterali (oltre l'angolo della spalla) per c.a. 43 cm. e centralmente al suo asse radiale per c.a. 50 cm.. In essa, destinata ad alloggiare la quasi totalità degli oggetti del livello uno, vi si distribuiscono circolarmente la totalità degli oggetti con PS ≥ 6 e parecchi degli stessi appartenenti ai livelli più bassi (vedi tavola successiva). Il confine nord di quest'area è delimitato dal raggio (distanza spalla-mano senza movimento del corpo) pari a c.a. 80 cm., corrispondente al 99° percentile maschile; comprendente quindi il raggio di 59,7 cm. corrispondente al 1° percentile femminile, con il quale si unisce frontalmente ed è caratterizzato (nella grafica) da una posizione del corpo più avanzata rispetto a quella maschile. L'area mediale, rispetto a quella prossimale, può assumere a livello materico, una *texture* atta ad unire e soddisfare sia caratteristiche funzionali (vedi rif. normativi: '…*avere il colore della superficie chiaro, possibilmente diverso dal bianco, ed in ogni caso non riflettente…*'[51]), sia caratteristiche riguardanti la

---

[51] *art. 56, comma 3, decreto legislativo n. 626/1994*

piacevolezza fisiologica: ossia la soddisfazione di *qualità* superficiali (rugosità, morbidezza, *grip*), nonché visive (cromaticità, forma). Può essere utile anche qui *marcarne* i confini, con una caratterizzazione cromatica o/e materica rispetto alle due aree adiacenti.

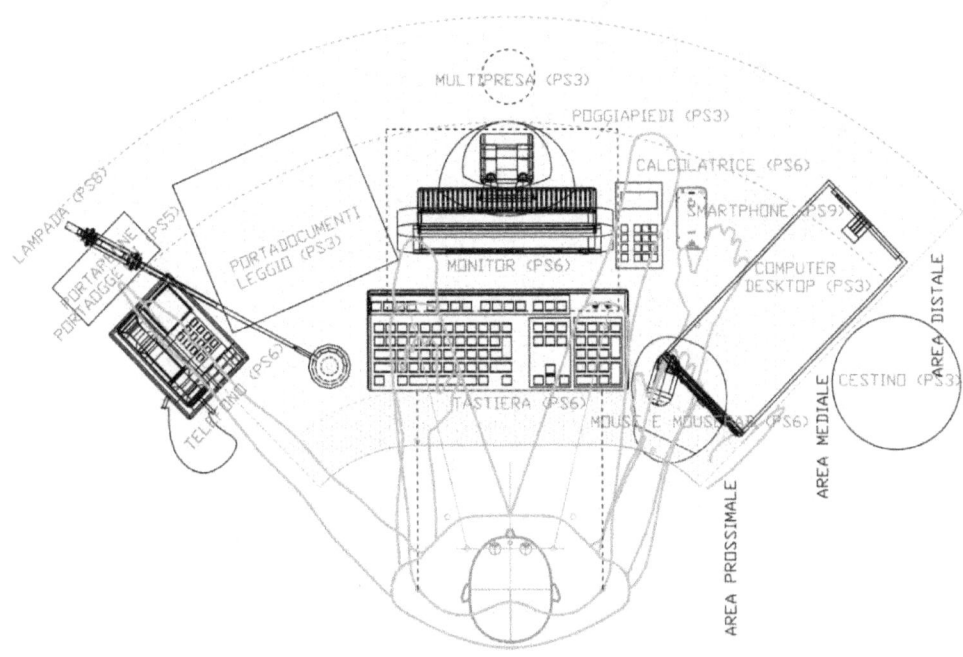

AREA DISTALE

L'area distale, quella più vicino al confine terminale del nostro "*spazio digitale*", si contiene radialmente in c.a. 20 cm. ed è principalmente destinata a contenere oggetti di uso non frequente (portapenne, ecc.) e con livelli di PS bassi (≤ 5). Si potrebbe quindi classificare come: area di *espansione* radiale o di *movimento tridimensionale* (spostamento/orientamento degli oggetti quali: monitor, lampada ecc.) oltre che di *allocazione di componenti tecnologici* quali multiprese orizzontali o verticali (come evidenziato nella rappresentazione grafica).

Un'area quindi da tenere sgombra da oggetti *nomadi* (es. di tipo documentale, ma anche tecnologico: quali cavi ecc.) perché potrebbero intralciare e impedire i movimenti espansivi o funzionali degli oggetti con PS alto appartenenti all'area mediale. Anche quest'area, per i motivi appena citati, potrebbe essere *marcata* da una decisa caratterizzazione cromatica.

A tal proposito è bene sottolineare nuovamente che, come poc'anzi suggerito per quest'area, anche tutte le altre aree di lavoro dovranno essere mantenute sgombre da

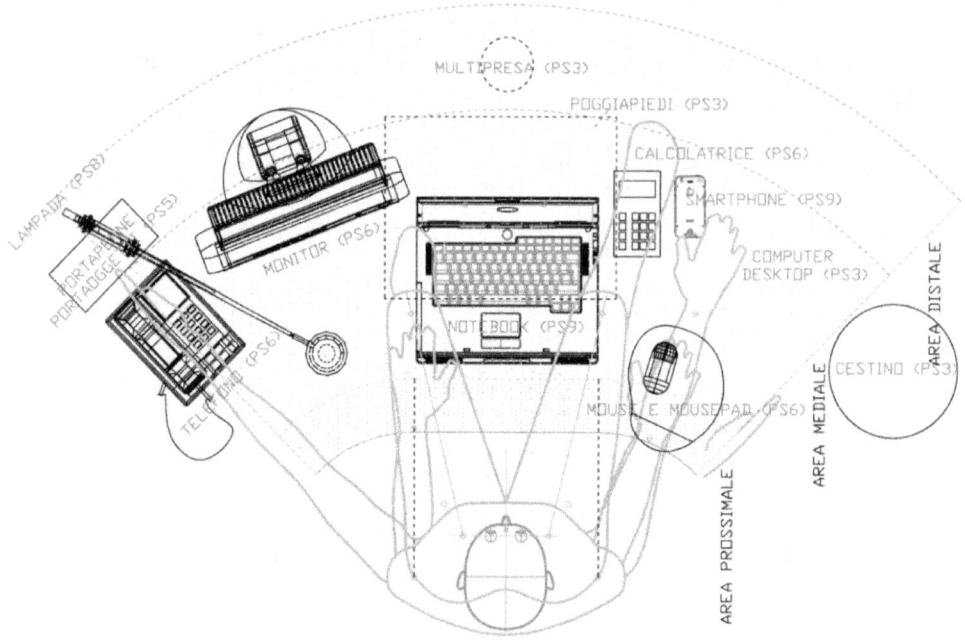

oggetti non necessari all'attività lavorativa e che la tecnologia necessaria al funzionamento della *workstation* (o degli oggetti che la compongono) non deve costituire intralcio per l'operatore. Ad esempio: i cavi di collegamento delle attrezzature dovrebbero uscire sul tavolo nelle immediate vicinanze delle apparecchiature o, comunque, seguire percorsi tali da non intralciare l'area di lavoro (vedi posizione virtuale della multi presa). La fascettatura dei cavi può a volte aiutare a mantenere maggior ordine e pulizia del posto di lavoro.

Anche sotto il tavolo non dovrebbero essere presenti cavi di alimentazione o collegamento *liberi* da cavidotti di contenimento o al di fuori di vaschette di raccolta cavi eccedenti, fissate al sottopiano. Il posizionamento di eventuali altre attrezzature (quali ad es.: porta unità desktop o cassettiere) non dovrebbe intralciare i movimenti delle gambe (vedi, nella grafica, il posizionamento *laterale* sotto al piano di lavoro, della *unità* del computer *desktop*).

Occorre ora definire le superfici di supporto e di interazione necessarie per gli oggetti del livello uno rimasti e identificati come: *documenti di lavoro* e *consultazione*. Per fare ciò, occorrerà però entrare più nel merito nei temi relativi l'organizzazione del lavoro d'ufficio: cosa che faremo nel capitolo successivo. Potremo qui dire, a conclusione di questo, riguardante gli oggetti del livello uno e dei loro rapporti di interazione e reciprocità, che la zona destinata al portadocumenti/leggio, che esso sia presente o meno sul piano di lavoro o sostituito da un secondo monitor (vedi fig. successiva), può già in qualche modo soddisfare gli obiettivi di analisi *areale* relativi a questo livello.

"Il corpo, i sensi, devono cospirare insieme allo spirito."

Henry David Thoreau

LIVELLO 2 – IL LIVELLO DEL CORPO

2.1 - ANALISI DEGLI ASPETTI SCIENTIFICI

Trattando degli oggetti al livello del corpo, quali soggetti o *fulcri* funzionali all'interno della dimora *pubblica* dell'uomo (l'ufficio), non ci si può esimere da introdurre i concetti di *postura* intesa, nella sua definizione ricorrente, come: *'la posizione corretta del corpo nello spazio e la relativa relazione tra i suoi segmenti corporei'*.

PREMESSE POSTURALI

La corretta postura altro non è che la posizione più idonea del nostro corpo nello spazio per lo svolgimento delle sue naturali funzioni con il minor dispendio energetico. Vari fattori possono intervenire a favorire o a deprimere la postura di un individuo: neurofisiologici, biomeccanici, emotivi, psicologici e relazionali.

Nell'eseguire un lavoro, la postura che si assume dipende sia da condizioni *interne* (stato funzionale e antropometria degli operatori) sia da parametri *esterni* (caratteristiche del compito da eseguire e dimensioni ed organizzazione spaziale degli oggetti componenti il posto di lavoro).

I problemi posturali connessi con il lavoro al videoterminale o al PC non sono particolarmente diversi rispetto ad altre occupazioni che si svolgono in posizione assisa. Tuttavia occorre precisare che, una postura forzata, non corretta o eccessivamente prolungata, può determinare un elevato impegno muscolare di tipo statico, una riduzione locale dell'irrorazione sanguigna con conseguente senso di affaticamento e derivante nocumento per la salute e le performance lavorative.

Occorre tener presente che l'asse ottimale della visione, in una persona seduta, è inclinato di circa 15-20° rispetto alla linea standard di visione: pertanto è bene orientare il centro dello schermo lungo quest'asse.

Il busto deve avere una inclinazione compresa tra i 90° e i 110° per non creare eccessivi affaticamenti alla colonna vertebrale: posizione che deve essere sorretta correttamente dallo schienale della poltrona.

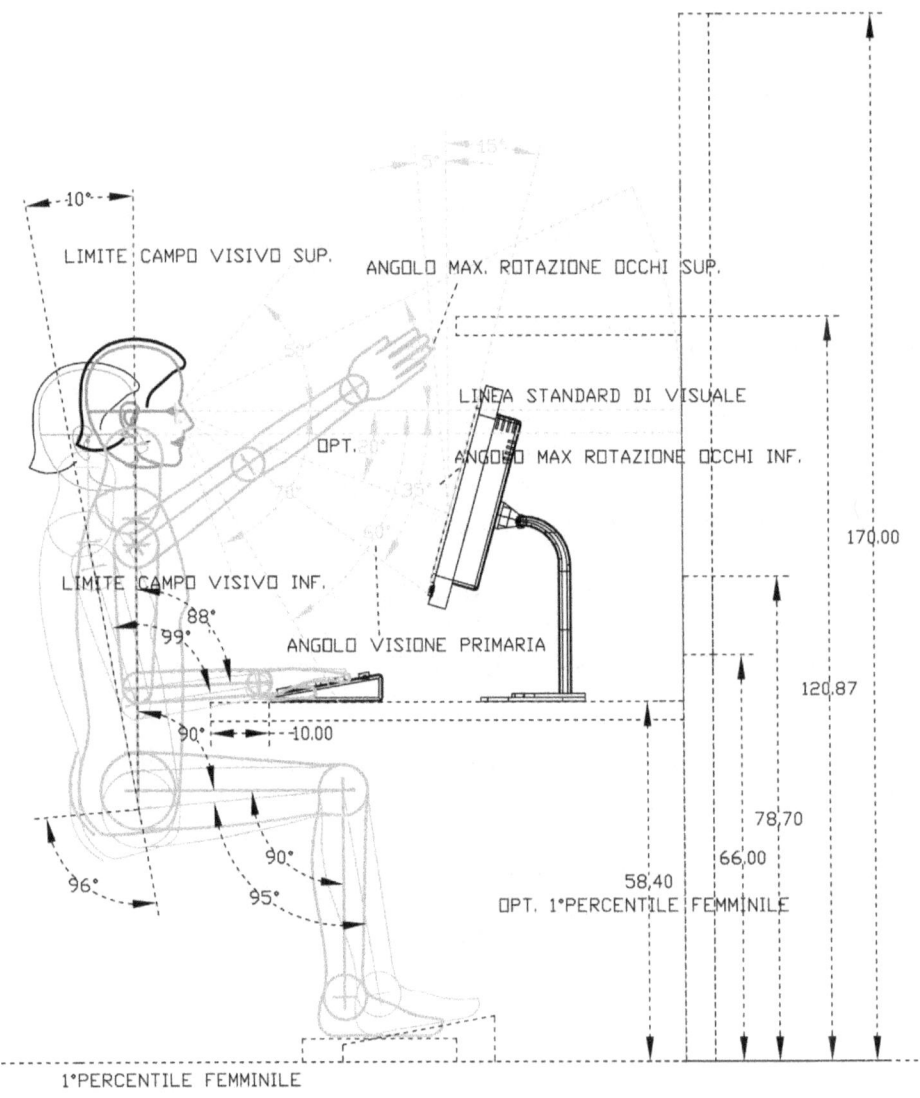

L'angolazione tra braccio ed avambraccio dovrebbe mantenersi attorno ai 90° (la regolazione dell'altezza della seduta aiuta al raggiungimento di questo parametro) e occorre lasciare lo spazio sufficiente tra il piano di seduta e quello del piano di lavoro per il libero movimento delle cosce. Anche le ginocchia devono avere un'angolazione maggiore o uguale a 90°. Se non si ha un pieno appoggio del piede a terra, bisogna valutare, come abbiamo detto, l'adozione di un poggiapiedi in modo da sorreggere il peso delle gambe e prevenire difficoltà circolatorie nella parte inferiore degli arti.

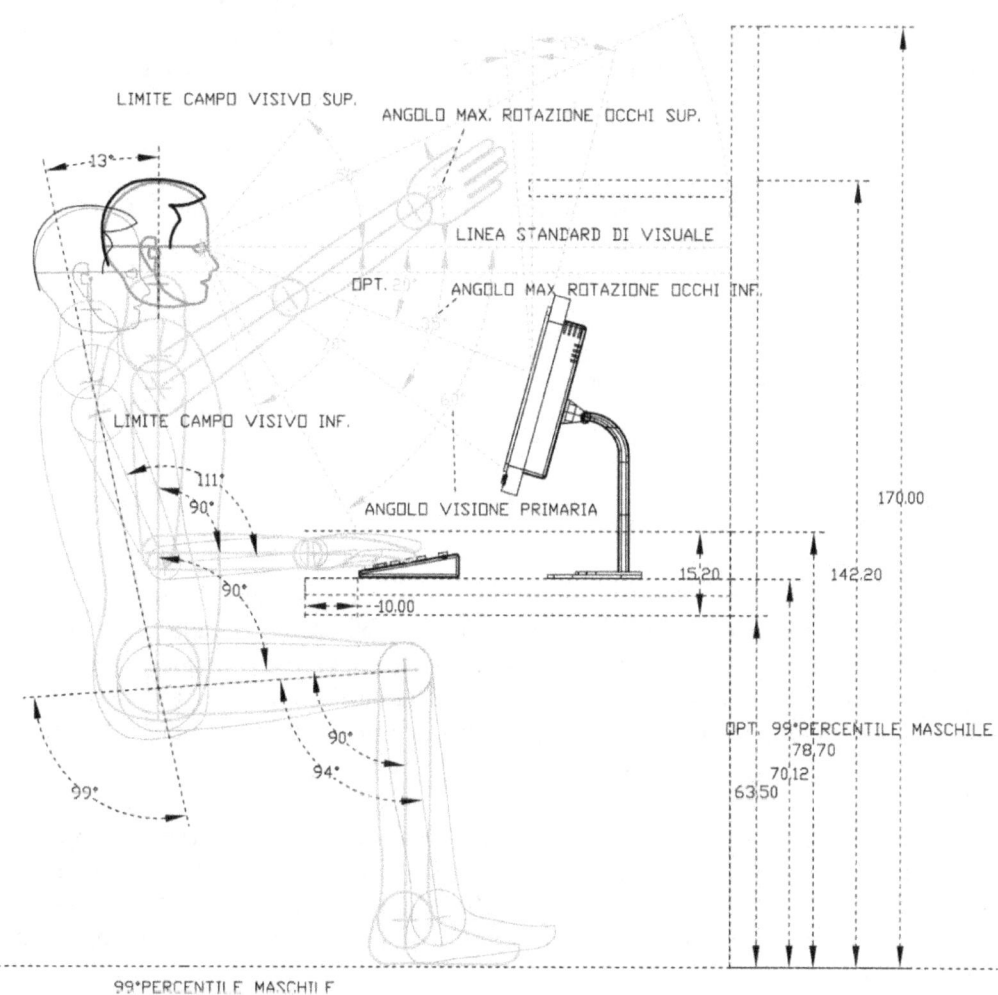

IDENTIFICAZIONE DEGLI ELEMENTI COMPOSITIVI DEL LIVELLO 2

Come dicevamo in premessa, al livello del *"posto di lavoro"* possono appartenere tutti gli oggetti e gli elementi di arredo in grado di relazionarsi nell'ambito dell'intero *corpo umano*. Mentre gli elementi di perimetrazione dell'isola di lavoro come gli schermi o le partizioni mobili, possono essere considerabili quali *marcatori* fisici dei confini *recintuali* della dimora pubblica, (appartenenti quindi al livello successivo: 3), in questo livello, i piani di lavoro, la poltrona e i contenitori possono essere considerati tutti quali *oggetti* appartenenti al *livello del corpo*. Oggetti che devono essere analizzati ergonomicamente e per valore per la funzione specifica che devono svolgere sia nella loro interazione reciproca, sia con gli oggetti (che devono supportare o contenere) che con l'uomo stesso.

Il sistema degli oggetti presente a questo livello (2), come abbiamo detto, si può riassumere in tre macro elementi:

1. Sistema dei piani di lavoro
2. Sistema dei contenitori
3. Poltrona o seduta dell'operatore

1- Il sistema dei piani di lavoro

Come abbiamo visto nel capitolo precedente, la disposizione del sistema degli oggetti del livello uno, ha generato un *meta-spazio* utile a definire la geometria del piano di lavoro *fisico* necessario a svolgere i compiti di ufficio (lavoro e comunicazione) di tipo digitale e telefonico. Questo spazio può però essere sufficiente solo per chi svolge un compito lavorativo attraverso l'utilizzo *prevalente* di queste due tipologie di strumenti: PC e telefono (es. *Call Center*, area *Information Technologies*, ecc.).

Tradizionalmente, nel lavoro d'ufficio dell'era moderna, come già accennato, avviene un processo di creazione del valore che necessita, tuttora, di una relazione primaria con oggetti di tipo documentale-cartaceo; in qualità di "*soggetti*" generatori del processo che si compie tramite il lavoro dell'operatore (utente degli strumenti, appunto, di tipo informatico/digitale).

Le logiche attuali di *lean office*[52] indicano chiaramente la necessità di rendere ben visibili sui piani di lavoro queste categorie di oggetti (il *lavoro da svolgere*; le

---

[52] *D.Tapping, A.Dunn, D.Fertuck, V.Baban, Lean Office Demistified II, Chelsea MI (USA), 2010*

cosiddette *pratiche*, le offerte commerciali, ecc.). Oggetti che devono stazionare sui piani in modo chiaro e distinguibile (*Making Work Visible*) al fine di riconoscerne sia la *presenza* (lavori in priorità da svolgere e quelli in corso ai diversi livelli di sviluppo) sia la *diversità* rispetto ad altri documenti, che la *quantità* (numero di pratiche o di progetti da evadere).

Le stesse logiche di *lean* prescrivono inoltre di individuare una zona (sul piano di lavoro), da destinare agli oggetti di tipo WIP (*Work-in-progress*) o HN (*Hot Notes*) ossia riservata a quella classe di *oggetti* (documenti ma anche note, appunti, brogliacci ecc.) da utilizzare *al momento* (con un tempo di transito veloce) per l'azione concettuale necessaria alla loro trasformazione in prodotto *lavorativo* eseguito (*output* produttivo).

FLUSSO DEL LAVORO D'UFFICIO

Si potrebbe quindi dire che il moderno lavoro d'ufficio, visto in una dimensione concentrativa (ossia con l'operatore posto al centro del *suo* microcosmo lavorativo), può assumere uno sviluppo di flusso di tipo circolare (destrorso o sinistrorso funzione dell'eventuale mancinismo o meno dell'operatore) che si può modellizzare nel seguente schema:

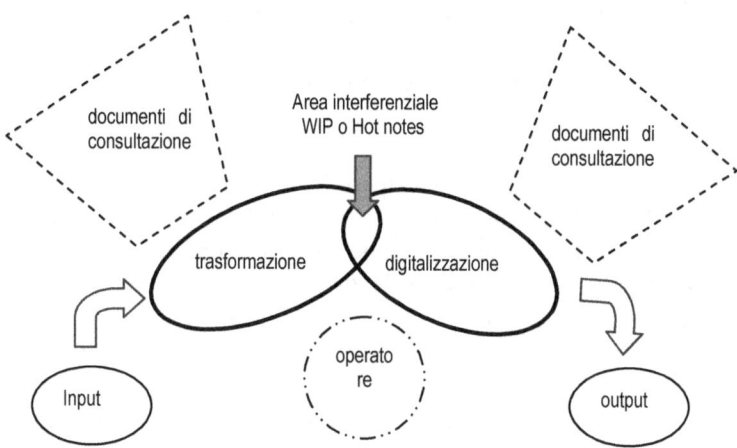

Da questa schematizzazione si può facilmente generare un nuovo meta-progetto attraverso la duplicazione del piano ricavato precedentemente dalla strutturazione degli oggetti dell'*area digitale*, ottenendo il seguente impianto progettuale (vedi fig. successiva) che riassume in sé, le seguenti caratteristiche:

    a. Il sistema dei meta-piani di lavoro principali si è generato tramite duplicazione, mediante rotazione concentrica sinistrorsa, del *piano digitale*; rispetto al centro costituito dall'operatore. La geometria concentrica dei nuovi piani ottenuti, può generare indubbi benefici posturali durante il compito lavorativo nei termini di riduzione degli spostamenti per l'accesso visuale agli oggetti del livello 1 (sia di tipo digitale che documentale) rispetto a piani di tipo lineare. Occorre ricordare infatti che i piani lineari *inducono* (mentalmente) ad un posizionamento ordinato (*lineare*) dei documenti, paralleli alla linea del piano. Causando movimenti innaturali della postura (torsioni del collo) per la loro consultazione.

b. Le aree funzionali generate dal nuovo sistema dei piani, assumono destinazioni d'uso specifiche in funzione delle diverse e distinte necessità operative dettate dal *flusso* del lavoro che, come abbiamo visto, segue una logica di tipo sequenziale:

 i. (a) Ingresso (arrivo documenti cartacei di tipo A)
 ii. (b) accesso all'area *concettuale* di trasformazione
 iii. (c) posizionamento alla bisogna, di alcuni di essi, nell'area prossimale all'area di digitalizzazione
 iv. (d) output (archiviazione) dei documenti utilizzati e liberazione delle aree.

c. Gli spazi principali sui piani di lavoro (spazio concettuale e spazio digitale) vengono ad occupare integralmente la zona mediale delle meta-superfici, creando un'area di lavoro concentrativa di immediato accesso per l'operatore e senza soluzione di continuità, (tra gli spazi b - c).

d. Sempre tra gli spazi principali (b-c), aree su cui l'operatore lavora simultaneamente, si genera una area interferenziale "*calda*", destinata ad ospitare i documenti di consultazione immediata e transito veloce, di classe WIP o HN (*Work-In-Progress* o *Hot Notes*, funzione delle diverse specificità lavorative). Area da mantenere sgombra da oggetti diversi da questi ultimi per favorire un corretto processo di *lean*.

e. Nella logica di *lean* delle 5S, lo spazio di input dell'area di ingresso, può essere associato alla prima fase di processo *SEIRI*[53] (*Sort o Separate*) e destinato ad accogliere gli oggetti/documenti in entrata (progetti da svolgere, pratiche, corrispondenza ecc.). Tramite opportuni sistemi di contenimento temporanei (*temporary project-box, folders*, ecc.) e successiva catalogazione (etichettatura, ecc.), posso essere

---

[53] *L'implementazione del Sistema 5S porta ad una maggiore disciplina, eventuali errori e inefficienze diventano subito evidenti. È un sistema che nasce in Giappone, in ambiente Toyota e consiste in 5 attività consecutive che vengono svolte sistematicamente nelle diverse aree di lavoro in modo che si verifichi una riduzione dello spazio richiesto, degli sforzi, dei costi, dei tempi. Nello specifico la prima frase: SEIRI (Sort o Separate) prevede di scegliere/separare ed organizzare i documenti essenziali da quelli che possono generare confusione o disordine.*

allocati prima di passare alla loro elaborazione, o su piani diversi dello stesso spazio (es. piani pensili multilivello), oppure su elementi nomadi amovibili per essere trasportati alle sale meeting dipartimentali per riunioni di team.

f. La nuova geometria dei piani ottenuta che sta conformandosi ad *isola di lavoro*, si mantiene per ora in una dimensione contenuta di raggio r = 125 cm. dal centro al suo limite periferico recintuale. Occorre ricordare che le superfici planari dell'isola dovranno essere regolabili in altezza per soddisfare i diversi percentili (1° femminile > 99°maschile).

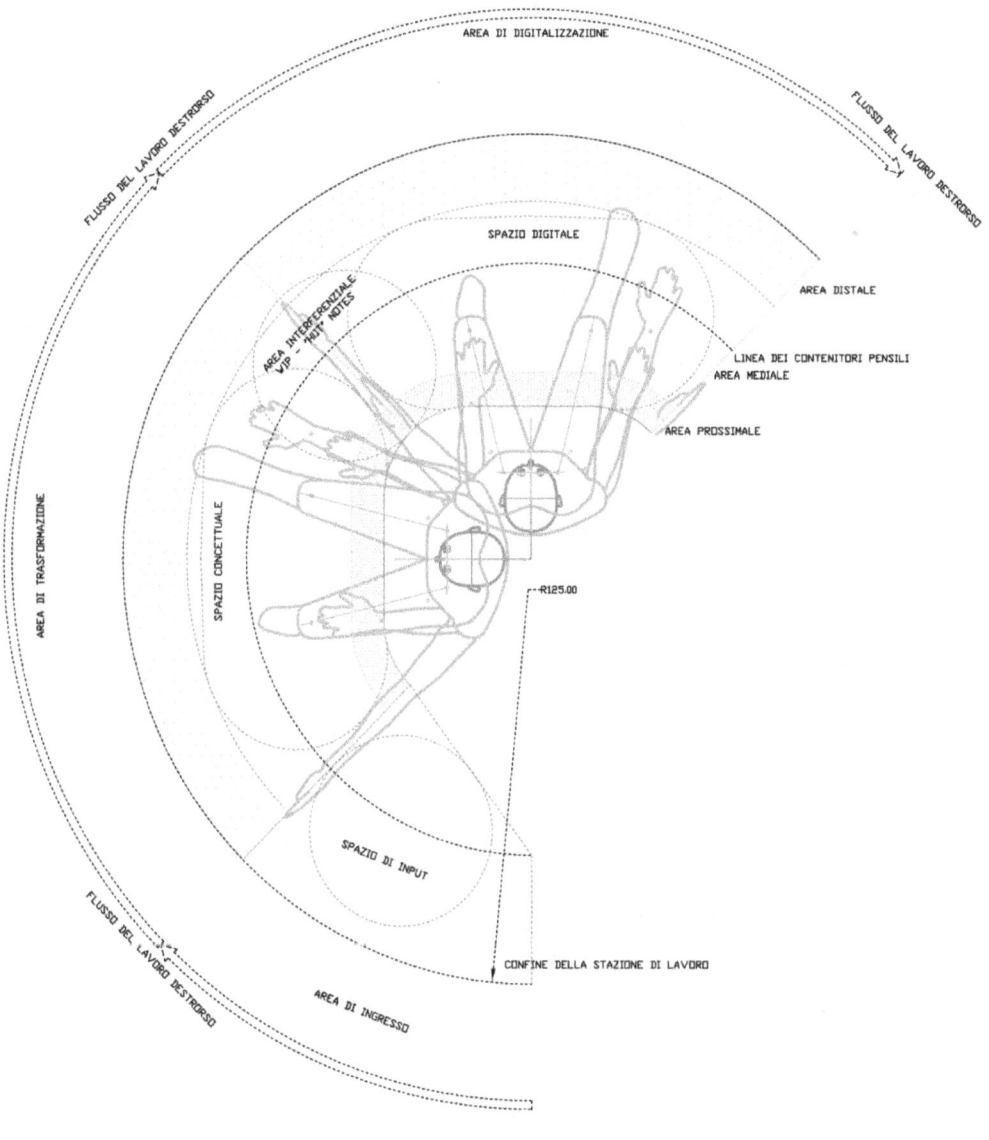

2- Il sistema dei contenitori

Il sistema dei contenitori (pensili e verticali), a questo livello, dovrebbe soddisfare la capacità di archiviazione e accessibilità degli *oggetti* rimanenti: ossia quelli di tipo (b) e (c) che sono rispettivamente:

(tipo:b)
Di consultazione frequente: (*media* settimanale: riviste specializzate, manuali o cataloghi di fornitori o di prodotto, prontuari, ecc.). L'area di dislocamento di questa tipologia di piani (di tipo *pensile*) è pensabile possa seguire lo stesso sviluppo dei piani principali, a cui si possono sovrapporre a livello *aereo:* rendendo quindi agile il loro accesso da qualsiasi zona dell'isola di lavoro.

(tipo:c)
Di consultazione saltuaria: (*media* mensile: testi di riferimento scientifici, tecnici, legali, dizionari ecc.). L'area di dislocamento di questi contenitori può essere situata nella parte opposta ai piani di lavoro: alle spalle dell'operatore. Può essere costituita da contenitori verticali tipo *armadi,* alti quanto il sistema di schermatura, aperti o chiusi sul fronte da ante a battente, uno dei quali magari deputato al contenimento di indumenti o oggetti *personali* dell'operatore (comunemente denominato armadio spogliatoio o guardaroba).

L'area che si viene a configurare assume le caratteristiche grafiche seguenti (vedi figura): già molto vicine al concetto di *isola di lavoro*, al netto del sistema dei recinti e dell'analisi delle potenzialità aggregative della stessa.

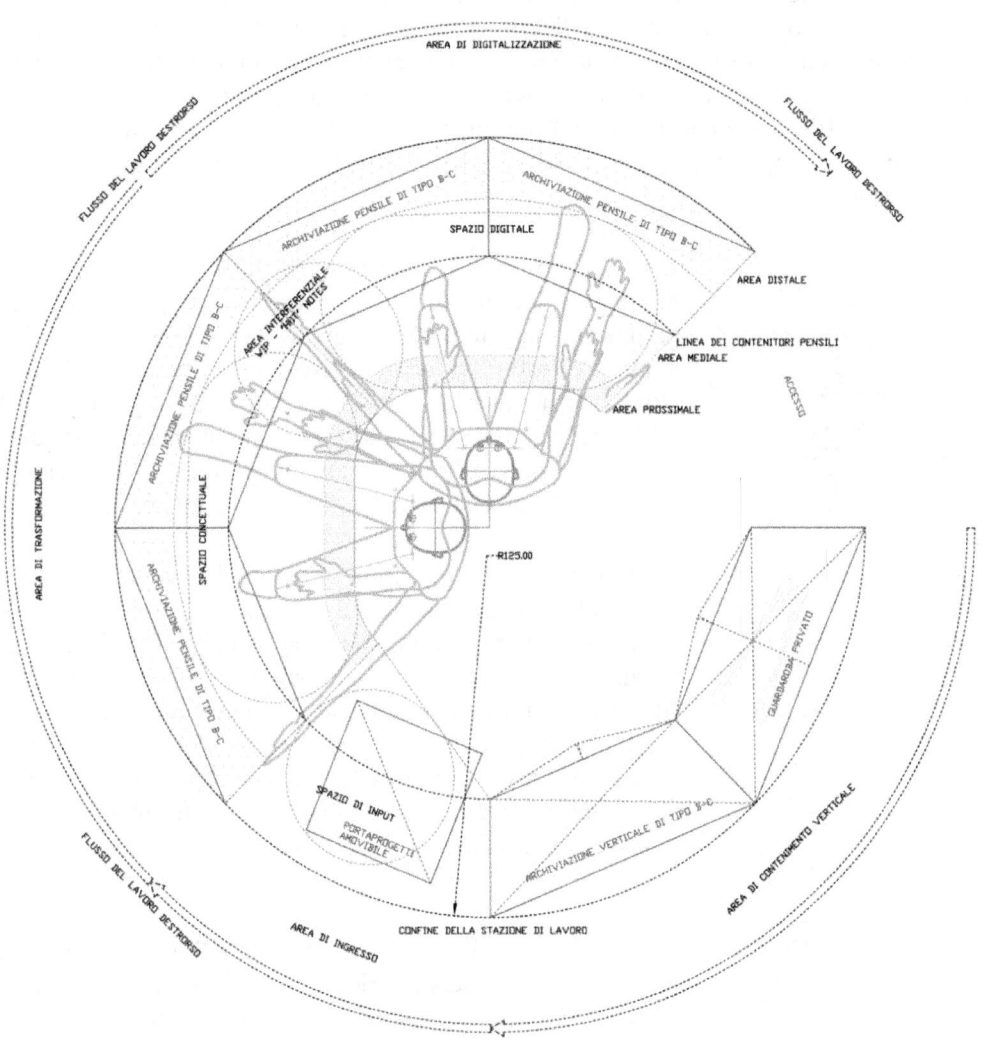

3- La poltrona per ufficio

La seduta o poltrona per ufficio può essere considerata un oggetto appartenente alla categoria degli oggetti *ponte* tra i livelli *uno* e *due*. Il suo posizionamento *centrale* rispetto all'uomo e al suo posto di lavoro, la vede appartenere da una parte alla categoria degli oggetti le cui forme sono relative a funzioni estese della mano (es.: i suoi meccanismi di regolazione posturale) dall'altra di un oggetto al livello *due* in quanto contenente (o supportante) la più importante delle architetture presenti nell'ufficio: *l'essere umano*.

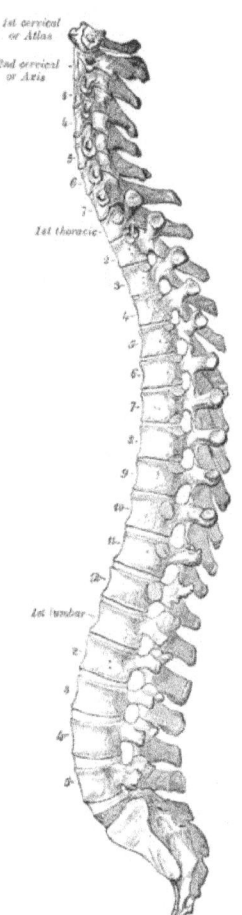

L'*Homo Impiegatus*, nel corso della sua vita trascorre decine di migliaia di ore in posizione assisa: al posto di lavoro (appunto), in automobile, a tavola, a casa, davanti al televisore, ecc.. Per quanto piacevole è, però, per l'uomo, altrettanto innaturale stare seduto troppo a lungo. In seguito all'impiego massivo del personal computer nelle quotidiane attività lavorative, nuove malattie si sono infatti aggiunte rispetto a quelle conosciute nell'era pre-digitale.

I dischi intervertebrali, che agiscono da ammortizzatori di eventuali urti tra gli anelli vertebrali, sono nutriti per diffusione nel momento in cui la schiena compie i propri movimenti. Di fatto, agiscono come spugne che assorbono e rilasciano i fluidi nel momento in cui sono sottoposti ad esercizio. Appare quindi chiaro come il corpo umano, in posizione assisa o irregolare, mantenuta per lunghi periodi, possa subire una disidratazione dei dischi intervertebrali: cagione di gravi danni a volte irreparabili.

Peraltro la posizione *assisa* favorisce il rilassamento del nostro sistema locomotorio e circolatorio, riducendo il consumo di energia a favore del lavoro intellettuale.

Una corretta postura da assumere da seduti, può essere ottenuta riuscendo a mantenere la forma "*a doppia S*" della spina dorsale attraverso una rotazione in avanti del bacino. Posizione che favorisce una migliore respirazione grazie al sollevamento della cassa toracica, un allungamento della colonna vertebrale nella zona del collo al fine di alleggerire il carico della testa (che vale circa il 9% del peso globale corporeo).

La scelta corretta di una sedia o poltrona rappresenta, quindi, uno dei migliori investimenti che si possano fare per migliorare il benessere e la missione lavorativa nel sistema ufficio.

La seduta per ufficio può essere considerata alla stregua di oggetto quasi *individuale* in quanto va adattata, utilizzando le svariate possibilità di regolazione che possiede, alle dimensioni fisiche dei singoli utilizzatori. Deve prima di tutto conformarsi a tutte le variabili antropometriche in termini di percentili (dal 1° femminile al 99° maschile[54]), al fine di sostenere dinamicamente qualsiasi posizione venga richiesto di assumere dal vasto campione di utenza durante il lavoro d'ufficio.

Deve soddisfare i requisisti di facile accesso ai suoi sistemi di regolazione dinamica che devono essere semplici e accessibili a consentire di poter modificare in modo naturale l'assetto posturale dell'operatore durante la giornata lavorativa.

La poltrona ideale deve consentire inoltre un appoggio flessibile tra il corpo e il sistema *seduta-schienale* attraverso l'impiego di materiali elastici al fine di mediare la distribuzione del carico dell'operatore su tutta la superficie di accoglienza riducendo al minimo i punti di pressione. Sono da preferire quelli a maglia reticolare, pretensionati su telaio perimetrale di supporto. L'adozione di un tessuto a membrana reticolare su seduta e schienale è infatti da privilegiare (rispetto al tessuto o la pelle su imbottitura a cuscino) in quanto favorisce la traspirazione e il microclima personale in qualsiasi stagione dell'anno.

---

[54] *Nota: non è detto che ciò possa avvenire con la stessa versione di seduta: alcune ditte segmentano l'ampia gamma della scala antropometrica in differenti versioni di seduta appartenenti allo stesso modello. Nell' immagine: Aeron Chairs di Herman Miller*

Caratteristiche fondamentali della poltrona ideale

Le caratteristiche e i meccanismi di base che una seduta ideale deve avere sono, generalmente, i seguenti:

1. Deve consentire la regolazione in altezza e profondità del sedile, al fine di per poter adattare l'operatore alla postazione di lavoro in funzione delle sue specifiche caratteristiche antropometriche. L'utilizzatore dovrà poter regolare il piano di seduta in altezza in modo che i suoi piedi tocchino comodamente il suolo (direttamente o tramite il poggiapiedi) per non creare compressioni dei vasi e dei nervi della parte inferiore delle cosce. Il sedile dovrà essere dotato di meccanismo con molla ad assorbimento di urti e provvisto di sagomatura anatomica a supporto del bacino e della parte alta delle gambe.
2. Lo schienale della poltrona dovrà essere regolabile e posizionabile dall'operatore in modo da sostenere adeguatamente il peso del tratto inferiore della colonna vertebrale.
3. Dovrà avere un supporto lombare regolabile in altezza e profondità, per consentire l'ottimale adattamento al profilo della schiena dell'utilizzatore.
4. Dovrà essere dotata di meccanismo sincronizzato o similare: l'inclinazione dello schienale e del sedile si dovranno muovere dinamicamente ed in modo sincronico a garantire il corretto sostegno del corpo in qualunque posizione assunta naturalmente dall'operatore. Il meccanismo dovrà essere inoltre in grado di bloccare dinamicamente l'angolo di inclinazione del gruppo sedile-schienale.
5. Si dovrà avere la possibilità di bloccare e/o regolare la tensione del movimento e il *tilt*, al fine di consentire un movimento fluido e sostenuto del corpo (resistenza) alle varie inclinazioni (in avanti e indietro).
6. I braccioli: dovranno essere regolabili in altezza (per rilassare braccia e spalle) e in 3-D (altezza, larghezza, profondità). Dovranno essere dotati di *appoggia-braccio* imbottito per consentire un sostegno confortevole alle braccia, con conseguente alleggerimento dei carichi sul collo, sulle spalle e sulle braccia stesse.
7. Deve avere la possibilità di montare ruote per pavimenti duri o morbidi oppure scivolanti e poter accedere e sostituire parti deteriorate della stessa in modo semplice ed accessibile.

Rischi per la salute

La colonna vertebrale è composta da 24 vertebre flessibili con i dischi intervertebrali che fungono da connettori e cuscini per assorbire urti e carichi. Come abbiamo visto, la posizione ideale cui tendere da seduti per la colonna vertebrale, è quella *"a doppia S"*. La letteratura scientifica indica che operare in questa posizione, significa lavorare con la spina dorsale bilanciata e mantenere una ottimale ripartizione del carico corporeo. Al contrario, posizioni irregolari mantenute per lunghi periodi, possono provocare una disidratazione dei dischi intervertebrali che possono indebolirsi fino a rompersi. Il prolasso dei dischi vertebrali si verifica nel momento in cui la vertebra si muove all'interno scivolando verso il canale spinale. Questo provoca una fuoriuscita del materiale gelatinoso che costituisce il disco intervertebrale, che va a premere sul sistema nervoso, con risultati che possono andare dal dolore alla paralisi.

E' inoltre da sottolineare quanto la struttura muscolare della nostra schiena sia un quadro complesso di gruppi muscolari di diverse dimensioni. Una postura di seduta errata, mantenuta nel tempo, porterà a tensioni irregolari provocando danni al metabolismo e alla funzionalità dei muscoli stessi.

PRESCRIZIONI ERGONOMICHE

Anche la poltrona ideale non è di nessuna utilità se non viene correttamente regolata (utilizzando i sofisticati meccanismi di cui abbiamo parlato poc'anzi) al fine di adattare questo sofisticato *"oggetto"* alla propria personale scala antropometrica. Molto spesso, gli utenti, non hanno la minima percezione dell'esistenza di tali e tante funzioni presenti nelle loro sedute finché qualcuno non gliele spiega. Una adeguata formazione agli utilizzatori è fondamentale per salvaguardare l'investimento in salute ed economico. Le principali regole cui prestare attenzione come utenti, nella regolazione della seduta, sono le seguenti:

a. Regolare l'altezza della seduta, dei braccioli e dei piani di lavoro, in modo da consentire alle braccia di raggiungere angolo di circa 90° all'altezza del gomito.
b. L'avambraccio deve poggiare alla superficie del piano di lavoro e l'intera pianta del piede deve poggiare sul pavimento.
c. Regolare l'altezza e la posizione dei braccioli rispetto al proprio corpo. Un bracciolo correttamente regolato in altezza alleggerisce il carico sulle braccia e sui gomiti ed evita tensioni eccessive nella regione delle spalle e del collo.
d. È inoltre fondamentale personalizzare la resistenza dello schienale al proprio peso corporeo.
e. Lo schienale della poltrona e il supporto lombare devono essere regolati e posizionati in modo da sostenere la parte lombare della schiena, facendo in modo che segua la curvatura della colonna vertebrale.

Per quanto ci si possa sedere correttamente, il corpo umano, come abbiamo detto, ha bisogno di costante movimento. La regola vorrebbe che non si dovrebbe stare seduti continuativamente per più di 40 – 50 minuti. Gli spostamenti necessari per raggiungere l'area tecnica condivisa (stampante, fax ecc.), la sala meeting o la caffetteria per una pausa di lavoro, non sono quindi da considerare perdite di tempo, ma utile esercizio fisico per l'operatore. Come del resto distendere il corpo per accedere ai documenti dell'area pensile, o sollevare i piedi e magari usare più frequentemente le scale invece dell'ascensore.

"Tutto il nostro sapere ha origine dalle nostre percezioni."

Leonardo da Vinci

2.2 - ANALISI DEGLI ASPETTI PSICOFISICI

E.T.Hall descriveva, negli anni '60, quanto l'idea convenzionale dello spazio necessario per gli operatori in ufficio in America, non andasse oltre la *misura fisica* delle aree effettivamente richieste dalle esigenze di lavoro '*... tutto ciò che esce da questo minimo necessario è considerato un fronzolo inutile...*'[55]. Ciò derivava, secondo *Hall*, da una diffidenza generalizzata verso gli aspetti valoriali dei *sentimenti* soggettivi sulla percezione dello spazio: difficilmente misurabili con strumenti scientifici.

Da allora qualche passo in avanti è stato fatto ma, tendenzialmente, gli spazi per l'ufficio nel mondo occidentale, vengono ancora progettati e misurati nelle tre dimensioni spaziali. Della *quarta*, quella *percettivo esistenziale*, sembra nessun'altro, a parte qualcuno degli autori citati e noi, se ne sia mai occupato.

LE ZONE SPAZIALI NASCOSTE NEGLI UFFICI AMERICANI (E.T.HALL)

Hall, in mancanza di dati scientifici, si spinse ad effettuare interviste indirette per capire le relazioni tra gli operatori e il loro spazio di lavoro in ufficio.

I risultati portarono a identificare che una delle sensazioni di malessere più frequente, era determinata dalla impossibilità di poter svolgere il proprio lavoro senza *urtare* contro qualcosa.

La comparazione valoriale principale, effettuata tra uffici diversi, in cui lo *stesso operatore* svolgeva lo *stesso compito*, era determinata dalla dimensione dell'isola di lavoro. Utilizzando questi parametri: un'isola di lavoro veniva percepita troppo "*piccola*" se impediva una distensione completa della schiena all'indietro: '*...lei aveva*

---

[55] *Hall E.T., La Dimensione Nascosta, trad. it. Milano, 1968, (ed. orig. The Hidden Dimension, New York, 1966) p.70.*

l'abitudine, comune a molta gente, di rilassarsi scostandosi un poco dalla scrivania e appoggiandosi all'indietro sulla sedia, in modo da distendere liberamente braccia, gambe e spina dorsale. Potei notare che nel compiere questa operazione tendeva a stabilire una distanza molto uniforme tra sé e la scrivania: se nell'inclinarsi indietro urtava contro il muro, l'ufficio le dava subito l'impressione di essere troppo piccolo; altrimenti lo considerava sufficientemente ampio...'[56].

Sulla base delle interviste raccolte da diversi soggetti, *Hall* identifica tre aree da lui definite come *'zone spaziali nascoste negli uffici americani'*, che sono:

1. L'area *immediata* di lavoro comprendente il piano della scrivania e la sedia.
2. L'insieme dei *punti a portata di braccia* al di là dell'area sopra menzionata.
3. Lo spazio compreso entro il limite raggiunto quando *'ci si scosta un poco dal piano di lavoro senza però alzarsi in piedi'*.

Le conclusioni a cui giunge, sono quindi le seguenti: *'...quando ci si può muovere solo entro l'ambito della prima zona si ha l'impressione di essere come imprigionati e accrampiti; un ufficio che offra solo la seconda area viene giudicato "piccolo"; un locale che invece consenta di muoversi entro la terza zona è considerato adeguato, o, in alcuni casi, addirittura ampio...'*[57].

Hall conclude che la *sensazione* di uno spazio in ufficio, ossia la sua percezione, è determinata dai gradi di libertà e dalla quantità di movimenti che esso consente nelle pause di relax tra un compito e l'altro.

Norberg-Schulz ne conferma la sintesi esperienziale, citando *Piaget*, e definendo come *'...la nostra consapevolezza dello spazio, è basata su schemi operativi, ossia su esperienze con le cose [...] possono essere indicazioni come < da qui a lì> o esperienze di ristrettezza, di apertura di chiusura, ecc. intorno all'individuo che funziona da centro ...'*[58].

Ciò detto, la prima lezione che ne possiamo ricavare è quella di attribuire una struttura valoriale a questi elementi percettivi (o cinestetici), ponendoli alla stregua di quelli antropometrici definiti nel capitolo precedente, quindi verificarne l'impatto spaziale in quella che definiremo come prima *'zona di Hall'*.

Per fare ciò dobbiamo identificare alcune misure di ingombro riferite all'*oggetto poltrona*.

---

[56] *Ibidem, p.71*
[57] *Ibidem, p.72*
[58] *Norberg-Schulz C., Intenzioni in architettura, trad.it. Roma, 1983 (ed. orig. Intentions in Architecture, London 1963), p.55*

Dai dati in nostro possesso, una poltrona corrispondente al 99° percentile, nello spazio bidimensionale, può rimanere circoscritta all'interno di un'area circolare compresa in c.a. 64 cm. di diametro (braccioli compresi). Considerando la massima inclinazione all'indietro dello schienale in 110°-115° gradi, la proiezione terrena ricavata dalla testa dell'operatore e dalla dimensione di uno schienale largo c.a. 50 cm., evidenzia la necessità di uno spazio di movimento posteriore pari a c.a. 40 cm..

In opposizione: nella parte frontale, lo spazio necessario per distendere le gambe richiede un'estensione di c.a. 84 cm., proiettata per una larghezza pari a quella impegnata dal maggiore ingombro della poltrona che, come abbiamo visto, è pari a c.a. 64 cm..

La superficie areale ricavata, dovrebbe consentirci di verificare se nella nostra meta-isola di lavoro appena abbozzata, esistono i presupposti spaziali perché questa necessità si possa esplicare.

Riposizionando la nostra rappresentazione umana del 99° percentile maschile, traslandola dal punto di rotazione della seduta verso il centro esatto della nostra *meta-isola* (nel rispetto quindi dell'esigenza espressa nella terza zona spaziale nascosta di Hall) vediamo, dalla figura riportata nella tavola successiva, che lo spazio è ampio a sufficienza per considerarlo adeguato a questo primo requisito spaziale.

In questa posizione, traslata al centro della nostra *meta-isola concentrativa*, l'utente si pone in una oggettiva posizione di "*distacco*" psico-fisico dal sistema dei piani e degli oggetti di lavoro. In una nuova prospettiva di percezione che gli consente di osservarli come un insieme unitario (*micro panorama*) di oggetti intermediari *inerti*, se privi dell'intervento umano, e *rappresentativi* della sua personale condizione lavorativa.

Poiché nessuna percezione è libera da contenuti emotivi, e le stesse "*cose*" possono assumere un carattere; un colore *valoriale* diverso funzione della prospettiva in cui si pongono, un sistema di oggetti *confuso* o disordinato può generare *ansia* e frustrazione. Al contrario un sistema concettualmente *ordinato*, dove ogni oggetto è posizionato in una logica spaziale *chiara*, può favorire l'*apertura* a nuove informazioni piuttosto che suscitare un senso di *difesa*, di insicurezza, di instabilità emotiva.

Norberg Schulz scrive: '...*per poter sopravvivere (il soggetto è l'uomo primitivo), egli deve dipendere da una società immutabile di cui è parte integrale. Anche i bambini, fin da uno stadio primitivo di sviluppo, mostrano lo stesso bisogno per le regole fisse. In ambo i casi il concetto di ordine si esprime quale condizione determinante di ogni condotta umana, ecco perché riconosciamo il bisogno di aderire ad un qualsiasi ordine acquisito...*'[59].

---

[59] *Ibidem, p.59*

Da questa prospettiva percettiva, un *sistema di oggetti relazionati semanticamente*, dove le *forme* (degli oggetti di questo livello) e i *colori* esprimono concettualmente la loro funzione, favorisce la loro azione mediatrice: dimensionandoli in una prospettiva unificante in cui gli stessi appaiono, sia contestualizzati al loro intorno, sia parte attiva del processo *trasformativo* di valore.

Sul tema del rapporto forma-funzione, *Norberg Schulz* scrive: '*...in primo luogo esiste una connessione empirica tra le forme e i contenuti. In generale, le forme manifestano ciò che si può fare in relazione ad esse. Un paesaggio sembra aperto o chiuso perché le sue forme esprimono le nostre possibilità di movimento. Per il contadino le rocce e le montagne sono <brutte> perché non può coltivarle. Finché il sentimento di tali connessioni empiriche fu vivo, l'uomo costruì con il paesaggio. L'uomo industrializzato invece crede che i mezzi tecnici lo mettano in grado di fabbricare qualsiasi cosa e ovunque, il che significa che ogni connessione empirica diviene insignificante. Come risultato perde la capacità di unificare gli edifici a ciò che gli sta intorno...*'[60].

---

[60] *Ibidem, p.213*

Esemplificazione grafica della "Zona di Hall"

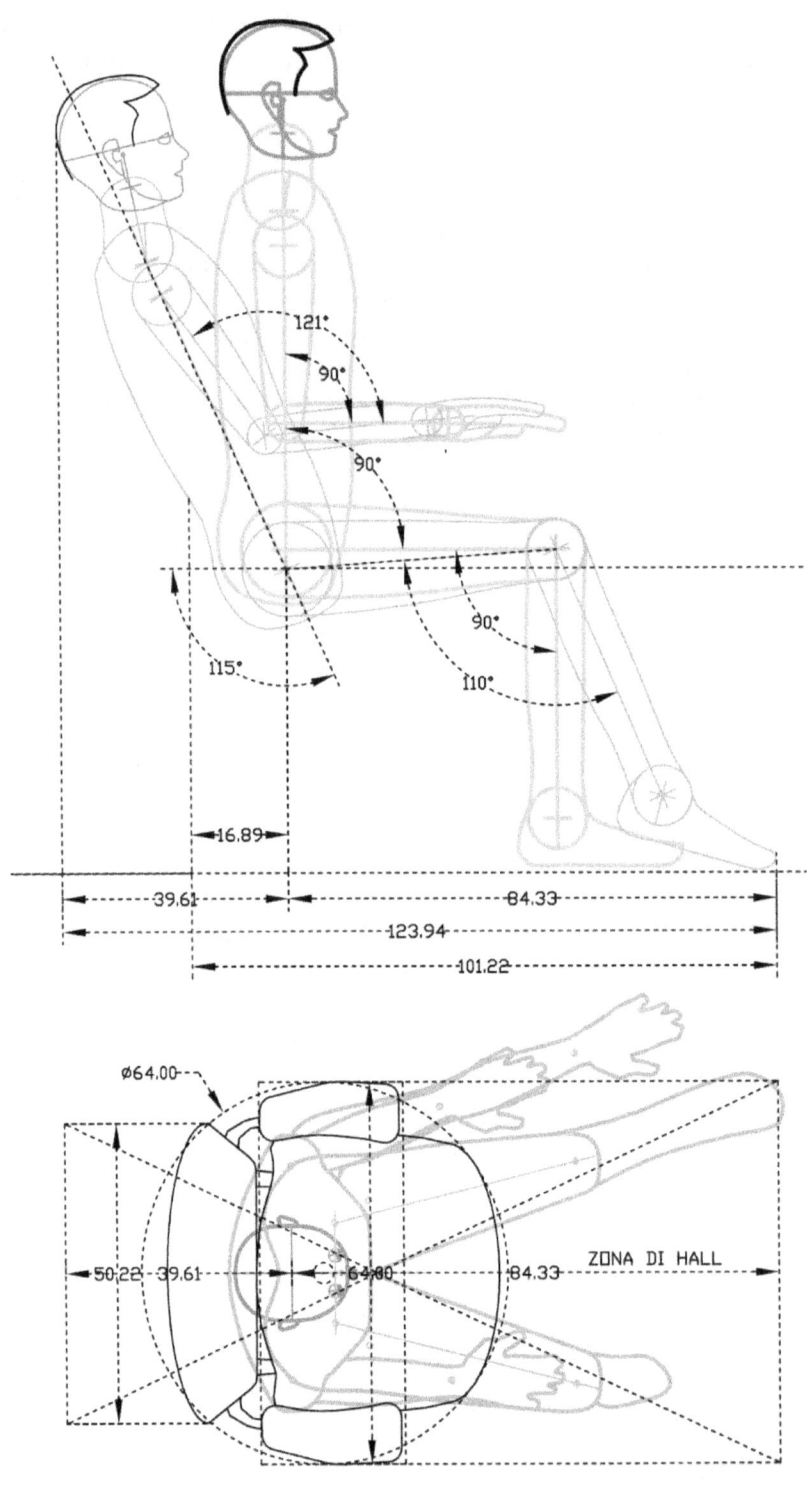

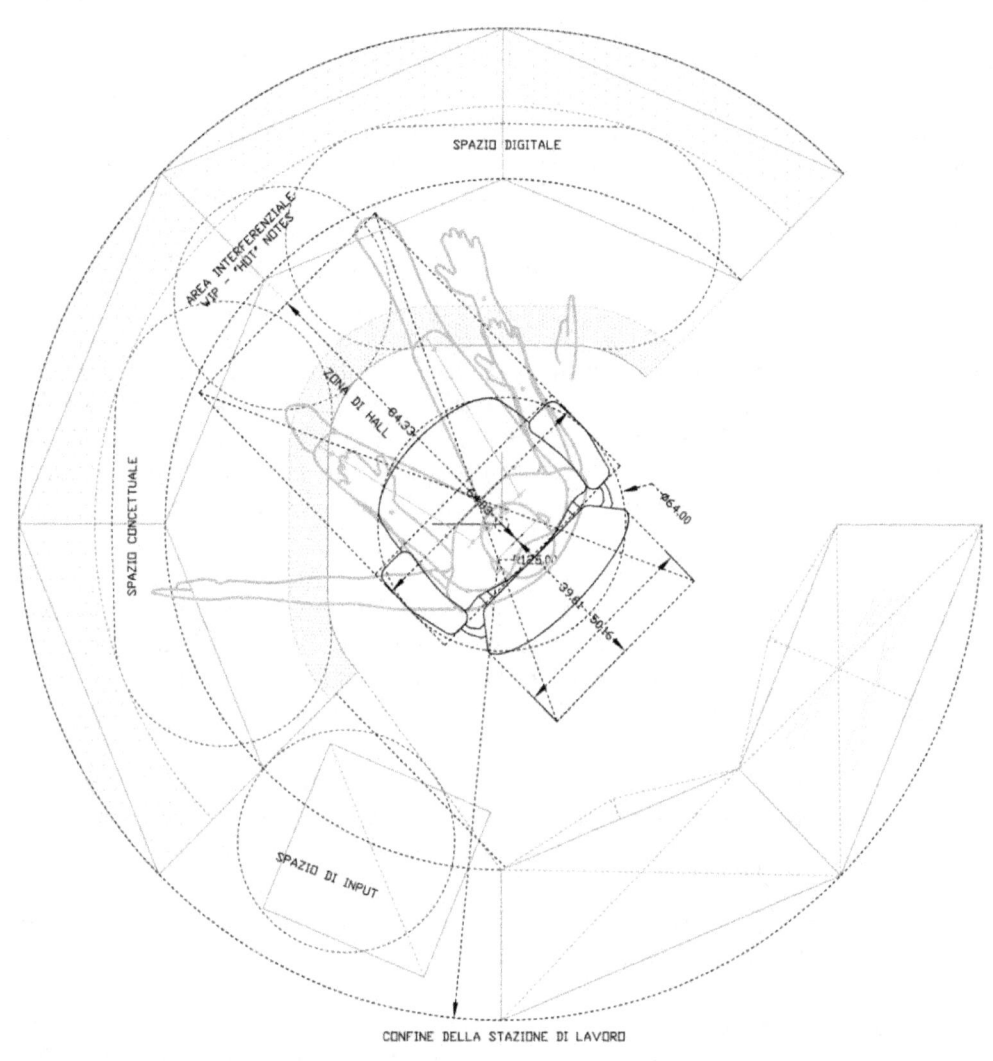

Riempire il vuoto concettuale

Da queste considerazioni ne deriva che: le *aree concettuali,* qui definite nel meta progetto dei piani, seguendo la logica del *flusso del lavoro*, potrebbero avere una loro precisa e fisica *posizione connotativa* e diventare esse stesse *strumenti mediatori* di precise funzioni operative, alla stregua degli *oggetti* del livello uno.

La funzione *estemporanea* di un piano di lavoro, che non ospita stanzialmente un oggetto fisico (come può essere un telefono o un PC), bensì di un oggetto transitorio, come un documento, suscettibile di elaborazione concettuale, definisce il piano stesso quale *oggetto mediatore,* suggerendo debba assumere caratteristiche formali (cromatiche o di *texture*) *rafforzative,* comunicando attraverso le stesse *persistenza di funzioni* anche in assenza di oggetti.

Questo per evitare l'insorgenza di insicurezza nell'operatore, causata dalla presenza sul piano di lavoro, di oggetti *confusi, caotici* o *disordinati* quali appaiono naturalmente i documenti in corso di elaborazione. Oppure la rapida occupazione dello spazio temporaneamente *libero* (tra un progetto lavorativo e l'altro) con altri oggetti *sostitutivi,* nella naturale tendenza a colmare lo spazio vuoto per ovviare al senso indefinito di *mancanza* di *"qualcosa".*

La caratterizzazione formale di tale porzione di piano, definito come *spazio concettuale,* favorisce peraltro a esaltarne le sue connotazione *positive.* Ossia quelle del *vuoto,* quale *spazio metafisico,* destinato a ospitare nuova *"vita",* intesa come nuove esperienze e sfide lavorative. Conferendo un senso di *positiva* e perenne continuità al *lavoro*.

Le possibilità espressive qualificanti dei piani potrebbero, quindi concretizzarsi attraverso caratterizzazioni cromatico - materiche delle loro superfici atte a palesarne la funzione quali *nuove* zone *"segrete"* dello spazio valoriale lavorativo.

Immaginiamo quindi di rivedere la logica dei *meta-piani* del livello precedente attraverso una loro ridefinizione progettuale che vedrebbe:

Una traslazione dello *spazio di input* verso destra (seguendo il flusso destrorso/orario del lavoro) fino a intersecare con la stessa valenza interferenziale dell'area WIP/HN, lo *spazio concettuale*. Ottenendo così:

1. Una ridefinizione areale dello stesso spazio all'interno dell'area mediale, come per quello dedicato ai documenti WIP/HN.
2. Una decisa e unitaria connotazione cromatica e/o materica delle aree risultanti: *Spazio di input, Spazio concettuale, Spazio WIP/HN, Spazio digitale*.
3. L'ottenimento, tramite evidenza areale, di un ulteriore spazio che definiremo come: *"spazio personale"*.

Le rappresentazioni grafiche che si generano, sono le seguenti:

Esemplificazione grafica degli spazi concettuali

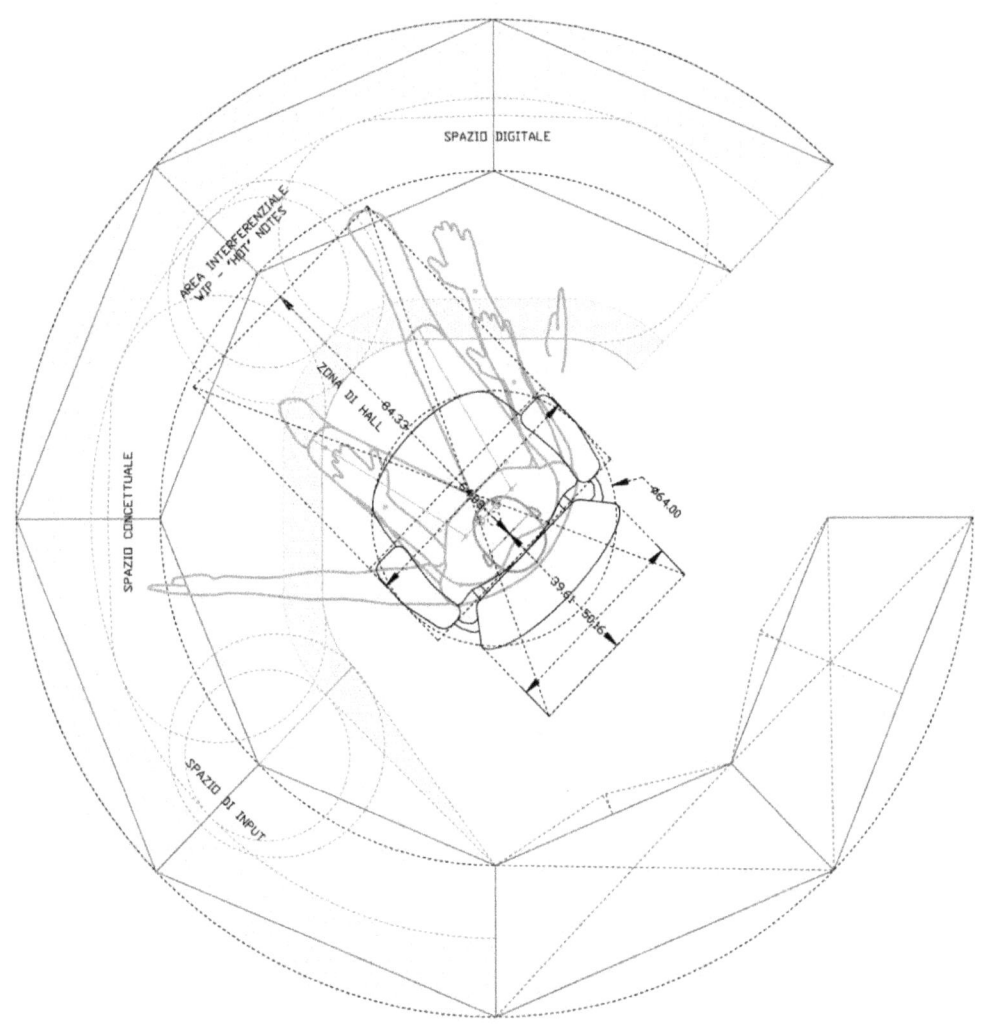

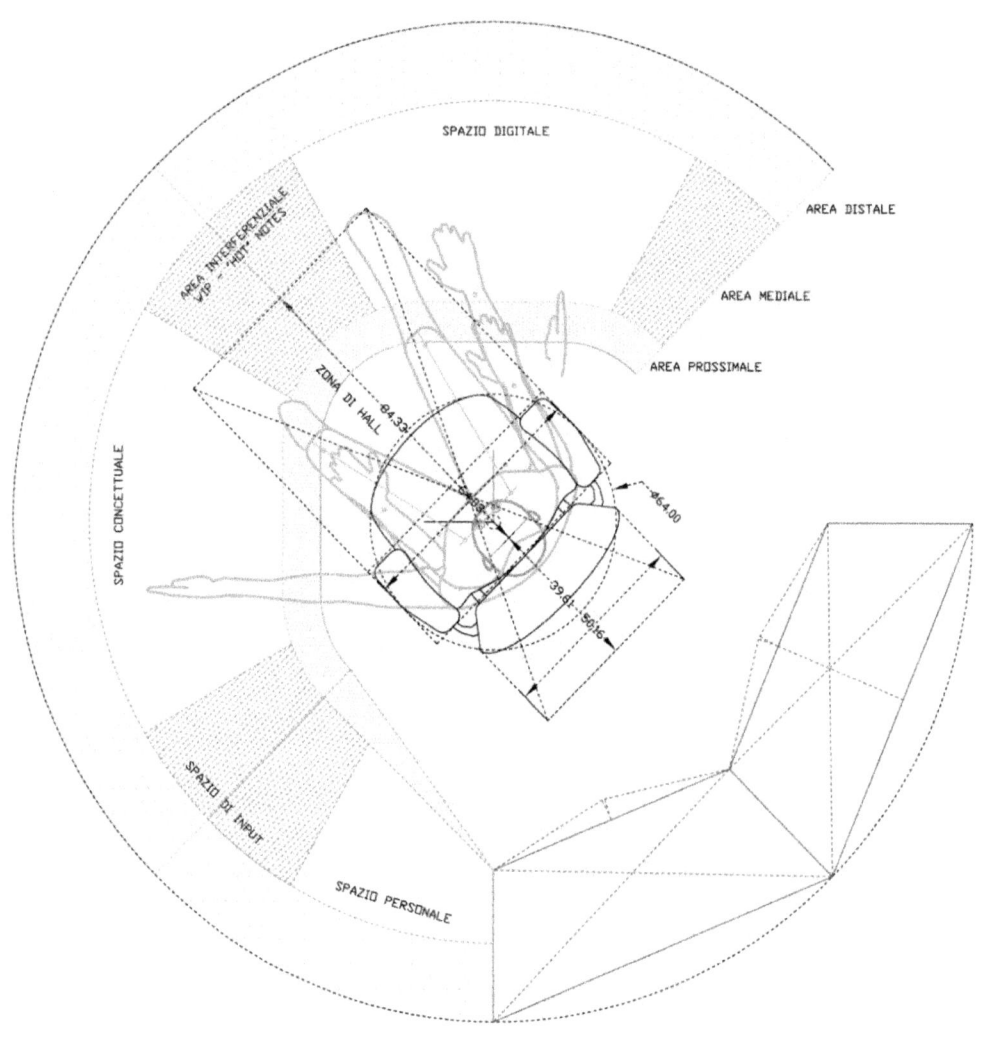

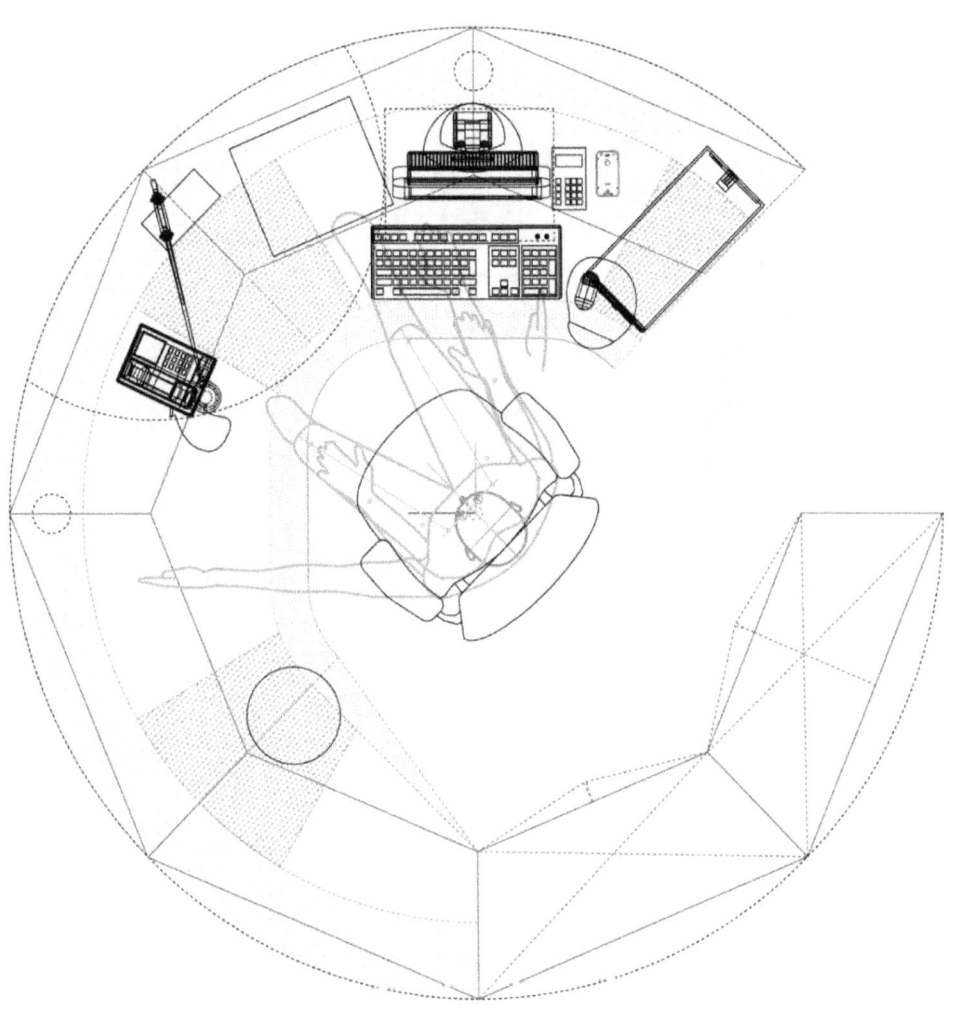

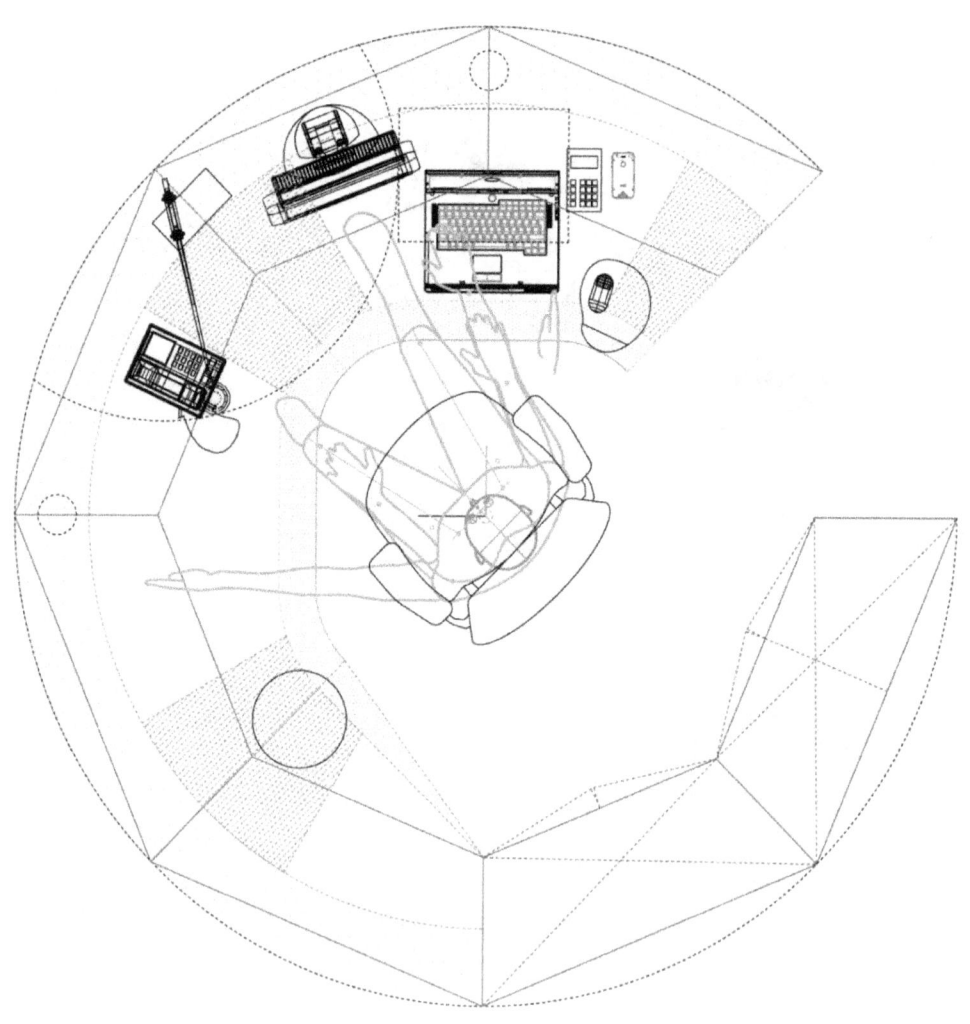

INTRODUZIONE ALLA PROGETTAZIONE CROMATICA

E' noto quanto la percezione del mondo che ci circonda sia influenzata dall'*umore* (o *tonalità emotiva*) in cui ci si trova in quel particolare momento.

Bollnow scrive, citando *Heidegger*: '*…il modo in cui mi rivolgo a qualche cosa e come essa mi appare, è determinato fin dall'inizio dalla tonalità emotiva in cui mi trovo [befinde]. Solo in una tonalità emotiva angosciata incontro il minaccioso [Bedroliches], e solo in una disposizione d'animo serena, viceversa, mi vengono incontro da sé le esperienze che mi rendono felice…*'[61].

E', peraltro, altrettanto noto quanto i colori abbiano un indubbio effetto sulla psiche umana, tale da potere in qualche modo influire sulle sue tonalità emotive.

Gottaschalk scrive: '*…i singoli colori esplicano sulle persone tutta una serie di azioni psicologiche. L'influenza dei colori sull'immagine formale degli ambienti dipende dal relativo carattere cromatico…*'[62].

Nel suo lavoro, ne sintetizza gli effetti sulle persone riportando la tabella di *Grandjean*:

COLORE	EFFETTO DI DISTANZA	SENSAZIONE DI TEMPERATURA	EFFETTO PSICOLOGICO
Blu	Lontano	Freddo	Rilassante
Verde	Lontano	Diversa secondo la tonalità	Molto rilassante
Rosso	Vicino	Caldo	Molto eccitante e anche irritante
Arancio	Molto vicino	Molto caldo	Stimolante
Giallo	Vicino	Molto caldo	Stimolante
Marrone	Molto vicino	Neutro	Stimolante
Viola	Molto vicino	Freddo	Aggressivo, irritante, depressivo

---

[61] Bollnow O.F., *Le tonalità emotive*, trad .it. Milano 2009 (ed. orig. *Das Wesen der Stimmungen*, Frankfurt am Main, 1956. p. 49
[62] Gottschalk O., *Progetto Ufficio*, trad. it. Milano, 1982 (ed. orig.*Flexible Verwaltungsbauten*, Wiesbaden und Berlin 1979). p. 141

La Teoria Espressionistica

Attilio Marcolli, a riguardo, citando la *teoria espressionistica* la definisce come: *'...un'analisi degli effetti cromatici come espressioni che gli oggetti colorati suscitano dalla psiche umana. I colori sono visti come riflessi delle emozioni umane e, nel contempo, come riflessi dell'attività sensibile. Praticamente, la teoria espressionistica si propone di analizzare i "problemi psicologici" del colore, il modo in cui i colori giocano sull'inconscio e l'attribuzione di senso che ne viene loro data...'*[63]. I suoi studi sulla significazione cromatica, riportano come semplici variazioni sui *colori di fondo*, e relative ricombinazioni cromatiche, abbiano notevoli influenze sul messaggio psichico che le immagini risultanti possono trasmettere.

Raccogliendo in parte il lavoro di *Marcolli*, l'analisi può essere ulteriormente approfondita relativamente ai tre colori primari (giallo, rosso, blu):

Giallo
E' il colore che più ricorda il Sole, esprime quindi un movimento di *espansione*. Esprime positivamente: solarità, allegria, ricchezza, gloria. Esprime negativamente: sentimenti di frustrazione e di rabbia. Usato dal punto di vista psicologico - simbolico, nell'iconografia artistica, come simbolo della ragione e dell'intelletto: del sapere e della conoscenza. La sua luminosità si spegne con il grigio e con il viola: quando ciò accade ne risulta un colore falso, malato. L'offuscamento con il grigio genera inquietudine e insicurezza. In contrasto bilanciato con colori scuri quali il nero e il blu, conferisce serenità, raccoglimento, omogeneità di insieme.

Su sfondo bianco viene assorbito dalla luminosità del bianco.
Su sfondo rosa appare senza luce, verdognolo, appiattito.
Su sfondo rosso viola diventa violento, durissimo tagliente.
Su sfondo rosso è in buon accordo, ma chiassoso, squillante.
Su sfondo blu è riverberante e abbagliante, ma gradevole.
Su sfondo nero è tagliente, ma fortemente equilibrato.
Su sfondo arancio diventa aranciato, positivo.
Su sfondo verde si rafforza.

Rosso-puro
E' il principio maschile: unitamente al rosso-*arancio*, indica il fuoco. Esprime positivamente: stimoli, eccitazione, forza, passione, velocità. Esprime negativamente: il sangue, le passioni violente. Di difficile attenuazione, emergente e utilizzato come colore principe per la *segnalazione* (cartelli stradali, segnali di pericolo) per la sua velocità di recepimento da parte dell'occhio umano. E' anche molto modulabile e flessibile.

---

[63] *Marcolli A., Teoria del Campo, Firenze 1971, p. 381*

Su sfondo blu e giallo, è molto ricettivo alla luce e modulabile

R̲o̲s̲s̲o̲-̲A̲r̲a̲n̲c̲i̲o̲
Eccitante, sensuale, rivoluzionario. Usato dal punto di vista psicologico-simbolico, nell'iconografia artistica, come simbolo dell'*estroversione* passionale. E' il colore più caldo, meno duttile del rosso puro.

Su sfondo giallo denota forza profonda, ma limitata.
Su sfondo rosso o rosso scuro splende con attenuazione, tono teatrale, scenografico.
Su sfondo blu verde splende con accentuazione, creando contrasto freddo-caldo.
Su sfondo viola viene ridotto dal viola, ma al contempo lo attiva illuminandolo.
Su sfondo gialloverde è chiassoso, violento.
Su sfondo arancio risulta inaridito e devitalizzato.
Su sfondo nero è violento.

R̲o̲s̲a̲
Rappresenta l'amore e la *gentilezza*. Può avere un effetto calmante durante i primi momenti di esposizione. A lungo andare può generare effetti opposti.

B̲l̲u̲
Rappresenta l'*intelletto*, la verità, la fedeltà, la costanza. Il Blu è il colore della grande profondità, il principio femminile. Esprime positivamente: calma, riflessione, immensità, ma anche: solitudine, tristezza e distacco. Usato dal punto di vista psicologico-simbolico, nell'iconografia artistica, come simbolo dell'introversione spirituale, dei sentimenti, dell'umiltà senza luce, della concentrazione fredda, della depressione. E' in genere un colore passivo.

Su sfondo giallo risulta ottuso, ma materializza il giallo.
Su sfondo nero diviene luminoso.
Su sfondo viola appare isolato, vuoto.
Su sfondo arancio scuro o bruno risulta instabile, ma genera tutte le tinte di *terra*.
Su sfondo rosso arancio appare irreale, luminescente.
Su sfondo verde appare vivace, gradevole, sicuro.

In merito ai colori complementari:

V̲e̲r̲d̲e̲
E' il colore della Natura, del mondo vegetale. Per i buddisti rappresenta la vita. E' un colore neutro, rilassante, favorisce la riflessione e la calma. Ma esprime anche immaturità e gelosia. Colore molto modulabile e flessibile di ampia gamma.

A̲r̲a̲n̲c̲i̲o̲
Nella cultura giapponese e cinese è associato all'amore a alla felicità. E' il colore della crescita, simboleggia il sole nascente, è il colore della gioia, dell'attenzione, dell'energia. Colore molto luminoso.

Viola
Sinonimo di intelligenza, conoscenza, devozione religiosa, santità, sobrietà, penitenza. Rappresenta la *porta dell'aldilà*. Rappresenta anche: monotonia, sogno, ignoto, tristezza. Colore molto difficile perché mutevole nella ricerca della giusta tonalità.

Viola-scuro
Eroismo, magnificenza, mistero, pazzia.

Marrone
Rappresenta il colore della Madre Terra, del legno, per cui si associa alle cose solide e durature. La preferenza di marrone simboleggia mancanza di radici però al contempo aiuta a essere pratici e non dispersivi. E' ottimo come colore nei pavimenti perché rappresenta la terra, dà stabilità. Induce anche a: depressione, povertà, vecchiaia.

Bianco
Rappresenta la luce, la *semplicità*, l'aria, l'illuminazione, la *purezza*, l'innocenza, la castità, la santità, la sacralità, la redenzione. La luce bianca contiene tutti e sette i colori dell'iride, è vitalizzante. Il bianco suscita anche sensazioni di freddezza, ostilità, sterilità.

Nero
E' popolare come indicatore di potenza, di formalità e raffinatezza, ma rappresenta anche l'oscurità, il vuoto, il male, la stregoneria e, in molte culture, è associato alla morte e al lutto. E' un *non-colore*, cioè: è assenza di colore e, tuttavia, viene utilizzato per rendere più densi altri colori. Può avere un effetto depressivo, di introspezione, di solitudine.

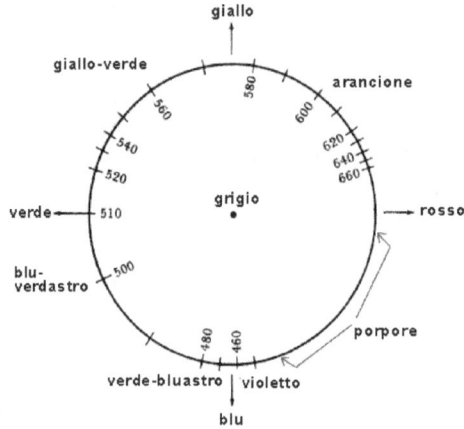

La composizione cromatica naturale

L'analisi appena esposta, evidenzia la lettura di alcuni aspetti di valutazione cromatica nella sola relazione tra i colori "puri". In realtà, nella progettazione cromatica, come nell'arte, il risultato percettivo di un'opera, è frutto degli aspetti compositivi generali che l'hanno in qualche modo definita universalmente *tale*. Dove il colore stesso, inteso nella sua *unicità* valoriale, non è mai qualcosa di *isolato*, ma parte di un insieme composto; allargato all'intero campo visivo.

Marcolli specifica questo tema scrivendo: '*...comporre, in musica come in architettura o in pittura, o nel design in generale, significa accostare due o più elementi o colori per costituire un insieme [...]. Gli elementi di composizione sono la scelta che facciamo delle parti e degli accordi che operiamo, la posizione reciproca delle parti che stabiliamo, la collocazione che noi attribuiamo a ciascuna parte, la direzione che imprimiamo allo spazio, la relazione e l'interazione tra gli oggetti e il campo, tra le parti e il tutto, la distribuzione delle quantità, i valori di contrasto, il carattere di ogni singolo elemento e l'effetto che ne deriva*'[64].

La complessità di una corretta composizione cromatica da un lato, e le necessità di impostarne i criteri, in base a specifiche *esigenze funzionali*, quali, ad esempio: l'impiego di colori che producono effetti *stimolanti* su persone che svolgono attività monotone o di routine (o al contrario escludere o evitare colori che possano produrre effetti troppo *dinamici*, per lavori che richiedono un alto livello di concentrazione), generano un quadro abbastanza complesso da seguire, sia per un progettista sia per un *fruitore* o committente dello spazio.

Per contro, l'eccessiva semplificazione, o poca attenzione a questi temi, come purtroppo spesso accade, può generare effetti negativi sul benessere ambientale complessivo del contesto spaziale oggetto dell'intervento.

Fortunatamente l'*Ambiente*, con la sua infinita gamma di composizioni cromatiche, costituite dagli scenari *naturali*, tradotti e cristallizzati in immagini dagli obiettivi degli artisti-fotografi, può aiutarci a selezionare (tra una vastissima gamma di proposte) le composizioni cromatiche più funzionali ad uno specifico contesto lavorativo.

Questo nella *proporzione* cromatica più connaturata a quella umana: ovvero quella *naturale*. Più vicina a soddisfare le necessità di carattere esistenziale, in quanto conservativa della memoria coloristica *ancestrale* del mondo che ci circonda.

---

[64] *Ibidem, p.384*

Basti pensare ai colori del cielo, terra, mare, boschi e foreste, la cromaticità delle stagioni, ecc.. Immagini che, tramite le moderne tecniche di stampa su tessuto o serigrafia su vetro, possono essere applicate alle superfici verticali *recintuali* delle nostre *dimore* pubbliche (le isole di lavoro) consentendo di accentuarne gli aspetti valoriali con straordinari benefici sul benessere psicologico degli operatori.

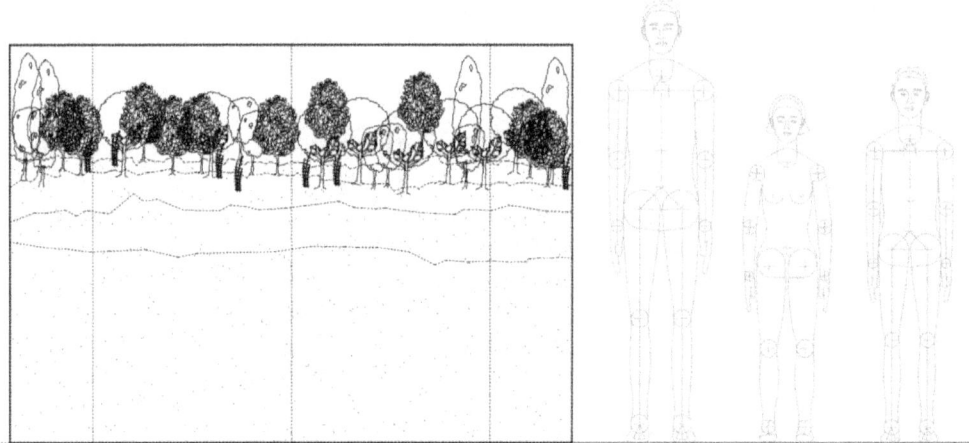

L'idea di applicare, oltre che alle *strutture recintuali*, anche agli oggetti quali *superfici di lavoro*, delle connotazioni cromatiche evocative di quelle *naturali,* come il *legno*, nelle sue varie essenze, (non necessariamente *autentico*: esistono superfici *laminate* che riproducono fedelmente le varie essenze anche come finitura superficiale), è legata alla volontà di comunicare valori quali: *calore* e *tradizione*, accanto alla *solidità* tipicamente associata a questi materiali. L'impatto ambientale causato da questi elementi può essere contenuto attraverso la scelta di prodotti duraturi e riciclabili, reperibili nel repertorio della bioedilizia.

Con l'accenno alle *texture recintuali*, si introduce l'argomento riguardante il capitolo successivo che si occupa del livello della *casa* intesa come "*dimora lavorativa*".

Dimora contestualizzata all'interno del complesso di relazioni con gli altri esseri umani, (*vicinato*) appartenenti o meno allo stesso gruppo sociale/dipartimentale di cui analizzeremo gli aspetti, oltre che valoriali, anche prestazionali.

In particolare analizzeremo i suoi confini *fisici*: che nel contesto specifico (mondo dell'*ufficio)* sono gli schermi perimetrali e le partizioni divisorie amovibili, che ne dovrebbero proteggere e definire la *posizione* a livello urbano/rionale o dipartimentale.

> *"Noi siamo il solo animale abbandonato nudo sulla terra nuda,*
> *legato, incatenato,*
> *senza aver nulla di cui armarsi e proteggersi se non le spoglie degli altri."*
>
> *Michel Eyquem de Montaigne*

IL LIVELLO 3 – LA DIMORA PUBBLICA: CONFINI E PROTEZIONE VISIVA E UDITIVA

IL CONFINE RECINTUALE

Il termine *proteggere* riferito alla *dimora pubblica* umana, ossia il posto di lavoro, è stato usato non a caso in questo contesto. Come abbiamo detto precedentemente, la caratterizzazione formale del *"Luogo"* come *spazio in cui si svolgono attività,* ha radici antichissime e la sua prima espressione fisica consiste, come abbiamo visto, nella recinzione circolare di un *dominio* la cui proprietà essenziale è: *'la definizione di un confine netto che garantisce una protezione sia fisica che psichica'*. Esattamente come nel passato, il confine recintuale dell'*Homo Impiegatus* deve assolvere le stesse funzioni: ossia proteggerlo dalle *aggressioni* o invasioni di terzi, alla sua *privacy* (nel contesto moderno) lavorativa. Aggressioni che si manifestano in veri e propri attacchi agli spazi visivo e uditivo.

GLI SPAZI VISIVO E UDITIVO

Le moderne aggressioni alla *privacy* lavorativa riguardano prevalentemente i campi visivo ed uditivo. *Hall* scrive: '*...un calcolo preciso che confronti la quantità di dati raccolti dagli occhi con quella registrata dalle orecchie, non è stata ancora fatto. Gravi difficoltà si oppongono, infatti, agli scienziati: non solo perché un tale computo richiederebbe un processo di "traduzione", ma soprattutto perché non si sa bene cosa si dovrebbe contare. Tuttavia ci si può fare una certa idea generale della complessità relativa dei due sistemi di ricezione, confrontando lo spessore dei nervi che collegano l'occhio e l'orecchio ai centri del cervello: dato che il nervo ottico contiene circa* *diciotto volte più neuroni del nervo cocleare, possiamo presumere che il primo trasmetta un altrettanto maggiore numero di dati. Effettivamente, è probabile che, in soggetti normalmente vigili, gli occhi forniscano un fiume di informazioni dalla "portata" mille volte più intensa degli orecchi.*

Il "tiro" dell'orecchio nudo, nell'uso quotidiano, è in realtà assai limitato. Sino ai sei metri l'orecchio è molto efficiente; intorno ai 30 metri, è possibile una comunicazione vocale in una sola direzione, anche se a un ritmo di emissione alquanto più lento di quello che interviene nelle normali conversazioni a distanza ravvicinata, mentre la comunicazione bidirezionale risulta fortemente alterata. Oltre quella distanza, i segnali acustici usati dall'uomo cominciano rapidamente a svanire. L'occhio nudo invece, abbraccia una quantità straordinaria di informazioni entro il raggio di un centinaio di metri, ed è ancora perfettamente efficiente per gli usi della umana interazione alla distanza di più di un chilometro e mezzo. Gli impulsi che stimolano l'orecchio e l'occhio divergono tanto per velocità quanto per la qualità. Alla temperatura di 0°C., al livello del mare, le onde sonore viaggiano alla velocità di 333 metri al secondo e sono udibili a frequenze che vanno dalle 50 alle 15.000 vibrazioni al secondo; i raggi di luce, invece, viaggiano alla velocità di 300.000 km. al secondo e sono visibili a frequenze di 10.000.000.000.000.000 vibrazioni al secondo'[65]. '*La percezione spaziale non comprende soltanto ciò che è percepito, ma anche quello che viene escluso. Persone allevate in ambiti culturali differenti, apprendono sin da bambini, senza averne poi avvertita coscienza, a scartare certi tipi di informazione e a rivolgere invece la loro attenzione agli altri. Una volta stabiliti questi schemi percettivi, sembrano restare inalterati per tutta la vita. I giapponesi, per esempio, mentre usano una quantità di schermi visivi, si accontentano di schermi acustici che sono pareti di carta [...] I tedeschi e gli olandesi, invece usano difendersi dai rumori con muri spessi e con doppie porte e incontrando difficoltà se devono confidare soltanto sui propri poteri di concentrazione per sfuggire alle interferenze acustiche...*'[66].

L'*Homo Impiegatus*, diciamo di cultura occidentale, deve quindi necessariamente pensare di difendere se stesso, all'interno della sua dimora lavorativa, da queste tipologie di invasioni di campo.

Inizieremo quindi a tratteggiare le problematiche di tipo visivo per poi approcciare a quelle di carattere acustico. In premessa a entrambi i temi, introdurremo il concetto di *Attenzione*.

---

[65] Hall E.T., *La Dimensione Nascosta*, trad.it. Milano, 1968, (ed. orig. *The Hidden Dimension*, New York, 1966) pp.58-59
[66] *Ibidem*, pp.61-62

L'ATTENZIONE

Una delle cause principali che creano interruzioni ai processi cognitivi legati all'attività lavorativa, con conseguente calo dell'efficienza, è la caduta dell'*attenzione*. Ma che cosa significa *Attenzione*? In due parole si può classificare come:

- Mantenere l'attività
- Resistere alla distrazione di altri stimoli

L'attenzione esprime, infatti, il grado di tensione mentale di un individuo. Poiché questa tensione è limitata, l'individuo non può orientarsi contemporaneamente verso tutte le stimolazioni interne e esterne che gli si propongono, per cui opera necessariamente delle scelte sulla base di interessi o piaceri. L'attenzione rivolta in una sola direzione può portare a migliorare l'azione e implica anche l'inibizione di ogni altra attività distraente.

Mentre l'attenzione si concentra, la coscienza continua a essere sollecitata da stimoli esterni (sensoriali), come ad esempio i rumori che, se sono troppo intensi, possono impedire l'attenzione. Mediante la concentrazione, le percezioni aumentano in intensità, le immagini acquistano maggiore chiarezza, le reazioni si fanno più rapide ed esatte.

Un'attenzione continuamente *tesa* è però impossibile nell'uomo: in alcuni soggetti si esprime al massimo durante il mattino, in altri durante la notte. L'attenzione può essere concentrata su un solo argomento, o distribuita su più argomenti. Non è però possibile dedicare uguale attenzione nello stesso momento a due oggetti diversi.

Si possono definire due ambiti di concentrazione: attiva e passiva. Quella attiva o volontaria è determinata dagli interessi; quella passiva o involontaria è dettata da impulsi che si riallacciano direttamente agli istinti di conservazione, riproduzione, socializzazione.

I fattori psicofisici che regolano e facilitano l'attenzione, sono:

1. Stato di freschezza/riposo
2. Isolamento dell'oggetto dagli stimoli perturbatori dell'ambiente
3. Cambiamento dello stimolo
4. Intensità dello stimolo
5. Novità dell'oggetto
6. Interesse

Il *processo attentivo* è accompagnato da fenomeni di concordanza in tutto l'organismo. Ciò significa che la risoluzione del compito comporta uno stress psicofisico. Altri espedienti fisici che aiutano la concentrazione, tenendo lontani gli stimoli perturbatori, variano a seconda degli individui.

Di regola la curva d'attenzione di un ascoltatore, nell'arco di 50 minuti, raggiunge l'apice dopo i primi 7 o 8 minuti, poi ha un calo costante, fino a raggiungere il minimo verso i 26/27 minuti, infine risale mantenendosi in maniera abbastanza costante, sino alla fine dell'ora, sempre al di sotto comunque, dell'apice iniziale.

Nell'ambito della visione, le varie ricerche sulla caduta di attenzione, indicano come il *fuoco attentivo* riesca a dimensionarsi su una figura, in un tempo variabile tra i 50 e i 100 ms. come indicato dagli esperimenti di *Posner*[67]. Dagli stessi studi sappiamo inoltre come l'attenzione focalizzata su di un evento visivo *atteso*, si possa sganciare dallo stesso dopo circa 550-600 ms..

Le variabili che rendono più impegnativo il processo attentivo, sono:

- La complessità degli stimoli impiegati
- La presenza di diverse fonti di distrazione

La presenza di compiti cognitivi *aggiuntivi*, richiede inoltre una distribuzione funzionale dell'attenzione e un costante monitoraggio della propria prestazione.

Le variabili legate all'andamento della prestazione attentiva, sono:

1. L'età (decadimento della prestazione più veloce nei soggetti più giovani)
2. Disposizioni individuali
3. Scopi a lungo termine
4. Fattori motivazionali
5. Maggiore o minore complessità del compito

Un deficit dell'attenzione pregiudica l'esecuzione dei compiti, mentre un vero e proprio disturbo può causare iperattività ed aggressività.

Sulla base di queste premesse si può ora passare ad analizzare le condizioni fisiche, ambientali, organizzative e relazionali che compromettono le prestazioni attentive con conseguente nocumento sulla prestazione lavorativa.

---

[67] Posner M.I., *Orienting of attention*, The Quarterly journal of experimental psychology, USA, 1980, p.16

INVASIONI DEL CAMPO VISIVO

INTRODUZIONE ALLA PERCEZIONE VISIVA

La percezione visiva è l'interpretazione del cervello di ciò che gli occhi vedono. È un continuo processo di ricerca di informazioni che interessa, a livello sia conscio che inconscio, *occhi* e *cervello*.

Non si analizzano mai informazioni isolate, ma sempre in funzione del contesto e delle caratteristiche precedentemente memorizzate. Non si hanno sensazioni isolate perché il campo visivo comprende molti stimoli interagenti. Il cervello utilizza continuamente delle referenze e delle comparazioni d'informazioni.

Stimoli non conosciuti, e non già sperimentati, procurano insicurezza e tensione poiché la risposta sensoriale non è immediata e automatica, ma lo stimolo deve essere prima interpretato.

L'*atto percettivo* può venire inteso come un'azione di *integrazione* e di *sintesi* che tende a *organizzare l'ambiente*, in una forma tale che risulti la più *semplice e ordinata possibile*.

Poiché per la percezione visiva, ogni stimolo fisico è uno stimolo luminoso, è facile comprendere come l'ambiente luminoso sia un fattore determinante nell'accettazione e identificazione di uno spazio.

Il processo percettivo è indirizzato non solo allo svolgimento dell'attività volontaria, ma anche alle esigenze biologiche di orientamento spaziale, sicurezza, necessità di centri di attenzione e di input visivi interessanti. L'occhio svolge, consciamente o inconsciamente, una continua azione di monitoraggio: è attratto dagli elementi più brillanti presenti nel campo visivo, dagli oggetti in movimento, da tutto ciò che aiuta ad interpretare l'ambiente, dagli elementi imprevisti e da tutto ciò che potrebbe essere fondamentalmente fonte di pericolo.

In breve le principali fasi della percezione visiva sono:

1. un processo di orientamento e di formazione di una *impressione* dello spazio;
2. un'esplorazione veloce dei diversi segnali luminosi;
3. una comparazione tra ciò che si è osservato e ciò che si conosce: un ordinamento secondo le priorità costruite dal cervello.

LA SUDDIVISIONE DEL CAMPO VISIVO

Il *campo visivo* è la parte del mondo esterno che può essere vista da una persona immobile che guardi davanti a sé. E' normalmente uguale per i due occhi, e per ciascun occhio è limitato lateralmente dal *naso* e superiormente dall'*orbita*.

La posizione frontale degli occhi permette un campo visivo di circa 180° in proiezione orizzontale e di circa 130° in proiezione verticale. All'interno del campo visivo si hanno condizioni di visione molto differenti, in funzione della posizione degli oggetti rispetto al centro di visione.

Il *campo visivo* si può suddividere in coni angolari concentrici che, a partire dal cono angolare corrispondente al centro di attenzione, si estendono sino al limite del campo visivo in corrispondenza di una progressiva diminuzione della sensibilità visiva.

La *sensibilità* e *precisione* visiva che corrispondono alle diverse parti del campo visivo si riferiscono a un soggetto che tenga la testa immobile e lo sguardo diretto di fronte a sé. Anche se l'ampiezza del campo corrispondente alla visione nitida, è molto limitata, il movimento continuo degli occhi e il movimento della testa consentono di sfruttare la massima capacità visiva spostando continuamente il centro di attenzione.

Leggendo o guardando con attenzione un *oggetto* noi spostiamo infatti il centro di attenzione *seguendo* con lo sguardo le parole scritte o i dettagli dello stesso, coprendo un'area molto più ampia di quella consentita dall'apertura del centro di attenzione.

L'area di azione effettiva dell'occhio, ossia la *porzione di mondo esterno* che può effettivamente essere vista nitidamente senza sforzo, corrisponde all'angolo visivo che l'osservatore controlla interamente senza muovere la testa, ma solo con un lieve movimento degli occhi. L'area di azione dell'occhio corrisponde a un cono angolare di circa 50°- 60° e rappresenta il limite entro il quale si possono svolgere senza sforzo i comuni compiti visivi.

I movimenti riflessi dell'occhio portano inoltre a spostare il centro di attenzione sugli stimoli visivi registrati dalle zone periferiche della retina. In particolare gli *oggetti in movimento* e i forti *contrasti di luminosità* che entrano nel campo visivo periferico attraggono la visione *foveale*, ossia lo sguardo dell'osservatore. Funzionando così da richiamo e da sistema di allarme o, al contrario, come fattori di disturbo.

Il meccanismo di richiamo della visione periferica consente, ad esempio, di individuare oggetti o persone che si trovano *quasi alle nostre spalle* e, in particolare, di segnalare la presenza di mezzi in movimento mentre camminiamo o siamo alla guida.

Analogamente il movimento continuo di persone o di oggetti che entri nel campo visivo periferico tende a distogliere lo sguardo dell'osservatore dal compito visivo che sta svolgendo creando una forte azione di disturbo.

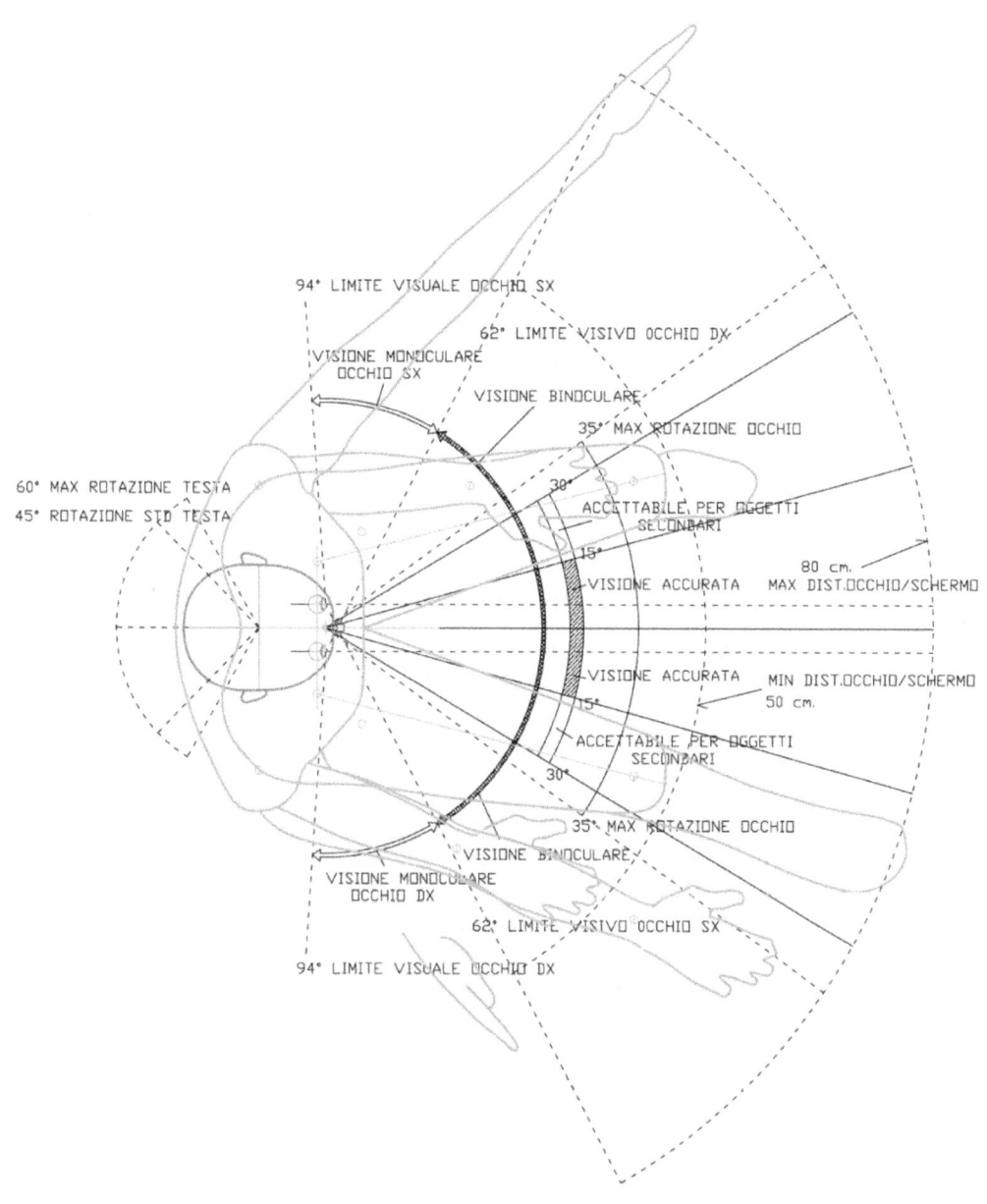

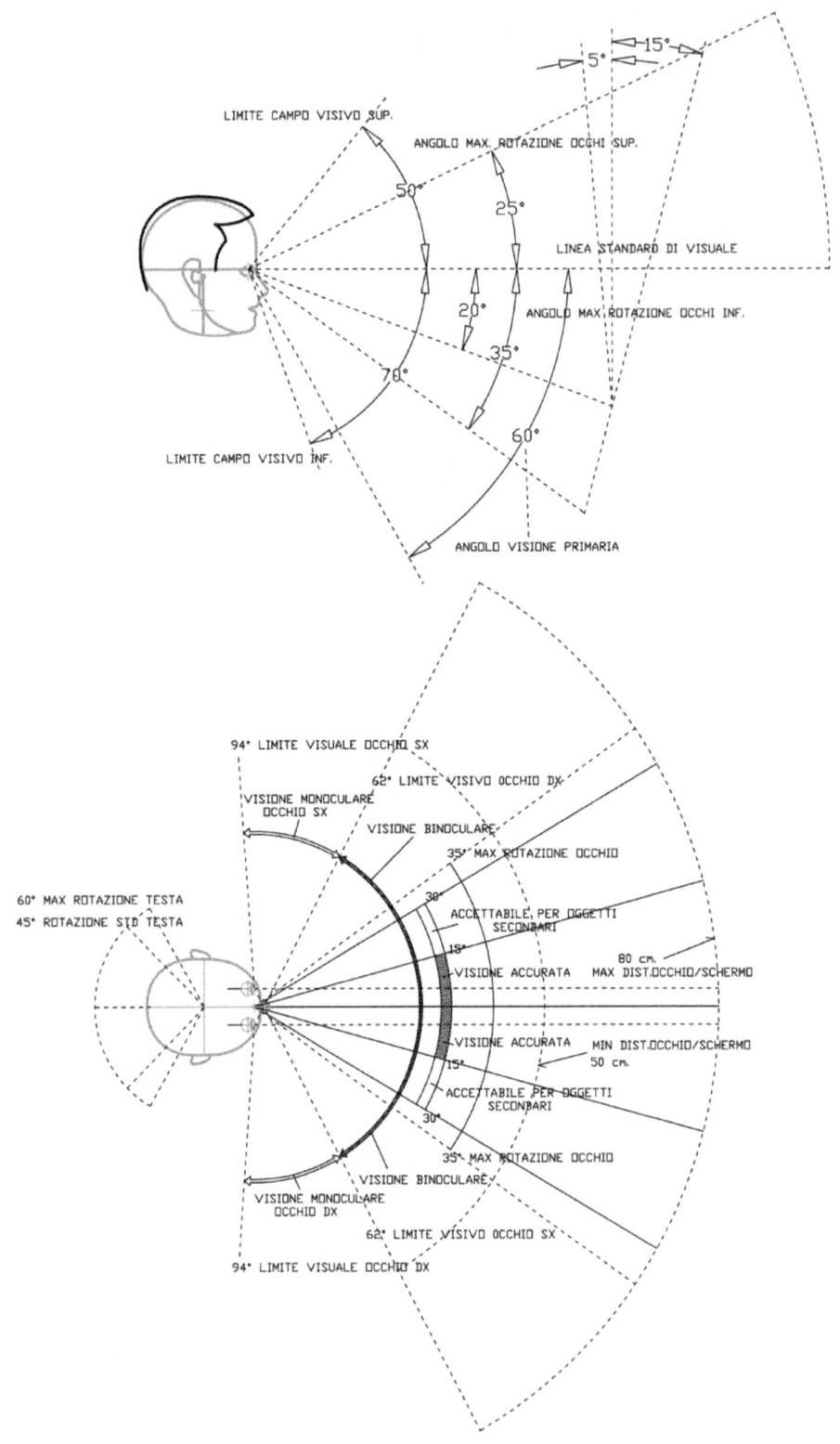

ANALISI DELLE PERTURBATIVE VISIVE SUL POSTO DI LAVORO

Una postazione di lavoro priva di opportune strutture *recintuali* (schermi o pareti mobili) a *difesa* del proprio ambito operativo, consente una grande variabilità di perturbative visive per l'operatore, causa di caduta dell'attenzione.

Mostreremo ora alcuni esempi *classici* di errato posizionamento della postazione di lavoro frequentemente riscontrabili negli uffici moderni, e le relative conseguenze negative, sull'operatività delle persone che vi risiedono.

Case study

Esempio n.1: Postazione di fronte a corridoio non schermata frontalmente (*area di interferenza visiva di classe 1*). Situazione molto critica dove il livello di perturbazione visiva è funzione della frequenza di passaggio di persone nel corridoio specifico; (Fig.1)

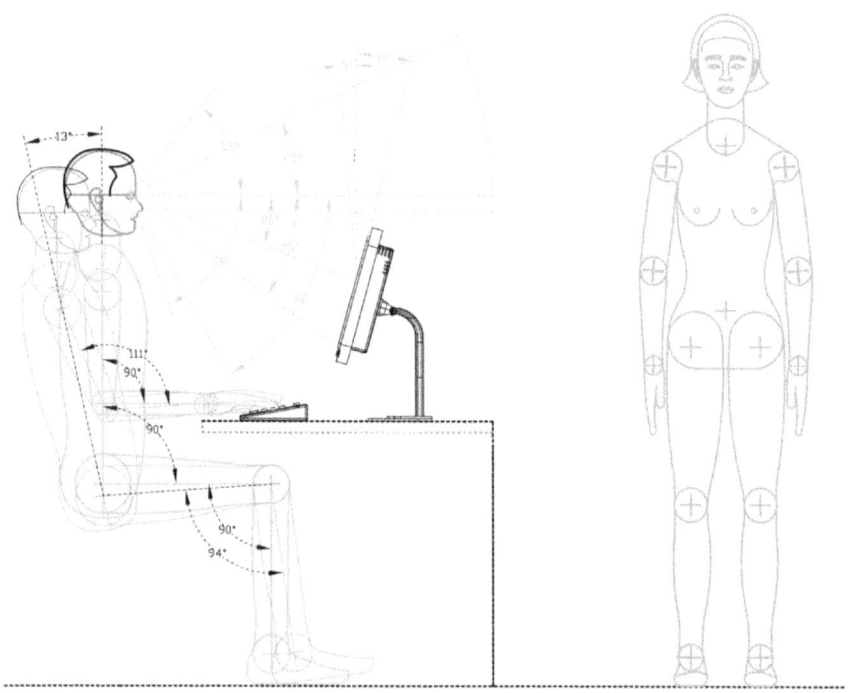

Esempio n. 2: Postazione non schermata frontalmente, posizionata di fronte a collega (*area di interferenza visiva di classe 2*). Fig.2

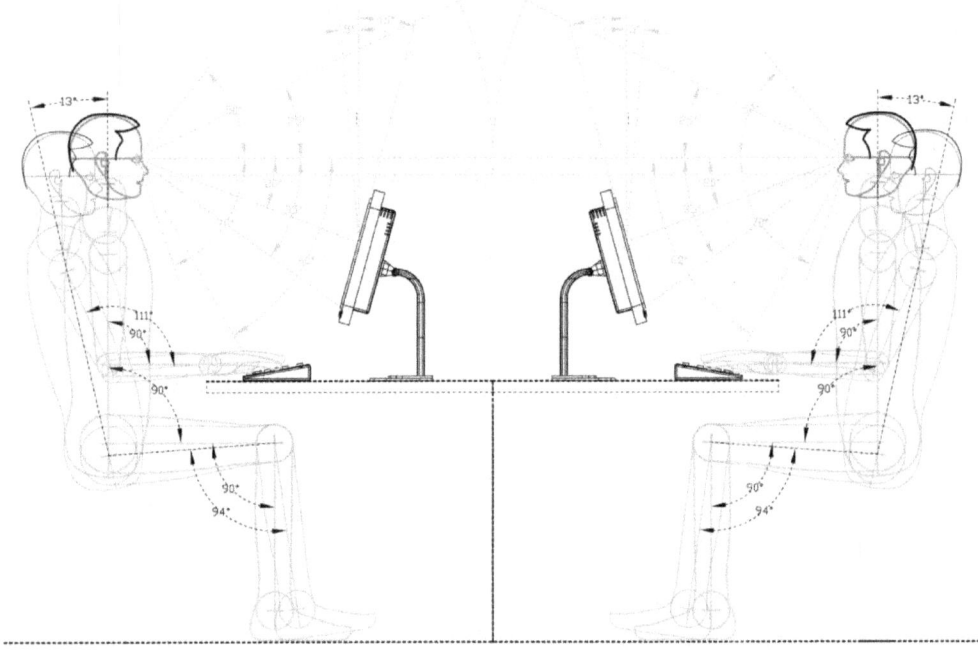

MISURAZIONE DELLE INTERFERENZE VISIVE SULLA GIORNATA LAVORATIVA

L'analisi dell'inquinamento visivo che può subire un operatore nella situazione (1), come abbiamo anticipato, è strettamente relazionata al flusso di persone (*quantità/h*) che percorrono il corridoio prospiciente.

Se l'isola di lavoro è rivolta a un corridoio ad altissima percorrenza (corridoio principale di accesso all'azienda o corridoio di accesso ai servizi, ai vani scale, ecc.) le perturbative saranno ovviamente funzione del numero degli impiegati, dei clienti o dei visitatori che quotidianamente si muoveranno all'interno del building.

Viceversa, se la postazione è rivolta verso un corridoio di pertinenza *interno* a un nucleo di lavoro, il traffico sarà funzione della mobilità interna di *quel* microcosmo lavorativo. Da queste premesse si evince che una precisa analisi delle specifiche condizioni ambientali/organizzative è fondamentale per una corretta analisi delle perturbative e dei rimedi da opporre.

Sulla base dei precedenti esempi (paragrafo relativo a: *L'Attenzione*) si può ipotizzare una tabella che prevede (nelle medie espresse in ms.): 75 ms. + 575 + 75 +575 = 1300 ms. come la totalità del tempo (minimo) necessario per: (a) assimilare una interferenza, (b) renderla palese, (c) recuperare il fuoco attentivo sul video/attività lavorativa, per ricondurlo al precedente lavoro. A tale coefficiente andranno aggiunti valori arbitrari di abbattimento pari a +1,7 sec. che terranno conto complessivamente dell'età e della curva di affaticamento dell'operatore nell'arco della giornata lavorativa, portando i valori complessivi pari a 3 sec.

Si può quindi ipotizzare la seguente tabella:

Caduta di attenzione da interferenze visive sul posto di lavoro						
		ore lavorative				
	media	8		480		
Possibili Cause:	q./ora	tot. Interf. giornaliere	tot. Secondi	tot. Minuti	% su ore lavorative	tempo di caduta e ripresa attenzione (in secondi)
Distrazione visiva: passaggio colleghi (fronte corridoio)	15	120	360	6	1%	3
Distrazione visiva: passaggio colleghi (fronte corridoio) - conversazione casuale / richiesta info	3	24	2880	48	10%	120
Distrazione visiva: movimenti di colleghi di lavoro/team (fronte collega non schermato)	30	240	720	12	3%	3
Totale				66	14%	

In essa si sono stabiliti i seguenti parametri:

A. Che il tempo di caduta e ripresa dell'attenzione in seguito a interferenze nel proprio ambito visivo dovuto a passaggio di persone o movimenti generatori di distrazione, è valutabile (come abbiamo detto) in media attorno ai *3 secondi per evento*.
B. Che statisticamente il tempo dedicato a conversazioni casuali generato in seguito al traffico di persone di cui sopra è valutabile intorno ai *120 secondi per evento*.

Esempio 1

Nella tabella precedente sono stati ipotizzati un numero ipotetico di 15 passaggi/ora (relativi a un corridoio a *media* percorrenza) che genererebbero una perdita di efficienza giornaliera di 6 minuti, pari all' 1% dell'intera giornata lavorativa. Una percentuale molto bassa se valutata singolarmente.

La perturbativa "parassita" *conseguente* al *traffico* di cui sopra (che abbiamo chiamato di *classe 1*) è causata dal fatto che, statisticamente, 2 su 15 delle persone in transito, *chiede o scambia informazioni* ogni ora con l'operatore a cui scorre davanti: per un totale di 48 minuti al giorno pari al 10% della giornata lavorativa. E qui siamo su percentuali abbastanza significative.

Si può quindi concludere affermando che: una postazione di lavoro *non schermata*, posizionata di fronte a un corridoio, può generare un livello di inquinamento visivo, dovuto a caduta dell'attenzione pari al 10% rispetto al numero totale di ore componenti la giornata lavorativa.

Esempio 2

Altra fonte di distrazione visiva è causata dall'assenza di schermatura nelle postazioni gemellate *frontalmente o lateralmente* (situazione estremamente frequente negli uffici di tutte le categorie d'impresa), da noi definita come: *area di interferenza visiva di classe (2)*.

In queste condizioni (fig.2) si è ipotizzato che un operatore possa essere disturbato per una serie di *naturali* movimenti del collega, valutabili nella quantità di circa 30/ora. Se a qualcuno possono sembrare tanti, basti ricordare che sono corrispondenti circa ad uno ogni due minuti: una quantità quindi estremamente prudenziale rispetto alle *naturali esigenze* fisiologiche di cambio postura, che avvengono durante il normale svolgimento del proprio lavoro in ufficio.

E', infatti, difficile ipotizzare che un operatore stia fermo e immobile per due minuti interi senza compiere movimenti che, in assenza di schermatura frontale, interferiscono nell'ambito visivo del collega.

L'assenza di schermatura in questo ambito specifico può quindi portare ad un inquinamento visivo di c.a. 12 minuti al giorno per addetto: pari al 3% della giornata lavorativa. Ovviamente se le tre condizioni si dovessero sommare, il totale di perturbative da valutare, sarebbe attorno al 14% della giornata lavorativa per operatore.

Come ovviare alle interferenze visive

Il primo dato utile da ricavare al fine di prevenire o evitare queste perturbative (e quindi creare maggior benessere attentivo per gli operatori), è quello di:

1. Proteggere da interferenze visive le postazioni di lavoro attraverso l'utilizzo di opportuni *sistemi di schermatura* (vedi figura successiva in merito alle altezze) in relazione alla tipologia di lavoro e alle necessità di privacy.

Oppure, ove ciò non sia possibile:

2. Orientare diversamente i posti lavoro al fine di evitare le situazioni sovra evidenziate.

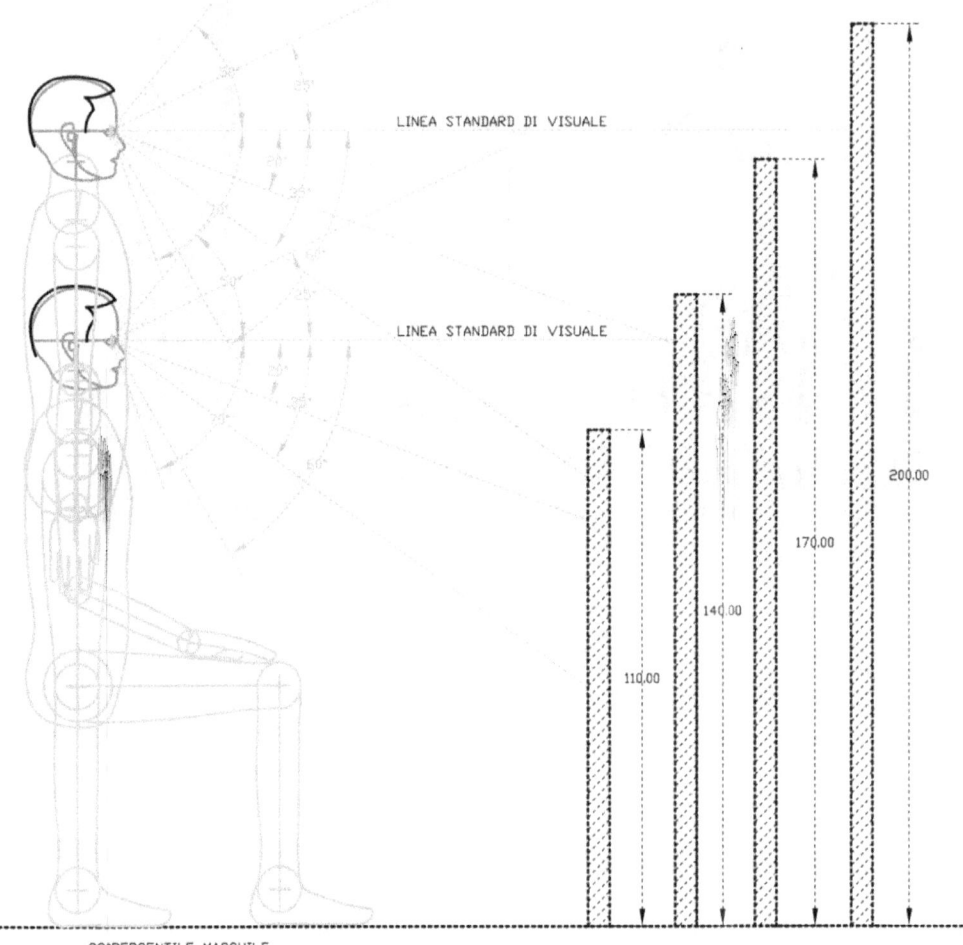

La tabella seguente elenca alcuni elementi di arredo comunemente utilizzati negli uffici convenzionali e la relativa funzione di protezione della *privacy* visiva:

ELEMENTI	ALTEZZA (in cm.)	FUNZIONI
ARMADI		
Armadi per materiale documentario	130-140	Funzione di parziale schermatura visiva
Armadi per guardaroba e/o per attrezzature di lavoro	170-190	Schermatura visiva e parziale schermatura acustica
SCHERMI MOBILI		
Schermi mobili alti	170-180-190	Delimitazione dei percorsi principali; delimitazione e schermatura visiva dei gruppi di lavoro
Schermi mobili bassi	140	Parziale schermatura visiva per posti singoli
PIANTE		
Fioriere	130-140	La principale funzione è quella di rendere più piacevole l'ambiente di lavoro con una parziale schermatura visiva.
SCHERMI MOBILI SPECIALIZZATI		
Schermi mobili fonoassorbenti e attrezzabili	140 – 170 – 180 (in casi eccezionali fino a 200)	Delimitazione dei posti di lavoro (e degli ambienti di lavoro); funzioni di schermatura visiva ed acustica

Nel prossimo capitolo ci occuperemo degli aspetti relativi allo spazio uditivo.

INVASIONI DEL CAMPO ACUSTICO

DEFINIZIONE DI "RUMORE"

Il *rumore* è un *segnale non desiderato* di origine naturale o artificiale, che si sovrappone all'informazione trasmessa o elaborata in un sistema. In relazione ai campi di applicazione, il termine può assumere significati più specifici. Nel nostro caso sono riferiti al campo dell'acustica architettonica: quella disciplina che tratta della produzione, propagazione e ricezione del suono all'interno degli ambienti confinati.

Dal punto di vista fisiopatologico, facendo riferimento all'impatto sul soggetto che lo subisce, il rumore può essere meglio definito come un: *suono non desiderato e disturbante* e, come i suoni, è costituito da onde di pressione sonora.

Il rumore è prodotto da innumerevoli fonti naturali e artificiali. In generale le sorgenti di rumore o di suono, sono originati da:

1. corpi solidi oscillanti
2. colonne d'aria oscillanti
3. corpi in movimento rapido
4. gas rapidamente fuoruscenti
5. incrementi rapidi di pressione
6. la voce umana, complicata combinazione di 1 e 2

Anche in condizioni di *apparente silenzio* l'aria è attraversata da onde sonore che non vengono percepite perché troppo deboli, oppure al di fuori della gamma dell'udibile. Onde sonore di frequenza inferiore ai 20 Hz (infrasuoni) e superiori a 20 KHz (ultrasuoni) non sono infatti percepite dall'orecchio umano. Generalmente i rumori sono suoni caratterizzati da un andamento di pressione non periodico e armonicamente molto complesso, nonché di soggettività variabile nella sua percezione da parte dell'uomo.

EFFETTI NOCIVI DELL'INQUINAMENTO ACUSTICO

È ormai da tempo accertato che gli effetti dannosi del rumore sull'uomo, rappresentano uno tra i problemi più rilevanti del mondo del lavoro; per i risvolti sociali ed economici che genera e per la sempre crescente diffusione del fenomeno. Gli effetti prodotti dal rumore sull'organismo umano sono molteplici e diversi in relazione alle caratteristiche del fenomeno sonoro, ai tempi e alle modalità d'esposizione e anche alla risposta soggettiva degli individui interessati. Una graduazione degli effetti porta a riconoscere diversi livelli classificabili come:

- fastidio o *annoyance*, allorché si avverte una sensazione generica di disagio prodotta dall'intrusione del rumore;
- disturbo uditivo, quando si riscontra un'obiettiva alterazione delle condizioni psicofisiche;
- danno uditivo, quando si verifica un'alterazione, totalmente o parzialmente permanente, che può essere accertata da un punto di vista clinico.

Solo negli ultimi anni si è sviluppata la consapevolezza dei pericoli che può provocare un'esposizione eccessiva al rumore (o anche un' esposizione più *limitata,* ma ad un livello di *rumore eccessivo*). L'inquinamento acustico si manifesta sia all'*interno* di molti ambienti di lavoro sia all'*esterno* ed è un problema comune a tutti gli ambienti lavorativi. Tutti sono potenzialmente a rischio: operai, impiegati e dirigenti.

La perdita dell'udito, a causa del rumore, rappresenta ancora una delle malattie professionali più diffuse in Europa, costituendo circa un terzo di tutte le malattie connesse all'attività lavorativa. Inoltre, è anche una delle più dispendiose. Secondo uno studio tedesco, il rumore è la *seconda* causa singola, dopo la silicosi, della spesa annuale per pensioni di invalidità e di riabilitazione.

In generale inoltre, non è possibile parlare di *assuefazione* al rumore poiché l'esposizione prolungata produce effetti di accumulazione che determinano danni crescenti nel tempo. La *presunta* assuefazione è indice dell'*avvenuta* riduzione delle capacità uditive e quindi una *minore sensibilità* agli stimoli dannosi del rumore. Il pericolo non è costituito soltanto dal livello di pressione sonora e dal tempo di esposizione, ma anche dal suo andamento temporale: continuo, intermittente, a carattere impulsivo (martellamento) ed inoltre anche del *rumore di fondo* dovuto ad altre sorgenti acustiche.

Gli effetti del rumore sul sistema neurovegetativo, hanno inizio ad un livello di circa 50 dB(A): a questo livello insorgono disturbi per la concentrazione sul lavoro. A partire da 60-65 dB(A) possono avere effetti sul sistema cardiocircolatorio. Un livello di rumore di fondo ≥ 85 dB(A) può portare a disturbi dell'udito e dell'equilibrio psichico.

Il danno uditivo da rumore è *irreversibile* e non può essere recuperato in quanto il rumore *distrugge la struttura recettoriale* (*ipoacusia*: diminuzione dell'udito provocata dall'esposizione al rumore).

Il rumore sul posto di lavoro può costare molto più dell'udito: anche a medi livelli può costituire fattore di *stress* legato all'attività lavorativa e fattore di *rischio* per donne in stato interessante.

Decibel dB (A)	SORGENTE DI RUMORE
10/20	Fruscio di foglie, bisbiglio
30/40	Notte agreste
50	Teatro, ambiente domestico
60	Voce alta, ufficio rumoroso
70	Telefono, stampante, Tv e radio ad alto volume
80	Sveglia, strada con traffico medio
90	Strada a forte traffico, fabbrica rumorosa
100	Autotreno, treno merci, cantiere edile
110	Concerto rock
120	Sirena, martello pneumatico
300	Decollo di un aereo jet

Questo perché da parte dell'organismo non esiste una sorta di *adattamento al rumore* ma piuttosto una risposta alterata di tipo neuroendocrino, psicologico che provoca effetti negativi sul sistema nervoso e cardiovascolare, sull'apparato respiratorio e quello digestivo e sulla vista. Non secondaria la diminuzione dell'attenzione, della capacità di scelta e di concentrazione.

Altri effetti negativi si sono riscontrati sul carattere, sul comportamento e sulla personalità. La sinergia di tutti questi effetti rompe il delicato equilibrio psicofisico dell'uomo predisponendolo ad altre malattie. Infine è opinione diffusa, anche tra la comunità scientifica, che queste alterazioni siano causa indiretta di tutta una lunga serie di infortuni indotti, spesso anche mortali come per esempio gli incidenti d'auto.

Non deve stupire, quindi, l'emanazione di leggi in tutto il mondo che tendano a salvaguardare l'integrità fisica del cittadino nei confronti di questo "*male*".

Com'è evidente, il problema di specificare opportuni *criteri* di tollerabilità assume grande importanza sul piano legislativo e legale. I criteri di tollerabilità utilizzati nella pratica fanno frequentemente riferimento alla misura mediante *fonometro* del livello del rumore in dB(A).

Per quanto concerne l'aspetto quantitativo, considerata la natura quasi mai *stazionaria* del rumore, in sede internazionale è stato concordato il riferimento al *livello continuo equivalente* il quale può essere definito come: '*il livello sonoro che, nell'intervallo di misura T, corrisponde all'intensità acustica media del rumore'*. In genere il livello misurato, e opportunamente corretto per tener conto di vari fattori, viene confrontato con un livello di riferimento, ad esempio, un livello *tipico* di un certo contesto urbano. Ciò al fine di quantificare l'incremento di livello provocato dalla sorgente stessa. Incrementi superiori a certi valori limite sono considerati suscettibili di provocare reazioni più o meno marcate da parte della collettività.

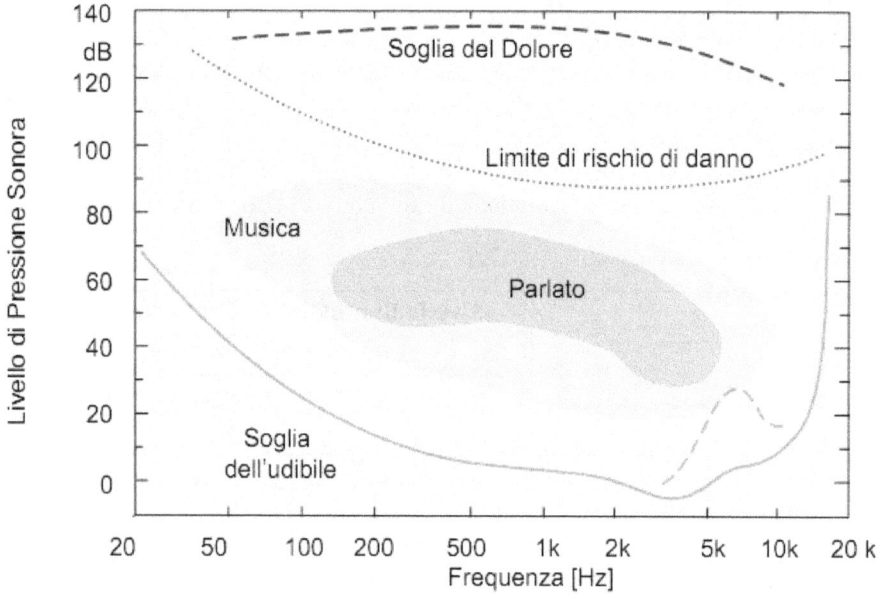

IL RUMORE NELL'AMBIENTE UFFICIO

Chi lavora in ufficio oggi, utilizza il videoterminale o il personal computer e quindi necessita di silenzio perché le attività svolte davanti allo schermo richiedono un'elevata concentrazione. Pertanto la *rumorosità* generale in questi ambienti, prodotta da fattori estranei la propria attività, dovrebbe essere il più possibile analizzata, circoscritta e, se non eliminata, contenuta entro livelli tali da non causare perturbative all'attività lavorativa. Per rumori *estranei*, o di sottofondo, intendiamo tutti i rumori provenienti da ambienti esterni o adiacenti alla postazione di lavoro.

I ricercatori del SUVA[68] hanno prodotto una tabella con indicati alcuni valori di riferimento entro i quali i rumori prodotti nello stesso ambiente di lavoro (tecnicamente *rumori di fondo*) possono essere considerati *accettabili*, dividendo le attività lavorative in 3 macro gruppi. Essi comprendono tutte le emissioni sonore sul posto di lavoro, fatta eccezione per la comunicazione personale; quindi: conversazione tra terzi, squilli del telefono, segnali acustici vari.

Attività	Livello di pressione sonora costante equivalente L_{eq} in dB(A)	
	Esigenze normali 1)	Esigenze particolari 2)
Gruppo 1: Attività industriali e artigianali	< 85	≤ 75
Gruppo 2: Normali attività d'ufficio e attività similari nella produzione e nella sorveglianza	≤ 65	≤ 55
Gruppo 3: Attività prevalentemente intellettuali che richiedono un'elevata concentrazione	≤ 50	≤ 40
1) Esigenze normali: valore di riferimento da rispettare nella maggior parte dei casi. 2) Esigenze particolari: valore di riferimento per la riduzione del rumore. Nello stesso tempo vanno considerati come valori indicativi nel caso si richiedano prestazioni particolari in termini di rendimento, qualità del lavoro e concentrazione.		

---

[68] *SUVA Istituto nazionale svizzero di assicurazione contro gli infortuni - Tutela della salute, Il Lavoro al Videoterminale, Lucerna 2003, pag. 83*

Esempi di attività del gruppo 1:

Si tratta per lo più di attività manuali ripetitive che richiedono poca concentrazione o tempi limitati di concentrazione.

Esempi di attività del gruppo 2:

Si tratta di attività intellettuali ripetitive che richiedono elevati livelli di concentrazione per tempi brevi o prolungati.

Alcuni esempi:

- Recepire disposizioni, registrare dati, lavorare al computer
- Gestire impianti di sorveglianza, controllo e comando
- Vendere, offrire servizi alla clientela
- Lavorare in uffici di aziende o di officine
- Lavorare nei *call center* (occorre soddisfare le esigenze più elevate)
- Verificare e controllare i posti di lavoro preposti a tale scopo

Esempi di attività del gruppo 3:

Si tratta di attività che richiedono costantemente un elevato grado di concentrazione e creatività:

- Lavori scientifici (redazione e analisi di testi)
- Esecuzione di calcoli tecnico-scientifici, lavori di calcolo e responsabilità organizzative di corrispondente difficoltà
- Sviluppo di programmi e analisi di sistemi
- Formulare, tradurre, dettare, digitare e correggere testi impegnativi
- Attività svolte nei locali radio, nelle centrali di soccorso e telefoniche

Anche se si rispettano i valori indicati nella tabella precedente, non si può escludere che non si possano presentare lamentele sull'inquinamento da rumore da parte di alcuni abitanti le aree di lavoro. È noto che la composizione spettrale[69] e la struttura temporale del suono[70] possono esercitare un'enorme influenza sugli effetti del rumore recepito dalla *singolarità* di un soggetto.

---

[69] *Componenti del rumore nelle diverse frequenze*
[70] *Livello sonoro in funzione del tempo*

RUMORE DI FONDO

Occorre ora introdurre il concetto di *Rumore di fondo*. Il rumore di fondo, definito *continuo*[71], altri non è che il *silenzio relativo*, ossia quel *livello acustico che insiste per lo meno per il 95% del tempo di osservazione*. Per contro esiste anche il *rumore residuo*, rilevabile interrompendo la sorgente *inquinante* oggetto della causa, immediatamente prima o dopo l'attività rumorosa, senza intervenire su tutte le altre fonti di rumore (attività antropica, traffico, altre attività rumorose). Per fissare meglio le idee in tema di *rumore ambientale*, si possono tenere presente questi riferimenti:

Valori indicativi per rumori di fondo	
Livello continuo equivalente di pressione sonora Leq in dB(A)	Tipo di ambiente
20	Ambiente silenziosissimo: stanze da letto di notte in ambiente silenzioso con doppi vetri chiusi. Si sentono *ronzare le orecchie*.
30	Ambiente silenzioso: rumore di fondo di una camera tranquilla di giorno a finestre chiuse.
40	Ai avvertono rumori ambientali in lontananza: una stanza di giorno a finestre aperte, in zone tranquille.
50	Rumore in esterno di giorno in zone tranquille.
60	Rumore in esterno di giorno in zone trafficate.
70	Strada molto trafficata e rumorosa.

In ambienti domestici non si misurano in genere livelli di rumore superiori a 75 dB (A), che sono invece i livelli più bassi che vengono considerati in ambiente di lavoro (generalmente manifatturiero) ai fine della prevenzione del rischio da danni uditivi.

Quando passa un automezzo di soccorso a sirene spiegate, o si sente un colpo di clacson vicinissimo, la rumorosità istantanea può salire anche ben oltre i 70 dB(A) e toccare punte verso i 90 dB(A). Quando si parla di rumorosità ambientale si fa però riferimento al livello *medio* di rumore, su un periodo rappresentativo delle condizioni locali. Proprio questo esprime il *Livello Equivalente* (LEq)[72] che è la grandezza più frequentemente utilizzata per parlare di *rumore ambientale*.

L'analisi del livello *base* del rumore di fondo negli *ambienti per ufficio* dipende da numerosi fattori ambientali, tra i quali: la conoscenza del numero di persone che vi

---

[71] *Sentenza n.5695 della Cassazione*
[72] *LEq (Livello Equivalente): rappresenta la potenza sonora media dell'onda sonora in un punto, espresso in decibel (dB)*

lavorano, tutte le emissioni sonore provenienti da impianti e apparecchiature tecniche (ad es. impianti di ventilazione, compressori, impianti di riscaldamento) e dall'ambiente esterno (rumore del traffico o rumore proveniente dall'apparato manifatturiero aziendale). I valori indicativi ammissibili di rumore di fondo, per tipologia di ambiente, sono elencati nella tabella seguente:

Valori indicativi per rumori di fondo		
Tipo di ambiente	Livello continuo equivalente di pressione sonora L_{eq} in dB(A)	
	Esigenze normali	Esigenze particolari
Piccolo ufficio (fino a 3 persone)	40	35
Ufficio di medie dimensioni	40	35
Sala conferenza	40	35
Ufficio di ampie dimensioni	45	40
Ufficio equipaggiato con molte macchine	45	40
Locale macchine	60	55
Cabina di comando	70	65
Sala di comando	60	55
Laboratorio	50	45
Locali adibiti a pausa e servizio di guardia	60	55
Locali adibiti al riposo, infermeria	40	35
Mensa	55	50
Sala operatoria	40	35
Aule	40	35

D'altro canto può succedere che, sul posto di lavoro, a volte sussista lo stesso silenzio di una biblioteca, tanto che il *minimo* rumore può dare noia e costringere i dipendenti a parlare sottovoce. Per ovviare a questo problema si può *aumentare* il *livello sonoro* dell'ambiente, come vedremo in seguito, attraverso il *mascheramento sonoro*.

SORGENTI DI RUMORE E PICCHI SONORI

Il livello del rumore di fondo non deve essere solo limitato al livello di *altezza sonora*, ma è necessario anche sia composto da *basse* e *medie frequenze* e che non abbia oscillazioni troppo forti. Infatti vengono normalmente individuati come disturbi acustici, non tanto il livello di rumore di fondo, ma piuttosto i *singoli* rumori che vengono percepiti nella loro individualità, ossia i *picchi sonori*.

Questi possono insorgere per motivi diversi: conversazioni ad alta voce, squilli di telefono, sbattimenti porte ecc., e possono raggiungere, in condizioni di *campo libero* (ossia in assenza di schermature e ad una distanza da 1 metro dalla sorgente sonora) anche un intensità pari a 75 dB(A).

Il disturbo acustico arrecato dai rumori singoli sarà tanto più forte:

- quanto più *grande* sarà la differenza d'intensità misurata in dB(A) tra questi ultimi e il livello sonoro del rumore di fondo;
- quanto più *forte* risulterà il *grado di differenziazione* rispetto al rumore di fondo a seguito di una composizione differenziata di frequenze;
- quanto più *breve* sarà la durata degli intervalli di tempo in cui si verifica il rumore;
- quanto più *alte* risulteranno le frequenze che compongono il singolo rumore.

I rumori *isolati* risultano molto più disturbanti del rumore di fondo; in special modo nelle attività lavorative ad alta concentrazione (vedi precedente paragrafo: gruppi 2 e 3).

A livello soggettivo, il *grado* di disturbo di un rumore singolo, è funzione di diversi fattori, quali:

- Il campo di frequenze che compongono il rumore
- La familiarità e l'abitudine con *quel* rumore
- L'accettazione del rumore come *proprio* o del gruppo di lavoro di appartenenza

La distinzione che si può fare, sarà quindi tra rumori *molto* disturbanti (squilli di telefono, sbattimento porte, segnalatori acustici) e quelli *poco* disturbanti (impianto di climatizzazione, stampanti di sistema del gruppo di lavoro).

dB (A)	Sorgenti di rumore
0	Soglia di udibilità
10	Fruscio di foglie
20-30	Ventole PC desktop
30	Stanza da letto
31-38	Digitazione tastiera desktop
40	Soggiorno tranquillo
45	Ristorante/banca/supermercato
55	Mensa
55-75	Conversazione a 1 mt.
70-75	Sbattimento porte a 3 mt.
75	Suoneria telefono a 2 mt.
80	Aspirapolvere
90	Metropolitana
100	Martello pneumatico
110	Aereo in fase di decollo
120	Soglia del dolore
140	Aereo in decollo a 30 metri

INTELLIGIBILITÀ DEL PARLATO

Abbiamo visto che per lo svolgimento di un'attività lavorativa in ufficio e per le relative comunicazioni sono necessari determinati *segnali* acustici che devono essere percepiti e identificati chiaramente nell'ambito di una certa distanza. Di questi segnali naturalmente il più importante è la *parola*. Uno studio realizzato dal Dipartimento di Fisica tecnica del Politecnico di Bari[73] ha preso in esame 85 luoghi di lavoro, ne ha analizzato il rumore e il grado di disturbo arrecato agli occupanti e alle attività svolte.

Tra le tipologie di lavoratori coinvolti vi erano soprattutto persone che svolgevano attività amministrative (per il 69%), di programmazione informatica (il 16%) e attività di ricerca (il 15%). Il risultato di questo studio, ha individuato percentualmente le sorgenti di rumore maggiormente disturbanti in ufficio, che sono:

---

[73] *"Rumori e attività lavorativa negli uffici" (di Ettore Cirillo, Michele d'Alba e Francesco Martellotta) - Politecnico di Bari*

Tipo di disturbo	Risposte ai test
	%
1- Colloqui e discussioni dei colleghi	31%
2- Telefonate	27%
3- Impianto di condizionamento	15%
4 -Macchine da ufficio	13%
5 -Rumori provenienti dall'esterno	13%

Relativamente al disturbo più frequente (il n.1) occorre precisare che le conversazioni, normalmente, hanno un'intensità sonora compresa tra i 55 e i 75 dB(A). Il grado di comprensibilità dipende dall'altezza del livello sonoro del rumore di fondo e dal grado necessario di *intelligibilità* delle singole *sillabe* che compongono le parole. Un'*intelligibilità delle sillabe* di circa il 50% è sufficiente per comprendere un discorso semplice, mentre per discorsi più complessi di natura tecnica o in lingua straniera, è necessario un grado di intelligibilità pari ad almeno l'80%.

Quindi: per ottenere una *sufficiente comprensione del parlato* nel primo caso, l'intensità sonora delle parole deve essere di 10 dB (A) superiore al livello sonoro del rumore di fondo. Nel secondo caso non deve essere superiore di 20 dB (A).

	Intensità sonora alla distanza di 1 mt.	Massima comprensibilità	Livello sonoro del rumore di fondo
Conversazione normale	60-75 dB (A)	4-5 mt.	45-50 db (A)
Piccola riunione	65-70 dB (A)	2-3 mt.	50-55 dB (A)
Conferenza	65-70 dB (A)	8-12 mt.	34-40 dB (A)

La regola vale anche al contrario: ossia quando l'intelligibilità del parlato di *terzi* diviene fonte di disturbo alla *propria* attività lavorativa. La percezione del significato di frammenti di discorsi tra colleghi, che si svolgono in aree limitrofe alla propria postazione di lavoro (per tornare al caso n. 1 esaminato), può infatti risultare estremamente fastidiosa e causare seri danni alla concentrazione e al risultato attentivo della specifica situazione lavorativa.

Per le conversazioni che si svolgono in grandi ambienti per ufficio vale generalmente la regola che: solo fino ad una distanza di 4 mt. la conversazione deve essere ben compresa. Oltre può generare disturbo alla concentrazione di terzi.

Per concludere, nei grandi uffici in *open space*, un livello sonoro di rumore di fondo inferiore ai 40 dB(A) risulterebbe poco funzionale in quanto consentirebbe una trasmissione a distanza dei rumori disturbanti quali quelli del tipo 1 e 2 (vedi tabella precedente). Un valore di rumore di fondo ottimale cui tendere (LEq) potrebbe quindi variare tra i 45 e i 55 dB(A).

Ma come si può essere in grado di ottenere un livello così "*costante*" di rumore di fondo? E inoltre, è sufficiente genericamente parlarne in scala valoriale (in: dB(A)) oppure occorre *specializzarlo*, in termini di *frequenze*, al fine di ottenere gli effetti desiderati e provocare il minimo disturbo agli operatori?

Qui intervengono le tecniche di *mascheramento sonoro*.

IL MASCHERAMENTO SONORO E LA PRIVACY DEL PARLATO

Il mascheramento sonoro (*sound masking*) è una tecnica ben nota nel mondo statunitense sin dagli anni '70, pensata per contribuire a risolvere i problemi di *privacy* negli ambienti destinati ad ufficio in *open space* o con problematiche analoghe.

La tecnica del *sound masking* si contrappone, dal punto di vista teorico, alla tipica problematica acustica del *miglioramento dell'intelligibilità* in un ambiente destinato alla miglior *fruizione* del parlato. Mentre in quest'ultimo caso occorre ricercare soluzioni acustiche al fine di rendere *intelligibile* il parlato (si pensi ad ambienti troppo riverberanti oppure ambienti con rumore di fondo elevato), nel caso del mascheramento sonoro si ricerca l'effetto esattamente opposto, cioè si cerca di "*peggiorare*" l'intelligibilità del parlato al fine di ottenere la cosiddetta *speech privacy* (privacy del parlato) bilaterale. Ossia la possibilità di poter parlare in un ambito circoscritto senza essere uditi da altre persone ma anche, nel contempo, di non essere disturbati nel percepire frammenti di conversazioni da altri.

La tecnica del *sound masking* può essere utilizzata in moltissime circostanze, fra cui:

- **Uffici in *open space***: questi uffici possono essere in alcuni momenti troppo silenziosi (si può percepire a distanza una matita che cade a terra) o troppo rumorosi (si percepiscono le conversazioni di altre persone a distanza di pochi metri che impediscono la concentrazione). In questi casi il mascheramento sonoro tende a *coprire* i suoni disturbanti e i lavoratori ne risentono positivamente in termini di comfort acustico e di benessere attentivo.

- **Uffici pubblici e privati con esigenze di *privacy* elevata**: in molti uffici le pareti divisorie amovibili o meno, non offrono sufficienti garanzie in termini di fonoisolamento. In altri casi non si estendono sino al soffitto, sono prive di caratteristiche fonoassorbenti, ed essendo relativamente *basse* consentono al rumore di propagarsi facilmente. Il *sound masking* in questi casi è efficace nel garantire maggiore *privacy* agli uffici adiacenti e nell'impedire di essere ascoltati al di fuori dell'ufficio stesso.

- **Spazi pubblici** come: sale d'attesa di cliniche, farmacie, studi legali, banche, alberghi. In tutti questi casi le conversazioni, in quanto riservate, devono rimanere assolutamente *confidenziali* e il mascheramento sonoro può aiutare molto a migliorare la *privacy*.

- **Casi particolari**. La *privacy* può avere livelli diversi di riservatezza. Esistono casi (ambienti militari, politici, aziendali) nei quali sconfina non di rado nella richiesta di *segretezza*, e anche in questi casi è possibile utilizzare i concetti di *sound masking*, con particolari dispositivi *aggiuntivi* che impediscono la diffusione delle conversazioni attraverso: porte, finestre, cavedii, canali di ventilazione, pavimenti sopraelevati.

La tecnica del mascheramento sonoro consiste generalmente nell'introduzione di suoni (di solito artificiali, e prodotti da diffusori sonori regolabili opportunamente posizionati nel controsoffitto o anche, direttamente sulla postazione di lavoro) in un ambiente. Ciò al fine di *mascherare* effetti sonori o suoni indesiderati (vociare di fondo, rumori esterni, ecc.) rendendoli quindi non udibili (anche se fisicamente presenti) e non percepiti dal nostro sistema uditivo in quanto *coperti* da altri suoni *diversi* per frequenza e intensità.

Il mascheramento sonoro riduce o elimina i suoni disturbanti in una certa porzione di spazio e può in tal modo rendere maggiormente confortevole un ambiente di lavoro, creando una sensazione di *privacy* sonora che permette al singolo lavoratore una migliore concentrazione e una maggiore produttività.

Per ottenere la sua massima prestazione, lo spettro sonoro generato dal sistema di *sound masking* deve concentrare l'energia sonora alle frequenze in cui si concentra la voce umana. Tuttavia, il mascheramento deve avere caratteristiche non disturbanti per essere accettato dai lavoratori, ed essere percepito come un suono considerato *accettabile*; simile a quello, ad esempio, dello *spostamento d'aria nell'edificio* causato dai sistemi di integrati di condizionamento e riscaldamento.

Il diagramma sotto riportato[74] è un esempio di spettro di mascheramento *ideale*: un ottimo compromesso fra la *massima* prestazione di *mascheramento* e il *minimo* disturbo agli operatori.

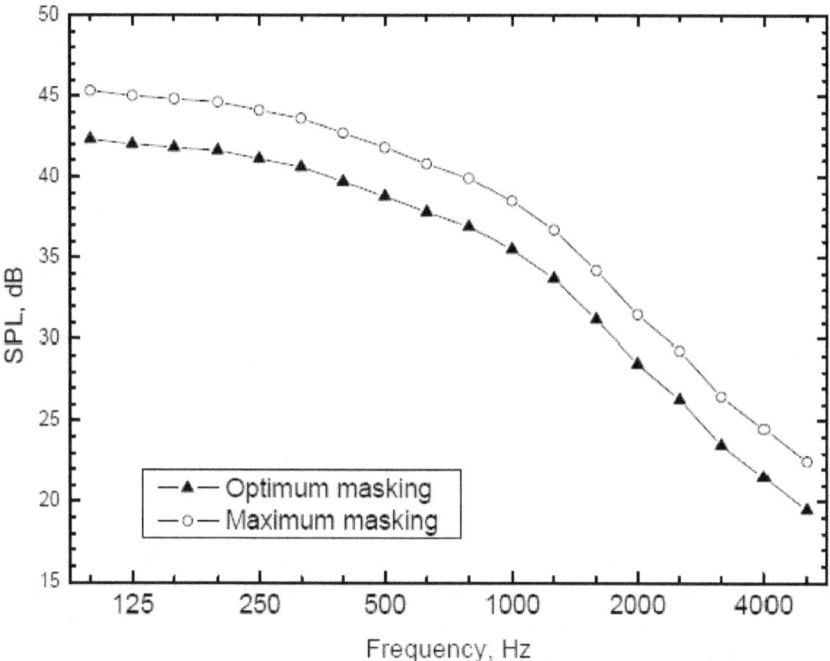

Va tuttavia considerato che per generare effettivamente lo spettro desiderato in ogni postazione di lavoro occorrerebbe conoscere le caratteristiche acustiche ambientali di ognuna di esse. Essendo *uniche* in termini di risposta acustica dell'ambiente e del rumore di fondo.

Se un sistema di mascheramento sonoro è installato senza tenere conto di queste peculiarità, può inficiarne i benefici producendo un suono che può essere o troppo forte di intensità o non correttamente equalizzato in termini spettrali generando, nel tempo, fastidio e irritazione agli operatori.

---

[74] *Bradley, J.S., The Acoustical design of conventional open plan offices, Canada 2003*

Occorrerebbe inoltre installare sistemi di *sound masking* di tipo *"dinamico"*. Ossia in grado di adattare il suono di mascheramento alle caratteristiche fisico temporali dell'ambiente: vale a dire in grado di adattarsi dinamicamente (in tempo reale) al rumore

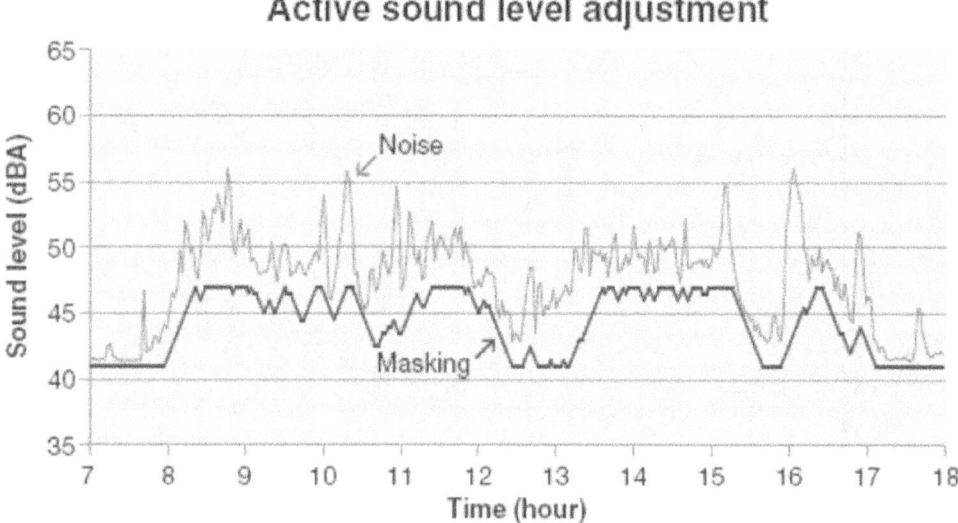

di fondo ambientale, funzione del numero di persone presenti nello spazio lavorativo nell'arco della giornata. Quindi: *aumentare* il mascheramento durante gli orari più *attivi* della stessa e *diminuirlo*, renderlo più discreto, quando la zona si *spopola* e diviene naturalmente più silenziosa.

Recenti studi[75], effettuati in un ufficio *open space* utilizzato come area di test, hanno definito che un livello di rumore ambientale pari a 45 dB(A) è stato considerato come *ottimale* dai lavoratori presenti nell'area.

Si può quindi concludere affermando che un rumore di mascheramento ideale dovrebbe avere uno spettro come quello di cui alla tabella precedente, un livello generale di rumore pari a 45 dB(A) e non dovrebbe mai superare i 48 dB(A).

Oggi sono disponibili sul mercato (prevalentemente americano ma acquistabili *on-line* per poche decine di dollari) generatori di *rumore bianco*[76] anche di tipo *portatile*: ossia per piccoli ambienti, *home office* o addirittura da viaggio.

---

[75] *Ibidem*
[76] *Il rumore bianco è paragonabile al colore bianco. Come il colore bianco è composto di tutti i colori dello spettro, il rumore bianco è costituito da migliaia di frequenze. Questo è il motivo per il rumore bianco è considerato un "suono non strutturato". I suoni strutturati come la voce, la musica, comunicano informazioni usando frequenze specifiche. Un suono non strutturato non comunicando su una sola specifica frequenza, non è portatore di disturbo in quanto genera suoni non riconoscibili dalla nostra mente. E 'questa caratteristica che consente l'impiego del rumore bianco, particolarmente utile per*

Alcuni di essi, destinati a uffici singoli, sono dotati di capacità *adattative*, ossia in grado di reagire in presenza di picchi sonori inattesi, con arricchimenti sonori o aumento automatico del volume fino al termine della perturbazione sonora, con un ritorno graduale allo spettro sonoro inizialmente impostato.

ASSORBIMENTO ACUSTICO

Occorre ora introdurre il concetto di *assorbimento acustico* o *fonoassorbenza dei materiali*. Le proprietà *assorbenti* dei materiali sono quantificate attraverso un *coefficiente di assorbimento* acustico, identificato dalla lettera "α": il quale è definito come rapporto tra la *potenza sonora assorbita* e la *potenza sonora incidente*.

Il valore di α rappresenta quindi la *frazione di energia sonora assorbita* da un determinato materiale e può variare fra *zero*, (nel caso in cui tutta l'energia incidente è riflessa) e *uno*, nel caso in cui *tutta* l'energia incidente è assorbita.

Ad esempio, un coefficiente di assorbimento sonoro di $\alpha = 0,75$ indica che il 75% dell'energia acustica, che colpisce il materiale, viene assorbita. Tale coefficiente varia con la frequenza: è consuetudine in ambito internazionale, elencare i coefficienti di fonoassorbenza di un materiale alle sei frequenze: 125, 250, 500, 1000, 2000 e 4000 Hz anche se in Europa si preferisce l'intervallo di frequenza compreso tra 100 e 3150 Hz.

Nelle schede tecniche fornite dal produttore, compare spesso il coefficiente di riduzione del rumore NRC (*Noise Reduction Coefficient*), il quale è calcolato mediando i valori di α sabin metrici[77] alle frequenze di 250, 500, 1000 e 2000 Hz. Tale media è espressa secondo il multiplo più vicino di 0,05. Ad esempio, se un materiale ha i seguenti coefficienti di assorbimento:

Frequenza Hz	Coefficiente d'assorbimento
125	0,07
250	0,23
500	0,71
1000	0,86

---

mascherare suoni invadenti come il parlato. Perché il suono non strutturato, rende molto più difficile per la nostra mente a discernere le singole parole e altri suoni strutturati. In altre parole, il rumore bianco "riempie" lo spettro sonoro.
[77] *L'unità di misura per l'assorbimento è il sabin metrico: equivalente a 1 mq. di superficie perfettamente assorbente. Per esempio, una superficie S di 81 mq. con un coefficiente di assorbimento acustico α pari a 0,09, presenta un assorbimento totale di 7,29 sabin metrici.*

Frequenza Hz	Coefficiente d'assorbimento
2000	0,99
4000	0,96

Il coefficiente di riduzione del rumore (NRC) per questo materiale è:

$$\frac{(0,23 + 0,71 + 0,86 + 0,99)}{4} = 0,69$$

In alternativa, viene utilizzato il coefficiente di assorbimento acustico ponderato α w ottenuto mediante confronto con una curva di riferimento secondo il metodo indicato dalla norma UNI EN ISO 11654.

La misura in laboratorio dei valori dei coefficienti di assorbimento acustico avviene, di norma, con due metodi:

1. metodo delle onde stazionarie in tubo, per incidenza normale del suono, per campioni di piccole dimensioni;
2. metodo per incidenza casuale, eseguito in camera riverberante per campioni di grandi dimensioni (almeno 10 mq. di superficie) secondo la ISO 354.

Il metodo per incidenza casuale è quello che meglio si approssima ai casi reali; poiché le onde sonore incidono sulla superficie dell'*oggetto* (pavimento, solaio, pareti) secondo diversi angoli.

L'assorbimento acustico di un materiale avviene grazie alla conversione in calore di parte dell'energia incidente sul medesimo, anche se, nella realtà, tale meccanismo è certamente più complesso.

I principi attraverso cui un sistema assorbe energia sonora sono diversi e vengono generalmente suddivisi in tre classi:

- Assorbimento per porosità
- Assorbimento per risonanza di pannello
- Assorbimento per risonanza di cavità

Risuonatore di Helmholtz

Un sistema per realizzare materiali fonoassorbenti con proprietà selettive, è quello di utilizzare il principio del *risuonatore di Helmholtz*[78] o risonanza di cavità.

In breve si tratta di un sistema in grado di *catturare* le onde sonore e dissiparle all'interno di piccole cavità accessibili tramite fori praticati nel pannello stesso.

La funzionalità di questi sistemi, è caratterizzata sostanzialmente dalla dimensione del foro del pannello (massa) e dalla dimensione del volume interno della cavità.

Dal punto di vista pratico, un pannello fonoassorbente (che sia un pannello di rivestimento murale, uno schermo divisorio per uffici o un controsoffitto, ecc.) si comporta come segue: l'energia sonora che oltrepassa il foro intercetta all'interno della cavità un volume d'aria. Una parte dell'aria che è contenuta nel *collo* di questa cavità, funziona come una *massa* e l'aria all'interno della cavità funziona come una molla.

Ogni forellino, in pratica, viene a determinare funzione del volume che sottende, dei volumi che si comportano come delle *"molle"*.

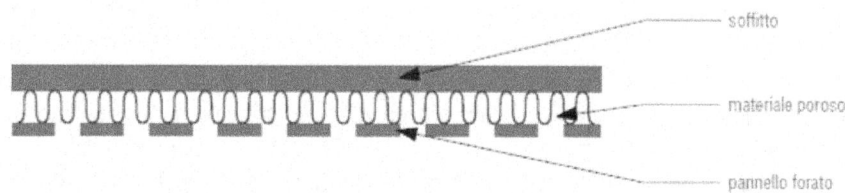

Con forellini *diversi*, avremo frequenze diverse, per cui alla fine il risultato potrà essere una curva costruita ad arco che abbraccia una pluralità di frequenze.

---

[78] *La risonanza di Helmholtz è il fenomeno di risonanza dell'aria in una cavità. Quando dell'aria in eccesso viene forzata attraverso una cavità, la pressione all'interno della stessa aumenta. Una volta che la forza esterna che ha causato la forzatura dell'aria cessa, l'aria a maggior pressione presente all'interno della cavità tenderà a fuoriuscire dallo stesso punto da cui era entrata. Comunque, questo flusso di aria in uscita tenderà a sovra compensare, e la cavità rimarrà ad una pressione leggermente inferiore a quella esterna, provocando un risucchio d'aria. Questo processo si ripete con intensità decrescente della sovra compensazione, fino a smorzarsi. Questo effetto è simile a quello di una massa che viene attaccata ad una molla. Questi fenomeni sono tutti esempi di quello che i fisici chiamano oscillatore armonico forzato.*

Se poi all'interno di questa intercapedine inseriamo materiale fonoassorbente, i vari picchi verranno smussati, realizzando un diagramma simile ad una curva quasi continua a più ampio spettro.

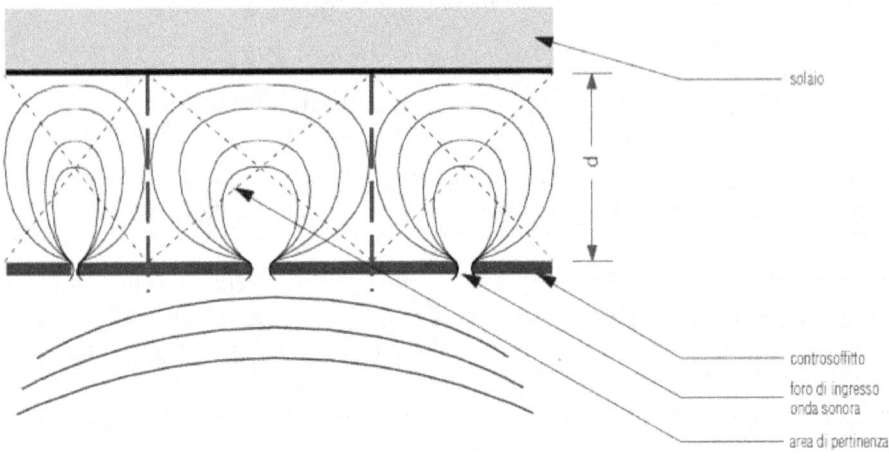

Calcolo dell'assorbimento acustico totale in una stanza

Introduciamo ora una formula utile a calcolare in modo semplice, l'assorbimento acustico totale (A) di una stanza.

Per fare questo occorre moltiplicare l'area di *ogni* superficie S presente in una stanza (comprendendo quindi: muri, soffitti ma anche arredi e tende) per il relativo coefficiente d'assorbimento α in *sabin* metrici[79] medi (vedi tabella successiva: indici NRC[80]) e considerare la somma di tali prodotti secondo la formula seguente:

$$A = \alpha_1 S_1 + \alpha_2 S_2 + \alpha_3 S_3 \dots sabin\ metrici$$

---

[79] *L'unità di misura per l'assorbimento è il sabin metrico: equivalente a 1 mq. di superficie perfettamente assorbente. Per esempio una superficie S di 81 mq. con un coefficiente di assorbimento acustico α pari a 0,09, presenta un assorbimento totale di 7,29 sabin metrici.*
[80] *NRC (Noise Reduction Coefficient) = media dei valori di α sabin metrici alle frequenze di 250, 500, 1000 e 2000 Hz.*

Calcolo dell'assorbimento acustico in una stanza			
Tipologia di Superficie	Coefficiente	Area	Assorbimento A
S	α	mq.	sabin metrici
Pavimento di legno	0,09	81,0	7,29
Soffitto in gesso	0,07	81,0	5,67
Pareti intonacate	0,03	67,0	2,01
Finestre senza tende	0,16	24,0	3,84
		Assorbimento totale A	18,8

Tabella con valori di assorbimento acustico per materiale								
Materiali	Coefficienti di assorbimento sonoro							
	Hz	125	250	500	1000	2000	4000	NRC
Superfici verticali								
Mattoni porosi dipinti		0,01	0,01	0,02	0,02	0,02	0,03	0,02
Cemento dipinto		0,10	0,05	0,06	0,07	0,09	0,08	0,07
Intonaco, gesso o calce, con finitura liscia su mattoni		0,01	0,02	0,02	0,03	0,04	0,05	0,03
Intonaco gesso o calce grezzi		0,14	0,10	0,06	0,05	0,04	0,03	0,06
Pannello in compensato da 1 cm.		0,28	0,22	0,17	0,09	0,10	0,11	0,15
Vetro per finestre		0,35	0,25	0,18	0,12	0,07	0,04	0,16
Lastra di vetro camera per finestre 6 mm.		0,15	0,06	0,04	0,03	0,02	0,02	0,04
Grandi pannelli di vetro piatto pesante		0,18	0,06	0,04	0,03	0,02	0,02	0,04
Drappi in velluto pesante (610 g/m2) posizionati a contatto con il muro		0,14	0,35	0,55	0,72	0,70	0,65	0,58
Tende in fibra di vetro posizionate a 7,5 cm. dalla		0,18	0,40	0,60	0,64	0,72	0,88	0,59

Tabella con valori di assorbimento acustico per materiale							
Materiali	Coefficienti di assorbimento sonoro						
Hz	125	250	500	1000	2000	4000	NRC
superficie vetrata							
Tende leggere appese a pieghe	0,05	0,06	0,10	0,18	0,30	0,40	0,16
Tende pesanti appese a pieghe	0,08	0,10	0,15	0,25	0,40	0,50	0,23
Pannelli acustici verticali da 40 mm. rivestiti ad alte prestazione in fibre minerali, per rivestimento parietale	0,20	0,60	1,00	1,00	0,95	0,85	0,89
Pannelli acustici per rivestimento parietale, ad alte prestazioni, con gabbia acustica (10 mm. aria + 30 mm. lana di roccia)	0,14	0,64	1,06	1,01	0,70	0,59	0,85
Pannelli acustici per rivestimento parietale, ad alte prestazioni, con gabbia acustica (170 mm. aria + 30 mm. lana di roccia)	0,33	0,77	0,90	0,88	0,74	0,59	0,82
Pavimenti							0,00
Parquet di legno su cemento	0,04	0,04	0,07	0,06	0,06	0,07	0,06
Linoleum, gomma su cemento	0,02	0,03	0,03	0,03	0,03	0,02	0,03
Cemento o piastrelle	0,01	0,01	0,02	0,02	0,02	0,02	0,02
Pavimento di legno	0,15	0,11	0,10	0,07	0,06	0,07	0,09
Moquette pesante su cemento	0,02	0,06	0,14	0,37	0,60	0,65	0,29
Moquette con crine o gomma espansa da 1350 g/m2	0,08	0,24	0,57	0,69	0,71	0,73	0,55
Moquette con la parte posteriore in lattice impermeabile	0,08	0,27	0,39	0,34	0,48	0,63	0,37
Marmo o gres	0,01	0,01	0,01	0,01	0,02	0,02	0,01
Soffitti							0,00
Pannelli di gesso per soffitti	0,15	0,10	0,05	0,04	0,07	0,09	0,07
Pannelli in fibra minerale da 1,27 mm.	0,05	0,15	0,45	0,70	0,80	0,80	0,53
Pannelli in fibra minerale da 1,9 mm.	0,10	0,30	0,60	0,90	0,90	0,95	0,68

Tabella con valori di assorbimento acustico per materiale								
Materiali	Coefficienti di assorbimento sonoro							
	Hz	125	250	500	1000	2000	4000	NRC
Pannelli in fibra minerale da 2,5 mm.		0,16	0,45	0,70	0,90	0,90	0,85	0,74
Controsoffitti in fibre minerali ad alte prestazioni per uffici e corridoi		0,40	0,60	0,95	0,95	0,95	0,95	0,86
Controsoffitti in fibre minerali per sale conferenze		0,45	0,85	1,00	0,85	0,95	0,95	0,91
Controsoffitti in fibre minerali per alte prestazioni acustiche (palestre ecc.)		0,55	0,90	1,00	0,90	0,95	0,75	0,94

COME OVVIARE ALLE INVASIONI DEL CAMPO UDITIVO

Il Comfort acustico

Dai paragrafi precedenti, è intuibile quanto sia determinante un ottimo comfort acustico della postazione di lavoro, per evitare importanti perturbative all'attività lavorativa e raggiungere quella condizione psicofisica di *benessere acustico* funzionale all'attività che si sta svolgendo.

In realtà, questa *ideale* condizione di benessere, sappiamo essere molto soggettiva perché legata a esigenze personali o a particolari sensibilità individuali al rumore.

Ciò nonostante, esiste comunque la possibilità di determinare la qualità acustica di un ambiente attraverso alcuni indici *generali* che, riferiti a diverse condizioni d'ascolto, consentono di valutare i differenti aspetti della percezione sonora, ai fini del raggiungimento del miglior comfort acustico per lo *spazio* in esame.

Ma la domanda che ci potremmo porre ora, giunti fin qui, potrebbe essere questa: esiste una relazione *"certa"* tra *benessere acustico* e *performance lavorativa* dell'operatore?

In altri termini: è possibile *quantificare* e dimostrare il livello di inadeguatezza di un posto di lavoro privo degli adeguati accorgimenti, utili a prevenire i disturbi di cui abbiamo appena parlato, per ottenere dei parametri applicabili alle casistiche più ricorrenti negli spazi ufficio?

E inoltre: di *quanto* si può migliorare il livello di benessere acustico e la conseguente capacità di concentrazione di un operatore, posto che si riesca ad individuare la strada per raggiungere questo obiettivo?

Proviamo ad applicare gli stessi parametri relativi alla caduta e ripresa dell'attenzione, utilizzati nel capitolo precedente e postuliamo una certa quantità di *tipici eventi sonori disturbanti,* presenti in ufficio quali:

1. la percezione dell'intelligibilità del parlato di conversazioni tra colleghi estranee alla propria attività;
2. le suonerie telefoniche di colleghi (cicalini telefoni ufficio, cellulari aziendali e non, sms, segnali di arrivo mail da *smartphone* ecc.);
3. l'avvio di stampanti di sistema, fax, fotocopiatrici, generati da terzi;
4. il rumore del traffico stradale esterno l'ufficio;
5. il rumore causato dallo sbattere delle porte per l'accesso ai servizi, (scale, bagni) agli uffici chiusi, delle ante degli armadi per l'archiviazione o cassettiere, oppure dallo scorrere delle rotelle della poltrona su pavimenti duri;
6. il rumore impattivo da calpestio (passi, tacchi ecc.) su pavimenti duri, durante i normali movimenti dei colleghi all'interno dell'ufficio;
    6.a. il rumore di calpestio come sopra ma dovuto al posizionamento della postazione di lavoro in prossimità di corridoi ad alta/media percorrenza;
7. il rumore della digitazione sulla tastiera dei colleghi (che, in certe condizioni di vicinanza o di basso rumore di fondo, sono assolutamente percepibili e chiaramente disturbanti).

L'esperimento che segue è stato strutturato mantenendo, quale parametro base, lo stesso coefficiente di caduta e ripresa di attenzione della tabella di cui al precedente capitolo, a cui però è stato aggiunto un valore *correttivo* (in sec.) relativo al perdurare del fenomeno. L'obiettivo dell'esperimento è quello di ottenere dei parametri chiari di valutazione dell'inadeguatezza (in termini di minuti/giorno), dedicati ad attività a zero valore rispetto alla missione lavorativa. I limiti dell'esperimento sono determinati dalla genericità dello stesso: ossia la mancanza di una valutazione *ad hoc* del caso specifico nel mondo reale, possibile solo con una misurazione sul campo, caso per caso.

Definiti quindi i parametri, gli obiettivi e i limiti dell'esperimento, la simulazione, per ognuno dei punti elencati, ha proposto i seguenti risultati:

Punto 1 – Percezione dell'intelligibilità del parlato di conversazioni tra colleghi estranee alla propria attività.

La simulazione ha considerato che in un'ora possano essere percepite in media 15 conversazioni (intelligibili) non volute (provenienti da diverse fonti sonore nell'area di c.a. 5 metri) per la durata di c.a. 50 secondi ciascuna.

È stata una valutazione cautelativa: in taluni casi, anche abbastanza frequenti, l'attività di comunicazione con l'esterno (es. aree *Customer Service*) è talmente frequente che le perturbative derivanti da un contatto quotidiano senza schermatura, con una persona che svolge il proprio lavoro al telefono per 8 ore al giorno, sono tante e tali da modificare sensibilmente i parametri *medi* utilizzati nella tabella.

Questo porta (teoricamente) a valutare che in condizioni di *lay-out* estremamente sfavorevoli, la perdita di efficienza operativa (o sottrazione di tempo-lavoro) possa arrivare a toccare valori ben superiori a quelli qui simulati che, comunque, raggiungono una quota del 22% del parco ore quotidiane disponibili.

Quota che vede dedicare (volendo o meno) c.a. 106 minuti della propria attenzione giornaliera ad ascoltare *frammenti* di conversazioni di terzi a zero valore aggiunto per la propria missione lavorativa.

Punto 2 - Suonerie telefoniche di colleghi (cicalini telefoni ufficio, cellulari aziendali e non, sms, segnali di arrivo mail da *smart-phone*, ecc.)

La simulazione ha postulato che in un'ora possano essere percepiti c.a. 15 trilli telefonici della durata media di c.a. 3 secondi cadauno. E' una simulazione conseguente al punto precedente e tiene solo in considerazione il *numero* delle *telefonate* e non quello dell'arrivo di sms e di altri segnalatori acustici (attivi) presenti negli *smartphone* di nuova generazione (quali segnali di arrivo mail, ecc.).

Questa simulazione porta a una inefficienza, sui parametri sopra descritti, pari a c.a.12 minuti al giorno equivalenti al 2,5% dell'attività lavorativa giornaliera.

Punto 3 - L'avvio di stampanti di sistema, fax, fotocopiatrici, generati da terzi.

La simulazione ha considerato che in un'ora possano essere percepiti almeno per 3 volte i rumori relativi all'avvio di stampanti di sistema, fax, o fotocopiatrici, generati da colleghi di uno stesso gruppo di lavoro/ufficio. Eventi che noi abbiamo considerato della durata media di 30 secondi. Riteniamo che anche questa, al pari delle altre, sia stata una valutazione prudenziale e da relativizzare alla situazione specifica del singolo ufficio o team di lavoro, sia in quantità per ora, sia in durata dell'evento. Questa simulazione porta ad una inefficienza, sui parametri sopra descritti, pari a 13 minuti al giorno equivalenti al 2,8% dell'attività lavorativa giornaliera.

Punto 4 - Il rumore del traffico stradale esterno l'ufficio.

La simulazione ha considerato che in un'ora possano essere percepiti distintamente almeno per 5 volte, i rumori relativi a traffico stradale (un'auto o un mezzo pesante di trasporto che passa in strada o che carica o scarica delle merci). Anche qui riteniamo che sia stata una valutazione prudenziale perché da relativizzare alla geolocalizzazione del posto lavoro rispetto alle finestre, al grado di protezione acustica delle stesse e alla posizione delle stesse rispetto ad una via più o meno trafficata. Questa simulazione porta comunque a una inefficienza, sui parametri sopra descritti, pari a c.a. 9 minuti al giorno equivalenti al 1,8% dell'attività lavorativa giornaliera.

Punti: 5; 5a - Il rumore causato dallo sbattere delle porte per l'accesso ai servizi, (scale, bagni) o agli uffici chiusi, delle ante degli armadi per l'archiviazione o cassettiere, oppure dallo scorrere delle rotelle della poltrona su pavimenti duri.

La simulazione ha considerato che in un'ora possano essere percepiti distintamente per almeno 10 volte, i rumori relativi a porte che sbattono (accesso ai servizi, vani scale, uffici chiusi adiacenti) e altrettanti per aperture e chiusure di armadi o cassettiere destinate all'archiviazione fisica di documenti. Oppure il rumore impattivo generato dallo scorrimento delle ruote della poltrona su pavimenti duri.

Eventi che noi abbiamo considerato della durata media di 3 secondi (1,5 sec. per le porte, 2 per le ruote delle poltrone e 3 per le ante degli armadi e la chiusura delle cassettiere le cui guide scorrono su binari). Come sopra riteniamo sia stata una valutazione prudenziale che andrebbe contestualizzata alla situazione specifica del singolo ufficio o team di lavoro, sia in quantità per ora, sia in durata dell'evento.

Questa categoria specifica di eventi, di breve durata, ma di alta perturbativa (abbiamo visto che lo sbattimento porte, ad esempio, genera picchi sonori di intensità pari a 70-75 dB (A)) può provocare su chi li subisce, sensazioni di reale fastidio nella sommatoria degli eventi della giornata. Generando nell'arco della stessa per effetto della stanchezza, un allungamento incrementale dei tempi di ripresa dell'attenzione. Abbiamo, per questo motivo, applicato un correttivo di + 2 secondi per evento portando la simulazione a un livello di inefficienza, sui parametri sopra descritti, pari c.a. 21 minuti al giorno equivalenti al 4 % dell'attività lavorativa giornaliera.

Punti: 6; 6a - Il rumore impattivo generato calpestio (passi, tacchi, ecc.) su pavimenti duri, durante i normali movimenti dei colleghi all'interno dell'ufficio e in prossimità di corridoi a bassa, media e alta percorrenza.

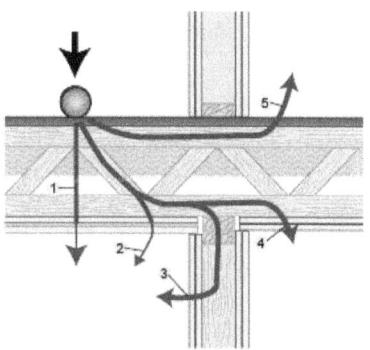

La simulazione ha postulato che in un'ora possa essere percepito per almeno 4 volte, il rumore impattivo da calpestio, generato da colleghi nel normale svolgimento delle proprie attività. Eventi che noi abbiamo considerato della durata media di 10 secondi: valutazione prudenziale strettamente relazionata alla tipologia di lavoro che si svolge nel singolo ufficio, dalla posizione di prossimità o meno del posto lavoro rispetto a corridoi di grande o medio traffico, e dalle caratteristiche fisiche del pavimento (moquette o ceramica) presente in esso. Questa simulazione porta a esprimere una inefficienza, sui parametri sopra descritti, pari a c.a. 7 minuti al giorno, equivalenti al 1,4 % dell'attività lavorativa giornaliera. In taluni casi abbastanza critici, ma non infrequenti (come la prossimità del posto lavoro a corridoi di media/alta percorrenza) riteniamo che questo valore possa moltiplicarsi per 5-10 volte, portandosi su valori pari a 99 minuti al giorno equivalenti al 17 % del monte ore giornaliero.

Punto 7 – Rumore causato da digitazione tastiera dei colleghi

La simulazione ha considerato che in un'ora possano essere percepiti in modo differenziato (non continuativo, ma come eventi singoli) per almeno 14 volte, i rumori relativi alla digitazione sulla tastiera standard di un VDT o di un *desktop* (non *notebook* che hanno tastiere silenziose). Eventi che noi abbiamo considerato di una intensità pari a 31-38 dB(A), della durata media di 50 secondi e pensati come eventi non costanti, ma differenziati tra le varie altre attività di ufficio, quindi, in quanto tali disturbanti. Non abbiamo tenuto conto, in questa simulazione, del perdurare dell'evento nell'arco della giornata e dei fenomeni di presunta assuefazione al rumore[81] di chi lo subisce indirettamente suo malgrado, per tempi prolungati. Anche qui riteniamo che sia stata una valutazione prudenziale e indipendente dalle variabili organizzative e tipologiche puntuali di ogni specifica attività lavorativa. Questa simulazione porta a una inefficienza, sui parametri sopra descritti, pari a c.a. 99 minuti al giorno equivalenti al 20,6 % dell'attività lavorativa giornaliera.

Come abbiamo visto, i risultati di questo esperimento vede generare livelli di perturbativa acustica *straordinari* se valutati nella *sommatoria generale* delle casistiche (oltre il 70%). Va da sé che solo in condizioni estremamente sfortunate (ma non per questo irrealistiche) potrebbero concentrarsi tutte sulla medesima postazione di lavoro.

Nella valutazione analitica di un ambiente reale, ogni singolo evento perturbativo, e la relativa quota temporale di caduta di attenzione, andrà stimato singolarmente e sommato alle perturbative di cui ai punti precedenti generando una valutazione mirata per ogni postazione lavorativa.

Vedremo ora, come sia possibile prevenire le problematiche acustiche sovra descritte nelle tipologie di uffici più problematiche, quanto più ricorrenti: ossia negli uffici in pianta aperta (*open space*).

---

[81] *In generale non è possibile parlare d'assuefazione al rumore poiché l'esposizione prolungata produce effetti d'accumulazione che determinano danni crescenti nel tempo. La presunta assuefazione è indice dell'avvenuta riduzione delle capacità uditive e quindi una minore sensibilità agli stimoli dannosi del rumore.*

Caduta di attenzione da interferenze acustiche sul posto di lavoro			ore lavorative		minuti lavorativi				
		media	8		480			a	b
	Possibili Cause:	q. eventi ora	tot. eventi giorno	tot. secondi giorno	tot. minuti giorno	% su ore lavorative	totale (a+b)	durata media dell'evento in sec.)	tempo di caduta e ripresa attenzione (in sec.)
1	Voce umana: percezione intelligibilità del parlato di conversazioni tra colleghi	15	120	6360	106,00	22,1%	53	50	3
2	Trillo telefono colleghi	15	120	720	12,00	2,5%	6	3	3
3	Avvio (generato da terzi) di: stampanti di sistema, fax, fotocopiatrici	3	24	792	13,20	2,8%	33	30	3
4	Traffico stradale esterno	5	40	520	8,67	1,8%	13	10	3
5	Sbattimento porte (servizi, vani scale, uffici chiusi adiacenti)	10	80	640	10,67	2,2%	8	3	5
5a	Rumori impattivi dovuti alla chiusura ante armadi o cassetti o ruote della poltrona dell'operatore	10	80	640	10,67	2,2%	8	3	5
6	Calpestio su pavimenti duri (dalla postazione di lavoro)	4	32	416	6,93	1,4%	13	10	3
6a	Calpestio su pavimenti duri (prossimità con corridoi a medio/alta percorrenza)	40	320	4800	80,00	16,7%	15	10	3
7	Digitazione tastiera desktop colleghi	14	112	5936	98,93	20,6%	53	50	3
	Totale				347,07	72,3%			

Gli uffici in pianta aperta

La tipologia di uffici in *open space* o *cubicle office*, italianizzati in uffici in *pianta aperta*, esistono da diversi anni e sono diventati nel tempo, il *format* di ufficio predominante per la stragrande maggioranza di attività del mondo del lavoro impiegatizio.

Questo per alcuni principali e ragionevoli motivi: sono apparentemente meno costosi da realizzare e da riconfigurare nel tempo e, inoltre, appaiono apparentemente più *funzionali* per i lavori di team.

Sussistono però parecchie controindicazioni di tipo acustico a questo tipo di soluzione, generate dal basso livello di *privacy* bilaterale del parlato e dalla quantità di perturbative sonore che rendono queste stazioni di lavoro, in mancanza di una corretta progettazione acustica, molto meno efficienti rispetto ad altre.

Ottimizzare la corretta soluzione acustica di un ufficio open space, può essere quindi un compito abbastanza complesso a causa della quantità di parametri ambientali che devono necessariamente essere considerati. Sottovalutarli può essere per contro drammatico per il risultato finale a livello di performance lavorative.

Questo problema è stato recentemente reso più facile da risolvere a in virtù dello sviluppo di modelli matematici di simulazione della propagazione del suono tra le postazioni lavoro convenzionali, in uffici di tipo open space: successivamente tradotti in software di simulazione acustica.

Analizzeremo ora i risultati ottenuti dallo studio realizzato dall'Istituto per la Ricerca nelle Costruzioni (IRC) Canadese.

Privacy del Parlato bilaterale e livelli di perturbativa acustica

Per effetto dell'assenza di pareti di separazione da *pavimento a soffitto* tra le postazioni di lavoro, il principale obiettivo da raggiungere negli spazi in *open space* è quello di ottenere un livello di privacy acustica bilaterale *accettabile*, tra posti di lavoro *adiacenti*.

In un ufficio in pianta aperta, al contrario che in una sala conferenze, vorremmo infatti che l'intelligibilità del parlato dei colleghi (quando non parlano con noi), venga praticamente ridotta a zero in modo tale da garantirci la *privacy* necessaria per poterci concentrare sul nostro lavoro.

Abbiamo infatti visto quanto sia importante un opportuno sistema di mascheramento dei suoni (*sound masking*) perché sappiamo molto più disturbante la percezione di frammenti di discorsi, piuttosto che un suono costante (*rumore di fondo*) atto ad attutirli e a confonderli. Abbiamo visto quanto altresì possa essere dannoso eccedere con il livello del rumore di fondo, perché esso stesso può rischiare di divenire una fonte di fastidio e, inoltre, incentivare le persone ad alzare la voce per prevalerlo, annullandone i benefici.

Sono stati per questo definiti alcuni parametri di misurazione, nel mondo anglosassone, quali ad esempio, l'indice di articolazione (AI[82]): utilizzato per valutare la privacy del parlato bilaterale appunto negli uffici *open space*.

L'indice (AI) è un rapporto ponderato *segnale-rumore* con valori compresi tra 0 e 1. A un *valore* vicino a *1* deve corrispondere *l'intelligibilità del parlato perfetta*. Al contrario, a un *valore* vicino allo *0*, deve corrispondere la *perfetta privacy del parlato*.

Più recentemente l'indice (AI) è stato sostituito dallo (SII[83]). Il calcolo di questo indice è un po' più complesso rispetto all'indice (AI) e comprende l'effetto di mascheramento delle componenti a bassa frequenza in ogni banda di frequenza. Come (AI) ha un valore compreso tra 0 e 1, alle stesse condizioni, i valori (SII) sono un po' più ampi dei valori di (AI).

---

[82] *AI = Articulation Index*
[83] *SII = Speech Intelligibility Index*

La tabella seguente fornisce un confronto dettagliato dei due sistemi di misura. E' comunque convenzione consolidata utilizzare i due indici per la valutazione della *speech privacy* e relazionarli ai livelli di (AI).

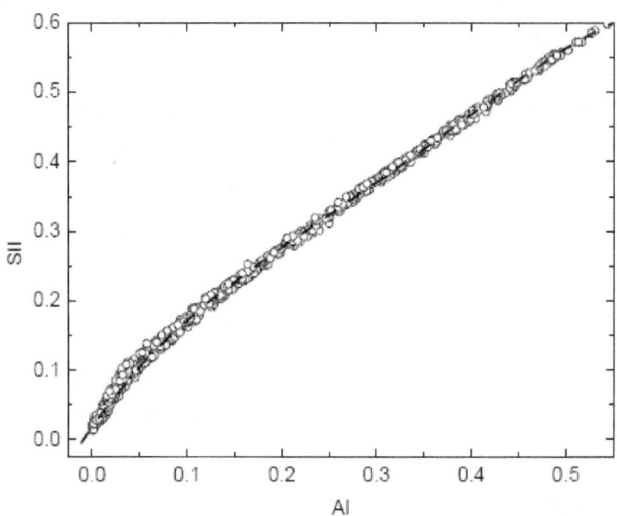

IDENTIFICAZIONE DELL'"AMBIENTE BASE"

Nello studio della IRC è stato identificato un valore di AI ≤ 0,05 per definire un livello di privacy del parlato di tipo *confidenziale*, ossia corrispondente a un livello di '*zero intelligibilità della frase con solo alcune parole isolate intelligibili*'.

E' stato altresì identificato un valore di AI ≤ 0,15 per definire un livello di privacy bilaterale normale, considerata *accettabile* in uffici in pianta aperta, non particolarmente causa di distrazioni per gli operatori.

Livelli di *Speech Privacy*	AI	SII
Confidenziale	0.05	0.10
Accettabile	0.15	0.20

Il calcolo dei valori di (AI) e (SII) sono condizionati ai valori del parlato e del rumore di fondo nello spazio ufficio.

I valori standard di spettro relativi al *parlato* negli uffici, sono normalmente considerati corrispondenti a 59.2 dB(A), anche se studi più recenti hanno abbassato questi valori portandoli a 53.2 dB(A).

Abbiamo già visto che il livello di mascheramento sonoro corretto, affinché non diventi esso stesso disturbante, dovrebbe essere attorno ai 45 dB(A) e non eccedere mai i 48 dB(A).

Il modello matematico di cui parlavamo, implementato in un software e applicato a diverse casistiche di uffici in *pianta aperta*, ha generato una serie di valori tabellari: una specie di "*range*" di riferimento, utile alle applicazioni pratiche cui noi vogliamo indirizzarci. Tutto ciò definito in una sorta di "*Ambiente Ideale Base*".

Nel software della simulazione della IRC, nel caso specifico, si è postulato che la sorgente sonora di origine (*l'oratore*) fosse posizionata al centro di una postazione di lavoro e che il ricevitore (*l'ascoltatore*) fosse posizionato al centro di una postazione di lavoro adiacente. L'operatore del software ha potuto specificare inoltre i livelli di spettro del parlato così come dei rumori di fondo; le dimensioni geometriche delle superfici delle stazioni di lavoro e degli schermi verticali posizionati tra le postazioni, così come le proprietà fonoassorbenti degli stessi secondo l'indice (SAA[84]).

Un altro utile parametro inserito, ai fini della valutazione che si proponeva lo studio è stato l'indice STC[85] utilizzato per descrivere la perdita di trasmissione sonora dei *pannelli-schermo* divisori tra le postazioni.

Il risultato dei test ha condensato, in una tabella, i dettagli dei parametri ambientali necessari per raggiungere il cosiddetto *Ambiente Ideale Base*, considerato (dai risultati del test su casi reali) come "*accettabile*" dagli operatori con un parametro di target equivalente ad uno *Speech Intelligibility Index* (SII) $\leq 0,2$.

---

[84] *Sound Absorption Average: (SAA) costituita dalla media del coefficiente di 1/3 di banda di ottava di assorbimento. La media viene calcolato sui valori da 200 a 2.500 Hz e sostituisce l'indice NRC.*
[85] *Sound Transmission Class: (STC). Parametro universalmente utilizzato negli USA (derivato dalle normative americane ASTM) per valutare l'isolamento sonoro di tramezzi, porte e finestre. I valori di perdita di trasmissione sonora per un manufatto, sono paragonati per una famiglia di curve di classe di trasmissione sonora (STC) e vengono accoppiati alla curva più alta relativamente alla quale i valori di perdita di TL (Transmission Loss) misurati, cadono al di sotto per un valore in media non superiore a 2 dB e, in una qualsiasi banda, non superiore a 8 dB. La valutazione STC è rappresentata dalla curva così determinata a 500 Hz. Rispetto al suo simile europeo: Rw (Indice di attenuazione acustica ponderato: utilizzato in Europa) presenta generalmente un valore di 1 dB superiore perché utilizza un intervallo di frequenze compreso tra 125 e 4000 Hz, vale a dire traslato di 1/3 di ottava rispetto a quelle utilizzate in Europa (comprese tra 100 e 3150 Hz).*

Parametri ambientali dell'"Ambiente Ideale Base"	
PARAMETRI AMBIENTALI	VALORI
Assorbimento controsoffitto	SAA=0.95
Altezza schermi divisori tra postazioni di lavoro	1.7 m.
Indice fonoassorbenza schermi divisori	SAA= 0.90
Dimensioni della postazione di lavoro	3.0 m. x 3.0 m.
Indice fonoassorbenza pavimento	SAA=0.19
Schermi divisori *transmission loss*	STC=21
Altezza controsoffitto	2.7 m.
Corpi illuminanti	Inesistenti
Livello del parlato	53.2 dB(A) (IOSL[86] speech)
Livello del rumore di fondo	45 dBA (*optimum masking spectrum*)

Andiamo ora a esaminare i principali componenti di arredo che compongono l'ufficio e le relative proprietà acustiche necessarie da richiedere per ognuno di essi al fine di ottenere i valori complessivi di (SII) ≤ 0,2. di cui sopra.

---

[86] *IOSL = Intermediate Office Speech Level*

IL CONTROSOFFITTO

Proprietà acustiche

Analizziamo ora le proprietà acustiche che devono essere ricercate nei controsoffitti. Nella tabella successiva sono descritte le variazioni di risultato, funzione dell'utilizzo di diversi livelli di fonoassorbenza di controsoffitti, rispetto all'*Ambiente Ideale Base*.

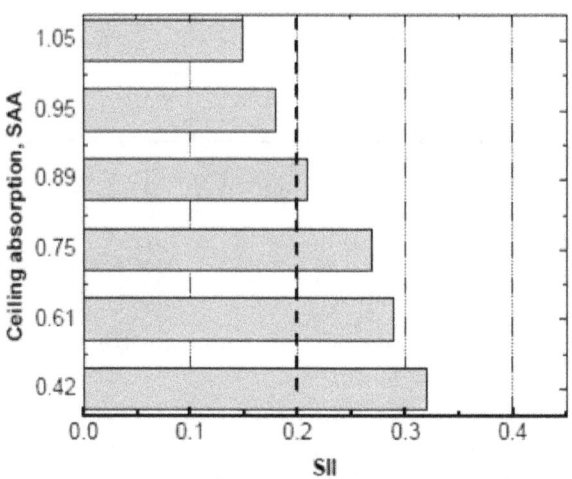

Vediamo dal grafico che, riducendo anche di poco le proprietà fonoassorbenti del controsoffitto (rispetto ad uno con un valore di SAA pari a = 0.95), vi è un significativo incremento del valore SII che si innalza progressivamente molto oltre i parametri identificati accettabili.

Al contrario, utilizzando controsoffitti composti da materiali con maggiori proprietà fonoassorbenti, vi è un innalzamento della privacy del parlato utile, a volte, a compensare anche alcuni parametri magari bassi di altri componenti presenti nello spazio in analisi.

La sommatoria dei test e delle simulazioni fatte, ci dice che un controsoffitto con proprietà fonoassorbenti inferiori a valori di SAA = 0.90, non può garantire l'ottenimento di un valore accettabile riconducibile all'Ambiente Ideale Base. Questo perché il controsoffitto appare essere il più importante componente riflettente dell'ambiente ufficio ed è fondamentale averlo con il più alto coefficiente di fonoassorbenza.

Altezza del controsoffitto

L'altezza di posizionamento dei controsoffitti nella maggior parte degli uffici *open space* europei, è generalmente abbastanza simile a quella utilizzata nel nostro *Caso Base* ossia (h = 2,7 m.).

I risultati evidenziati nel diagramma, mostrano che aumentare l'altezza a 3,5 m. ha avuto un effetto trascurabile sul calcolo del SII.

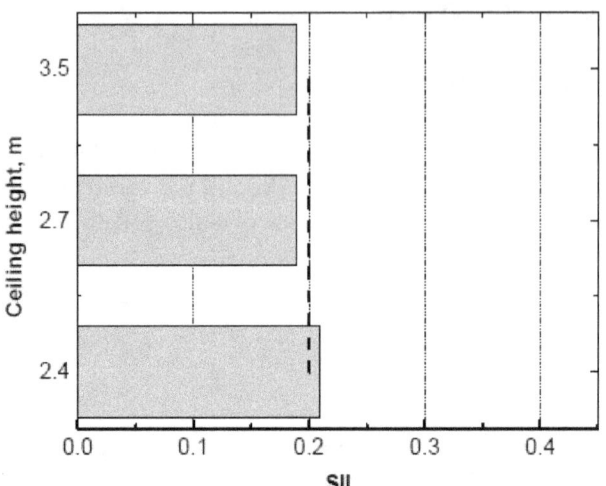

Tuttavia, diminuendo l'altezza degli ambienti da 2,7 m. a 2,4 m., il livello di privacy del parlato sale al di sopra del livello di accettabilità.

Il suggerimento che se ne ricava è quindi quello di non scendere mai al disotto dei 2,7 m. di altezza in uffici *open space*.

Corpi illuminanti a soffitto

I calcoli sono stati effettuati per tre diverse condizioni di illuminazione a soffitto e sono mostrati nel diagramma seguente.

La condizione di base non aveva luci montate a soffitto. Sono state effettuate rettifiche empiriche nel software, per simulare l'effetto di corpi illuminanti a diffusori piani (*Flat Lens*), posizionati in corrispondenza degli schermi divisori di separazione tra le postazioni di lavoro.

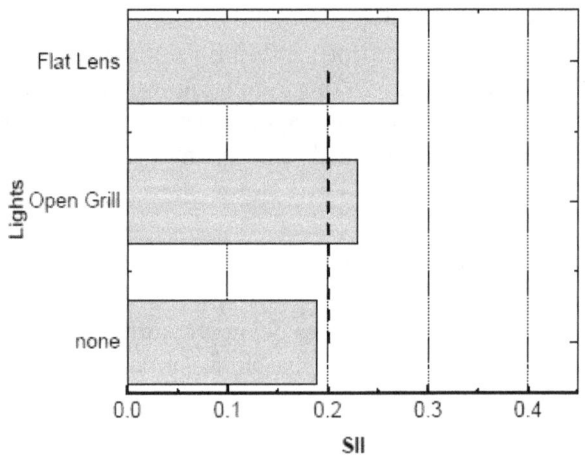

Questa prima configurazione ha rappresentato la soluzione peggiore (*worst case*) sia di posizionamento sia di tipologia di corpi illuminanti generando un notevole aumento nei valori di SII; quindi chiaramente da evitare.

E' visibile, inoltre, quanto l'utilizzo di corpi illuminanti dotati di diffusori con griglia frangiluce, (seconda soluzione) sempre posizionati sopra gli schermi di separazione o in corrispondenza del centro della workstation, sortirebbero certamente un effetto migliorativo ai fini della *Speech Privacy*, ma sempre oltre la soglia dell'accettabile.

Va tuttavia considerato che i corpi illuminanti a incasso vengono in genere installati prima delle postazioni di lavoro e, di solito, è difficile controllare la loro posizione rispetto alla posizione di ogni workstation. Questo per effetto della mutevolezza e flessibilità di posizionamento delle postazioni di lavoro rispetto alla localizzazione di progetto. Tipica delle soluzioni in *open space*.

In caso quindi di corpi illuminanti a incasso, vanno in ogni caso privilegiati quelli con griglia frangi luce utile anche a fini acustici.

La soluzione ottimale, come abbiamo visto, è quella che *simula* l'assenza di corpi illuminanti a incasso che oppongono superfici riflettenti e quindi non assorbenti ai fini acustici. Soluzione ottenibile attraverso l'impiego di sistemi di illuminazione *indiretta* posizionata in sospensione a soffitto e opportunamente schermata inferiormente con pannelli acustici con le medesime proprietà fonoassorbenti del controsoffitto stesso.

GLI SCHERMI DIVISORI

Dato che il principio da applicare per il loro corretto dislocamento funzionale è mutuato dall'*ottica* (si tratta di intercettare la linea ideale che unisce la sorgente sonora con il punto di ricezione), è indispensabile considerare l'effetto delle riflessioni sonore sugli schermi così come sulle altre superfici. Per questo motivo la verifica *teorica* della maggiore efficienza si ottiene all'aperto: in condizioni di *campo libero*, dove le sole riflessioni possibili sono di tipo orizzontale.

In ambienti confinati, per simulare queste condizioni, è indispensabile un buon trattamento acustico delle superfici interne: come il soffitto, le superfici perimetrali verticali ed il pavimento.

Altezza

L'altezza dei pannelli schermo divisori tra le postazioni di lavoro, dovrebbe essere tale da impedire la diretta trasmissione sonora del parlato tra gli operatori che condividono lo

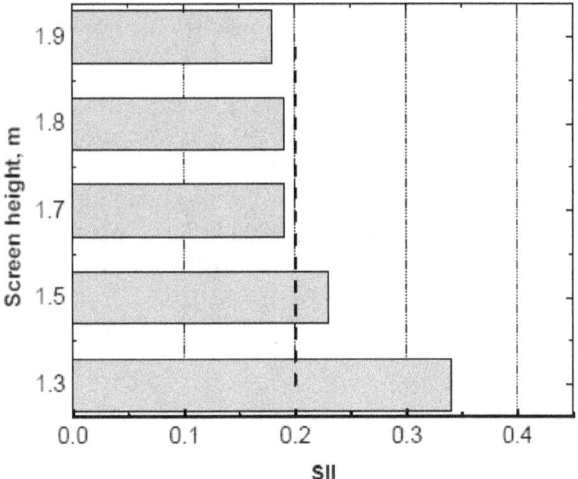

stesso spazio in postazioni adiacenti, oltre che per ridurre gli effetti della *diffrazione* del suono passante sopra di essi.

Nel grafico sono evidenziati i livelli di SII funzione delle altezze degli schermi. La sperimentazione è stata effettuata posizionando oratore e ascoltatore seduti in postazioni di lavoro adiacenti, a una altezza dal pavimento di c.a. 1,2 m.

Quello che si può evincere è che al di sotto di un'altezza pari a 1,7 m. (identificata come ottimale) il decremento dei valori di SII è estremamente sensibile. Al contrario, oltre la stessa altezza, le variazioni dello *Speech Intelligibility Index* (SII) non sono significativamente rilevanti.

Proprietà fonoassorbenti

Il grafico seguente mostra gli effetti della variazione delle proprietà fonoassorbenti degli schermi divisori (SAA) rispetto al valore SII.

Si può vedere quanto al decrescere dei valori delle proprietà di assorbimento (SAA) tra 0,9 a 0,6, si innalzi il livello di intelligibilità del parlato (SII) da 0,19 a 0,22. Allo stesso modo si può notare quanto l'utilizzo di schermi con basse o assenti proprietà fonoassorbenti (SAA = 0,10) incrementi in modo esponenziale il valore di SII.

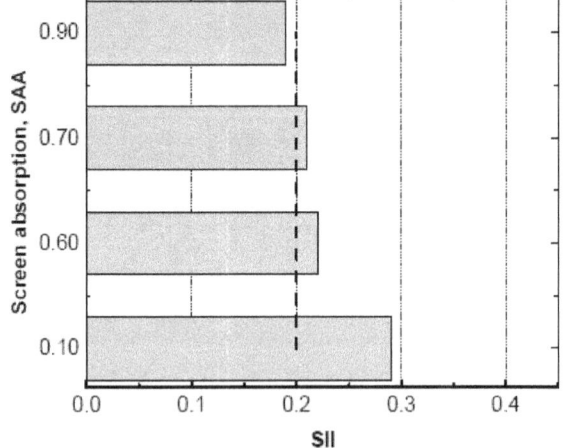

Quindi la prescrizione in questo caso, è quella di indirizzarsi verso schermi con proprietà fonoassorbenti attorno a valori di *Sound Absorption Average* (SAA) ≥ 0,90.

Trasmissione sonora

I risultati della sperimentazione raccomandano che il valore ottimale di STC (*Sound Transmission Class*: classe di trasmissione sonora) degli schermi debba essere ≥ 21. Questo per assicurare che la propagazione del suono passante *attraverso* gli schermi divisori, non limiti la privacy del parlato. Tale requisito è ottenibile con un manufatto di peso specifico ≥ 2,5 kg/mq..

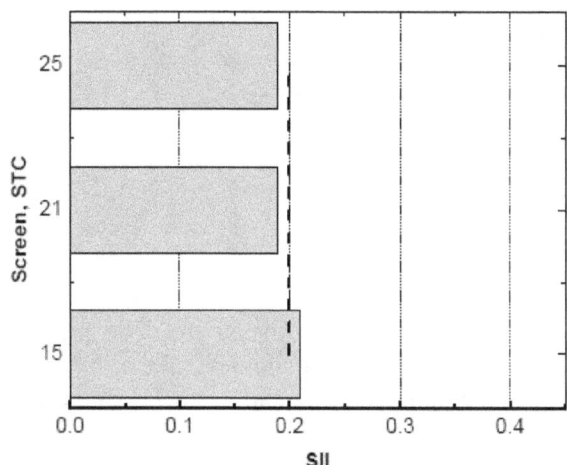

Il diagramma esprime la variazione dei livelli di SII (*Indice dell'Intelligibilità del Parlato*), funzione di vari livelli di trasmissione sonora STC. Al decrescere delle caratteristiche di abbattimento della trasmissione sonora (STC) da 21 a 15, vediamo un incremento dei valori di (SII). Al contrario verso valori più alti di STC (da 21 a 25) gli effetti sull'SII sono praticamente ininfluenti.

Quindi si può suggerire un livello di STC ≥ 21 come idoneo a consentire una adeguata protezione della *speech privacy*.

DIMENSIONI DELLA STAZIONE DI LAVORO

Nella ricerca sono state sperimentate varie dimensioni di postazioni di lavoro, in un *range* variabile da 2x2 m. a 4x4 m..

Dalle misurazioni espresse nel diagramma, si è visto che all'incremento dimensionale della postazione di lavoro, avveniva un decremento proporzionale dei valori di intelligibilità del parlato dovuto all'aumento della distanza tra sorgente e ricevente.

Potremo quindi dire (a questo stadio dell'analisi) che i valori dimensionali ideali di una *workstation*, identificati da questa sperimentazione, non dovrebbero teoricamente essere inferiori a 3 x 3 m..

Questo al fine di generare una distanza utile tra oratore ed ascoltatore non inferiore ai 3 m. e consentire un livello di privacy del parlato nei valori si target riferibili al nostro Ambiente Ideale Base. Ossia al di sotto dello 0,2.

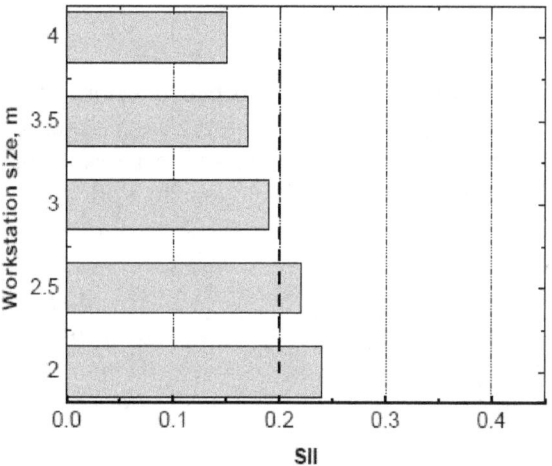

IL PAVIMENTO

Nel diagramma seguente si mostrano i risultati dei calcoli al variare delle proprietà fonoassorbenti del pavimento. I risultati sono conseguenti a simulazioni con pavimenti rivestiti con moquette sottile (SAA = 0,19), con moquette alta (SAA = 0,25) e comparati a un pavimento duro (SAA = 0,05).

Quello che si può dedurre è che, mentre sono rilevabili differenze minime di risultato tra moquette diverse e di vario spessore, al contrario, in presenza di pavimenti duri (quindi riflettenti dal punto di vista sonoro) la diminuzione dei valori di SII si incrementa rapidamente portando la privacy del parlato al di sopra dei valori considerati accettabili.

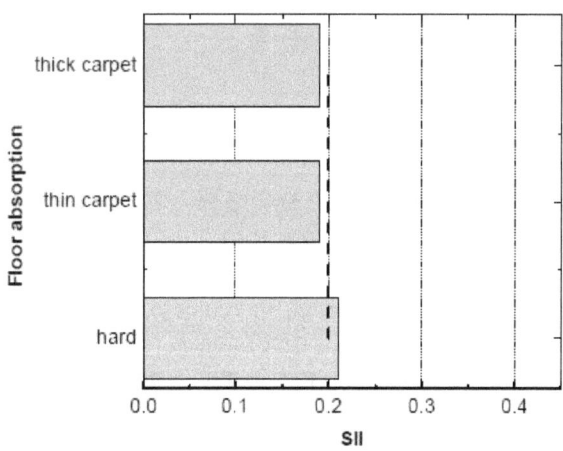

Quindi il suggerimento è quello di utilizzare moquette in uffici in pianta aperta, con caratteristiche di fonoassorbenza attorno ai valori di SAA ≥ 0,20.

L'utilizzo di una moquette in alternativa a pavimenti duri, contribuirà inoltre ad attenuare i valori di alcune altre fonti di rumore quali: il calpestio e il movimento di sedie su ruote. Essa concorrerà inoltre a ridurre al minimo la propagazione del suono attraverso le fessurazioni nella parte inferiore degli schermi divisori, nelle zone di contatto col pavimento, o passante sotto le scrivanie.

CONCLUSIONI E RIEPILOGO

Le varie simulazioni effettuate dall'IRC, per identificare i parametri di progettazione acustica corretti da utilizzare nell'*Ambiente Ideale Base*, hanno sottolineato chiaramente l'importanza del valore prestazionale di *ognuno* dei componenti di arredo principali, costituenti l'isola di lavoro.

Le prestazioni più importanti da richiedere agli stessi, per conseguire una privacy del parlato *accettabile,* secondo una scale valoriale decrescente, sono risultati essere:

(a) L'assorbimento acustico del soffitto: (SAA $\geq$ 0,95)
(b) L'altezza degli schermi divisori tra le postazioni di lavoro: (h $\geq$ 1,7 m.)
(c) L'assorbimento acustico degli schermi divisori: (SAA $\geq$ 0,90)
(d) La dimensione della postazione di lavoro: (3x3 m.)
(e) L'assorbimento acustico del pavimento: (SAA $\geq$ 0,19)
(f) La perdita di trasmissione sonora degli schermi divisori: (STC $\geq$ 21)
(g) L'altezza del soffitto: (h $\geq$ 2,70 m.)
(h) Il livello del rumore di fondo: (45 $\leq$ 48 dB(A))
(i) La tipologia e le caratteristiche dei corpi illuminanti (luce indiretta o ad incasso con frangiluce).

Tali parametri, se applicati all'*Ambiente Base*, generano il combinato disposto *prestazionale* necessario a raggiungere il livello di privacy della postazione di lavoro, considerato *accettabile* dai test canadesi. Abbiamo peraltro visto dai diagrammi, quanto una *minima variazione* di uno solo di questi valori possa *inficiare* il risultato di benessere acustico globale della postazione lavoro, oltre che l'investimento finanziario.

La sperimentazione dell'IRC indica anche come sia possibile effettuare alcune variazioni *negative* nei parametri sopra identificati provvedendo però a colmare il *gap* con opportune compensazioni sui valori di altri.

Nell'*esempio (1),* di seguito riportato, possiamo vedere come diminuendo la dimensione della superficie della stazione di lavoro a 2,5 m. x 2,5 m., riducendo l'altezza degli schermi di separazione a m. 1,6 e riducendo l'assorbimento del pannello con un valore SSA di 0,70, si potrebbe raggiungere comunque un SII pari a 0,19 incrementando però il potere fonoassorbente del controsoffitto con un SSA di 1,03. Alternativamente (*nell'esempio 2*), lo stesso valore del controsoffitto (SSA 1,03), unitamente a un'altezza di schermi pari a 1,7 m. e un assorbimento dei pannelli con un valore SSA di 0,90, possono essere utilizzati per compensare sia la ridotta dimensione del piano, sia l'utilizzo di corpi illuminanti ad incasso dotati di griglie frangiluce (una differenza di SII di meno di 0,03 non è probabilmente rilevabile).

Dettagli casistiche di speech privacy con valori accettabili				
	PARAMETRI AMBIENTALI	VALORI Ambiente Ideale Base	VALORI esempio 1	VALORI esempio 2
a)	Assorbimento controsoffitto	SAA=0.95	SAA=1.03	SAA=1.03
b)	Altezza schermi divisori tra postazioni di lavoro	1.7 m	1.6 m	1.7 m
c)	Indice fonoassorbenza schermi divisori	SAA= 0.90	SAA= 0.70	SAA= 0.90
d)	Dimensioni della postazione di lavoro	3.0 m * 3.0 m	2.5 m * 2.5 m	2.5 m * 2.5 m
e)	Indice fonoassorbenza pavimento	SAA=0.19	SAA=0.19	SAA=0.19
f)	Schermi divisori transmission loss	STC=21	STC=21	STC=21
g)	Altezza controsoffitto	2.7 m	2.7 m	2.7 m
h)	Livello del rumore di fondo	45 dBA (optimum masking spectrum)	45 dBA (optimum masking spectrum)	45 dBA (optimum masking spectrum)
i)	Corpi illuminanti	Inesistenti o luce indiretta	Inesistenti o luce indiretta	Ad incasso con griglia frangiluce
l)	Livello del parlato	53.2 dBA (IOSL[87] speech)	53.2 dBA (IOSL speech)	53.2 dBA (IOSL speech)
	SII	**0.19**	**0.19**	**0.21**

In un ottica di costi benefici, si potrebbe quindi concludere affermando quanto segue. Una *riduzione della superficie* della stazione di lavoro (esempio 2 rispetto all'*Ambiente Base*), può essere ben compensata da un controsoffitto con proprietà *fonoassorbenti*

---

[87] *Intermediate Office Speech Level: (IOSL)*

maggiori, bilanciando ampiamente l'eventuale incremento di costo, con una maggiore densità di posti lavoro per unità di superficie (*esempio 2*).

Quello che è importante sottolineare, a commento conclusivo dell'esperimento dell'IRC, è che dalla lettura di questi due esempi, confrontati con quelli dell'*Ambiente Base* (vedi precedente tabella) si evince quanto lo spazio di manovra per poter ovviare a compensazioni, in realtà non sia molto ampio e che la presenza di variazioni anche modeste di uno solo di questi parametri, si potrebbe tradurre in livelli di *speech privacy* non accettabili inficiando completamente l'investimento globale.

PRESCRIZIONI PER UFFICI IN PIANTA APERTA

Proviamo ora a incrociare i dati della sperimentazione condotta dall'IRC, con quelli della nostra sperimentazione diretta[88], condensandoli in un'unica matrice che evidenzi da un lato le cause più frequenti di perturbativa acustica e, dall'altro, le possibili soluzioni da adottare attraverso i componenti di arredo più idonei ad ovviarle.

Nella matrice inseriremo altri due componenti. Il primo è un complemento di arredo utile sia a evitare la propagazione del suono per riflessione tra le postazioni di lavoro sia a migliorare la protezione sonora proveniente da rumori esterni (oltre alla sua naturale funzione protettiva dai raggi solari); ci riferiamo a *tendaggi* supplementari di tipo oscurante.

L'altro si riferisce a tutti gli *elementi* (architettonici e di arredo) *verticali* in grado di riflettere suoni verso l'ambiente di lavoro come, ad esempio, le pareti perimetrali o centrali in c.a. del corpo edilizio, le pareti divisorie tra gli uffici, le porte ecc..

Per rendere più comprensibile la comparazione tabellare, abbiamo riportato su una scala % le varie cause di perturbativa acustica (righe).

Abbiamo poi collegato i risultati valoriali ottenuti, con la soluzione tecnica più idonea ad ovviare la singola perturbativa (colonne).

La matrice che ne esce (vedi tabella seguente), seppur empirica, fa emergere diversi valori di priorità rispetto a quella canadese, proponendo la seguente riclassificazione:

---

[88] *rif. Capitolo: 'Come ovviare alle invasioni del campo uditivo'*

Incidenza parametri ambientali su cause di perturbativa acustica

	Possibili Cause	tot. minuti giorno	% su ore lavorative	valore assoluto	a) Livello del rumore di fondo	b) Indice fonoassorbenza pavimento	c) Assorbimento controsoffitto	d) Altezza schermi divisori tra postazioni d lavoro	d) Indice fonoassorbenza schermi divisori	d) Schermi divisori transmission loss	d) Indice fonoassorbenza pareti perimetrali	e) Altezza controsoffitto	f) Dimensione postazione di lavoro	g) Tende	g) Corpi illuminant
1	Voce umana: percezione intelligibilità del parlato di conversazioni tra colleghi	106.00	22.1%	31%	1.00	0.98	0.75	0.72	0.72	0.72	0.72	0.69	0.63	0.43	0.34
2	Trillo telefono colleghi	12.00	2.5%	3%	0.31	0.31	0.31	0.31	0.31	0.31	0.31	0.31	0.31	0.31	0.31
3	Avvio (generato da terzi) di: stampanti di sistema, fax, fotocopiatrici	13.20	2.8%	4%	0.03	0.03	0.03	0.03	0.03	0.03	0.03	0.03	0.03	0.03	0.03
4	Traffico stradale esterno	8.67	1.8%	2%	0.04	0.04	0.04	0.04	0.04	0.04	0.04	0.04			
5	Sbattimento porte (servizi, vani scale, uffici chiusi adiacenti)	10.67	2.2%	3%	0.02	0.02	0.02	0.02	0.02					0.02	
5a	Rumori impattivi dovuti alla chiusura ante armadi o cassetti o ruote della poltrona dell'operatore	10.67	2.2%	3%	0.03	0.03	0.03	0.03	0.03	0.03	0.03	0.03			
6	Rumori impattivi di calpestio su pavimenti duri (dalla postazione di lavoro)	6.93	1.4%	2%	0.03	0.03	0.03	0.03	0.03	0.03	0.03	0.03		0.03	
6a	Calpestio su pavimenti duri (prossimità con corridoi a medio/alta percorrenza)	80.00	16.7%	23%	0.02	0.02									
7	Digitazione tastiera desktop colleghi	98.93	20.6%	29%	0.29	0.29	0.29	0.29	0.29	0.29	0.29	0.29	0.29		
	totale		72.3%	100%											

Priorità (a). Vediamo che, un buon controllo del *rumore di fondo* assume importanza preminente per ovviare alle problematiche di *speech privacy,* oltre che per l'omogeneizzazione dei picchi sonori (dovuti a: squilli telefonici, tastiere di PC, calpestio, ecc.) in favore del benessere attentivo generale. La soluzione ideale sarebbe, come abbiamo visto, quella di utilizzare sistemi di *sound masking* dinamici con valori compresi tra 45 ≤ 48 dB(A). Sono disponibili sul mercato, come dicevamo, diverse soluzioni alcune a prezzi veramente abbordabili e la spesa vale certamente la resa.

Priorità (b). In seconda posizione si pongono i *pavimenti*. Evitare l'impiego di pavimenti *duri, riflettenti* ai fini acustici, in favore di moquette con buone qualità fonoassorbenti (SAA ≥ 0,19), diventa prioritario per ovviare alla quasi totalità delle perturbative acustiche dello spazio ufficio quali: rumori da calpestio, conversazioni, perturbative sonore di picco, ecc..

Priorità (c). Scende in terza posizione prioritaria, il *controsoffitto;* la cui qualità acustica deve essere la più *alta possibile* (ossia con valori di SAA ≥ 1 secondo la STM C 423, e in Classe "A" secondo le EN ISO 11654) per ovviare ad oltre il 74% delle perturbative acustiche dovute al suono riflesso sulla sua superficie. La produzione di controsoffitti con queste prestazioni sul mercato è ampia e l'investimento ripagherà nel tempo in *benessere attentivo*, il maggior comfort acustico che una scelta del genere potrà portare.

Priorità (d). Immediatamente a seguire, a pari merito, troviamo il gruppo di parametri prestazionali connessi agli *schermi divisori* tra postazioni di lavoro. Ossia: altezza ≥ 1,70 m.; indice di fonoassorbenza SAA ≥ 0,90; proprietà di abbattimento del suono trasmesso con STC ≥ 21 (ottenibile con uno schermo del peso specifico ≥ 2,5 kg/mq.[89]). A seguire (sempre della stessa classe "*d*") le prestazioni di fonoassorbenza da richiedere alle superfici verticali riflettenti come: le *partizioni divisorie interne* a tutta altezza e le perimetrali in c.a. del corpo edilizio. Superfici che dovranno essere trattate con rivestimenti murali fonoassorbenti (quando non vetrate) con valori di SAA ≥ 0,90.

Priorità (e) – (f). Nel gruppo (e) ed (f) per ovviare a circa il 65% delle perturbative acustiche, si pongono sia l'altezza di posizionamento del controsoffitto (h ≥ 2,70 m.) sia la dimensione delle postazioni di lavoro che dovrebbero avere valori dimensionali complessivi ≥ 2,5 x 2,5 m.. Questo ai fini della della distanza di posizionamento teorica tra sorgente sonora e ricevente, che non dovranno distanziarsi mai al di sotto dei 2.5 m..

---

[89] *Occorrerà essere abbastanza incisivi nel pretendere l'evidenza della prova (certificazioni di laboratorio) per questi ultimi due dati prestazionali forniti dai produttori degli schermi divisori.*

Priorità (g). Per ultimo, ma non per questo meno importante, si pone il tema delle tende e dei corpi illuminanti e della relativa prestazione acustica a essi richiesta. Ciò tramite l'impiego di opportuni accorgimenti, quali:

> *Per le tende.* Occorre aggiungere ai sistemi di protezione luminosa orientabili, quali: *tende alla veneziana* o similari, ulteriori tendaggi (a rullo o pacchetto o tende verticali a pannelli) più *pesanti*, con proprietà fonoassorbenti atte ad assorbire quota del suono riflesso dalle superfici vetrate, (o quota del rumore proveniente dall'esterno attraverso le stesse). A tal proposito occorre ricordare, in fase di montaggio, di lasciare un interspazio minimo di 7-8 cm. tra le stesse e la superficie vetrata, utile a migliorare la prestazione fonoassorbente complessiva.

> *Per i corpi illuminanti.* Occorre dotare di rivestimenti fonoassorbenti la parte inferiore (rivolta verso gli utenti) dei corpi illuminanti a sospensione, qualora si opti per l'impiego di sistemi illuminanti di tipo *indiretto* o *semi-indiretto*. Alternativamente, per sistemi con corpi illuminanti a incasso, ci si dovrà accertare siano dotati di griglie frangiluce, atte anche alla frammentazione del suono anziché la sua riflessione.

Inoltre:

Nella pianificazione generale dello spazio, occorre considerare che nelle immediate vicinanze di una postazione di lavoro operativa, non dovrebbero mai essere posizionate apparecchiature o macchine rumorose di qualsiasi genere, senza adeguata protezione sonora (ad es. stampanti di rete, fotocopiatrici, ecc.). Lo stesso vale per gli *spazi comuni* ad *alta frequentazione* quali: zona caffetteria, sale meeting, ecc., se privi di partizionamenti sonori adeguati quali pareti *a tutta altezza* con elevate caratteristiche fonoisolanti.

Occorre inoltre effettuare opportune verifiche preliminari, in fase di progettazione di massima, al fine di evitare percorsi sonori diretti *"in linea visiva"* tra operatori in postazioni di lavoro limitrofe e, eventualmente, ovviare a livello progettuale, tramite adeguati riposizionamenti delle isole di lavoro e/o dei loro schermi divisori perimetrali.

Per *Call Center* e uffici ad *altissima* concentrazione di persone, occorrerà eventualmente prevedere per gli operatori, la dotazione di opportuni sistemi di protezione acustica *avanzata* di seconda generazione (quali: adattatori digitali, cuffie e microfoni). Sistemi in grado di individuare ed eliminare eventuali picchi sonori; monitorando al contempo l'esposizione quotidiana al rumore e garantire la conformità alla legislazione vigente[90]. Sono generalmente dotati di regolatore automatico di intensità per mantenere costante il

---

[90] *D.Lgs. 10/04/2006, n.195, Attuazione della direttiva 2003/10/CE relativa all'esposizione dei lavoratori ai rischi derivanti dagli agenti fisici (rumore).*

volume di ascolto, indipendentemente dal livello sonoro della chiamata in entrata. Inoltre, la configurazione della risposta in frequenza aumenta la comprensione della conversazione riducendo il rumore sulla linea telefonica.

Un ultimo consiglio: prevedete o sostituite le vecchie tastiere dei *desktop* con quelle silenziose ultra piatte di ultima generazione. Costano qualcosa di più rispetto alle standard, ma sono resistentissime e silenziose quanto la tastiera di un *laptop*. Parliamo di un'emissione sonora attorno ai 6 dB(A) contro i 31-38 dB(A) di una tastiera di vecchia generazione.

Graficizzazione dei nuovi confini recintuali

Dai risultati ottenuti si può, ora, strutturare la nostra isola di lavoro con una dotazione *recintuale* che le consenta di operare in condizioni di protezione degli spazi visivo e uditivo, in una configurazione in *pianta aperta*. Dotazione di schermi che dovrà, ricordiamo, avere le seguenti caratteristiche prestazionali: altezza $\geq$ 1,70 m.; indice di fonoassorbenza SAA $\geq$ 0,90; proprietà di abbattimento del suono trasmesso STC $\geq$ 21, ottenibile con uno schermo del peso specifico $\geq$ 2,5 kg/mq..

Nella necessità di dover conferire *fisicità* alla configurazione, abbiamo deciso di adottare dei confini che le consentissero una replicazione modulare a tassellatura geometrica, atta a poterne condividerne i "*lati-recinto*" con altre postazioni similari.

Poiché la nostra meta-postazione si dimensionava concentricamente, abbiamo deciso di adottare per ora, a puro scopo esemplificativo, la figura geometrica più vicina ad una configurazione *concentrativa*, ma che potesse al contempo permettere un suo dispiegamento progettuale di tipo *cellulare*: ossia l'ottagono.

Mantenendo come raggio ideale della nostra isola quello ricavato precedentemente pari a: r = 125 cm. (considerato valido ai fini della protezione della privacy del parlato bilaterale, poiché consentirebbe una distanza tra gli operatori di c.a. 2,5 m.), abbiamo costruito l'ottagono circoscrivendolo alla circonferenza data di diametro 250 cm..

La figura così ottenuta è un poligono di lato 103,52 cm. su cui abbiamo disegnato un sistema di schermi a *nodi scambiatori* circolari, con moduli dello spessore ipotetico di 5 cm. e costruiti utilizzando come interasse longitudinale, i lati del poligono stesso.

Geometria che ha mantenuto intatte le caratteristiche ergonomiche precedentemente definite, beneficiando nell'area distale, di ulteriore spazio da destinare alla sua funzione quale ricovero *tecnologico* espansivo dell'isola stessa. L'acquisizione di questo ulteriore spazio ha consentito un'ulteriore dilatazione del sistema di contenimento che si attesta ora su un raggio di 94,52 cm. rispetto agli 87,05 cm. ricavati precedentemente. Soluzione che consentirebbe di poter mantenere una profondità di contenimento del gruppo piani-armadi, di c.a. 35 cm..

Va da sé che altre svariate soluzioni geometriche possono essere ipotizzabili a chiusura della nostra meta-isola di lavoro, tra le quali, le più note, come il quadrato e l'esagono, tipicamente usate per tassellature intensive in quanto la somma dei loro angoli consente di raggiungere un angolo giro.

Nei capitoli successivi, dove tratteremo le dinamiche di interazione tra le cellule, avremo modo di confrontare soluzioni, che prevedono appunto l'utilizzo di diverse forme geometriche della cellula, alternative all'ottagono, nelle sue varie situazioni aggregative.

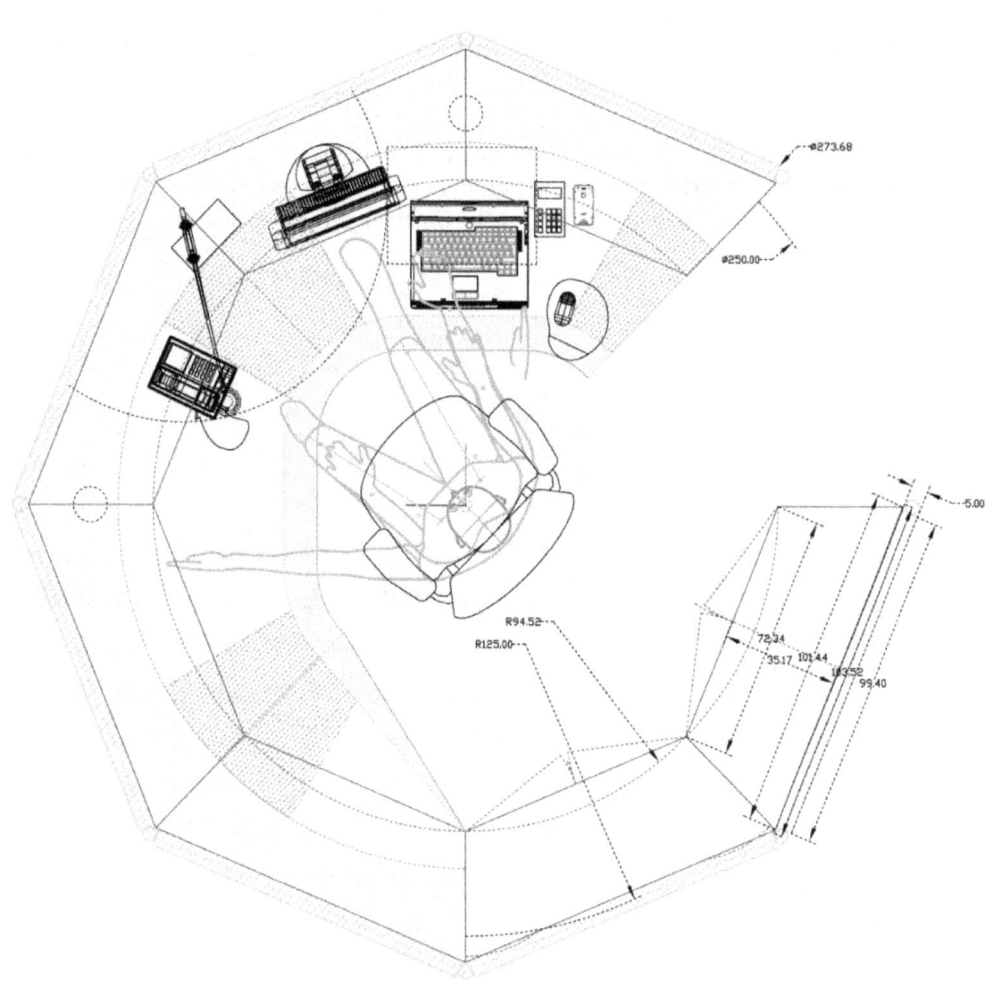

La privacy uditiva negli uffici confinati

Gli uffici chiusi, o meglio separati dagli altri attraverso sistemi di partizione *amovibile* o meno, soffrono apparentemente solo in parte dei problemi acustici degli uffici in *pianta aperta*. Prima di tutto però, occorre chiarire bene cosa si intende per *uffici chiusi* o *confinati*.

In genere per *uffici confinati* si intendono uffici destinati ad attività lavorative singole (uffici manageriali), o collettive estemporanee (sale riunioni, sale conferenze, sale tecniche, sale ricreative, mense ecc.). Questa precisazione è molto importante perché

qualsiasi ufficio dove lavora più di una persona al suo interno ricade, invece, nello scenario precedente a livello di esposizione ai disturbi sia sonori sia visivi.

Per capire quindi come *isolare* e proteggere dalle perturbative acustiche, chi vive (in modo stanziale o estemporaneo) gli spazi confinati e chi è localizzato in aree adiacenti ad essi, occorrerà introdurre i concetti di *isolamento acustico* e di *trasmissione del rumore* per via *strutturale*: diretta o laterale.

L'isolamento acustico (detto anche *fonoisolamento* o *fonoimpedenza*) è una tecnica che consente di ostacolare la trasmissione di energia sonora da un ambiente a un altro, interponendo tra i due un mezzo *fisico* di separazione, atto alla dissipazione dell'energia sonora.

Dal punto di vista fisico, il suono emesso dalla sorgente si propaga nell'aria sino a incontrare l'elemento di separazione tra i due ambienti il quale, entrando in vibrazione invia energia sonora verso il ricevitore. In questa esemplificazione della trasmissione del rumore per via aerea, la parete di separazione funge da *elemento passivo* e condiziona tramite le sue proprietà fisiche la trasmissione del suono attraverso di essa generando, come vedremo in seguito, una *trasmissione strutturale* di tipo diretto.

LA TRASMISSIONE DEL RUMORE

La trasmissione del rumore avviene, in genere, secondo due distinti meccanismi di propagazione:

- **trasmissione per via aerea**, quando il suono si propaga liberamente nell'aria senza incontrare ostacoli solidi;
- **trasmissione per via strutturale**, quando il suono si propaga attraverso le strutture solide tramite *vibrazioni elastiche*. La trasmissione strutturale termina quando la vibrazione arriva ad una struttura che, vibrando a contatto con l'aria, dà origine alla propagazione per via aerea.

La trasmissione del rumore attraverso due ambienti interessa entrambi i meccanismi. Inoltre, per ogni componente edilizio come ad esempio una parete, bisogna distinguere tra:

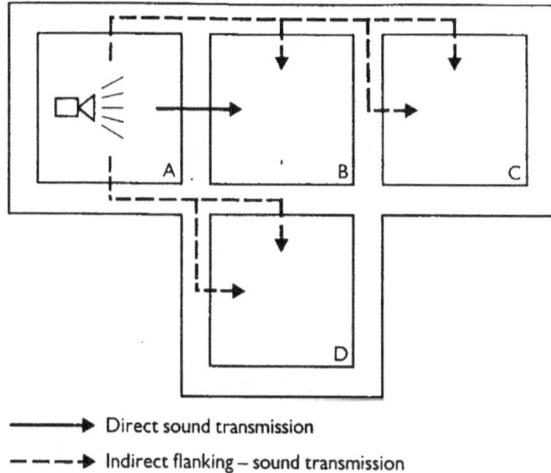

- *Trasmissione diretta*: quando la trasmissione dell'energia sonora, nell'ambiente ricevente, avviene solo attraverso il componente considerato
- *Trasmissione laterale*: quando la trasmissione dell'energia sonora, nell'ambiente ricevente, avviene attraverso le strutture adiacenti a quella considerata. Nel caso di una parete, quindi anche attraverso finestrature a nastro, solai in c.a., controsoffitti, pavimenti galleggianti ecc..

Quindi la classificazione di un percorso di trasmissione come diretto o laterale dipende da quale componente edilizio si considera e dalla sua capacità di trasmissione del suono.

Le prestazioni di isolamento acustico dichiarate di un determinato manufatto edile (es. una parete) valutate attraverso misurazioni di laboratorio, risultano spesso considerevolmente *superiori* rispetto a quelle ottenibili in opera sull'edificio reale, a causa del trasporto di energia attraverso i diversi percorsi strutturali presenti all'interno di un edificio.

E' interessante valutare inoltre come il suono si propaghi attraverso l'aria e i materiali, con velocità *diversa*, proporzionale alla *densità* del mezzo:

Mezzo	Temperatura C°	velocità del suono (m/sec)
Ossigeno	0	317
Aria	20	343
Piombo	20	1.230
Idrogeno	20	1.286
Acqua	20	1.450
Legno	20	3.300
Rame	20	3.560
Mattoni	20	3.600
Cemento	20	3.700
Vetro	20	4.100
Alluminio	20	5.100
Ferro	20	5.130
Acciaio	20	5.200
Granito	20	6.000

FONOISOLAMENTO

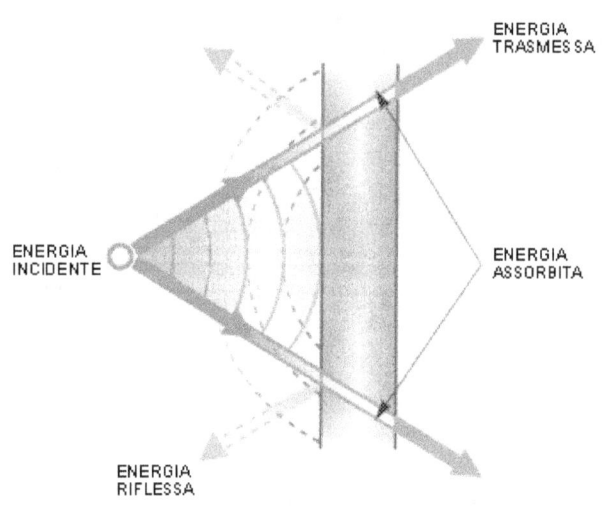

Quando l'energia sonora incontra un ostacolo, si verificano fenomeni di scomposizione. Parte di questa energia oltrepassa l'ostacolo (*energia trasmessa*), parte rimbalza e viene riflessa nell'ambiente (*energia riflessa*) e parte viene assorbita dalla struttura stessa trasformandosi in calore. L'energia emessa descrive percorsi differenti per arrivare al punto di ricezione, coprendo ognuno una distanza diversa. Il ritardo così provocato genera quel fastidioso "rimbombo"; denominato *riverbero*, che spesso notiamo negli ambienti vuoti.

Per evitare questo disturbo, come abbiamo visto nei capitoli precedenti, si rende necessario introdurre nell'ambiente elementi con proprietà *fonoassorbenti* capaci di evitare che l'energia *rimbalzi* su di essi. Infatti l'*eco* che avvertiamo in ambienti vuoti tende a scomparire mano a mano che vengono inseriti elementi costruttivi o di arredo, con proprietà acustiche più o meno forti, capaci di imprigionare e disperdere l'energia sonora trasformandola in calore.

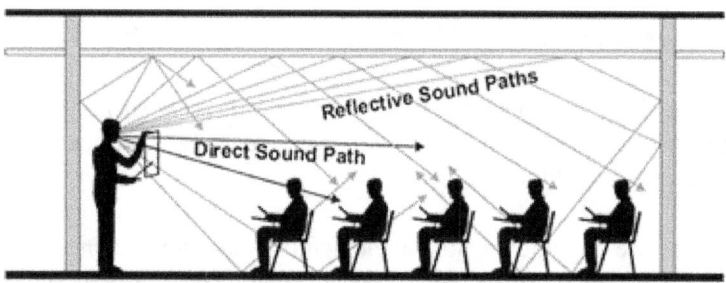

Ogni elemento monolitico registra dei poteri fonoisolanti legati principalmente a due fattori: la frequenza e il peso. A ogni raddoppio di frequenza corrisponde un aumento di circa 4 dB di potere fonoisolante (R). A ogni raddoppio di peso corrisponde un aumento di potere fonoisolante (R) di circa 3-4 dB secondo la legge di massa.

Esempio: consideriamo una massa di 100 Kg/mq.

- A 250 Hz determinerà un potere fonoisolante di 36 dB
- A 500 Hz determinerà un potere fonoisolante di 40 dB
- A 1000 Hz determinerà un potere fonoisolante di 44 dB

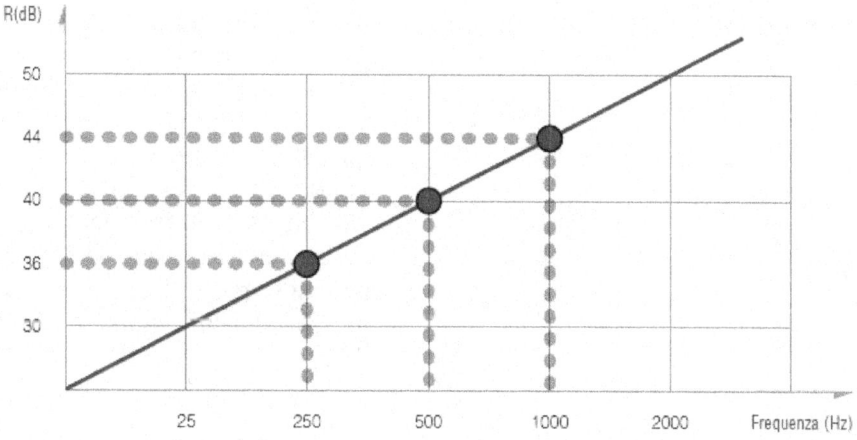

Legge di massa

Formula:

$$R = 20 \log_{10}(fm) - 48 \; dB$$

Dove m è la massa per unità di area in kg/mq ed f è la frequenza del suono incidente.

Abbiamo visto che il potere fonoisolante di elementi *monostrato*, realizzati con materiale omogeneo e con rigidità trascurabile, varia di circa 3 dB quando la massa superficiale si raddoppia o si dimezza.

Se andiamo a verificare in laboratorio un elemento monolitico, come una tramezza divisoria, vedremo che il grafico non è proprio così omogeneo. Avvengono infatti dei fenomeni classificati come *risonanza* e *coincidenza* che, in qualche modo, mitigano la legge della massa.

Vedremo infatti nel grafico che solo la regione *centrale* delle *tre*, in cui è diviso, segue la legge della massa. Nella prima zona, caratterizzata dalle basse frequenze, la parete entra in *risonanza*; aumentando così la sua oscillazione e di conseguenza la trasmissione sonora. Per le partizioni normalmente utilizzate in edilizia, la frequenza di risonanza si aggira attorno a poche decine di Hz. Quindi poco significativo perché al limite del campo dell'udibile.

Nella terza zona avviene un fenomeno detto di *coincidenza*. Fenomeno che si verifica allorché, in corrispondenza di un'onda sonora avente una determinata inclinazione, per quell'angolo di incidenza la tramezza presenta una lunghezza d'onda identica a quella sonora; con la conseguenza che per quella frequenza, (che prende il nome di *frequenza critica*, e che solitamente riguarda la gamma delle alte frequenze), si ha una perdita di potere fonoisolante del mezzo, stimabile attorno ai 15-20 dB.

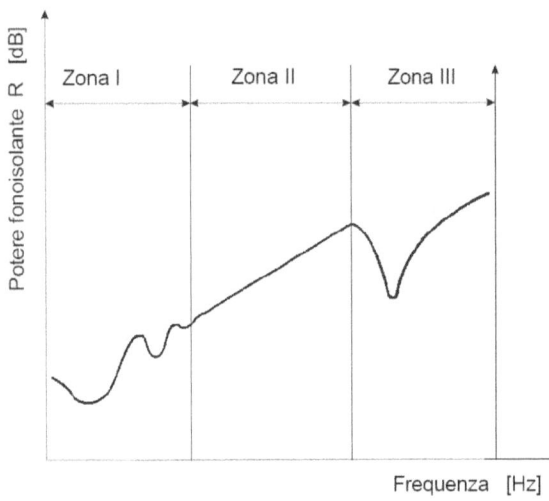

Nei componenti monolitici, il fattore importante è la sua *massa*. Ma quando un elemento monolitico non è più sufficiente, dobbiamo ricorrere a elementi stratificati, definiti *dinamici,* che una sintesi fisica potrebbe identificare come *ammortizzatori* e assimilabili a un composto meccanico di due masse legate con una *molla*. Il loro comportamento si diversifica al variare della frequenza: all'inizio è stabile, poi subisce un peggioramento ed infine permette di isolare.

Esempio:

Immaginiamo tre stanze A, B e C. L'energia sonora emessa dalla stanza A, a fatica raggiungerà la stanza C. L'isolamento quindi risulterà ottimo. Più avvicineremo le due pareti restringendo il vano B, più l'isolamento tenderà a peggiorare: l'aria, sempre più rigida, trasmetterà meglio il suono riducendo così il fonoisolamento. Considerando la rigidità dell'aria tanto più elevata quanto più bassa è la sua frequenza, con l'assottigliarsi dell'intercapedine le due pareti oscilleranno in sintonia tanto da non avere nessun beneficio dal sistema. È estremamente importante tener presente che l'aria trasmette in misura diversa al variare della frequenza.

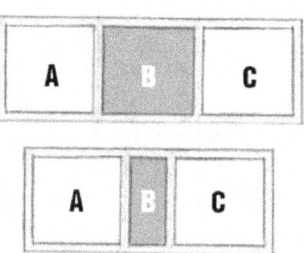

- a bassa frequenza è rigida e si muove in sintonia con la muratura; l'efficienza è contenuta;
- ad alta frequenza, viceversa, l'aria è cedevole e quindi trasmette male il campo acustico; l'isolamento è elevato.

Se invece nella catena di trasmissione (B) si inserisce anche del materiale fonoassorbente, nel momento in cui l'energia si propaga al suo interno, parte di essa verrà dissipata sotto forma di calore, inibendo la classica formazione di onde stazionarie che, normalmente, rimbalzerebbero da una parete all'altra. Condizione fondamentale per un buon isolamento però, è garantire l'assenza della trasmissione delle vibrazioni sonore tra le due facce della parete (B) assicurandosi che siano svincolate (non collegate rigidamente) tra loro.

Ricapitolando quindi, questi sistemi stratificati dinamici (impiegati sia per pareti che per pavimenti) hanno valenza nulla alle bassissime frequenze, si trasformano poi in amplificatori nella fase centrale (nell'ambito della risonanza), per poi divenire veri e propri isolanti nella terza fase.

L'importante sarà quindi confinare le prime due fasi al di sotto della sensibilità dell'orecchio umano, quindi con valori < 125 Hz.

Tabella valori fonoisolamento materiali

TABELLA VALORI SPERIMENTALI POTERE FONOISOLANTE IN dB								
Tipo di struttura	Spessore mm.	Kg/mq	Frequenza Hz					
			125	250	500	1000	2000	4000
Pannelli semplici								
Lastra di piombo	1,5	17	28	32	33	32	32	33
Lastra di piombo	3	34	30	31	27	38	44	33
Lastra di vetro	6	17	25	33	31	34	34	35
Legno compensato a 3 strati	6	3,6	9	13	16	21	27	29
Lastra di gesso su telaio in legno	9	7	15	20	24	29	32	35
Pannelli composti								
Pannello doppio di gesso costituito da due lastre cementate tra loro	25	22	24	28	30	31	30	31
Pannello c.s. ogni strato s=5 cm., con intercapedine s=5 cm., strutture separate.	150	100	25	34	44	51	62	65
Pareti semplici in muratura								
Mattoni pieni con intonaco su ambo i lati	125	240	36	37	39	45	53	56
Mattoni pieni con intonaco su ambo i lati	255	480	41	45	47	55	64	68
Mattoni pieni con intonaco su ambo i lati	360	720	44	43	49	57	65	70
Blocchi forati in calcestruzzo leggero	100	75	30	33	40	49	50	52
Muro di calcestruzzo	75	170	32	37	41	45	51	55

TABELLA VALORI SPERIMENTALI POTERE FONOISOLANTE IN dB								
Tipo di struttura	Spessore mm.	Kg/mq	Frequenza Hz					
			125	250	500	1000	2000	4000
Muro di calcestruzzo	100	245	34	39	44	49	54	58
Muro di calcestruzzo	200	490	38	43	48	53	58	63
Parete in laterizi forati da 8 cm. con matrice porosa.	100	114	28,5	34	38	40,5	43	46,5
Parete in laterizi forati da 8 cm. intonacati (fori rettangolari).	95	113	29,5	33	37	41	49	55
Parete in laterizi forati da 12 cm. (fori circolari).	150	182	30,5	36,5	40,5	44	46	52,5
Pareti composte in muratura								
Doppio muro di mattoni pieni con intercapedine d'aria di 56 mm. Intonacato sulle due facce.	300	380	34	34	40	56	73	76
Doppio muro di mattoni pieni di spessore ciascuno 7 cm., con intercapedine d'aria di 60 mm. Intonacato sulle due facce, contenente pannello in fibra minerale di 5 cm.	220	300	---	---	48,5	---	---	---
Serramenti								
Lastra di vetro su telaio pesante	6	20	18	25	31	32	28	36
Idem c.s.	8	40	25	28	33	30	38	45
Idem c.s.	16							
Doppio vetro da 2,5 mm. Con intercapedine di 7 mm. con	12	15	22	16	20	29	31	27

TABELLA VALORI SPERIMENTALI POTERE FONOISOLANTE IN dB								
Tipo di struttura	Spessore mm.	Kg/mq	Frequenza Hz					
			125	250	500	1000	2000	4000
telai separati.								
Doppio vetro da 6 mm. su telai separati con intercapedine di 50 mm.	62	34	25	29	34	41	45	52
Porta comune in legno tamburata	43	28	17	21	26	29	31	34
Porta in legno pesante con battenti in gomma	60	40	30	30	24	26	27	30
Porta acustica costituita da doppia lamiera di acciaio con materiale fonoassorbente nell'intercapedine, telaio in acciaio, serrature speciali e tenute sulle battute.	100		36	39	44	49	54	57

CALCOLO DELLE PRESTAZIONI DI FONOISOLAMENTO PER PARTIZIONI DIVISORIE

Le esigenze generali che si potrebbero attribuire a una partizione divisoria per ufficio, potrebbero riassumersi in due grandi macro categorie, riconducibili entrambe a gradi diversi di *privacy del parlato* bilaterale:

1. esigenze di riservatezza del parlato di tipo 1, ossia quando la percezione del parlato *non è comprensibile;*
2. esigenze di riservatezza del parlato di tipo 2, ossia quando la richiesta è ancora più spinta ed esige la *non udibilità.*

Il grado di riservatezza del parlato esistente tra due spazi è funzione di questi parametri:

1. del livello della sorgente sonora (*speaker*);
2. del valore di assorbimento sonoro A dei due ambienti a confronto;
3. del livello di rumore di fondo dell'ambiente dell'ascoltatore;

4. dell'area e la classe di trasmissione sonora (STC) della partizione divisoria posta tra i due ambienti a confronto.

Relativamente al punto 2, abbiamo visto nei capitoli precedenti come sia possibile calcolare il valore A di assorbimento sonoro totale di una stanza in *sabin* metrici.

Per calcolare la classe di trasmissione sonora (STC) della partizione divisoria tra due ambienti, si può pensare di applicare la seguente formula:

$$STC \geq K - L_a - 10 \log \left[A_S * \frac{A_R}{SU} \right]$$

Dove L_a è il livello sonoro ponderato A del rumore di fondo nella stanza che deve essere isolata: S è la superficie (area) della partizione divisoria di separazione; A_S e A_R sono gli assorbimenti in *sabin* metrici nelle stanze sorgente e ricevente. U è una correzione dimensionale di valore 1 se S è espressa in mq., K è una costante il cui valore in dB dipende dal grado di riservatezza richiesta e dal livello di emissione sonora ipotizzato nella stanza sorgente.

Nella tabella successiva sono riportati valori di K diversificati per tipologie di esigenze di riservatezza.

	Parametri acustici per varie occupazioni e richieste di riservatezza				
	Tipologia ambienti	Livello di comunicazione verbale	Livello sonoro ponderato A relativo al rumore di fondo	Valore di **K**: requisito di riservatezza da applicare all'equazione	
				Tipo 1: Non comprensibilità del parlato	Tipo 2: Non udibilità
A	Sala conferenze	alto + 10 dB(A)	35	97	102
B	Sala riunioni	medio alto + 5 dB(A)	40	92	97
C	Ufficio chiuso	normale	45	87	92
D	Ufficio aperto	normale	48	87	92
E	Corridoi, reception	medio alto + 5 dB(A)	48	92	97

Esempio pratico applicativo

In questo esempio pratico occorrerà calcolare il livello prestazionale da richiedere per una partizione divisoria posta tra una sala riunioni e un ufficio limitrofo a essa:

	IPOTESI DI LAVORO:				
				Valore	UM
Fase 1	Area del pavimento della sala riunioni			55	mq.
	Assorbimento sonoro totale della sala riunioni			44	sabin metrici
	Area del pavimento dell'ufficio			20	mq.
	Assorbimento sonoro totale dell'ufficio			6	sabin metrici
	Area della partizione divisoria comune			10	mq.
	Calcolo:	[A_s* A_R/SU]	=	26,4	
Fase 2	Requisito di riservatezza (K) richiesto nella sala riunioni			92	dB (A)
	Requisito di riservatezza (K) richiesto nell'ufficio			92	dB (A)
	Rumore di fondo sala riunioni (A)		La	45	dB (A)
	Rumore di fondo ufficio (A)		La	35	dB (A)
	Calcolo:	10 *log (26,4)	=	14,21 604	
	Calcolo:		K - La -	14,21 604	
	Ottengo:				
	Sorgente ufficio		STC	42,8	dB (A)
	Sorgente sala riunioni		STC	32,8	dB (A)
Fase 3	Scelgo il valore di STC maggiore dei due per definire il livello prestazionale della parete			42,8	dB (A)

Il valore prestazionale da richiedere per la partizione è quindi pari a STC ≥ 43 dB(A)

CALCOLO DELLE PRESTAZIONI DI FONOISOLAMENTO PER PARTIZIONI DIVISORIE COMPOSTE

Qualora vi sia da calcolare il valore di fonoisolamento di partizioni divisorie composte (complete di porte, o superfici parzialmente vetrate) quindi con valori di isolamento diversi tra loro, il valore di isolamento sonoro della combinazione si può determinare sottraendo il valore minore del suo STC dal più elevato ed esprimendo l'area del componente che ha il minore STC sotto forma percentuale.

Esempio pratico applicativo

Totale superficie parete: 100 mq.	
Porzione parete solida: mq.80 STC = 50 dB	
Porzione parete vetrata: mq. 20 STC = 40 dB	
La porzione di parete vetrata è pari al 20% di quella complessiva	
Calcolo: STC maggiore - STC minore	
50dB - 40 dB = 10 dB	
Questo valore va rintracciato sull'asse delle ascisse nella tabella successiva	
e relazionato alla curva corrispondente alla superficie % minore	
Il valore corrispondente sull'asse delle ordinate è quindi pari a c.a. 5 dB	
Questo valore andrà sommato al valore minore di STC (40 dB + 5 dB)	
Quindi l'STC della parete composta sarà pari a: 45 dB	

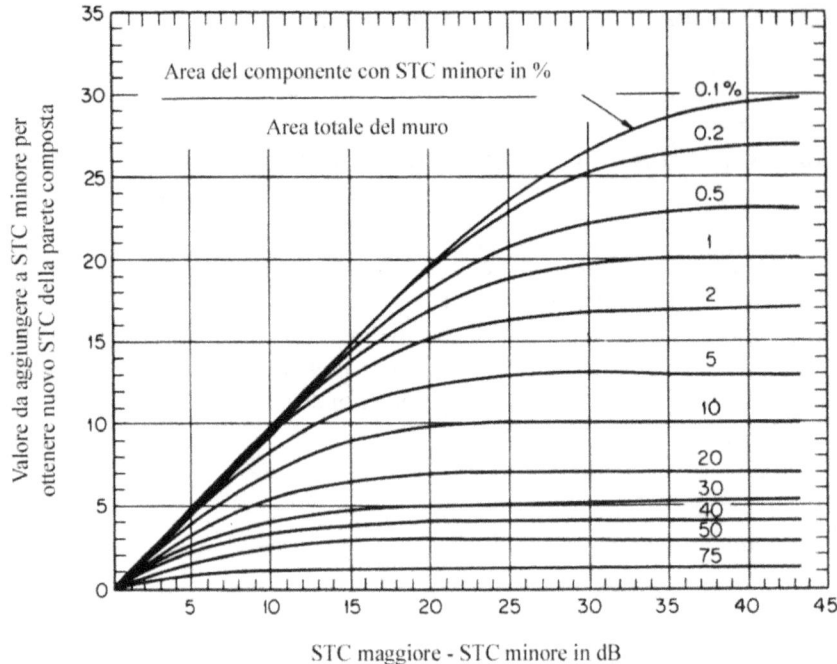

ESEMPI DI FORMULE PER IL CALCOLO DELL'INDICE DI VALUTAZIONE DEL POTERE FONOISOLANTE DI PARETI DIVISORIE

Metodo di calcolo empirico per la valutazione di potere fonoisolante di pareti divisorie a singola struttura assimilate a quelle in cartongesso, ricavate da elaborazione di dati sperimentali di laboratorio.

Singola struttura:

$$R^1w = 20 log m^1 + 10 log d + e + 6 \ (dB)(fonte\ IEN)$$

Dove:

m^1: massa superficiale M < 70-80 kg/mq (M= massa areica totale kg/mq)

d: spessore dell'intercapedine in cm. < 25 -30 cm. e: spessore delle fibre minerali in cm.

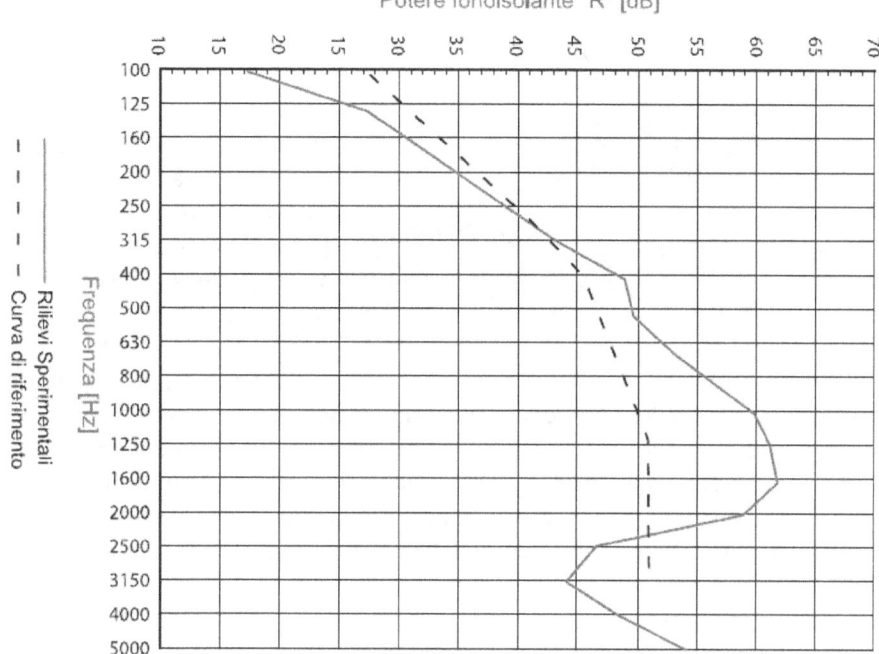

Esempio dell'andamento del potere fonoisolante di una parete leggera in cartongesso composta da: un telaio, una lastra per ciascun lato e pannelli di lana minerale nell'intercapedine interna. (Rw = 45-47 dB; C = -3, -5; Ctr = -9, -11).

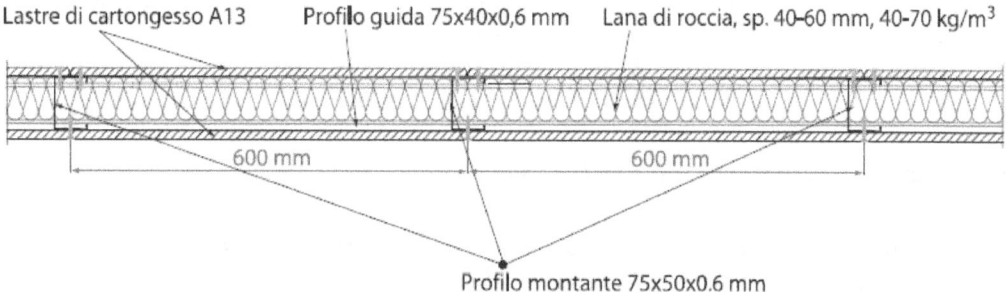

REQUISITI PER CONTROSOFFITTI

Qualora la partizione mobile si estenda direttamente tra pavimento e solaio, la trasmissione di rumore per via indiretta sarà poco rilevante. Qualora invece, come accade spesso, la partizione si disponga tra pavimenti e solai attraverso la *mediazione* di controsoffitti o pavimenti flottanti, la perturbazione sonora può arrivare alla stazione ricevente anche attraverso trasmissioni laterali. Per ovviare a ciò, occorre verificare che la *classe* di trasmissione sonora del controsoffitto o/e del pavimento non siano inferiori alla metà della classe di trasmissione sonora della parete. Inoltre occorre verificare che la classe di attenuazione sonora del controsoffitto sia di circa 6 dB superiore alla classe di trasmissione sonora della parete

Naturalmente questo vale per controsoffitti piani, privi di condotti di ventilazione comunicanti con altre stanze o botole di ispezionamento o corpi illuminanti che non siano dotati di adeguati sistemi di protezione acustica.

Relativamente agli aspetti prestazionali da richiedere a un controsoffitto, vale quanto espresso nel capitolo precedente in merito ad ambienti per uffici in pianta aperta. Ossia che la sua qualità acustica sia la più alta possibile (con valori di SAA $\geq$ 1 secondo la STM C 423, e in Classe "A" secondo le EN ISO 11654).

Quando ciò non sia possibile (controsoffitti esistenti con basse proprietà acustiche) si può intervenire realizzando setti acustici posizionati tra la partizione e il solaio atti a eliminare il ponte acustico sopra le pareti stesse.

REQUISITI PER PAVIMENTI GALLEGGIANTI

A differenza del rumore aereo, che viene assorbito dall'aria e si dissipa in ragione della distanza, il rumore impattivo (il rumore da calpestio, un oggetto che cade sul pavimento, la sedia che si sposta trascinandola) coinvolge nella sua vibrazione altri elementi, generando una sorta di amplificazione veicolata da strutture orizzontali (solai) o verticali (murature in genere) superando anche notevoli distanze.

Nella necessità di ridurre le sollecitazioni meccaniche che insistono sulla struttura, si rende opportuno realizzare pavimenti galleggianti usufruendo di uno schema fisico riconducibile, anche in questo caso, al sistema massa-molla-massa.

L'efficacia dei pavimenti galleggianti è fortemente correlata con le proprietà meccaniche dei materiali resilienti utilizzati, in particolare con la loro rigidità dinamica. Lo strato elastico, perché sia efficace, deve essere posto in opera in modo accurato. Il piano di posa deve essere livellato e privo di rugosità che potrebbero creare di ponti acustici. Se il pavimento galleggiante viene montato a regola d'arte ed è rivestito di parquet o meglio ancora di moquette con buone qualità fonoassorbenti (SAA ≥ 0,19), la riduzione del rumore di calpestio come quella di eventuali ponti acustici passanti sotto le pareti, può arrivare anche a 30 dB.

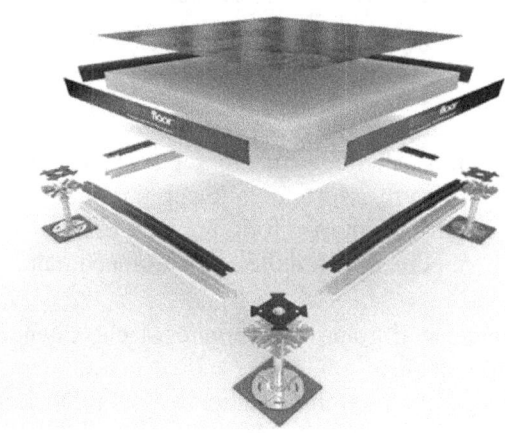

Prescrizioni per uffici confinati

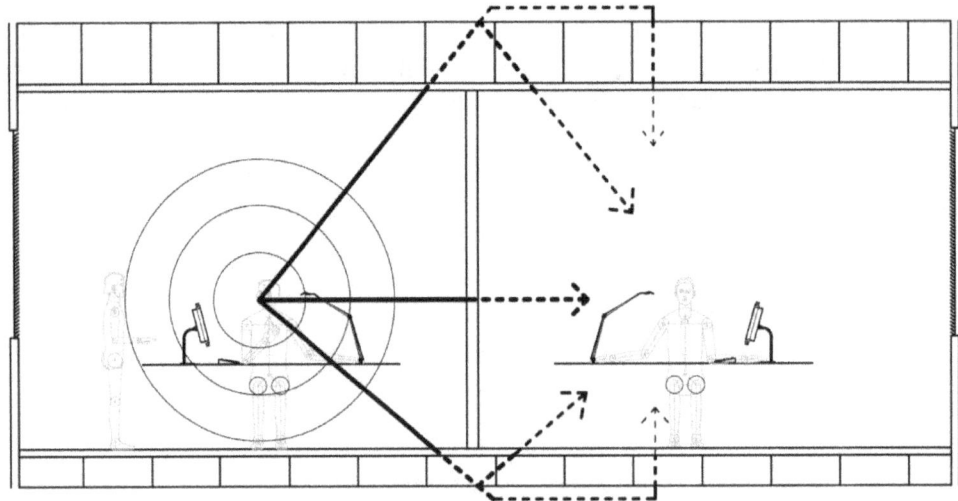

In conclusione potremo quindi affermare quanto segue: posto che il rumore viene in parte riflesso nell'ambiente, in parte assorbito dalle pareti e in parte trasmesso attraverso le stesse agli ambienti contigui, gli interventi da porre in essere nel campo degli uffici chiusi o confinati, dovranno essere guidati dalle seguenti raccomandazioni:

1. individuate chiaramente il grado di riservatezza che intendete raggiungere per isolare un ufficio da un altro;
2. calcolate la prestazione di fonoisolamento (in dB) necessaria per quella particolare partizione (o gruppo di partizioni) e ricercate un fornitore in grado di fornire il prodotto idoneo, dotato di certificazioni adeguate di laboratorio che ne rispettino i requisiti;
3. verificate preventivamente che il fornitore sia in grado di garantire una perfetta installazione a regola d'arte della parete, sigillando le fessurazioni ed evitando i ponti acustici nelle zone di contatto tra la stessa, e gli altri elementi del ambiente edilizio;
4. occorre infatti considerare che un'apertura compromette quasi totalmente il risultato indipendentemente dalle performance fonoisolanti di laboratorio dichiarate dal fornitore delle pareti. Il rumore percorre sempre il percorso più facile: basta un foro o un ponte acustico in una parete teoricamente isolata benissimo, che il rumore vi passa attraverso. Attenzione quindi a griglie di ventilazione sia a soffitto che a pavimento: qualora siano necessarie, che siano dotate di idonei accorgimenti acustici;
5. in caso di pareti composte (dotate di aree vetrate e porte) richiedete i certificati di laboratorio delle pareti composte o, in loro assenza, dei singoli componenti e

calcolatene le prestazioni acustiche seguendo le indicazioni espresse nei capitoli precedenti;
6. in particolare per le porte (ma anche per i telai degli elementi vetrati), verificate che siano dotati degli accorgimenti acustici necessari per evitare trasmissioni sonore da un materiale all'altro e, quindi, tra un ambiente all'altro, quali: perimetrazioni/guaine in materiale plastico, doppie e triple battute negli stipiti delle porte, ghigliottine fonoisolanti nella parte sottostante le porte;
7. richiedete le caratteristiche tecniche (proprietà fonoassorbenti, peso specifico, ecc.) dei componenti o materiali base costituenti le pareti stesse, le porte, i vetri, i componenti in generale;
8. qualora si necessiti di pareti doppie con intercapedini riempite di materassini fonoassorbenti, assicuratevi che vi siano *contatti limitati* tra le due facce della parete, al fine di limitare la trasmissione delle vibrazioni sonore, se non mediate dall'intercapedine stessa e dalle prestazioni acustiche del materiale posto all'interno di essa;
9. fate funzionare le pareti come *membrane* sotto l'effetto del rumore in modo che non trasmettano il rumore stesso alle strutture per via rigida. Ossia prestate grande attenzione ai punti di contatto delle pareti con pavimenti, pareti laterali, infissi e soffitti;
10. verificare che il rapporto prestazionale tra le pareti e il controsoffitto, e le prestazioni relative al pavimento galleggiante, siano all'interno dei parametri descritti nei capitoli precedenti;
11. adottate tutti gli accorgimenti tecnici utili ad eliminare i ponti acustici: uno di essi consiste nella realizzazione dei cosiddetti *labirinti acustici*. Ossia, deviate su percorsi più lunghi o articolati l'energia sonora ai fini di ridurne l'intensità, quindi il disturbo. Per esempio, non posizionate mai le porte degli uffici su un corridoio in posizione opposta una all'altra. Opponete altresì a ogni porta, una porzione di parete cieca e così via.
12. verificate che le prescrizioni ambientali espresse per gli uffici in pianta aperta (precedente capitolo) siano ottemperate considerando che la funzione di fonoassorbenza è in questi casi subordinata alla funzione di fonoisolamento,
13. utilizzate generatori dinamici di suono bianco per uffici confinati a protezione della *speech privacy*.

APPROFONDIMENTI - LIVELLO 3

Nozioni di Acustica

Il suono e l'orecchio umano

Il suono (dal latino *sonum*) è la sensazione data dalla vibrazione di un corpo in oscillazione. Tale vibrazione, che si propaga nell'aria o in un altro mezzo elastico, raggiunge l'orecchio che è responsabile della creazione di una sensazione *uditiva* direttamente correlata alla natura della vibrazione.

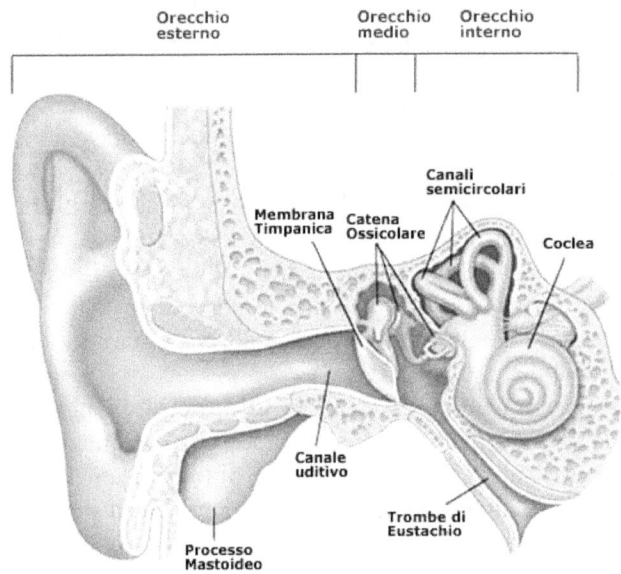

La sensazione sonora si trasmette attraverso il condotto uditivo fino alla membrana timpanica (orecchio esterno). Questa membrana, in stato di leggera tensione, vibra trasmettendo le vibrazioni per via meccanica (catena di tre ossicini) a una seconda membrana assai meno estesa, detta finestra ovale. In questa parte dell'orecchio (orecchio medio) vi è ancora aria.

Al di là della finestra ovale (orecchio interno), vi è un tubo a spirale (coclea) pieno di liquido in cui vi sono cellule sensibili alle perturbazioni di pressione (cellule cigliate).

Quando la finestra ovale vibra, il liquido trasmette le vibrazioni alle cellule cigliate, che poi trasmettono al cervello lo stimolo nervoso. La percezione della frequenza (altezza) di un suono è legata al fatto che frequenze diverse eccitano differenti porzioni di cellule.

ASPETTI GENERALI DI ACUSTICA

I tre elementi fondamentali attorno a cui ruota l'acustica sono:

1. la sorgente emissiva che genera energia;
2. l'elemento di propagazione (aria, acqua, legno, cemento etc.);
3. l'elemento ricettivo (il nostro orecchio) o un elemento che registra il fenomeno (ad esempio il fonometro).

Il termine SUONO o RUMORE si sviluppa in tre fasi:

1. emissione;
2. propagazione;
3. ricezione.

Dal punto di vista fisico, il suono é la rapida variazione di pressione atmosferica generata da un corpo vibrante, (es. le nostre corde vocali, il piatto di una batteria etc.), (emissione), che attraversa un corpo con caratteristiche elastiche, (es. aria), (propagazione) e che trasporta questa energia fino a raggiungere il nostro timpano (ricezione). Se trasferiamo su un grafico cartesiano le sequenze di variazione di pressione, caratterizzate da un susseguirsi di compressione e rarefazione di particelle atmosferiche (300.000/cm3), otterremo una curva sinusoidale che descriverà appunto un'onda. Dove le particelle non subiscono spostamenti, ma ruotano intorno alla loro posizione di equilibrio, trasmettendo esclusivamente energia.

Le grandezze delle onde sonore sono:

1. **frequenza** - f espressa in Hz, equivale al numero di cicli nell'intervallo di tempo di un secondo. Affinché queste pulsazioni possano essere percepite dall'orecchio umano esse devono essere comprese tra 20 e 20.000 Hz; Hertz = velocità del suono (m/sec) / lunghezza d'onda (m);
2. **lunghezza d'onda** - λ equivale alla distanza, espressa in metri, fra una compressione o una rarefazione e la successiva;
3. **periodo** - T equivale all'intervallo di tempo tra due istanti consecutivi nei quali si ha un massimo e un minimo della pressione, ossia l'inverso della frequenza ($1/f$);
4. **velocità** - c equivale alla velocità di propagazione che risulta proporzionale alla densità del mezzo attraversato; L'onda sonora dovrà dunque usufruire di un mezzo con caratteristiche elastiche perché possa attraversare lo spazio tra l'emissione e la ricezione; la sua velocità sarà proporzionale alla densità del mezzo usato.

LA PRESSIONE SONORA

La pressione sonora (P) è la variazione di pressione rispetto alla condizione di quiete causata da una perturbazione (onda sonora). La pressione sonora viene misurata in Pascal: *Pa* (1Pascal =1 Newton/m2). Una sorgente sonora irradia una certa potenza W misurata in watt (1W=1Nm/s.) es.: voce umana 10-6 w; Jet 104 w. La potenza W trasportata da un'onda su un fronte di superficie S (m2) si definisce intensità sonora: I=W/S.

Il campo di variabilità delle pressioni può variare con un rapporto da 1 a 10 milioni. Il rapporto tra la pressione minima percepibile (0,00002 Pascal) e la massima sopportabile (20 Pascal), è pari a un milione. Per evitare di lavorare su un'area così vasta, si è ricorso all'uso del logaritmo come compressore di scala. L'impiego del logaritmo è anche giustificato dal fatto che tutte le sensazioni entrano nel nostro corpo compresse, nel senso che al raddoppio dello stimolo non c'è mai un raddoppio della sensazione.

Mettendo in relazione l'intensità sonora misurata con il fonometro e l'intensità *zero* (l) corrispondente alla nostra soglia uditiva, si identifica il livello di intensità sonora che (espressa in dB, compressa logaritmicamente e moltiplicata per 10) sarà:

$$Li = 10 \, log \, \frac{1}{10}$$

L'equivalente di pressione sonora sarà:

$$Lp = 10 \, log \left(\frac{p}{p0}\right)2 = 20 \, log \, \frac{p}{p0}$$

Misurando un'intensità sonora pari a zero avremo:

$$I = 10$$

$Li = 10 \, log \, 1 \quad [log \, 1 = 0]$

$$Li = 10 * 0 = 0$$

Raddoppiando l'intensità [I = 2I0]

$$Li = 10 \, log \, 2 \quad [log \, 2 = 0,3]$$

$Li = 10 * 0.3 = 3$

Applicando gli stessi dati sulla pressione avremo:

livello di pressione sonora P= P0 => Lp=0 P=2P0 => Lp=6

Ciò sta a dimostrare che al raddoppio dell'energia acustica corrisponderà un aumento di 3 dB se misuriamo il livello di intensità sonora, e di 6 dB se misuriamo il livello di pressione sonora.

LA SENSAZIONE SONORA

L'unità di misura della sensazione sonora è detta *phon* e coincide (numericamente) con il livello fisico di pressione sonora a 1000 [Hz], che provoca la stessa sensazione del suono in esame.

A una frequenza di 1000 Hz i valori *phon* e i valori dB (*decibel*) sono identici. Poiché la scala di valori *phon* è stata determinata in base a confronti uditivi con i suoni puri, i *phon* non sono adatti a misurare l'intensità sonora dei rumori composti di diverse frequenze. Quindi nella pratica come unità di misura si adotta il *Decibel* (dB).

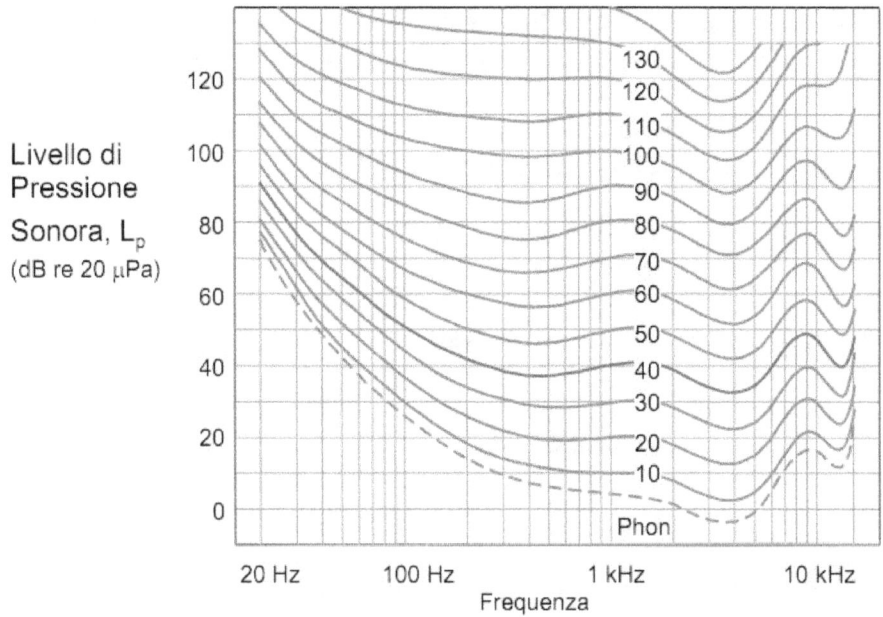

Audiogramma normalizzato di Fletcher e Munson

Per poter determinare in modo migliore i disturbi percepiti a livello soggettivo, si usano valori espressi in dB(A) o in dB(B) in base al tipo di filtro utilizzato.

L'orecchio umano non è ugualmente sensibile a tutte le frequenze, ma è più sensibile nel campo compreso fra 2 KHz e 5 KHz, ed è molto meno sensibile alle frequenze estremamente elevate o estremamente basse. Questo fenomeno è molto più pronunciato ai bassi livelli di pressione sonora che non agli alti livelli. Ad esempio, un segnale a 50 Hz con un livello di pressione sonora di 85 dB dà luogo alla stessa intensità soggettiva di un segnale di 70 dB a 1.000 Hz. Pertanto affinché uno strumento per la misura del rumore reagisca nella stessa maniera dell'orecchio umano, si deve dotarlo di un filtro di ponderazione che ne simuli la risposta. Questo filtro, definito dalla norma CEI è denominato "A".

Quindi, per valori che corrispondono all'ordine di grandezza dei rumori che si hanno in ufficio, i valori determinati secondo la scala dB(A) forniscono la scala di riferimento più valida.

Il livello di intensità sonora percepita soggettivamente non dipende solo dalla pressione acustica, ma anche dal livello di frequenza. Sebbene l'orecchio sia in grado di percepire tutte le frequenze comprese nell'intervallo 20-20000 [Hz], tuttavia, non risulta ugualmente sensibile a suoni di frequenza diversa. Le frequenze basse presentano un valore in *phon* più basso del valore in dB, questo significa che i suoni bassi vengono percepiti come meno rumorosi dei suoni alti.

La massima sensibilità ai rumori si colloca in un intervallo compreso tra i 2000 e i 5000 hertz, questo significa che in esso i valori in *phon* sono più alti dei valori in dB.

In normali condizioni ambientali, un suono è in grado di coprire in un secondo una distanza di circa 343 m.. Il suono viaggia alla velocità di 1.242 km/h.

La luce si propaga molto più velocemente del suono:

- velocità del suono   343 m/sec;
- velocità della luce   300.000 km/sec.

la velocità del suono varia con la temperatura: un suono si propaga più velocemente in un ambiente caldo rispetto un ambiente freddo.

MECCANISMI DI PROPAGAZIONE DEL SUONO IN CAMPO LIBERO

Si definisce *campo sonoro* una regione di spazio, al chiuso o all'aperto, in cui sia avvertibile o quantomeno misurabile, la presenza di suono.

Una sorgente sonora genera attorno a sé un campo sonoro. Forma e dimensioni di quest'ultimo dipendono da due fattori principali, ovverosia le caratteristiche di emissione della sorgente e le peculiarità acustiche dell'ambiente che la ospita.

Una sorgente sonora si dice in campo libero (*free field* o anche *full space* in inglese) se posta in condizioni tali per le quali la sua emissione non è influenzata dalla presenza di oggetti e superfici di dimensioni significative.

In questo caso la relazione tra il livello di pressione sonora Lp e il livello di potenza sonora Lw della sorgente, è dato dall'equazione:

$$L_p = L_w - 20 log_{10} r - 10,9 + C \; dB$$

Dove r è la distanza in metri dalla sorgente e il livello di potenza sonora Lw della sorgente è espresso in decibel (dB). "*C*" è un termine di correzione, in decibel, che dipende dalla temperatura e dalla pressione atmosferica, è in genere trascurabile eccetto che per temperature e/o pressioni che si allontanano considerevolmente dai valori di 20° C 1 atm.

Il termine: $20 log_{10} r$ sta a indicare un livello sonoro che diminuisce di 6 dB ad ogni raddoppio della distanza dalla sorgente; questo equivale a una diminuzione di 20 dB ogni volta che la distanza aumenta di dieci volte[91].

MECCANISMI DI PROPAGAZIONE DEL SUONO IN SPAZIO CONFINATO

Se la sorgente sonora si trova in prossimità di un'ampia superficie (per esempio il pavimento), si dice che essa emette in condizioni di *emispazio* (*half space*).

Ciò considerato, in un ambiente confinato, una sorgente sonora determina due campi sonori sovrapposti:

- **un campo sonoro diretto**, prodotto dal suono che si trasmette direttamente dalla sorgente al ricettore;
- **un campo sonoro riverberante**, prodotto dalle riflessioni delle onde sonore sulle superfici che delimitano l'ambiente. L'onda sonora riflessa raggiungerà il ricettore dopo l'onda diretta, il cui ritardo dipendente dalla lunghezza del percorso che ha compiuto a causa delle riflessioni.

In acustica una tale distinzione è fondamentale, in quanto le leggi che regolano la propagazione dei suoni differiscono profondamente nei due casi.

---

[91] *Harris Cyril M., Manuale di controllo del rumore, trad.it. Milano 1983 (ed. orig. Handbook of Noise Control, New York 1979) pp.29,49*

Il campo sonoro diretto dipende principalmente dalla distanza che intercorre fra sorgente e ricettore, il cui decadimento è legato alla relazione prevista per la propagazione del suono all'aperto (campo libero: che prevede un dimezzamento del livello sonoro, ovvero un decremento di 6 dB, a ogni raddoppio della distanza dalla sorgente che lo ha generato). Per il campo sonoro riverberante dipende dalla geometria e dalle caratteristiche di assorbimento del rumore delle superfici che delimitano l'ambiente.

Inoltre, a differenza di quanto si verifica in un campo diretto, in ogni punto del campo riverberante, l'emissione sonora non evidenzia direzioni di propagazione preferenziali.

Il decadimento sonoro in prossimità della sorgente è controllato esclusivamente dal suono diretto, mentre a distanze superiori prevale il suono riflesso.

La distanza alla quale il contributo dovuto a radiazioni, direttamente provenienti dalla sorgente, eguaglia quello imputabile al complesso delle emissioni riflesse e riverberate viene denominata distanza critica. L'entità di tale distanza dipende ancora una volta dalle peculiarità della sorgente sonora e dell'ambiente che la ospita.

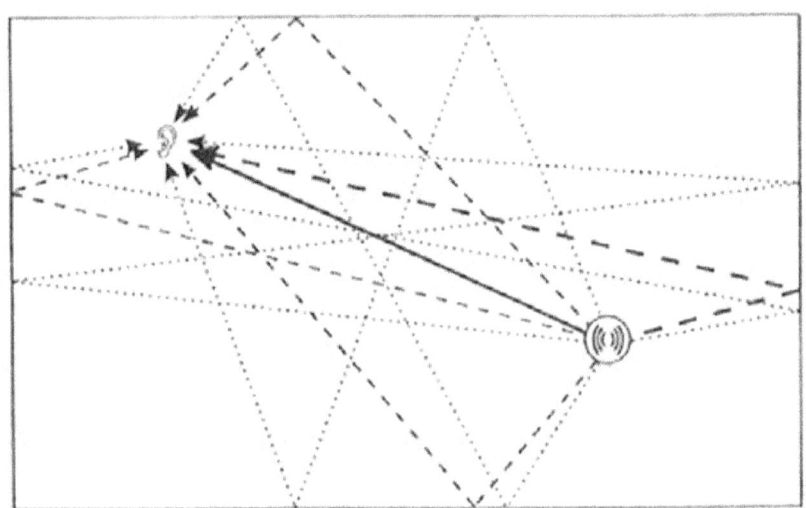

GRANDEZZE DI RIFERIMENTO E DEFINIZIONI PRINCIPALI:

Rm - Indice di riduzione acustica media

La maniera più precisa di descrivere il comportamento acustico di una parete (o di qualsiasi altro elemento edilizio) consiste nello stabilire le sue proprietà di isolamento in un vasto intervallo di frequenze. In Europa si preferisce l'intervallo di frequenza compreso tra 100 e 3150 Hz, nel qual caso il valore dell'isolamento acustico corrispondente (indice di attenuazione acustica) dovrebbe essere determinato per ciascuna delle 16 bande a terzi d'ottava tra 100 e 3150 Hz.

Rw - Indice teorico di riduzione acustica ponderato.

L'indice Rm è oggi poco utilizzato, sostituito in genere dal parametro Rw. Questo indice (che incorpora una correzione che tiene conto della sensibilità dell'orecchio umano) è derivato dal confronto della curva isolamento acustico/frequenza della partizione, con una famiglia di curve prefissate. Confronto che porta alla scelta della curva che tra queste ultime meglio approssima la prima, in modo tale da dare una deviazione aritmetica media sulle 16 bande a terzi d'ottava (tra 100 e 3150 Hz) minore o uguale a 2 dB. Il valore dell'isolamento acustico di questa curva a 500 dB definisce convenzionalmente il valore Rw della parete. Numericamente può essere fino a 5 dB più alto rispetto ad Rm per la medesima parete. \

Per il calcolo dell'indice di valutazione del potere fonoisolante Rw (per partizioni omogenee aventi massa superficiale > 150 kg/m2; escludendo quindi le pareti mobili a più strati) si può utilizzare la formula del CEN:

$$Rw = 37{,}5 \log m' - 42 \ (dB)$$

Dove: m^1 = massa superficiale di una parete semplice (massa al mq di una parete muraria).

Nelle condizioni di reale impiego, il parametro di riferimento da raggiungere è l'indice di valutazione del potere fonoisolante apparente R^1w (inferiore a quello sopra indicato principalmente a causa delle trasmissioni laterali e delle condizioni reali di posa) che si consiglia di calcolare:

$$R'w = Rw - 5 \ (dB)$$

STC – Classe di trasmissione sonora

Il parametro STC è largamente utilizzato negli ambienti anglosassoni e derivato dalle normative americane ASTM. La sua determinazione è simile a quella dell'indice Rw, fatta eccezione per l'intervallo delle frequenze che è compreso tra 125 e 4000 Hz, vale a dire traslato di un terzo d'ottava rispetto all'intervallo delle normative europee (compreso tra 100 e 3150 Hz). Per questa ragione STC ha generalmente un valore di circa 1 dB superiore rispetto ad Rw, per effetto del fatto che i materiali testati presentano solitamente delle performance acustiche migliori alle alte frequenze.

TABELLA UNITÀ DI MISURA E PARAMETRI

NOME	SIMBOLO	DESCRIZIONE	CALCOLO	UNITA'DI MISURA
LUNGHEZZA D'ONDA	λ	Distanza percorsa da un'onda acustica nel tempo impiegato per completare un ciclo, cioè in un periodo	Velocità del suono c(m/s)/frequenza f (Hz)	m
FREQUENZA	f	Numero delle oscillazioni complete compiute nell'unità di tempo.		Hertz, un hz equivale ad 1 oscillazione/sec
PRESSIONE ACUSTICA	p	Il suono si propaga in seguito a vibrazioni meccaniche e onde di pressione che creano aumenti e diminuzioni di pressione molto piccoli.		Misurabili attraverso strumentazioni in microbar (m bar), in N/mq, o, secondo il sistema internazionale in Pa o in mPa
POTENZA ACUSTICA	w		La pressione sonora, generata da una sorgente acustica piccola rispetto alla lunghezza d'onda del suono che irradia ed emette ugualmente in tutte le direzioni, a distanza r dalla sorgente è legata alla potenza sonora dalla relazione: W= 4pr(al quadrato) p(al quadrato)/rc	

NOME	SIMBOLO	DESCRIZIONE	CALCOLO	UNITA' DI MISURA
INTENSITA' ACUSTICA	I	Potenza acustica per unità di superficie	I = W/S	M(mi) Watt/cmq
LIVELLI DI PRESSIONE DI POTENZA ACUSTICA E DI INTENSITA'	Lp, Lw, Li			Decibel dB
COEFFICIENTE DI ASSORBIMENTO	α	Efficacia dei materiali di non riflettere indietro l'onda sonora che li colpisce, bensì di assorbirla	Rapporto tra la parte di energia sonora assorbita e l'energia totale incidente; ha valore minore di 1 ed è tanto più piccolo quanto più è riflettente la superficie	

FONOMETRO

Per valutare la sensazione complessivamente derivante dalla percezione di un suono complesso o di un rumore, si può fare riferimento a uno strumento di rilevazione che in qualche modo simuli la risposta dell'orecchio umano.

Ciò è possibile utilizzando un misuratore del livello di pressione sonora: il *fonometro*, il cui segnale subisce un'opportuna elaborazione al fine di riprodurre il comportamento dell'orecchio umano. In altre parole, per le frequenze ove la sensibilità dell'orecchio è maggiore, i valori misurati saranno assoggettati a una correzione positiva (in quell'intervallo quindi l'importanza dei relativi contributi viene rafforzata); mentre per le frequenze ove la sensibilità dell'orecchio umano risulta minore, la correzione sarà negativa. La pesatura viene attuata nell'elettronica dello strumento mediante particolari filtri. Nel diagramma successivo sono riportate modalità diverse di pesatura indicate con lettere che

simulano la risposta dell'orecchio umano in corrispondenza a diversi livelli di sensazione sonora, e cioè in corrispondenza a valori nell'intorno di 40, 60, 80 *phon* rispettivamente (vedi audiogramma normale). Pertanto la scala di ponderazione *A* dello strumento di misura dovrebbe essere utilizzata per suoni a bassa intensità, la *B* per suoni di media intensità, la *C* e *D* per gli altri. Per ragioni di semplicità nella pratica odierna si utilizza sempre la scala *A*. Il risultato della misura di un rumore con un fonometro, e cioè il livello complessivo di pressione sonora, pesato con la curva A, è espresso in dB(A). Il valore ottenuto rappresenta un'indicazione approssimativa della sensazione acustica.

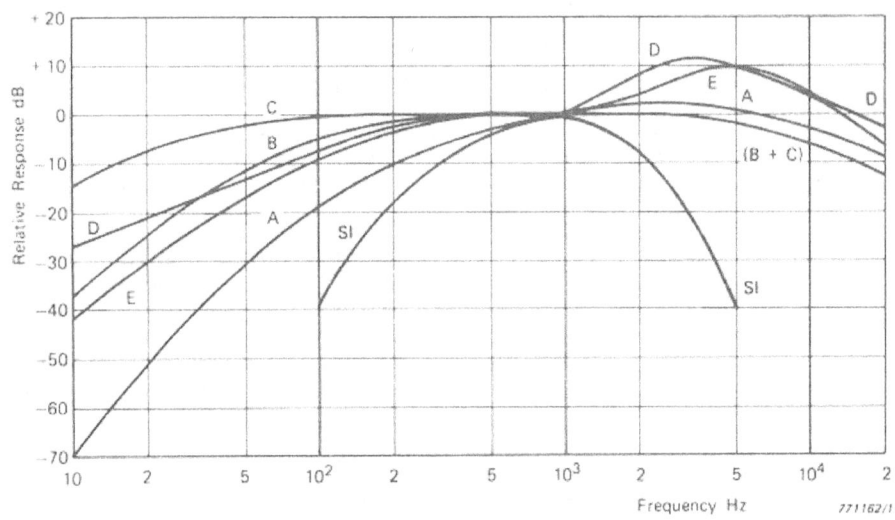

Curve di ponderazione

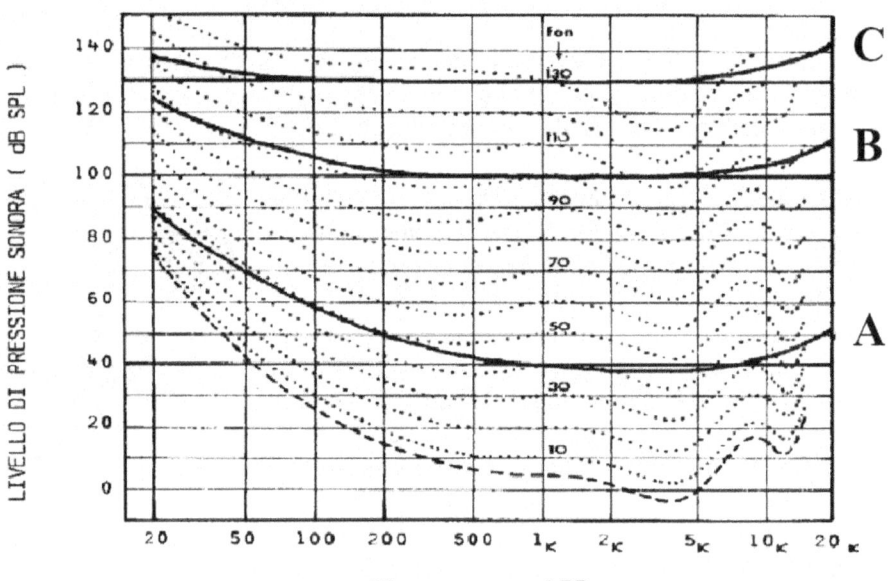

Frequenza / Hz

Il rumore nell'ambiente lavorativo: Panorama Legislativo

il DPCM 05-10-1997

Il decreto in oggetto, stabilisce i requisiti acustici delle sorgenti sonore interne e i requisiti acustici passivi degli edifici. Lo scopo è il contenimento dell'inquinamento da rumore all'interno degli ambienti abitativi, al fine di ridurre l'esposizione umana al rumore.

Ciò si concretizza nell'assegnare dei requisiti minimi di prestazione acustica ai componenti degli edifici quali: pareti divisorie, solai, pareti perimetrali, coperture, ecc.. Questi requisiti devono essere verificati in opera attraverso il controllo di ogni rumore proveniente dagli impianti interni dell'edificio.

Grandezze di riferimento e definizioni principali:

1. indice del potere fonoisolante apparente di partizioni fra ambienti ($R'w$);
2. indice dell'isolamento acustico normalizzato di facciata ($D2m,nT,w$);
3. indice del livello di rumore di calpestio di solai, normalizzato ($L'nT,w$);
4. livello massimo di rumore prodotto dagli impianti tecnologici a servizio discontinuo ($LASmax$);
5. livello equivalente di rumore prodotto dagli impianti tecnologici a servizio continuo ($LAeq$).

Riferimenti normativi richiesti dal Decreto o ad esso collegati:

R^1 ...potere fonoisolante apparente di elementi di separazione fra ambienti : EN ISO 140-4 1996 oppure UNI 10708-1 1997 - Misurazione dell'isolamento acustico in edifici e di elementi di edificio. Misurazioni in opera dell'isolamento acustico per via aerea tra ambienti

D2m,nT ...isolamento acustico di facciata normalizzato rispetto al tempo di riverberazione: EN ISO 140-5 1996 oppure UNI 10708–2 1997.

T ...tempo di riverberazione : ISO 3382 1975

L^1nT ...livello di rumore di calpestio normalizzato rispetto al tempo di riverberazione: EN ISO 140-7 1996 oppure UNI 10708-3 1997 Misurazione dell'isolamento acustico in edifici e di elementi di edificio. Misurazioni in opera dell'isolamento dal rumore di calpestio di solai.

R^1w / D2m, nT,w ...indice di valutazione del potere fonoisolante apparente per via aerea : UNI EN ISO 717-1:1997

$L'_{nT,w}$ ...indice di valutazione del potere fonoisolante apparente per calpestio: UNI EN ISO 717-2:1997

Valori limite per i requisiti acustici passivi, richiesti dal Decreto

Nella tabella seguente, sono riportati i valori limite richiesti dal Decreto, per i requisiti acustici passivi, in relazione alle diverse tipologie di classificazione degli ambienti abitativi. Si deve sottolineare che i requisiti esposti nella tabella riepilogativa sono obbligatori. Tali requisiti sono indispensabili per ogni edificio costruito dopo il 10 marzo 1998. La mancata rispondenza può portare anche alla non abitabilità o agibilità di un'unità abitativa, nonché ad assegnare precise responsabilità a tutte le figure professionali coinvolte nella realizzazione quali: progettisti, impresari, direzione lavori e, nelle ipotesi di contenzioso, anche al defezionamento del suo valore.

Classificazione degli ambienti abitativi.	Parametri				
	R'_w	$D_{2m,nT,w}$	$L'_{nT,w}$	LASmax	LAeq
Ospedali, cliniche, case di cura o assimilabili. D	55	45	58	35	25
Residenze o assimilabili ed alberghi, pensioni con attività assimilabili. A-C	50	40	63	35	35
Attività scolastiche a tutti i livelli ed assimilabili. E	50	48	58	35	25
Uffici, attività ricreative o di culto, attività commerciali ed assimilabili. B-F-G	50	42	55	35	35

il D.Lgs. 10 Aprile 2006 n.185

Attuazione della direttiva 2003/10/CE relativa all'esposizione dei lavoratori ai rischi derivanti dagli agenti fisici (rumore). Gazzetta ufficiale del 30 maggio 2006, N° 124, p. 3.

il D.Lgs. 81/2008

L'esposizione al rumore in ambito professionale è un rischio previsto dal D.Lgs.81/2008 al Titolo VIII (art. 180-220), Capo II - Protezione dei lavoratori contro i rischi di esposizione al rumore durante il lavoro.

I diversi articoli che compongono questo capo menzionano:

- Art.187. Campo di applicazione
- Art. 188. Definizioni (pressione di picco, livello di esposizione giornaliera LEX,8h, livello di esposizione settimanale LEX,w)
- Art. 189. Valori limite di esposizione e valori di azione
- Art. 190. Valutazione del rischio
- Art. 191. Valutazione di attività a livello di esposizione molto variabile
- Art. 192. Misure di prevenzione e protezione
- Art. 193. Uso dei dispositivi di protezione individuali
- Art. 194. Misure per la limitazione dell'esposizione
- Art. 195. Informazione e formazione dei lavoratori
- Art. 196. Sorveglianza sanitaria
- Art. 197. Deroghe
- Art. 198. Linee Guida per i settori della musica, delle attività ricreative e dei call center.

Il Datore di Lavoro ha l'obbligo di fare la valutazione del rischio, di provvedere alla riduzione del livello di rumore, prima con dispositivi di protezione collettiva, poi (se necessario) fornendo ai suoi dipendenti i Dispositivi di Protezione Individuale (D.P.I.) adatti alle mansioni da loro svolte. Inoltre deve provvedere all'informazione, alla formazione ed all'addestramento dei dipendenti. L'ISPESL (Istituto Superiore per la Prevenzione E la Sicurezza del Lavoro) ha emanato delle Linee Guida sulla prevenzione e protezione dai rischi dovuti all'esposizione ad agenti fisici nei luoghi di lavoro nelle quali:

'Richiamato che l'obbligo alla valutazione e alla gestione di ogni rischio per la salute e sicurezza ricade su tutte le aziende nelle quali si applica integralmente il D.Lgs.81/2008, l'obiettivo di queste note è di fornire una prima serie di indicazioni operative che orienti gli attori aziendali della sicurezza ad una risposta corretta al provvedimento legislativo'.

Art.189. Valori limite di esposizione e valori di azione.

1. I valori limite di esposizione e i valori di azione, in relazione al livello di esposizione giornaliera al rumore[92] e alla pressione acustica di picco[93], sono fissati a:

---

[92]*Livello di esposizione giornaliera al rumore (LEX,8h): [dB(A) riferito a 20 (micro) Pa]: valore medio, ponderato in funzione del tempo, dei livelli di esposizione al rumore per una giornata lavorativa nominale di otto ore, definito dalla norma internazionale ISO 1999: 1990 punto 3.6. Si riferisce a tutti i rumori sul lavoro, incluso il rumore impulsivo.*
[93]*Pressione acustica di picco (peak) = valore massimo della pressione acustica istantanea ponderata in frequenza «C». Lo scopo è tener conto dell'esposizione ad eventi sonori impulsivi di intensità elevata.*

a. valori limite di esposizione rispettivamente LEX = 87 dB(A) e ppeak = 200 Pa (140 dB(C) riferito a 20 \muPa);
b. valori superiori di azione: rispettivamente LEX = 85 dB(A) e ppeak = 140 Pa (137 dB(C) riferito a 20 \muPa);
c. valori inferiori di azione: rispettivamente LEX = 80 dB(A) e ppeak = 112 Pa (135 dB(C) riferito a 20 \muPa).

2. Laddove, a causa delle caratteristiche intrinseche della attività lavorativa, l'esposizione giornaliera al rumore varia significativamente, da una giornata di lavoro all'altra, è possibile sostituire, ai fini dell'applicazione dei valori limite di esposizione e dei valori di azione, il livello di esposizione giornaliera al rumore con il livello di esposizione settimanale a condizione che:

a. il livello di esposizione settimanale al rumore, come dimostrato da un controllo idoneo, non ecceda il valore limite di esposizione di 87 dB(A);
b. siano adottate le adeguate misure per ridurre al minimo i rischi associati a tali attività.

3. Nel caso di variabilità del livello di esposizione settimanale va considerato il livello settimanale massimo ricorrente.

Art. 190. Valutazione del rischio.

1. Nell'ambito di quanto previsto dall'articolo 181, il datore di lavoro valuta l'esposizione dei lavoratori al rumore durante il lavoro prendendo in considerazione in particolare:

a. il livello, il tipo e la durata dell'esposizione, ivi inclusa ogni esposizione a rumore impulsivo;
b. i valori limite di esposizione e i valori di azione di cui all'articolo 189;
c. tutti gli effetti sulla salute e sulla sicurezza dei lavoratori particolarmente sensibili al rumore, con particolare riferimento alle donne in gravidanza e i minori;
d. per quanto possibile a livello tecnico, tutti gli effetti sulla salute e sicurezza dei lavoratori derivanti da interazioni fra rumore e sostanze ototossiche connesse con l'attività svolta e fra rumore e vibrazioni;
e. tutti gli effetti indiretti sulla salute e sulla sicurezza dei lavoratori risultanti da interazioni fra rumore e segnali di avvertimento o altri suoni che vanno osservati al fine di ridurre il rischio di infortuni;
f. le informazioni sull'emissione di rumore fornite dai costruttori dell'attrezzatura di lavoro in conformità alle vigenti disposizioni in materia;
g. l'esistenza di attrezzature di lavoro alternative progettate per ridurre l'emissione di rumore;
h. il prolungamento del periodo di esposizione al rumore oltre l'orario di lavoro normale, in locali di cui è responsabile;

i. le informazioni raccolte dalla sorveglianza sanitaria, comprese, per quanto possibile, quelle reperibili nella letteratura scientifica;
j. la disponibilità di dispositivi di protezione dell'udito con adeguate caratteristiche di attenuazione.

1. Se, a seguito della valutazione di cui al comma 1, può fondatamente ritenersi che i valori inferiori di azione possono essere superati, il datore di lavoro misura i livelli di rumore cui i lavoratori sono esposti, i cui risultati sono riportati nel documento di valutazione.

2. I metodi e le strumentazioni utilizzati devono essere adeguati alle caratteristiche del rumore da misurare, alla durata dell'esposizione e ai fattori ambientali secondo le indicazioni delle norme tecniche. I metodi utilizzati possono includere la campionatura, purché sia rappresentativa dell'esposizione del lavoratore.

3. Nell'applicare quanto previsto nel presente articolo, il datore di lavoro tiene conto dell'incertezza delle misure determinate secondo la prassi metrologica.

4. La valutazione di cui al comma 1 individua le misure di prevenzione e protezione necessarie ai sensi degli articoli 192, 193, 194, 195 e 196 ed è documentata in conformità all'articolo 28, comma 2.

Art. 191. Valutazione di attività a livello di esposizione molto variabile.
1. Fatto salvo il divieto al superamento dei valori limite di esposizione, per attività che comportano un'elevata fluttuazione dei livelli di esposizione personale dei lavoratori, il datore di lavoro può attribuire a detti lavoratori un'esposizione al rumore al di sopra dei valori superiori di azione, garantendo loro le misure di prevenzione e protezione conseguenti e in particolare:

a. la disponibilità dei dispositivi di protezione individuale dell'udito;
b. l'informazione e la formazione;
c. il controllo sanitario. In questo caso la misurazione associata alla valutazione si limita a determinare il livello di rumore prodotto dalle attrezzature nei posti operatore ai fini dell'identificazione delle misure di prevenzione e protezione e per formulare il programma delle misure tecniche e organizzative di cui all'articolo 192, comma 2.

2. Sul documento di valutazione di cui all'articolo 28, a fianco dei nominativi dei lavoratori così classificati, va riportato il riferimento al presente articolo.

Art. 192. Misure di prevenzione e protezione.

1. Fermo restando quanto previsto dall'articolo 182, il datore di lavoro elimina i rischi alla fonte o li riduce al minimo mediante le seguenti misure:

1.a) adozione di altri metodi di lavoro che implicano una minore esposizione al rumore;

1.b) scelta di attrezzature di lavoro adeguate, tenuto conto del lavoro da svolgere, che emettano il minor rumore possibile, inclusa l'eventualità di rendere disponibili ai lavoratori attrezzature di lavoro conformi ai requisiti di cui al titolo III, il cui obiettivo o effetto è di limitare l'esposizione al rumore;

1.c) progettazione della struttura dei luoghi e dei posti di lavoro;

1.d) adeguata informazione e formazione sull'uso corretto delle attrezzature di lavoro in modo da ridurre al minimo la loro esposizione al rumore;

1.e) adozione di misure tecniche per il contenimento:

1.e.1) del rumore trasmesso per via aerea, quali schermature, involucri o rivestimenti realizzati con materiali fonoassorbenti;

1.e.2) del rumore strutturale, quali sistemi di smorzamento o di isolamento;

1.f) opportuni programmi di manutenzione delle attrezzature di lavoro, del luogo di lavoro e dei sistemi sul posto di lavoro;

1.g) riduzione del rumore mediante una migliore organizzazione del lavoro attraverso la limitazione della durata e dell'intensità dell'esposizione e l'adozione di orari di lavoro appropriati, con sufficienti periodi di riposo.

2. Se a seguito della valutazione dei rischi di cui all'articolo 190 risulta che i valori inferiori di azione sono superati, il datore di lavoro elabora e applica un programma di misure tecniche e organizzative volte a ridurre l'esposizione al rumore, considerando in particolare le misure di cui al comma 1.

3. I luoghi di lavoro dove i lavoratori possono essere esposti ad un rumore al di sopra dei valori superiori di azione sono indicati da appositi segnali. Dette aree sono inoltre delimitate e l'accesso alle stesse è limitato, ove ciò sia tecnicamente possibile e giustificato dal rischio di esposizione.

4. Nel caso in cui, data la natura dell'attività, il lavoratore benefici dell'utilizzo di locali di riposo messi a disposizione dal datore di lavoro, il rumore in questi locali è ridotto a un livello compatibile con il loro scopo e le loro condizioni di utilizzo.

> *"L'antropologo parla di quel che ha sotto gli occhi: città e campagne, colonizzatori e colonizzati, ricchi e poveri, indigeni e immigrati, uomini e donne; e parla, ancor più, di tutto ciò che li unisce e li contrappone, di tutto ciò che li collega e degli effetti indotti da questi modi di relazione."*
>
> Marc Augè, etnologo, antropologo

LIVELLO 4 – IL LIVELLO URBANO DIPARTIMENTALE: ASPETTI DISTRIBUTIVI

Come abbiamo anticipato, a questo livello analizzeremo strutture esistenziali determinate dall'interazione tra i diversi *luoghi* del paesaggio, in una relazione *stabile* e identificabile. Nel microcosmo dell'ufficio, ciò significa definire i vari raggruppamenti dei *luoghi-dimora* a livello dipartimentale (o rionale) identificando chiaramente i *diversi* gruppi di lavoro (dipartimenti tecnici, commerciali, amministrativi, logistici, ecc.) e le relazioni spaziali e dimensionali che li caratterizzano.

Significa inoltre definire le regole che stabiliscono i principi di prossimità dei *luoghi* costitutivi quali: i *posti lavoro* parti di un *dipartimento* o i *dipartimenti* parti di *divisioni* aziendali, e così via. Nonché le *aperture* o porte per il funzionale sviluppo dei percorsi e della comunicazione *fisica*.

Questo presuppone un'organizzazione dello spazio attraverso: *dimore* di vario livello e utilizzo, percorsi, nodi e distretti che, a livello di impresa, possono essere rappresentate da:

1) isole di lavoro generiche in spazi aperti (cellule poligonali);
2) isole di lavoro specializzate in spazi aperti (derivate dalle precedenti);
3) aree di lavoro collettive in spazi confinati (sale riunioni, di ristoro, aree tecniche, di archiviazione, ecc.);
4) aree di governo in spazi confinati (dirigenza, ecc.);
5) percorsi (principali, secondari e di accesso);
6) a un sovralivello, gli altri dipartimenti.

In questa logica di analisi non dobbiamo dimenticare quanto espresso in premessa, ossia che le *immagini urbane*, tipiche di questi spazi, si basano su relazioni topologiche *semplici* che compaiono più o meno ovunque in diverse culture quali: il *recinto* e la *conglomerazione*, dirette espressioni di funzioni individuali e sociali, che troviamo combinate su vari livelli e integrate dai percorsi.

Per favorire l'integrazione sociale dell'individuo occorre, quindi, relazionarlo alle specificità della dimensione *spaziale-esistenziale*, realizzando: '*...un ambiente [...] che faciliti la formazione delle "immagini":[...] di quartieri con un carattere particolare, di percorsi a direzioni definite, e di nodi che siano luoghi specifici...*'[94].

4.1 L'ISOLA DI LAVORO IN SPAZI APERTI: CONFIGURAZIONE GEOMETRICA

Dallo spazio di lavoro *concentrativo* e relativi sistemi degli oggetti, generati ai livelli 1 e 2, abbiamo definito nel livello successivo (3) le caratteristiche dei sistemi recintuali necessarie affinché schermi o pareti amovibili, e distanze tra le isole di lavoro, possano dimensionarsi in uno "spazio" idoneo e favorevole allo svolgimento della missione lavorativa dell'*Homo Impiegatus* moderno.

Abbiamo peraltro identificato una possibile soluzione geometrica, circoscrivendo la nostra cellula concentrica in un ottagono, come una tra le tante soluzioni possibili, utile ad ottimizzare gli spazi lavorativi. Vedremo ora altre possibili soluzioni, usando altre figure geometriche tra le più utilizzate, e i punti di forza e debolezza di ognuna rispetto alla soluzione ottagonale.

Circoscrivendo alla nostra isola concentrativa, con diverse soluzioni recintuali di tipo poligonale, otteniamo le seguenti possibili soluzioni (vedi fig. successiva).

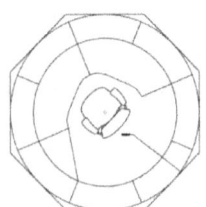 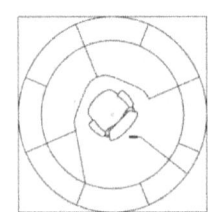 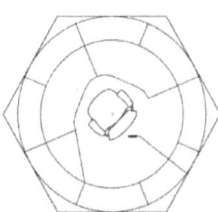 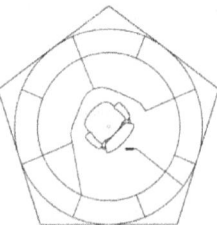

Scartando per ora la soluzione pentagonale, più complessa ai fini aggregativi, ci concentreremo sulle possibili soluzioni rimanenti, ossia quelle a base quadrata, esagonale e ottagonale.

---

[94] Norberg-Schulz C., *Esistenza Spazio e Architettura*, trad. it. Roma, 1975 (ed. orig. Existence, Space and Architecture, Oslo 1971), p. 53

Ruotando opportunamente il nostro *meta-spazio circolare* per ottenere relazioni geometriche tra i sistemi dei piani e dei contenitori e gli angoli dei poligoni analizzati, si ottengono le seguenti cellule.

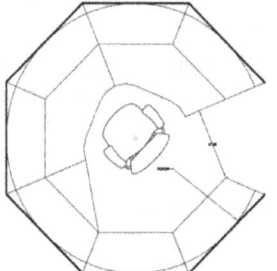 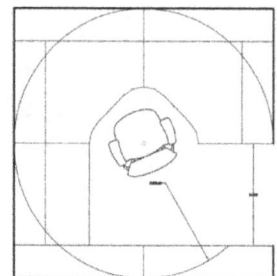 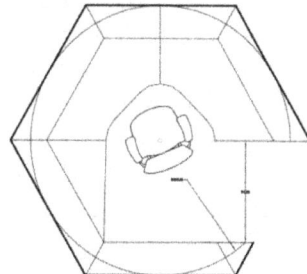

Proveremo ora dimensionarle in uno spazio omogeneo al fine di verificare le problematiche di multi aggregazione tra le diverse soluzioni geometriche in uno spazio operativo; oltre che compararne l'impegno areale.

Considerando che il fenomeno del mancinismo nel mondo, si attesta tra il 7 e il 10% della popolazione, cercheremo di strutturare le simulazioni in modo tale da mantenere la stessa proporzione numerica nel valore di una cellula su 10 e consentire, inoltre, la reversibilità dei piani/flusso di lavoro da destrorso a sinistrorso, all'interno dell'impianto progettuale.

MATRICE DISTRIBUTIVA SU CELLULA A BASE QUADRATA

La cellula a matrice quadrata impegna un quadrato di lato 250 cm., occupa una superficie areale di 6,25 mq. su un perimetro di 10 m.. Offre un varco teorico di accesso di c.a. 95 cm. e superfici di lavoro e di contenimento commisurate (a questo primo livello di analisi meta modulare) alla superficie impiegata e alla regolarità della figura geometrica.

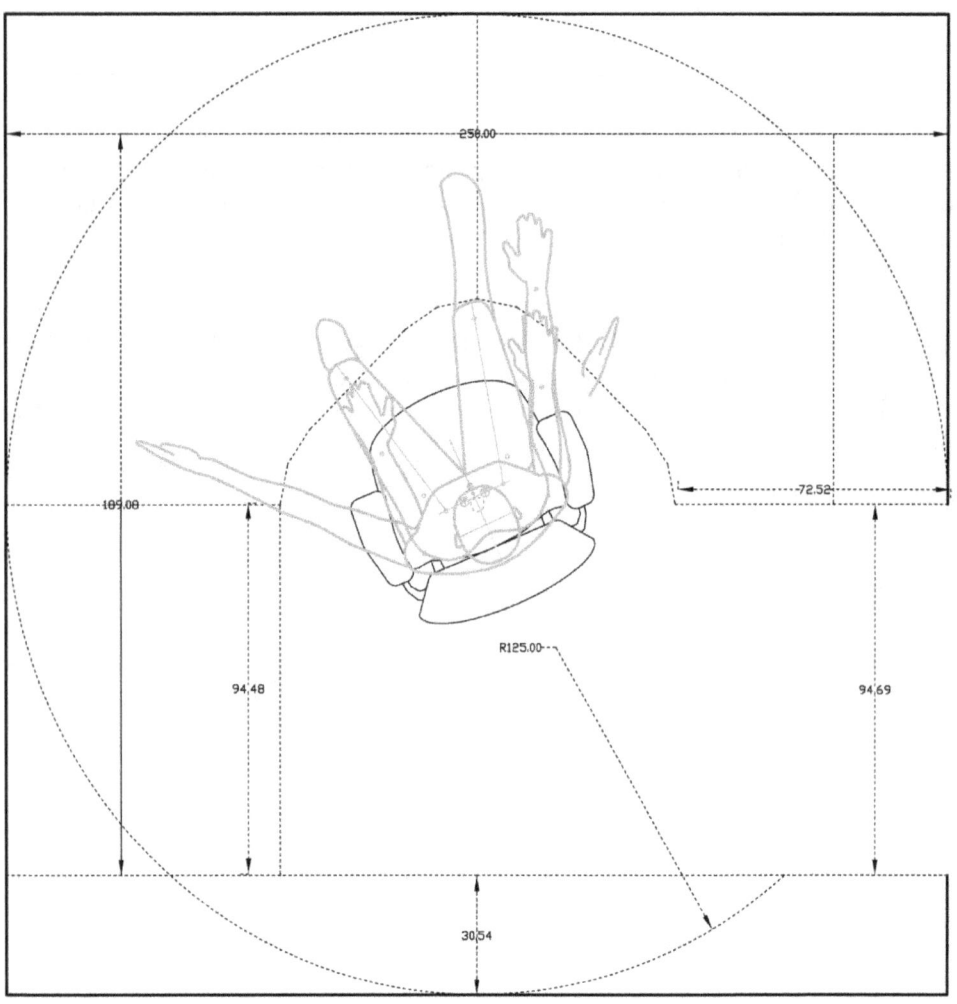

Cluster a base quadrata a 6 posti di lavoro

Il *cluster* a 6 posti di lavoro è considerabile tra i più comuni. Comprende in sé il dimensionamento del gruppo a 4 posti di lavoro (tipico di molte piccole realtà imprenditoriali) e si può implementare, senza soluzioni di continuità, in aggregazioni multiple intensive fino a 12 posti di lavoro. Considerato come il *limite* oltre il quale è suggeribile interrompere la sequenza e posizionare un corridoio di collegamento trasversale.

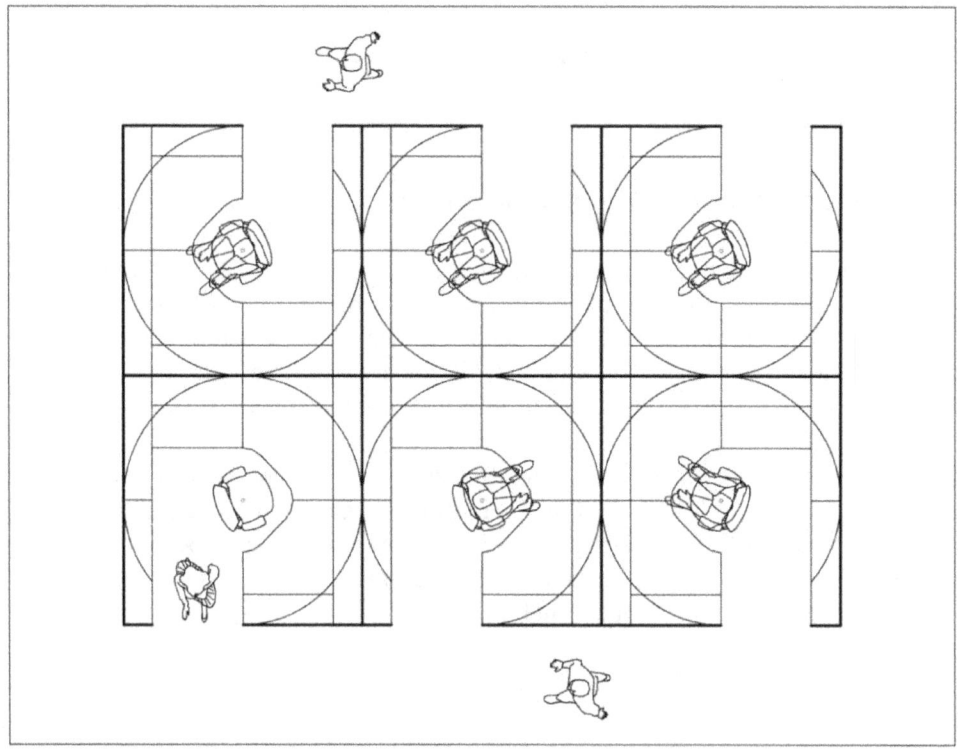

Dimensioniamo ora la nostra cellula a base quadrata, a blocchi di 2 isole contrapposte sul lato sinistro rispetto all'operatore (flusso del lavoro destrorso), su una superficie rettangolare mediamente regolare (7,40 x 9,90 m.); conformata idealmente al massimo utilizzo dello spazio in rapporto alla nostra cellula. Circoscriviamo il gruppo a 6 posti ottenuto, con corridoi perimetrali di larghezza 1,2 m., ricavando un impegno areale complessivo pari a mq.73,26 su un perimetro di 34,60 m. (vedi figura).

La configurazione ottenuta non presenta particolari problematiche dai punti di vista di preservazione della *privacy* visiva e acustica. Non vediamo inoltre particolari problematiche nel conferire ad una qualsiasi delle isole di lavoro, una distribuzione dei piani di tipo sinistrorso. Attribuiremo pertanto alla cellula in basso a destra questa peculiarità.

Quindi riepilogando:

- Area impiegata dai posti lavoro: mq. 37,5
- Area impiegata dai percorsi secondari: mq. 35,76
- Totale area: mq. 73,26
- Impiego di spazio per isola di lavoro: mq. 6,25
- Impiego totale di spazio per posto lavoro: mq. 12,21

Cluster a base quadrata a 12 + 12 posti lavoro

Il *cluster* ad aggregazione sequenziale multipla (6 + 6 o 12 + 12), presenta le problematiche più importanti a livello di *lay-out* intensivo. In esso i *gruppi* di cellule sono obbligati a confrontarsi tra loro, nella loro replicazione multipla, intervallati da corridoi scambiatori. Se la matrice poligonale della cellula presenta in sé dei punti di debolezza, è in questa configurazione che si palesano immediatamente.

Iniziamo il nostro esperimento progettuale distribuendo su una superficie rettangolare mediamente regolare (13,60 x 17,40 m.; conformata anche in questo caso idealmente, al massimo utilizzo dello spazio in rapporto alla nostra cellula), due blocchi da 12 isole di lavoro ciascuno (tutte a flusso di lavoro destrorso meno una[95]), divisi da un corridoio centrale e circoscritti da corridoi perimetrali larghi 1,2 m..

L'impegno di superficie che si ottiene è pari a 236,63 mq. al lordo dei corridoi, su un perimetro di 62 m..

Le problematiche che incontriamo con questo tipo di soluzione, sono quelle di dover intervenire con soluzioni dedicate, per ovviare alle problematiche di invasione dello spazio uditivo, nelle contrapposizioni centrali di 6 isole di lavoro tra i due blocchi. Come si evince dallo schema grafico, (sol.1) nonostante si sia operata una rotazione *inversa* del posto di lavoro per ovviare alla trasmissione sonora lineare orizzontale, rimangono comunque aperti canali sonori cui dover opporre soluzioni, come nel caso specifico, attraverso l'impiego di deflettori acustici amovibili (incernierati su un lato) impiegabili

---

[95] *Posizionata nel lay-out in basso a destra*

con funzione di porte di accesso alle isole centrali. Deflettori che andrebbero opportunamente dotati di tutti gli accorgimenti tecnici per evitare che essi stessi, nell'uso, non si trasformino in nuovi generatori di rumore (sbattimento di porte).

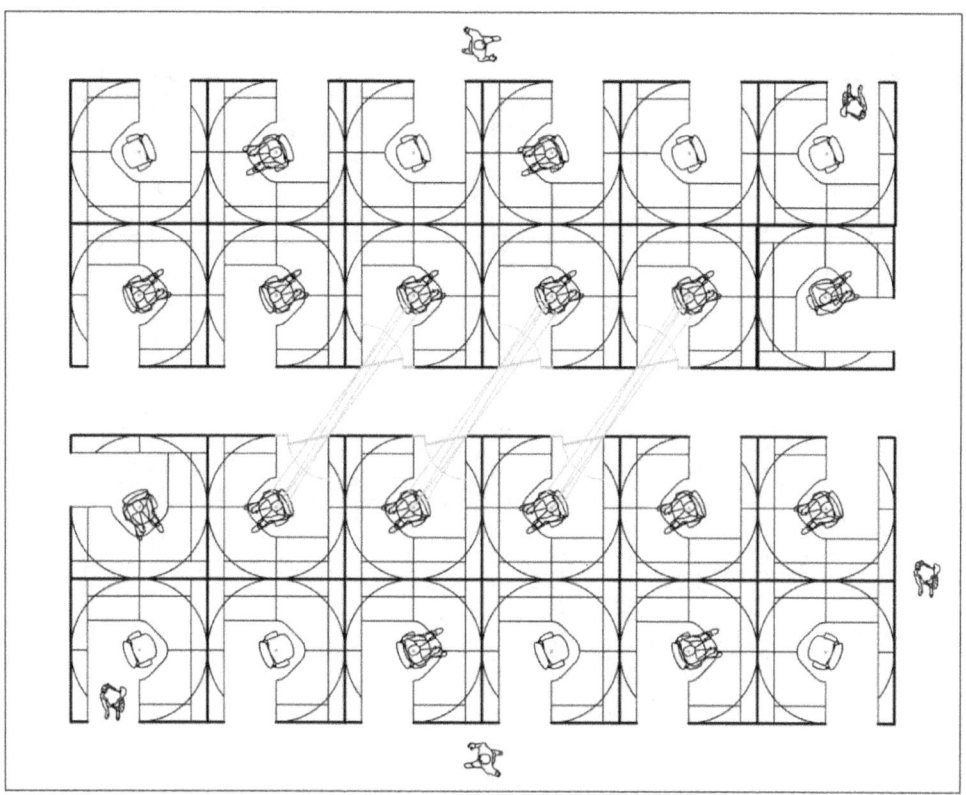

L'alternativa a ciò, però solo possibile a livello teorico, potrebbe essere quella di generare blocchi di cellule speculari (con flusso di lavoro destrorso e sinistrorso alternati, equivalenti al 50% della forza lavoro).

Soluzione a nostro avviso fortemente sconsigliabile per gli evidenti problemi di carattere sia ergonomico sia funzionale espressi nei capitoli precedenti (sol.2).

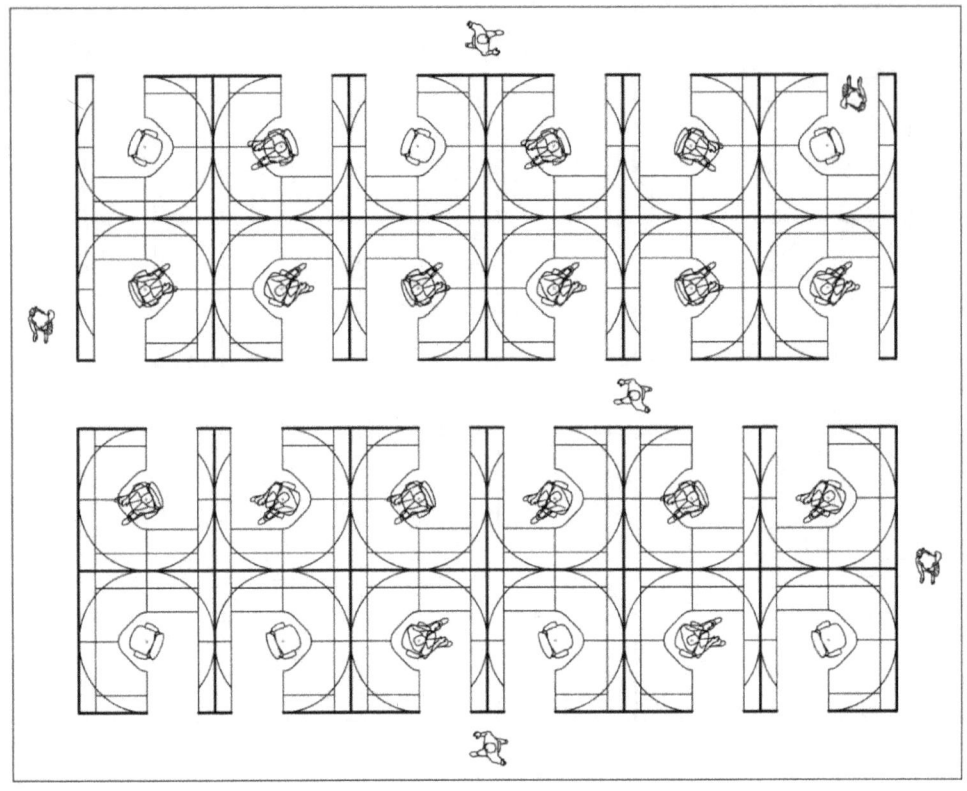

Quindi riepilogando:

- Area impiegata dai posti lavoro: mq.150
- Area impiegata dai percorsi secondari: mq.86,63
- Totale area: mq.236,63
- Impiego di spazio per isola di lavoro: mq.6,25
- Impiego totale di spazio per posto lavoro: mq.9,86

Il nostro suggerimento quindi, qualora si decidesse di utilizzare una cellula a base quadrata in queste soluzioni di lay-out intensivo, è quello di dotare le stazioni di deflettori sonori come da figura 1.

MATRICE DISTRIBUTIVA SU CELLULA A BASE ESAGONALE

La cellula a matrice esagonale impegna un poligono esagonale circoscritto a una circonferenza di diametro 250 cm. presenta lati di cm. 144,34 e occupa una superficie areale di 5,41 mq. su un perimetro di 8,66 m.. Offre un accesso di c.a. 94 cm. e superfici di lavoro e di contenimento commisurate (a questo primo livello di analisi *meta* modulare) all'area impiegata e alla regolarità della figura geometrica.

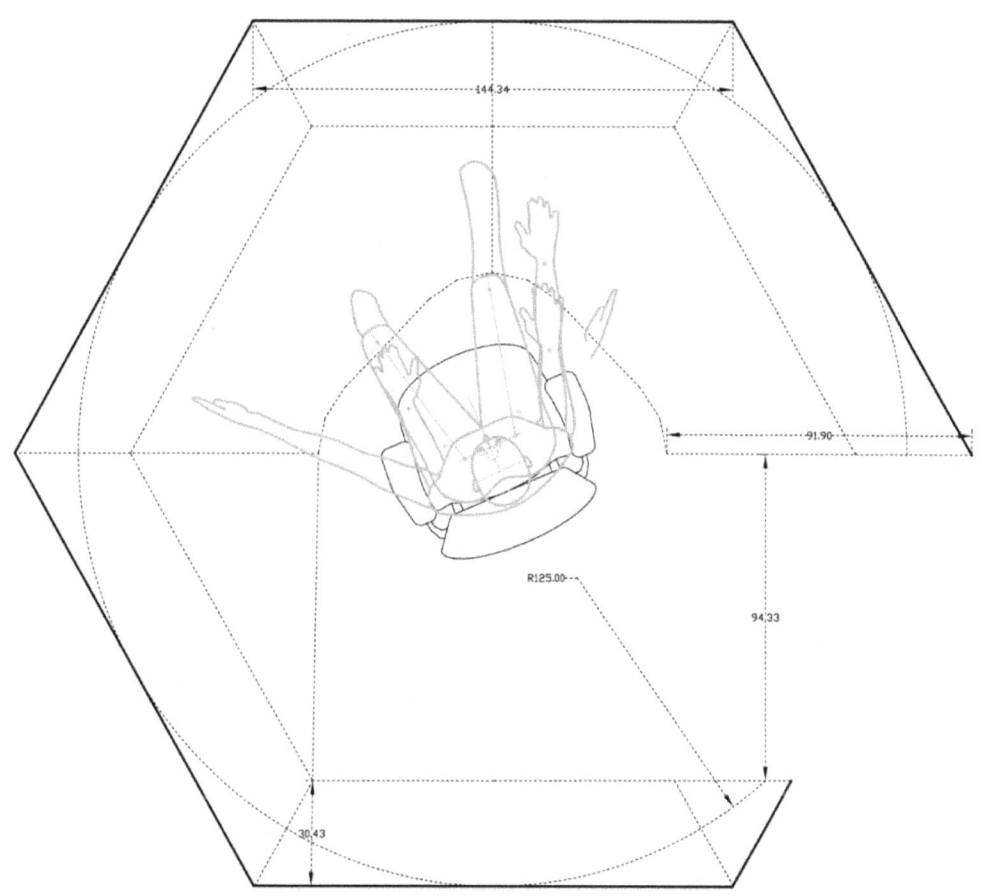

Cluster a base esagonale a 6 posti di lavoro

Il cluster a 6 posti di lavoro, come abbiamo detto precedentemente, è considerabile tra i più comuni: comprende in sé il dimensionamento del cluster a 4 posti di lavoro (tipico di molte piccole realtà imprenditoriali) e si può implementare senza soluzioni di continuità in aggregazioni multiple intensive fino a 12 posti di lavoro, considerabile come il limite oltre il quale è suggeribile interrompere la sequenza e posizionare un corridoio di attraversamento trasversale.

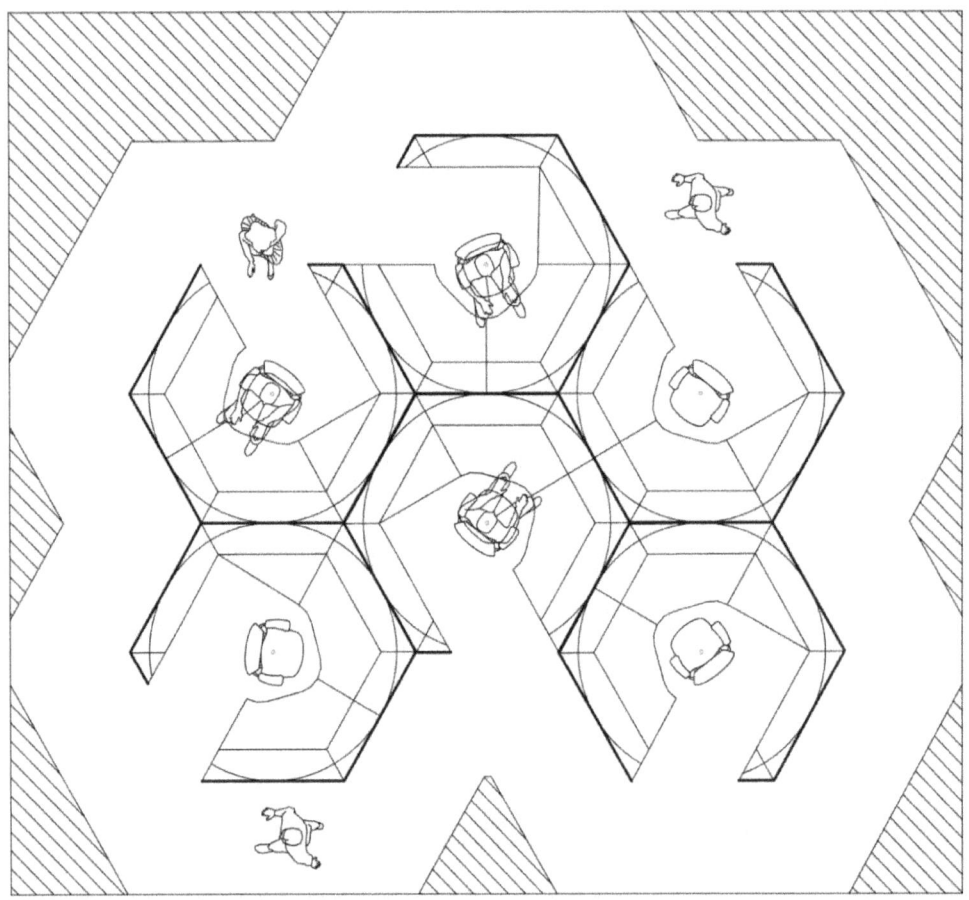

Dimensioniamo ora la nostra cellula a base esagonale, a blocchi di 2 isole contrapposte, nella tipica sequenza di *tassellatura* geometrica su base esagonale, mantenendo, nella maggior parte delle celle, i piani di lavoro con flusso destrorso.

Il lay-out viene distribuito su una superficie rettangolare mediamente regolare (8,54 x 9,62 m.); conformata idealmente al massimo utilizzo dello spazio in rapporto alla nostra cellula. Circoscriviamo il cluster a 6 posti ottenuto, con corridoi perimetrali di larghezza 1,2 m. paralleli allo sviluppo delle cellule, ricavando un impegno areale complessivo pari a mq.82,24 su un perimetro di 36,34 m. (vedi figura).

Rispetto alla soluzione a cellula quadrata, è facilmente risibile quanto l'adattamento di un poligono, con un numero di lati superiore a 4, generi nel rispetto di un perimetro rettangolare, una serie di spazi eccedenti che, se non valorizzati, potrebbero costituire un teorico *spreco* di spazio. Nelle dinamiche progettuali del mondo dell'ufficio, sappiamo però che non è così. La ricerca, anzi: la *necessità* di dover ricavare spazi per le aree accessorie (es. tecniche: stampanti, fax ecc. o ludiche: caffetteria, ecc.) è un fatto acquisito e cellule a matrice non rettangolare o quadrata, potrebbero certamente generare micro-spazi di *esubero*, destinabili a questi fini.

Rivedendo il *lay-out* da questa prospettiva e tratteggiando le aree di risulta non impegnate dalla *viabilità*, il nostro *piano tipo* a cellula esagonale, definisce uno spazio complessivo destinabile ad attività secondarie pari a mq.14,4.

La configurazione ottenuta non presenta particolari problematiche dal punto di vista di preservazione della privacy visiva e acustica. Non vediamo inoltre particolari problematiche nel conferire ad una qualsiasi delle isole di lavoro, una distribuzione dei piani di tipo sinistrorso. Attribuiremo pertanto anche qui, alla cellula in basso a destra del lay-out, questa peculiarità.

Quindi riepilogando:

- Area impiegata dai posti lavoro: mq.32,46
- Area impiegata dai percorsi secondari: mq.35,38
- Area occupata da spazi di risulta: mq.14,4
- Totale area: mq.82,24
- Impiego di spazio per isola di lavoro: mq.5,41
- Impiego totale di spazio per posto lavoro (escludendo gli spazi di risulta): mq.11,31
- Impiego totale di spazio per posto lavoro: mq.13,71

Cluster a base esagonale a 12 + 12 posti lavoro

Il *cluster* ad aggregazione sequenziale multipla (6 + 6 o 12 + 12), presenta, come abbiamo detto, le problematiche più importanti a livello di *lay-out* intensivo, nei punti di contrapposizione mediati dai corridoi scambiatori. Punti dove si possono palesare le eventuali criticità della matrice poligonale della cellula (come abbiamo visto nella soluzione a base quadrata).

Iniziamo quindi il nostro secondo esperimento progettuale su questa tipologia di cluster, distribuendo su una superficie rettangolare mediamente regolare (15,85 x 16,12 m.; conformata anche in questo caso idealmente, al massimo utilizzo dello spazio in rapporto alla nostra cellula), due blocchi da 12 isole di lavoro ciascuno (tutte a flusso di lavoro destrorso meno una[96]), divisi da un corridoio centrale e circoscritti da corridoi perimetrali tutti larghi 1,2 m..

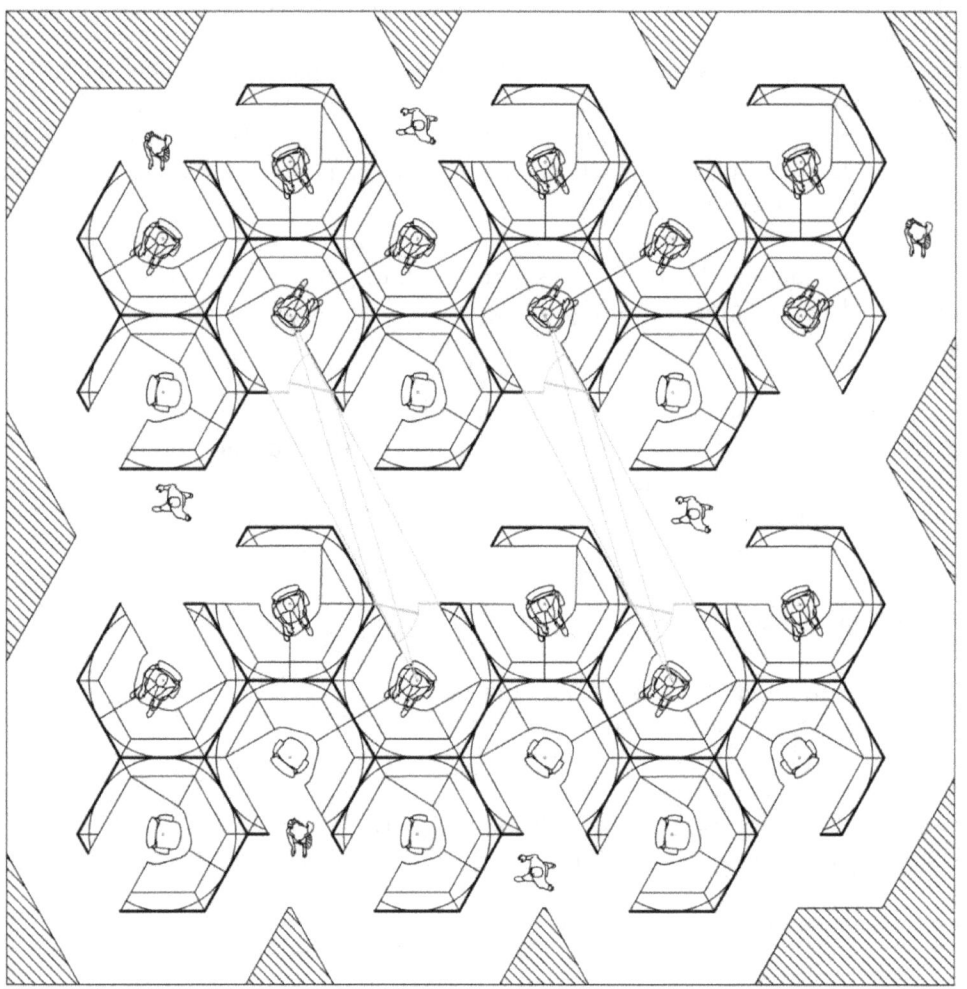

L'impegno di superficie che si ottiene è pari a 255,54 mq. al lordo dei corridoi, su un perimetro pari a 63,94 m..

---

[96] *Posizionata nel lay-out in basso a destra*

Come nella soluzione a 6 posti di lavoro, tratteggiando le aree non dedicate alla percorribilità del nostro *piano tipo*, vengono definite le aree di risulta destinabili ad attività accessorie nella misura di 21,51 mq..

Anche in questo caso, seppur in misura minore rispetto alla soluzione precedente (riguarda di fatto 4 cellule su 12: comunque si dispongano le cellule), incontriamo le stesse problematiche di dover intervenire con soluzioni dedicate, per ovviare alla questione dell'invasione dello spazio uditivo, in alcune isole di lavoro contrapposte tra i due blocchi, come si evince dallo schema grafico.

Rimangono infatti anche qui, aperti canali sonori su 4 cellule (contrapposte 2 a 2) cui dover opporre soluzioni attraverso l'impiego di deflettori acustici *amovibili*, impiegabili con funzione di porte di accesso alle isole centrali.

Deflettori che, nuovamente, andrebbero opportunamente dotati degli accorgimenti tecnici atti a evitare che, essi stessi, non si trasformino in *nuovi* generatori di rumore (sbattimento di porte).

Quindi riepilogando:

- Area impiegata dai posti lavoro: mq.129,84
- Area impiegata dai percorsi secondari: mq.104,19
- Area occupata da spazi di risulta: mq.21.51
- Totale area: mq. 255,54
- Impiego di spazio per isola di lavoro: mq. 5,41
- Impiego totale di spazio per posto lavoro (escludendo gli spazi di risulta): mq.9,75
- Impiego totale di spazio per posto lavoro: mq.10,65

MATRICE DISTRIBUTIVA SU CELLULA A BASE OTTAGONALE

La cellula a matrice ottagonale impegna un poligono ottagonale circoscritto a una circonferenza di diametro 250 cm.. Presenta 8 lati da cm. 103,62 e occupa una superficie areale di 5,18 mq. su un perimetro di 8.28 m.. Offre un accesso laterale alla postazione pari al lato dell'ottagono di c.a. 104 cm., e superfici di lavoro e di contenimento commisurate, come le precedenti (a questo primo livello di analisi meta modulare), all'area impiegata e alla regolarità della figura geometrica.

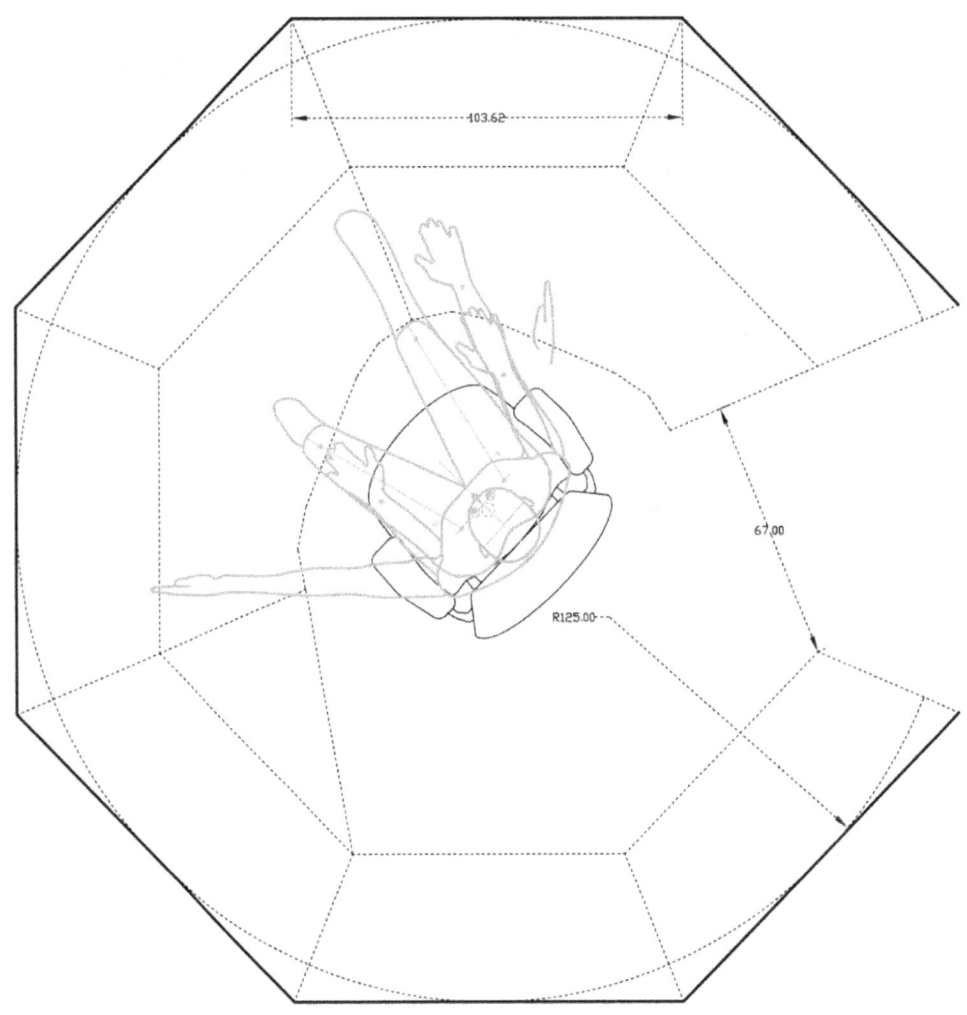

Cluster a base ottagonale a 6 posti di lavoro

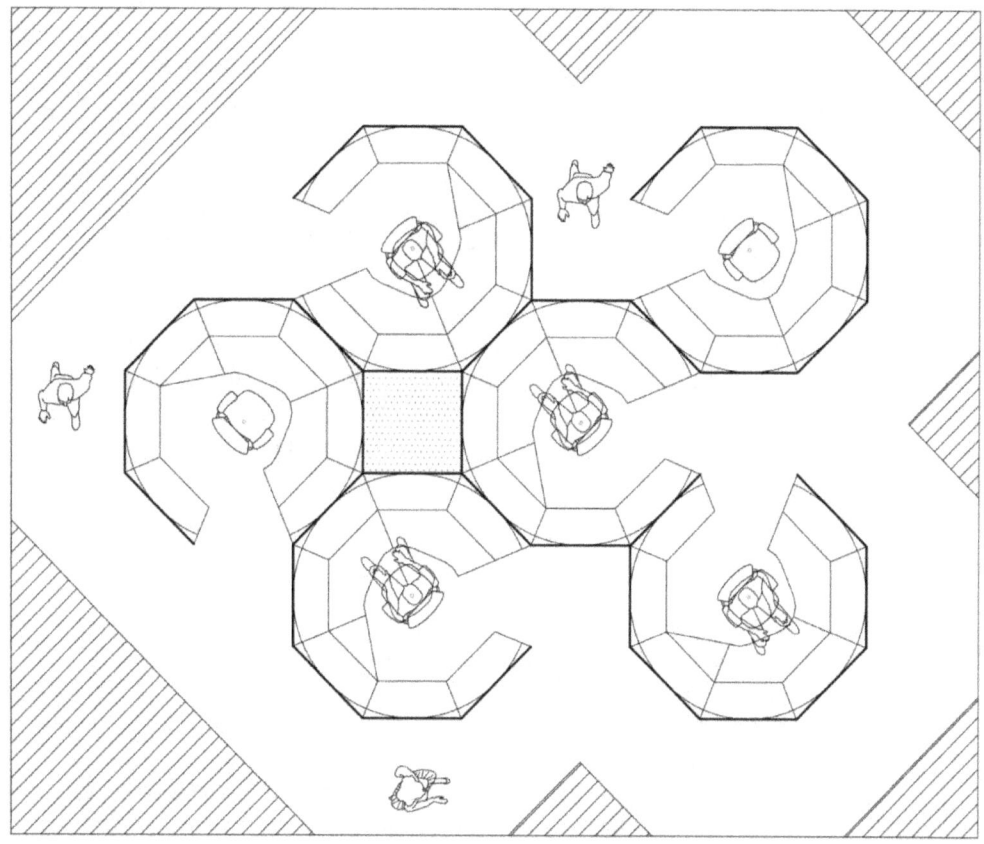

Il *cluster* a 6 posti di lavoro, come abbiamo detto, anche nella configurazione ottagonale, è considerabile tra i più comuni comprendendo in sé quello a 4 posti (tipico di molte realtà). Nella fattispecie, infatti, il cluster a 4 si configura geometricamente con uno sviluppo a doppia elica su uno spazio polare *cieco* centrale. Il cluster a 6 posti, invece, per la sua specifica conformazione, si può implementare senza soluzione di continuità in aggregazioni multiple intensive fino a 12 posti di lavoro, considerabile come il limite oltre il quale è preferibile interrompere la sequenza e posizionare un corridoio longitudinale di attraversamento.

Come accennavamo, la peculiarità della disposizione modulare a matrice ottagonale, nelle configurazioni gemellate, genera uno spazio scambiatore *cieco*, di area quadrata e di lato pari all'ottagono, ogni 4 posti di lavoro contrapposti. Spazio che può essere utilizzato come cavedio o spazio tecnologico, oppure come area distale *espansiva* mediante accorgimenti dedicati (varchi e piani ecc.), delle 4 cellule cui si oppone.

Dimensioniamo ora la nostra cellula a base ottagonale, a blocchi di 2 isole contrapposte, mantenendo alla maggior parte delle celle i piani di lavoro con flusso destrorso.

Il lay-out che si genera, è distribuito su una superficie rettangolare mediamente regolare (10,20 x 8,43 m.), conformata idealmente al massimo utilizzo dello spazio in rapporto alla nostra cellula. Circoscriviamo ora, come in precedenza, il cluster a 6 posti ottenuto, con corridoi perimetrali di larghezza 1,2 m. paralleli allo sviluppo delle cellule, ricavando un impegno areale complessivo pari a mq.86,05 su un perimetro di 37,27 m. (vedi figura).

Come nella soluzione precedente, tratteggiando le aree non dedicate ai percorsi nel nostro *piano tipo*, vengono definite le aree di risulta destinabili ad attività accessorie nella misura di 14 mq..

La configurazione ottenuta non presenta particolari problematiche dal punto di vista di preservazione della *privacy* visiva e acustica. Non vediamo inoltre particolari problematiche nel conferire ad una qualsiasi delle isole di lavoro, una distribuzione dei piani di tipo sinistrorso. Attribuiremo nuovamente alla cellula in basso a destra questa peculiarità.

Quindi riepilogando:

- Area impiegata dai posti lavoro: mq.31,08
- Area impiegata dai percorsi secondari: mq.40,97
- Area occupata da spazi di risulta: mq.14
- Totale area: mq.86,05
- Impiego di spazio per isola di lavoro: mq.5,18
- Impiego totale di spazio per posto lavoro (escludendo gli spazi di risulta): mq.12
- Impiego totale di spazio per posto lavoro: mq.14,3

Cluster a base ottagonale a 12 + 12 posti lavoro

Iniziamo il nostro terzo esperimento progettuale sulla cellula a base ottagonale, per verificare se, anche in questo caso, sono rilevabili eventuali criticità intrinseche alla matrice geometrica della cellula.

Distribuiamo quindi su una superficie rettangolare mediamente regolare (18,94 x 13,74 m.; conformata, anche in questo caso, idealmente, al massimo utilizzo dello spazio in rapporto alla nostra cellula), due blocchi da 12 isole di lavoro ciascuno (tutte a flusso di lavoro destrorso meno una[97]), divisi da un corridoio centrale e circoscritti da corridoi perimetrali tutti larghi 1,2 m..

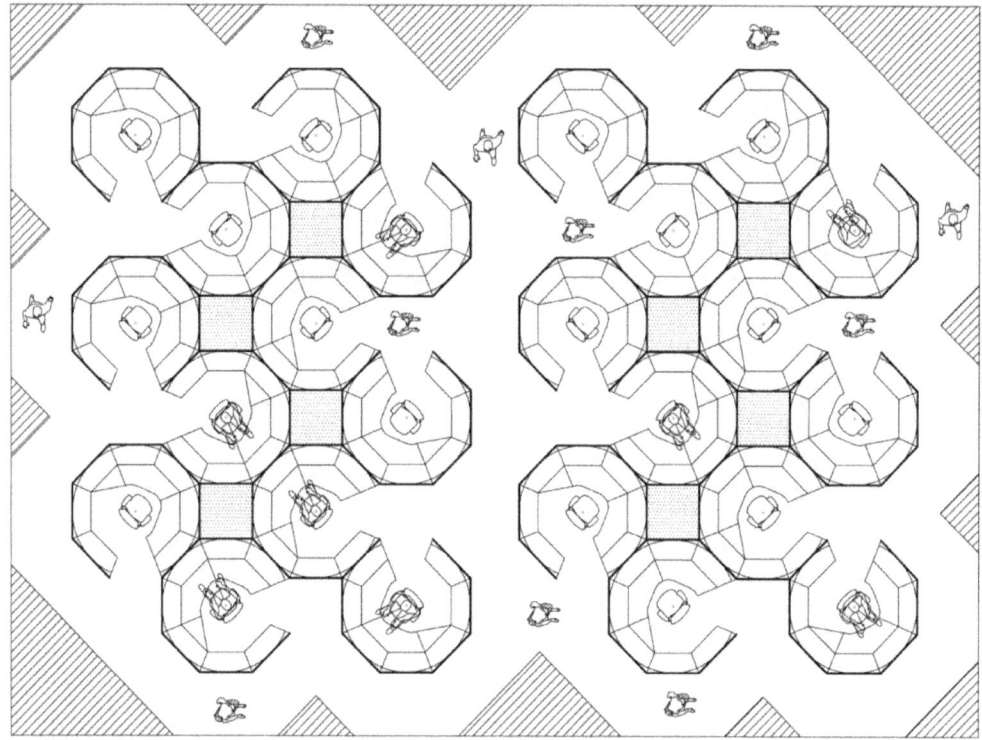

L'impegno di superficie che si ottiene è pari a 260,27 mq. al lordo dei corridoi, su un perimetro pari a 65,37 m..

Come nella soluzione a 6 posti di lavoro, tratteggiando le aree non dedicate alla percorribilità del nostro *piano tipo*, vengono definite le aree di risulta destinabili ad attività accessorie nella misura di 21,9 mq..

Rispetto alle configurazioni precedenti, dimensionate su poligoni assimilabili per aggregazione (o tassellatura) multipla, la cui somma degli angoli genera un angolo giro, nel caso dell'ottagono la struttura di aggregazione a massima utilizzazione di spazio, pur generando 4 spazi regolari *ciechi* su ogni gruppo di 12 cellule, consente per contro una distribuzione delle stesse e dei loro percorsi di accesso, che esclude completamente la possibilità di interferenze visive ed acustiche[98] tra i posti lavoro.

---

[97] *Posizionata nel lay-out in basso a destra*
[98] *Ci riferiamo, come nei precedenti esperimenti, a perturbative acustiche di tipo diretto: non riflesso.*

Questa peculiarità della cellula ottagonale, consente una vasta gamma di possibilità espressive a livello di pianificazione dello spazio, senza dover ricorrere all'impiego di speciali artifizi per la protezione della *privacy* visiva ed acustica.

Quindi riepilogando:

- Area impiegata dai posti lavoro: mq.124,32
- Area impiegata dai percorsi secondari: mq.114,66
- Area occupata da spazi di risulta: mq.21,29
- Totale area: mq. 260,27
- Impiego di spazio per isola di lavoro: mq. 5,18
- Impiego totale di spazio per posto lavoro (escludendo gli spazi di risulta): mq.9,95
- Impiego totale di spazio per posto lavoro: mq.10,84

COMPARAZIONE TRA LE VARIE GEOMETRIE DI ISOLA LAVORATIVA

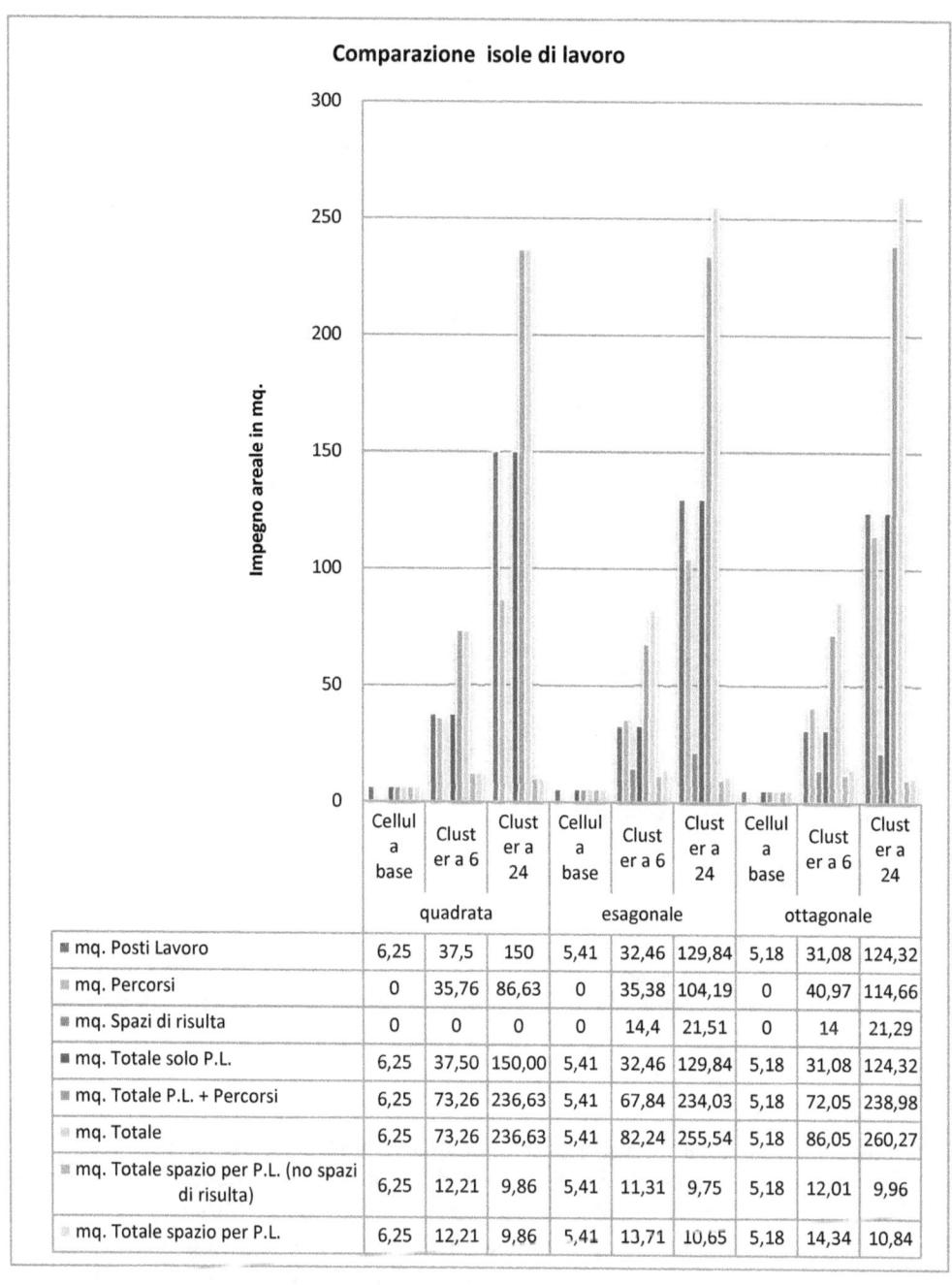

	Cellula base (quadrata)	Cluster a 6 (quadrata)	Cluster a 24 (quadrata)	Cellula base (esagonale)	Cluster a 6 (esagonale)	Cluster a 24 (esagonale)	Cellula base (ottagonale)	Cluster a 6 (ottagonale)	Cluster a 24 (ottagonale)
mq. Posti Lavoro	6,25	37,5	150	5,41	32,46	129,84	5,18	31,08	124,32
mq. Percorsi	0	35,76	86,63	0	35,38	104,19	0	40,97	114,66
mq. Spazi di risulta	0	0	0	0	14,4	21,51	0	14	21,29
mq. Totale solo P.L.	6,25	37,50	150,00	5,41	32,46	129,84	5,18	31,08	124,32
mq. Totale P.L. + Percorsi	6,25	73,26	236,63	5,41	67,84	234,03	5,18	72,05	238,98
mq. Totale	6,25	73,26	236,63	5,41	82,24	255,54	5,18	86,05	260,27
mq. Totale spazio per P.L. (no spazi di risulta)	6,25	12,21	9,86	5,41	11,31	9,75	5,18	12,01	9,96
mq. Totale spazio per P.L.	6,25	12,21	9,86	5,41	13,71	10,65	5,18	14,34	10,84

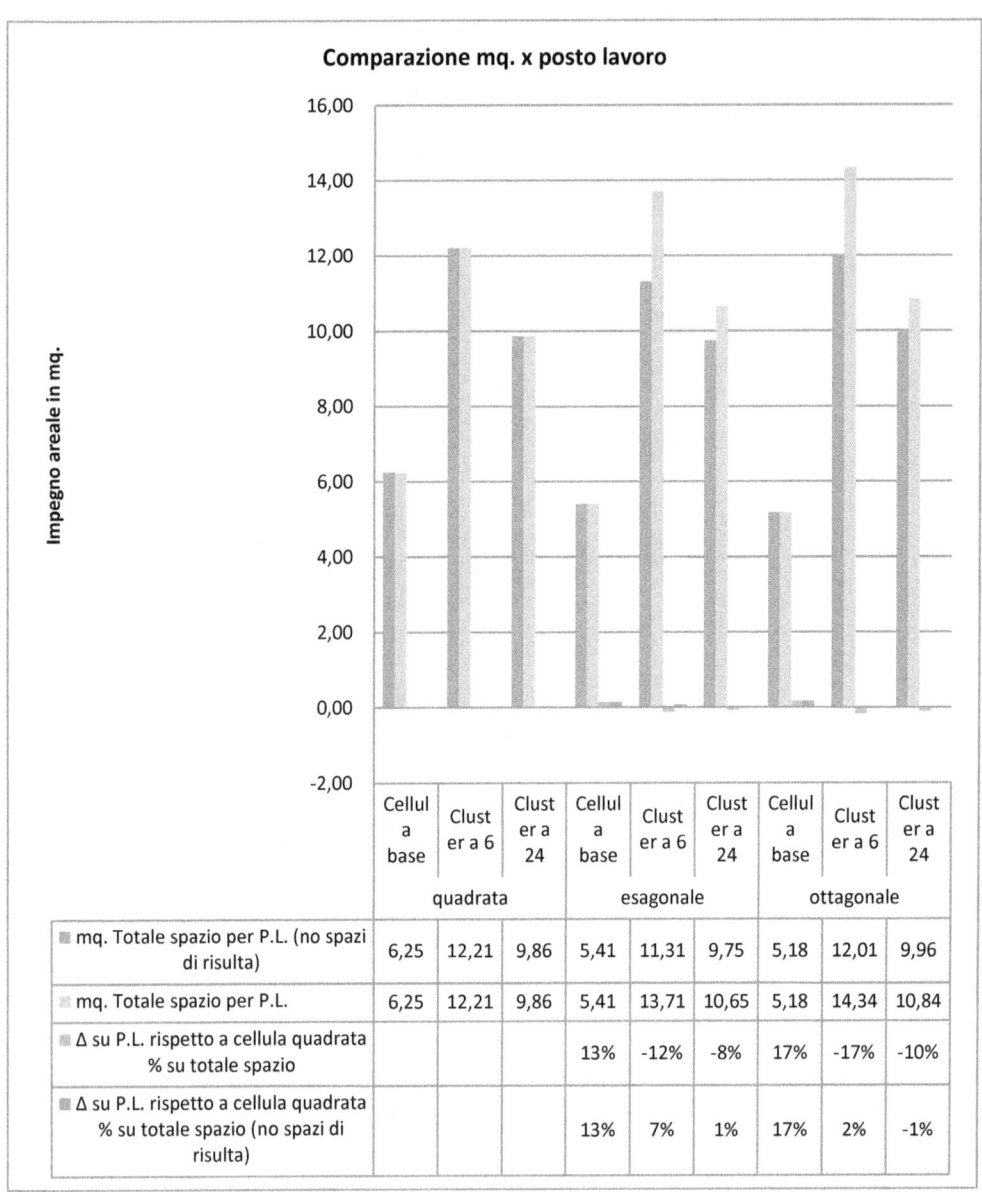

Dalle due matrici comparative (in particolar modo nella seconda dove si relaziona la superficie di impegno areale del singolo posto di lavoro, comprendendo in esso i relativi percorsi di impianto, ma evidenziando anche il risultato *senza* gli spazi di risulta), si evince quanto le celle sia esagonale sia ottagonale, rispetto alla cella quadrata, appaiano avvantaggiate se comparate singolarmente per la *superficie inferiore* che impegnano (13% in meno a favore della cella esagonale e 17% in meno a favore della cella ottagonale).

Svantaggiate se le si compara al cluster a 6, ma solo nel caso si comprendano (oltre ai corridoi) anche gli spazi di risulta, rispetto alla quadrata, un +12% per la esagonale, e un + 17% per la ottagonale. Nel caso la comparazione escluda gli spazi accessori (come a nostro avviso è giusto che sia: sono spazi occupabili, come abbiamo detto, da attività complementari necessarie allo svolgimento del lavoro che altrimenti sarebbero da aggiungere), entrambe tornano a generare vantaggio: 7% in meno per la cellula esagonale e 2% in meno per la cellula ottagonale.

Relativamente ai *clusters* più complessi da 24 posti, vediamo che, come per la soluzione a 6, appaiono svantaggiati se comparati sommati agli spazi accessori (+ 8% per la esagonale e + 10% per la ottagonale). Appaiono invece abbastanza equivalenti nella soluzione senza le superfici eccedenti: -1% per la soluzione esagonale (0,11 mq.) e + 1% per la soluzione ottagonale (0,1 mq.).

Occorre dire che il delta differenziale tra la soluzione ottagonale e le altre è costituito, di fatto, dalla *quota* relativa allo spazio di risulta *cieco*, posto in posizione baricentrica rispetto ai *clusters* a 4 posti centrali. Spazio che, come abbiamo detto, se utilizzato come *cavedio* o spazio tecnologico, oppure come area distale *espansiva* mediante accorgimenti dedicati (varchi e piani ecc.), delle 4 cellule cui si oppone, può immediatamente portare in positivo il leggero *gap* areale rispetto alla soluzione esagonale.

Soluzione che, unitamente a quella a matrice quadrata, fa declinare questo supposto vantaggio, a favore della soluzione ottagonale, per la favorevole possibilità di dislocazione dei posti lavoro, che, nella soluzione ottagonale, esclude completamente la possibilità di interferenze visive e acustiche a beneficio della privacy lavorativa.

4.2 LE ISOLE DI LAVORO SPECIALIZZATE IN SPAZI APERTI

Identificata, quindi, una delle possibili geometrie da utilizzare per la nostra isola di lavoro, (abbiamo adottato in questo caso la cellula spaziale ottagonale), ci soffermeremo ora sulle cosiddette *isole di lavoro specializzate*; ossia quelle stazioni lavorative che, per caratteristiche *peculiari* intrinseche alla specialità lavorativa, hanno necessità di speciali derivazioni *conformative* (rispetto alla cellula *base*) che ne variano la loro struttura e il dislocamento.

Utilizzando quindi la cellula spaziale ottagonale come soluzione *base*, andremo ora a identificarne alcune varianti destinabili a *lay-out* in *pianta aperta*:

1 - ISOLA DI LAVORO CON NECESSITÀ DI RICEVIMENTO AL POSTO LAVORO

(es. capiufficio, servizi di consulenza al cliente, ecc.)

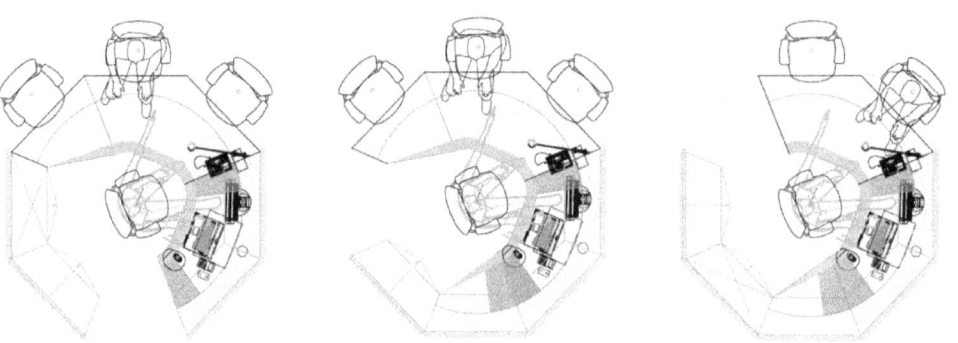

2 - ISOLA DI LAVORO GEMELLATA LATERALMENTE

(per *cluster* a 2 posti, piccoli spazi, ecc.)

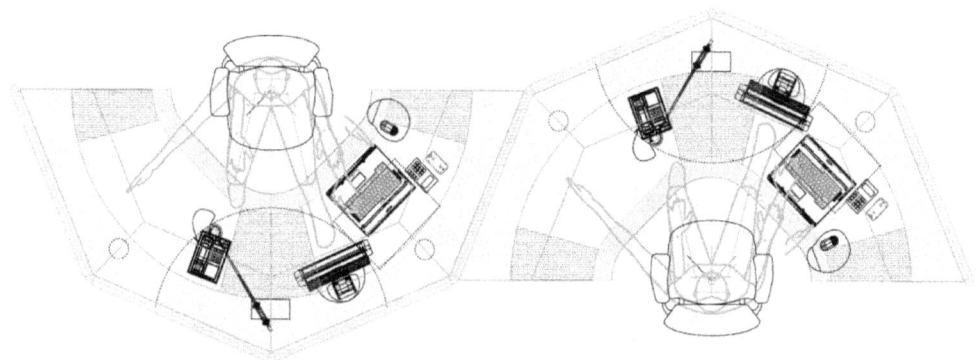

3 - ISOLA DI LAVORO GEMELLATA FRONTALMENTE E LATERALMENTE

(per *clusters* a 4 posti in piccoli spazi)

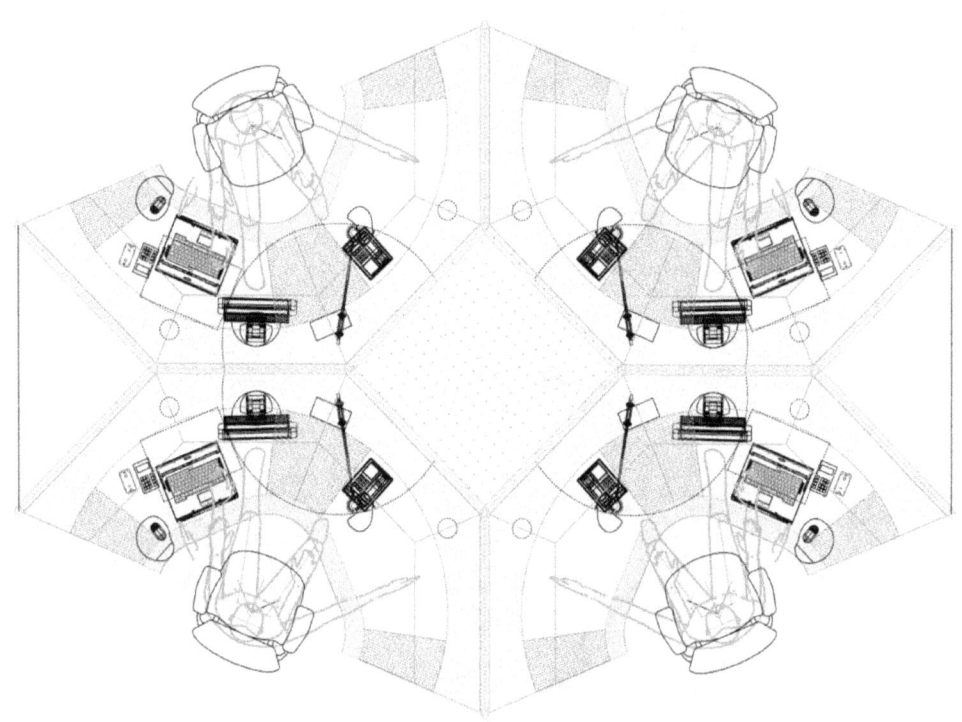

4 - ISOLE DI LAVORO TIPO BANCONE RECEPTION O BOX SPORTELLO

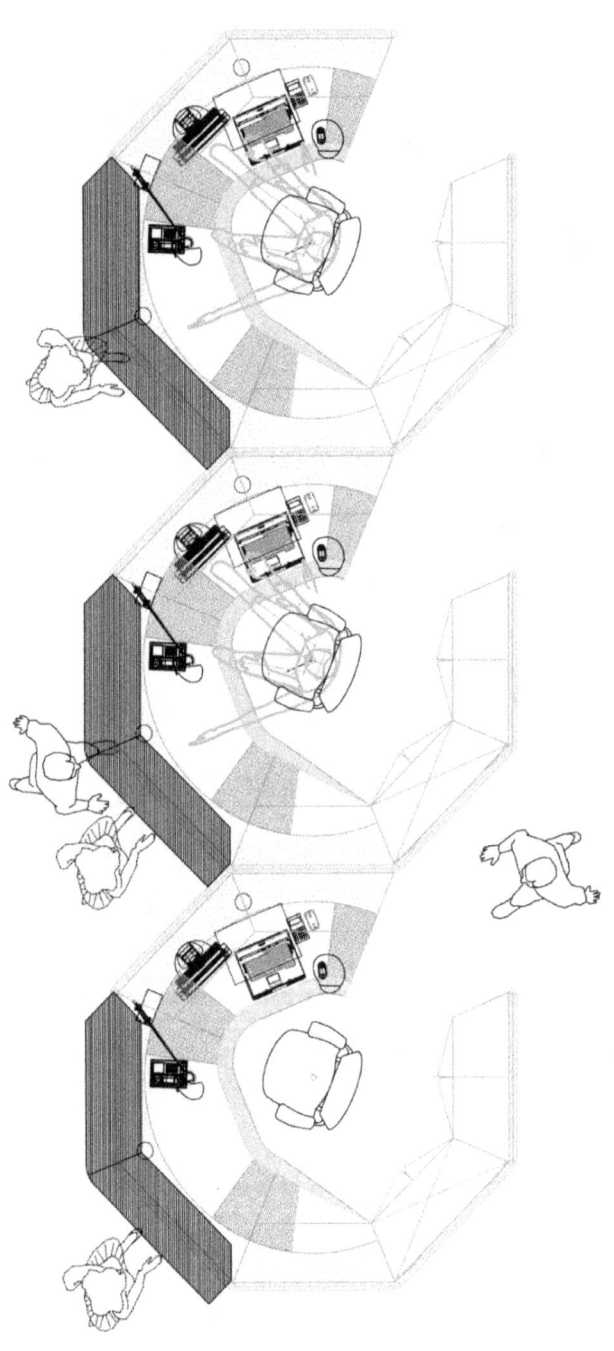

5 - ISOLA DI LAVORO CON MAGGIORI SUPERFICI DI DISPIEGAMENTO DOCUMENTALE (UFFICI TECNICI, AREE CAD)

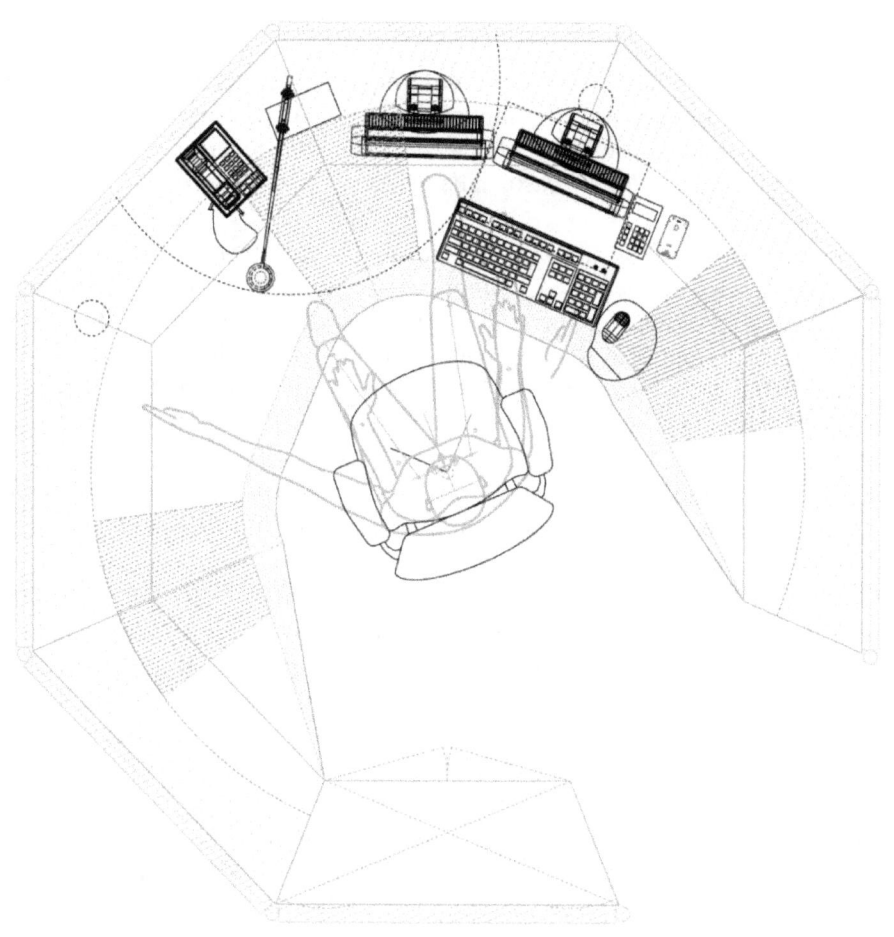

4.3 LE AREE DI LAVORO COLLETTIVE

Prima di addentrarci nelle dinamiche progettuali delle aree di lavoro collettive, occorre fare una doverosa precisazione concettuale sul cosiddetto *"lavoro di gruppo"*.

IL LAVORO DI GRUPPO

Quasi tutte le aziende enfatizzano il lavoro di gruppo come modello operativo vincente sul mercato: esistono innumerevoli pubblicazioni, esercitazioni, corsi su come creare e gestire un *gruppo di lavoro*, sulla psicologia e le dinamiche del gruppo, ecc., ma la realtà è purtroppo ben diversa, in questo caso, dalla teoria.

Nella maggior parte dei casi, in azienda si lavora *da soli*, facendo leva sulle abilità e competenze del singolo, mentre si *confonde* erroneamente il lavoro di gruppo, con l'appartenenza a un reparto, una divisione, un dipartimento. Inoltre, lavorare *individualmente* non significa non far parte di una *squadra*, intesa come un team di persone, normalmente guidate da un leader, focalizzate e motivate a raggiungere un obiettivo condiviso.

Aziendalmente parlando, il *lavoro di gruppo* si esprime concretamente con la partecipazione alle riunioni o i *brainstorming* dipartimentali o, per la discussione delle linee d'azione sostenute e proposte dal top management.

Altra cosa sono i gruppi di lavoro *temporanei*, formati da persone appartenenti a enti diversi, o con professionalità diverse, che si riuniscono e operano assieme *trasversalmente*, ma in maniera *coordinata* per affrontare e risolvere un problema che non sarebbe risolvibile singolarmente dai singoli componenti o dalle loro funzioni aziendali di appartenenza.

Per soddisfare pertanto entrambe le necessità, *individuali* e *collettive*, occorrono spazi operativi *dedicati*, di varia *specialità*, debitamente strutturati e separati tra loro.

Quello che ci preme sottolineare chiaramente, quindi, è che: il *lavoro di gruppo* è un tema organizzativo da *non* confondere con lo *spazio collettivo*: cosa che purtroppo avviene frequentemente.

Incaute (o inconsapevoli sulle conseguenze) decisioni assunte in merito al contenimento dei costi sulle opzioni di arredo, vengono sovente spacciate per esigenze di carattere organizzativo e occultate appunto dal vessillo del *lavoro di gruppo*.

Decisioni che quasi sempre vanno a orientarsi verso le classiche soluzioni a *cluster* (quattro posti di lavoro contrapposti frontalmente che condividono i due lati della scrivania, a volte separate da schermi leggeri da scrivania dalla sagoma più o meno ondeggiante).

Tutto questo a scapito delle prestazioni e della qualità lavorativa che, come si evince da questo libro, possono scendere al di sotto del 30-40%, con una qualità lavorativa (output produttivo) certamente molto bassa e con ricadute sulla salute dei lavoratori misurabili nel tempo.

Quindi: il potenziale risparmio su un investimento non effettuato oggi (magari analizzando bene l'ambiente e seguendo le regole che qui stiamo tracciando), si traduce in un nocumento di vaste proporzioni per tutta l'impresa, le cui ricadute future sono purtroppo facili da immaginare.

GLI SPAZI MEETING COME SPAZI DI ATTRAZIONE SOCIALE

Abbiamo espresso poco fa il nostro parere relativo al lavoro individuale e quello collettivo. Dobbiamo ora occuparci di costruire gli spazi di lavoro *collettivi* affinché possano essere, oltre che performanti dal punto di vista ergonomico e tecnico, veri e propri spazi che favoriscano la relazione interpersonale; l'espressione della creatività e la partecipazione del singolo, al lavoro di gruppo.

Quindi, gli spazi collettivi dovranno esprimere *attrazione*, invito all'*accesso* agli stessi, e favorire la comunicazione con le persone.

La trasformazione delle sale riunioni in *spazi di attrazione sociale*, implica la comprensione dei delicati meccanismi relazionali tra gli individui; quali le distanze interpersonali. Temi che occorre trattare introducendo il concetto di *Prossemica*.

INTRODUZIONE ALLA PROSSEMICA

Significato

Varie interpretazioni del significato di prossemica sono recuperabili nella letteratura specialistica. Noi utilizzeremo, ritenendola sufficientemente esauriente, parti della premessa di Umberto Eco alla prima edizione italiana del saggio di *E.T. Hall* (padre della disciplina), pubblicata da Bompiani nel 1968.

'*…la Prossemica, disciplina a cui Hall ha conferito uno statuto preciso, costituisce il primo tentativo organico di una semiologia dello spazio […] vuole costituire per lo spazio quello che la linguistica costituisce per l'universo dei segnali verbali […] La prossemica potrebbe essere così intesa come una tecnica di lettura della spazialità come canale di comunicazione*[99] *[…] Stare a una certa distanza dal nostro simile (nell'atto erotico come nel rapporto d'affari, nella riunione politica come nell'articolazione di grandi spazi urbanistici) ha un significato. E il significato cambia con il mutare della distanza; e le distanze acquistano valori diversi in diversi modelli culturali. Un tedesco non interpreta le distanze nello stesso modo di un americano o di un italiano. Spostare un mobile significa cose diverse in una casa francese o in una casa giapponese. La distanza cui è percepibile il nostro alito, la fascia termica che separa la nostra zona di irradiazione da quella altrui, sono elementi di un linguaggio preciso (che Hall misura in metri e centimetri – o in piedi e pollici) che varia da paese a paese. Lo spazio parla e*

---

[99] Hall E.T., *La Dimensione Nascosta*, trad. it. Milano, 1968, (ed. orig. The Hidden Dimension, New York, 1966), p. VIII

parla anche quando non vogliamo ascoltarlo; parla per precise convenzioni culturali, ma parla anche in base a profondi radicamenti biologici (che Hall va a ricercare nel comportamento animale), così che l'ignoranza del linguaggio spaziale può portare l'uomo (dai rapporti individuali alle grandi decisioni collettive) alla propria distruzione'[100]. *Infine: '...la prossemica ci aiuta dunque a capire il significato dello spazio. Non ci dice che cosa, negli spazi scoperti, ci sia da conservare o distruggere. Ma ci ricorda che oggi, in questo campo, stiamo conservando o distruggendo, indiscriminatamente, qualcosa che non conosciamo, di cui spesso ignoriamo il peso, o addirittura l'esistenza. Come ogni scienza, dunque, ci offre gli strumenti per una coscienza più chiara della nostra situazione...'*[101].

Lo spazio semideterminato

Hall, citando gli esperimenti di *Osmond* nel suo centro sanitario e scientifico nel *Saskatchewan*, definisce questi esperimenti come i *primi* a dimostrare il rapporto intercorrente tra il comportamento umano e lo spazio semideterminato: *'...Osmond aveva notato che vi sono degli spazi, come quello delle sale d'aspetto ferroviarie, che tendono a mantenere le persone in isolamento reciproco, spazi che egli definì di "fuga sociale"; mentre altri, che egli definì "spazi di attrazione sociale", inducono la gente a riunirsi: esempi di questo tipo di spazio erano le vecchie posterie e sono le terrasses coperte di tavolini dei caffè francesi...'*[102]. Gli esperimenti di *Osmond* e di *Sommer*, uno psicologo americano, portarono ad individuare che le conversazioni più frequenti tra le persone sedute ad un tavolo (profondo c.a. 91 cm.), avvenivano tra le persone sedute ad angolo (due volte di più di quelle sedute fianco a fianco, sei volte di più di quelle sedute di fronte). *Hall* però precisa un aspetto determinante in premessa al capitolo successivo: *'...i risultati degli esperimenti descritti non sono universalmente applicabili. Vale a dire che il rapporto attraverso due lati di un angolo retto, è adatto soltanto a: a) conversazioni di un certo tipo, fra b) persone di una certa relazione, e c) in situazioni culturali assai limitate. Secondariamente ciò che è foriero di "fuga sociale" in una cultura può invece provocare "attrazione sociale" in un'altra. Terzo non è detto che uno spazio di fuga sociale sia sempre negativo, né che uno spazio di attrazione sociale sia sempre una buona cosa. Ciò che è davvero desiderabile è la flessibilità e la coerenza tra progetto e funzione cosicché si possano creare varie e numerose situazioni spaziali, e che le persone possano essere più o meno coinvolte, a seconda dei casi...'*[103].

Da queste prime indicazioni ricaviamo quanto la comprensione del significato delle distanze tra esseri umani sia determinante per lo studio degli ambienti destinati alla

---

[100] Ibidem, p. VI
[101] Ibidem, p. XI
[102] Ibidem, p. 138
[103] Ibidem, p. 140

relazione sociale. Il fraintendimento di questi significati, come conclude Hall: '*...può provocare veri disastri...*'[104].

Le distanze dell'uomo

Hall introduce il tema delle distanze negli uccelli e nei mammiferi, citando la classificazione di *Hediger* in: distanze di fuga, distanza critica e distanza personale e sociale. Queste ultime due, secondo *Hall*, sono ancora presenti nell'uomo, ma necessitano di una ulteriore suddivisione in quattro distanze: *intima, personale, sociale* e *pubblica*; ognuna delle quali ulteriormente definita nelle sue due fasi di: *vicinanza* e *lontananza*.

Hall nuovamente precisa quanto il senso *umano* dello spazio sia dinamico e connesso (come per gli animali) all'azione. Quindi non è detto che per ogni effetto vi sia *una* sola causa, come che il *confine* dell'uomo coincida con quello del proprio corpo in quanto parte di una serie di: '*...campi che espandono e si contraggono fornendo informazioni di vario genere...*'[105].

La classificazione delle distanze di *Hall*, può essere, per i nostri fini, così riassunta:

DISTANZA INTIMA

(Fase di vicinanza: 0-15 cm. - Fase di lontananza 15-45 cm.). Corrisponde al massimo coinvolgimento fisico. E' la distanza che caratterizza i rapporti intimi, il conforto, la protezione, ma anche la lotta.

E' considerato sconveniente dagli occidentali mantenere volontariamente una distanza intima in pubblico, anche se gli affollamenti nei trasporti pubblici mettono gli individui quotidianamente e forzosamente in questa condizione.

DISTANZA PERSONALE

(Fase di vicinanza: 45-75 cm. - Fase di lontananza 75-120 cm.). Permette di entrare in vario rapporto con l'altro mediante le estremità, con un minimo sforzo da parte degli

---

[104] *Ibidem, p.142*
[105] *Ibidem, p.145*

interlocutori nella fase di vicinanza (45-75 cm.: es. dialogo tra coniugi), o appena oltre quello che viene sentito come il proprio dominio fisico, costituito dalla misura del braccio teso, nella fase di lontananza (75-120 cm). Questa è la distanza dove si discutono argomenti di carattere personale.

DISTANZA SOCIALE

(Fase di vicinanza: 120 - 210 cm. - Fase di lontananza 210-360 cm). E' la situazione in cui, non essendoci possibilità di contatto con l'altro, si esce dalla sua sfera di coinvolgimento fisico e emotivo ed è quella che interessa noi in quanto è la distanza in cui si svolgono le conversazioni di lavoro.

Nella fase di vicinanza (120-210 cm.) normalmente si trattano gli argomenti lavorativi tra persone che operano negli stessi gruppi di lavoro o la si usa per conversazioni di tipo occasionale. Come scrive Hall "...*stare in piedi e guardare dall'alto una persona seduta a questo intervallo, ha un effetto di dominio, come quando si parla ad un proprio dipendente o segretario...*" [106]. Si può dire che all'interno di questo *range* vanno ricercate le dimensioni utili per il corretto linguaggio spaziale nelle sale meeting, quando vengono utilizzate per operare o condividere informazioni, a livello di gruppi di lavoro (team-work). Nella fase di lontananza (210-360 cm.) si trattano invece gli affari o le conversazioni quando si vuole definire una distanza di tipo "formale" dall'interlocutore, rispetto alla distanza precedente.

All'interno di questo range dimensionale, è quindi possibile: "...*isolare o schermare reciprocamente gli individui: è una distanza che rende loro possibile continuare a lavorare in presenza di altri senza apparire sgarbati [...] Se l'impiegata è a meno di tre metri da un'altra persona [ndr. Si intende a livello visivo], anche estranea, sarà tanto coinvolta da essere virtualmente obbligata a chiacchierare. Se ha più spazio, invece può lavorare in tutta libertà senza necessità di scambiare parola...*"[107].

DISTANZA PUBBLICA

(Fase di vicinanza: 360 - 750 cm. - Fase di lontananza da 750 cm. in su). E' generalmente la distanza che separa un oratore dal proprio pubblico, che vede aumentare per ragioni fisiche l'ampiezza dei gesti e l'altezza della voce per permettere ai propri messaggi di raggiungere i destinatari.

---

[106] *Ibidem, p. 153*
[107] *Ibidem, p. 154*

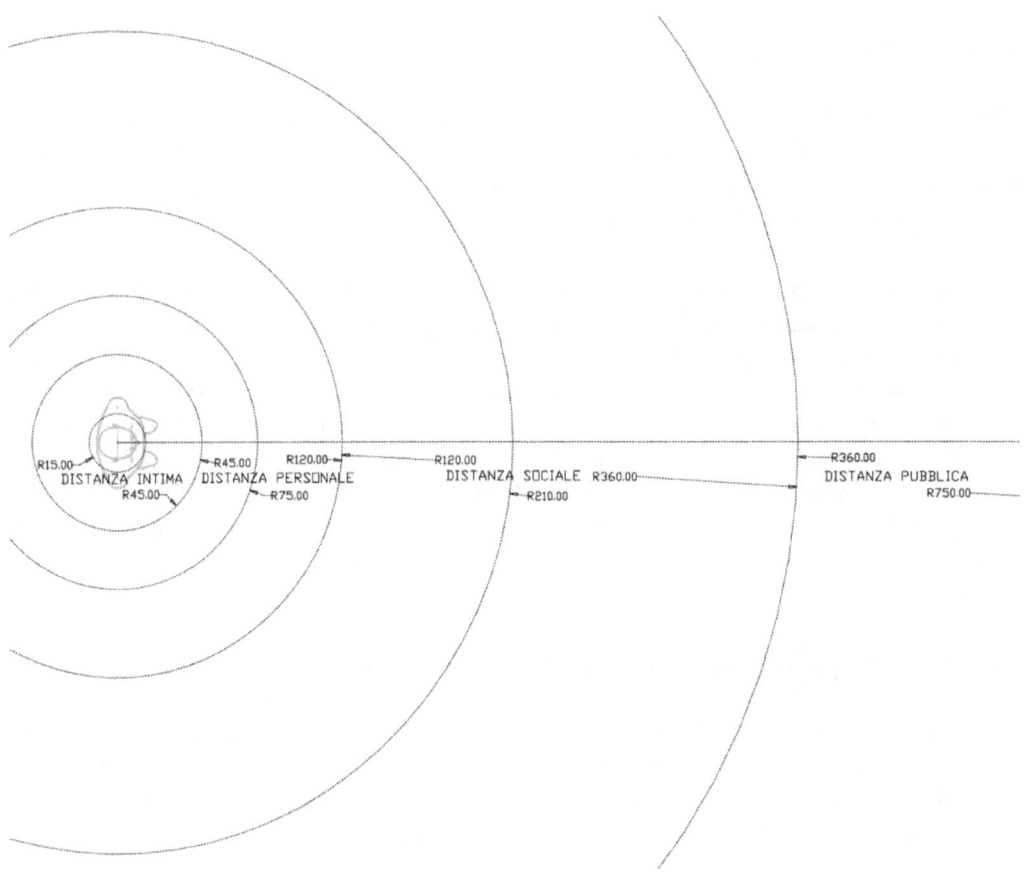

La distanza sociale nelle diverse culture

LA CULTURA TEDESCA

La popolazione di cultura tedesca (Germania e Svizzera tedesca), percepisce il proprio spazio, scrive *Hall*, '*...come un'estensione dell'ego. La spia di questo sentimento si può scorgere nello stesso termine <Lebensraum: spazio vitale>, che è veramente intraducibile perché riassume troppe implicazioni...*'[108]. Per questo pone una grandissima attenzione alle intrusioni di tipo visivo ed acustico. Dagli studi di *Hall*, per le popolazioni di cultura germanica, l'invasione *visiva* di uno spazio, costituisce una vera e propria violazione della privacy sociale e quindi dell'ego personale.

Medesima attenzione anche alla privacy acustica e all'utilizzo generalizzato delle *porte* (con prestazioni fonoisolanti e da chiudere rigorosamente) come strumento di confine, deputato alla preservazione dell'*integrità* dello spazio (pubblico o privato che sia) a difesa e protezione della privacy reciproca.

La cultura tedesca, secondo *Hall*, pone anche grande considerazione al valore e alle regole di *posizione* degli arredi in una stanza, in base alla distanza sociale (di vicinanza o lontananza) che si vuole stabilire associata agli arredi in un particolare spazio. Muovere questo equilibrio da parte di terzi (attraverso anche il semplice spostamento una sedia) è considerabile come atto di maleducazione e genera il più delle volte, irritazione all'ospite.

LE CULTURE AMERICANA E INGLESE

In America, a casa come in ufficio, la porta tenuta aperta, ha invece il significato di rendersi disponibile per chiunque avesse bisogno di interloquire. Ovviamente vale anche il contrario: la chiusura di una porta assume il significato di protezione di uno spazio da perturbative perché al suo interno si sta svolgendo qualcosa per cui si desidera avere privacy (conversazioni riservate, meeting, ecc.).

L'ambizione all'acceso ad uno *spazio privato* è, per gli americani, una meta da raggiungere sin dall'adolescenza: dalla camera privata dell'infanzia (rispetto ai fratelli o sorelle) all'ufficio privato dell'età adulta come conquista sociale.

---

[108] *Ibidem, p. 167*

In Inghilterra le cose, sin dall'infanzia, vanno diversamente. I bambini delle classi borghesi, sono abituati a condividere con i fratelli le stanze fino all'età del *college*. In seguito e fino all'età adulta, a condividere parchi, piazze e luoghi sociali di aggregazione come i *pub* (parola derivata appunto da: *public house*). La loro abitudine a condividere lo spazio con altri, li pone quindi nella condizione di non ambire al possesso assoluto di uno spazio privato come meta di conquista sociale.

In conseguenza a ciò, secondo *Hall*, gli inglesi avrebbero sviluppato una serie di meccanismi di estraniamento, ossia di barriere *recintuali interiori* che, agli occhi di un americano, presente nello stesso ambiente (e abituato a ricercare barriere *fisiche* per isolarsi), potrebbero assumere il significato di *rifiuto* o *avversione* da parte dell'altro individuo.

Gli inglesi, come peraltro i tedeschi, fanno un uso molto controllato del *volume* della voce. La loro abitudine a condividere spazi con terzi, ha fatto sviluppare un grande controllo del volume della voce e della direzionalità del suono, a protezione della privacy reciproca.

Bruno Elias racconta: '...*in Inghilterra, nelle grandi città, anche le case vittoriane vengono tagliate a fettine. L'appartamento dove abitavo, era inserito in una palazzina con altre sei unità residenziali [...] si condivide il pianerottolo, lo spazio per l'immondizia, il giardino, il posto auto/bici, il backyard, [...] anche se il famoso stiff upper lip non è ormai così intenso come una volta, gli inglesi sanno bene dove sono i confini della libertà della persona, specialmente nello spazio pubblico – e qui non c'entra solo il controllo della voce, c'è anche il rispetto e la cortesia verso l'individuo...*'[109].

La distanza sociale di relazione *formale* lavorativa, che corrisponde alla visione di *ascolto,* per gli inglesi avviene normalmente nella dimensione di lontananza (210-360 cm.) perché solo da questa distanza (visione maculare) è consentito abbracciare, con lo sguardo, entrambi gli occhi dell'interlocutore.

LE CULTURE LATINO EUROPEE

Le culture latino europee che, nella loro generalità, comprendono gli italiani, i francesi, gli spagnoli e i portoghesi, ma anche altre civiltà occidentali geo-referenziate culturalmente dal loro influsso storico e culturale come quella greca (o altre), si contraddistinguono da una maggiore abitudine storica al contatto personale rispetto alle culture nordiche, nonché a quelle tedesche, americane e inglesi.

---

[109] *Intervista all'amico Bruno Elias, Architetto.*

Questa abitudine alla condivisione nella vita pubblica, di ambienti affollati, in particolare in Italia, si esprime nel mondo del lavoro nella tendenza alla conquista di uno spazio privato esclusivo, come punto di arrivo della conquista sociale.

La condivisione *forzata* di spazi di lavoro in geometrie e ambienti, per il tessuto storico urbano preesistente, assolutamente poco inclini allo sviluppo del lavoro in ufficio, è quasi da considerare come un naturale processo di transizione per la conquista dell'*agognato* spazio *protetto* da barriere *fisiche* a difesa della propria privacy lavorativa.

In realtà, sappiamo benissimo che questo desiderio sociale è figlio delle infinite perturbative e segnali che l'inconscio capta e rilancia agli utenti per segnalare l'inadeguatezza della situazione spaziale vissuta al momento. Condizione psicofisica che purtroppo, l'ignoranza (intesa come la non conoscenza delle problematiche: l'oggetto di questo libro) e le convenzioni (l'abitudine a non considerare questi come *seri* problemi che inficiano la missione lavorativa) non consentono di riscontrare quale modello di confronto o di riferimento cui tendere, altri che l'ufficio del proprio *capo*, normalmente chiuso e protetto da interferenze visive e acustiche.

L'identificazione dell'ufficio *individuale* come luogo di conquista sociale è quindi in realtà frutto di un modello errato. Non tutti necessariamente debbono ambire alla vita manageriale per conquistare una giusta dimensione psicofisica nel proprio spazio lavorativo.

E' purtroppo l'abitudine alla condivisione di spazi ad alta concentrazione di persone, senza la consapevolezza delle condizioni di idoneità allo svolgimento della vita lavorativa, che genera una sorta di remissiva accettazione del convenzionale *status quo* nella stragrande maggioranza degli uffici moderni. Condizione, purtroppo, molto simile a un *noviziato* o apprendistato *temporaneo* che, nella maggioranza dei casi, si tramuta regolarmente nello *standard* di vita dell'impiegato. Per contro, per il capufficio che ne è appena uscito conquistando l'agognato ufficio individuale, quasi una forma di *distinzione sociale* verso il resto degli impiegati con tutte le implicazioni derivate che esso può comportare (nonnismo, mobbing, ecc.).

L'attenzione agli aspetti della privacy visiva e acustica, nella cultura latino europea è, per molti versi, molto simile a quella americana.

Oltre all'ambizione alla privacy dell'ufficio individuale (anche se per motivi di matrice diversa: in America lo spazio non manca), anche qui il significato di "porta aperta o chiusa" assume lo stesso concetto. Come, peraltro, la stessa minore attenzione al controllo del volume di voce (tendenzialmente più alto) rispetto a quelli inglese o tedesco.

LA CULTURA ARABA

Benché vicinissimi, di frequentazione millenaria e di progressiva integrazione sociale, il mondo occidentale europeo e quello genericamente definito di lingua o cultura *araba*, stentano ancora a comprendersi.

In particolare, nella zona araba nord africana del vicino Mediterraneo, come in alcune aree del vicino oriente, assistiamo oggi all'alba di una fase di transizione epocale, i cui effetti planetari saranno valutabili dagli storici, nel corso dei prossimi decenni. Gli effetti della globalizzazione sociale (*Knowledge Society:* internet, *social networks*, migrazione studentesca in università estere) hanno generato nelle giovani generazioni, una tensione crescente verso la conoscenza diffusa; la tecnologia e l'indipendenza di pensiero.

Tensione manifesta che si esprime attraverso fortissimi scontri di piazza, intolleranza a regimi monocratici, e che appare focalizzarsi verso un nuovo ideale di liberismo democratico di matrice occidentale, pur nel rispetto delle radici storiche e valoriali della tradizione araba.

Per tornare ai temi spaziali, proveremo ora a tracciare i diversi modi di concepire lo spazio tracciati da *Hall*, seguendo un modello abbastanza ancorato ai canoni classici della cultura araba dominante, ante: *"Rivoluzione dei gelsomini"*, partendo dal concetto di *sfera privata* negli *spazi pubblici*.

Nella cultura occidentale, lo spazio pubblico è tale nella misura in cui non viene temporaneamente occupato da una persona che lo conquista con la sua fisicità. Questa appropriazione *temporanea* stabilisce, convenzionalmente, un'area di inviolabilità della propria sfera personale, determinata dalle distanze intima e personale che, solo nella fase di lontananza (120 cm.), può essere considerata violabile attraverso una formale richiesta (es. per chiedere informazioni o altro).

Per la concezione araba di spazio pubblico, secondo *Hall,* non è così. Lo spazio pubblico è *di tutti* e, in quanto tale, ognuno ha il diritto di occuparlo indipendentemente dalla preventiva occupazione da parte di altri. L'esercizio di *"turbativa"* (come l'invasione della sfera considerata dagli occidentali *intima*) al fine di ottenere la *liberazione* di una parte di spazio pubblico occupato già da altri, è considerabile, secondo *Hall*, nel pieno diritto dell'uomo arabo.

Hall scrive: '*...nel mondo occidentale, persona è sinonimo di individuo preso nella totalità del suo organismo e in generale presso i nord-europei, non solo la pelle ma anche gli abiti tendono ad essere considerati inviolabili [...] Per gli arabi la collocazione della persona rispetto al corpo è completamente diversa: la persona è da* *qualche parte dentro il corpo...*'[110]. La percezione dell'ego nella parte più interiore dell'individuo (quindi più lontana), secondo *Hall*, acuisce e amplifica lo stile comunicazionale attraverso sia il tono della voce (tendenzialmente più alto) sia la mimica complementare (gestualità accentuata e mimica facciale). Tratti caratteristici che, uniti alle tradizioni negoziali *"di piazza"*, riconosciamo presenti anche nelle porzioni di popolazione europea, più direttamente affacciate al bacino mediterraneo centrale.

Bruno Elias, di nuovo racconta: '*...rimane però un rapporto stretto fra l'individuo e lo spazio pubblico, il parlare ad alta voce, il trattare gli affari eye-to-eye in piazza – qui, come diceva mio nonno, è dove l'uomo fa valere i "peli dei baffi", dove la parola vale più di una firma sul contratto – e la gesticolazione – di conseguenza una distanza di sicurezza di circa un metro, ovvero la lunghezza del braccio, spazio dove uno è "protetto" da tocchi estranei e allo stesso tempo raggiungibile da una stretta di mano...*'.

Mutuato dalla esigenza aggregativa (calore e ricchezza di rapporti umani) di localizzarsi in luoghi ad alta densità di popolazione, il concetto ideale di dimora nel mondo arabo (compatibilmente con le disponibilità finanziarie del singolo), consiste in un dimensionamento spaziale molto ampio. Tendenzialmente privo di divisori interni (grandi spazi), con soffitti alti, vista panoramica e possibilmente isolato dal contesto esterno dove conferire protezione, calore e dignità al nucleo famigliare.

Per contro, l'abitudine o la necessità aggregativa in localizzazioni urbane ad altissima densità, legato ad un concetto diverso di privacy materiale (assenza di divisori), ha sviluppato come negli inglesi, dei meccanismi di estraniamento funzionali alla riflessione personale. Meccanismi che possono risultare, anche in questo caso, se non compresi, oggetto di fraintendimento assumendo il significato di *rifiuto* verso il prossimo.

Nel rapporto di relazione (conversazione privata o di lavoro) per la cultura araba, appare sconveniente conversare camminando fianco a fianco, riservando all'interlocutore una visione periferica. E' al contrario rispettoso mantenere una posizione frontale e sostenere un approccio diretto ed intenso verso l'interlocutore.

---

[110] *Ibidem, p. 195*

Indicazioni ed esempi progettuali

Come emerge dal lavoro di Hall, che, seppur datato, riteniamo mantenga inalterato il suo formidabile contributo culturale, non tutti i popoli attribuiscono gli stessi significati convenzionali alle distanze fra gli interlocutori. La distanza sociale di vicinanza (ossia entro il *range* dei 120 - 210 cm.) è considerata *adeguata* in un rapporto mediamente formale, fra i popoli di localizzazione latino europea. Mentre per i popoli nord europei e gli inglesi, la distanza formale di conversazione appare essere quella di lontananza (*range* dai 210-360 cm).

Per le popolazioni arabe ma anche africane, abbiamo visto quanto non sia considerato sconveniente invadere la distanza *intima* occidentale, nella scala valoriale di *Hall*, se esercitata in luoghi pubblici.

Del resto, anche fra i popoli latino europei sono innegabili delle ulteriori sub-differenziazioni quali, ad esempio, la tendenza a conversare in distanze più ravvicinate (al limite della distanza personale) e la maggiore enfasi nel tono di voce e nella mimica gestuale, da parte degli italiani centro-meridionali e dei greci; rispetto agli italiani settentrionali o i francesi. Espressioni sociali localizzabili tendenzialmente più vicine alla cosiddetta "*cultura del contatto*", di matrice centro mediterranea.

Altra differenziazione culturale, evidenziata dalla lettura prossemica, è l'*angolazione* con cui le persone prediligono relazionarsi nello spazio conviviale. Gli italiani, come gli arabi, preferiscono un'orientazione di tipo *frontale*; al contrario degli inglesi e dei francesi che prediligono sedersi *fianco a fianco*, con le spalle rivolte al muro.

Le indicazioni che potremmo ricavare da tutto ciò, ai fini della corretta progettazione di spazi destinati ad attività lavorative di gruppo (per cominciare: il corretto dimensionamento di un oggetto spaziale apparentemente molto semplice quale può essere il *tavolo riunioni*) sono le seguenti.

La contrapposizione *frontale* tra interlocutori abbiamo visto essere la soluzione più condivisibile tra le varie culture, ivi comprendendo quella anglosassone. Da ciò si deriva come la geometria *rettangolare*, applicabile ai tavoli meeting, sia la più *idonea* all'uso interlocutorio per il parallelismo (uguaglianza) dei suoi lati. Del resto la stessa figura geometrica, consente anche un approccio colloquiale di tipo *angolare*, per almeno due dei suoi lati.

A livello di profondità dei piani, sarà da prediligere un *modello* che preveda una distanza *statica* di opposizione tra persone sedute (ossia persone in posizione di relax, con mani poste sul tavolo nella dimensione posturale analoga a quella del posto lavoro) calcolata in c.a. 178-180 cm. (distanza tra gli assi visuali di interlocutori opposti frontalmente).

Quest'ultima basata sulla misura antropometrica equivalente al 99° percentile maschile americano e nord europeo.

Ciò significa orientarsi verso una distanza sociale, spostata verso il limite *distale* di vicinanza (*range* fase vicinanza: 120-210 cm.). Distanza che, traslata a livello del piano di lavoro, appare essere coerentemente in linea con le indicazioni antropometriche raccolte nel capitolo precedente e si riassume nella sommatoria progressiva di: 10 cm. (area prossimale) + 50,3 cm. (area mediale) = 60 cm.. Ossia una profondità di piano coerentemente dedicata alla *protezione* del limite distale di vicinanza personale (pari a *r* = 75 cm.).

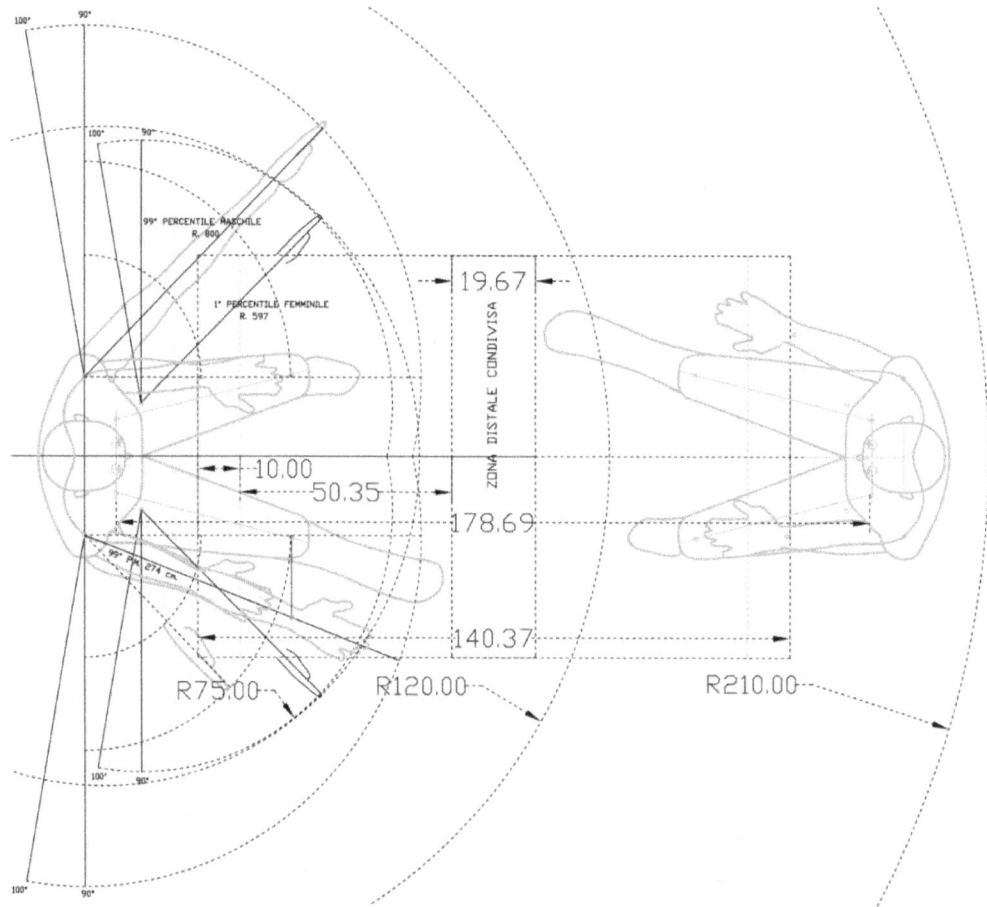

Oltre la dimensione dei 60 cm., vediamo dislocarsi un'area che potremo definire come *zona di condivisione* pari a c.a. 20 cm., posta oltre il raggio di utenza del *braccio* teso e corrispondente all'area distale (destinata ad attività tecnologiche) della nostra configurazione antropometrica precedente.

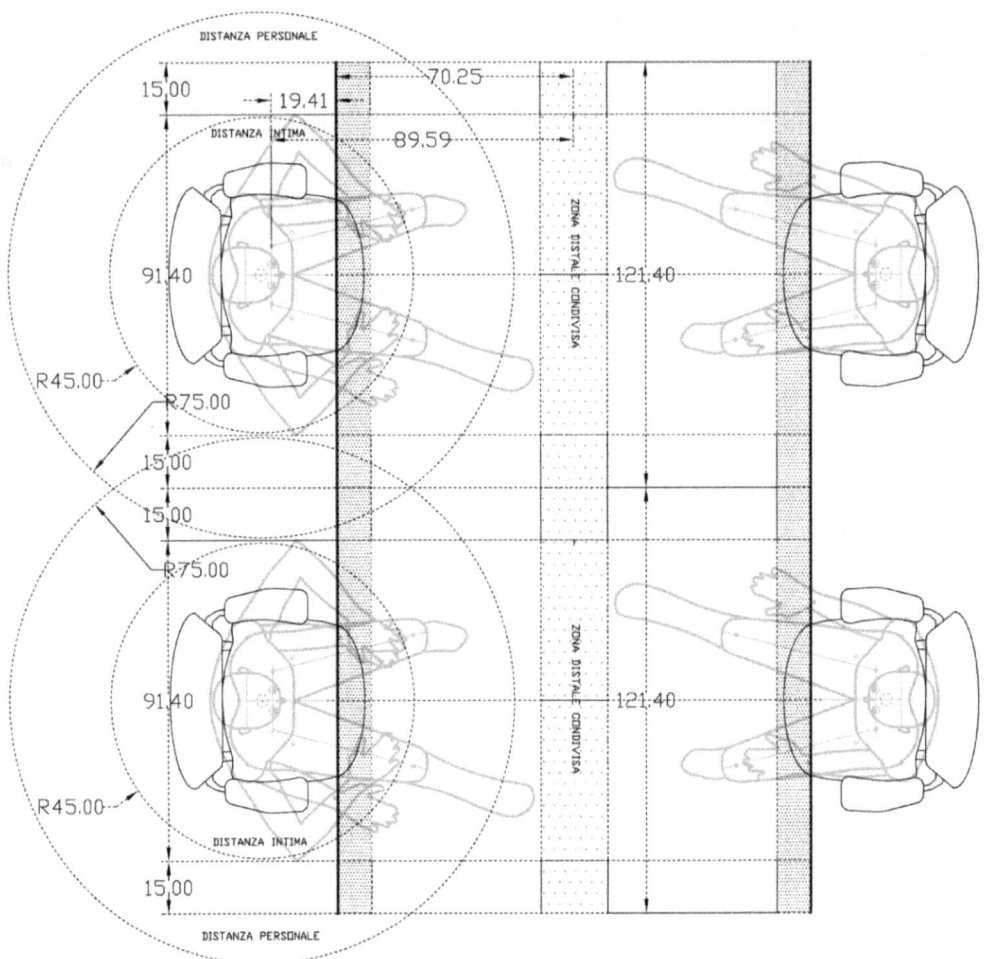

La risultante di queste distanze, (ripetiamo, conformata sul 99° percentile maschile), configura una superficie planare profonda c.a. 140 cm..

A livello di impegno di spazio in larghezza, utilizzeremo gli schemi dimensionali antropometrici proposti dal *Panero – Zelnik*[111] in merito alle dimensioni da impegnare relativamente ai tavoli riunione, corrispondenti a 91,4 cm. e comprendenti il massimo impegno di spazio esercitabile con gomiti allargati e appoggiati al piano di lavoro (stesso percentile). Sempre il lavoro di *Panero-Zelnik* indica come utile, in alcune configurazioni, aggiungere 15 cm. quale *zona franca* tra operatori seduti fianco a fianco.

La configurazione ottenuta quindi (vedi figura), dimensiona una superficie di piano di profondità 140 cm. c.a. e di passo modulare pari a c.a. 122 cm. per ogni *posto seduto* in

---

[111] Panero J.– Zelnik M., *Spazi a misura d'uomo*, trad. it Milano 1983 (ed. orig. *Human Dimension & Interior-Space*, New York, 1979), p. 194

condizioni di agio operativo (ossia senza potenziale contatto tra operatori in posizione adiacente). Tale configurazione prevede inoltre, nella ripetizione modulare, una protezione della distanza intima (r = 45 cm.), e un'area interferenziale *comune* nel raggio della distanza personale (nella fase di vicinanza: r = 75 cm.), garantita dal potenziale contatto dei gomiti dalla zona franca dei 15+15 cm..

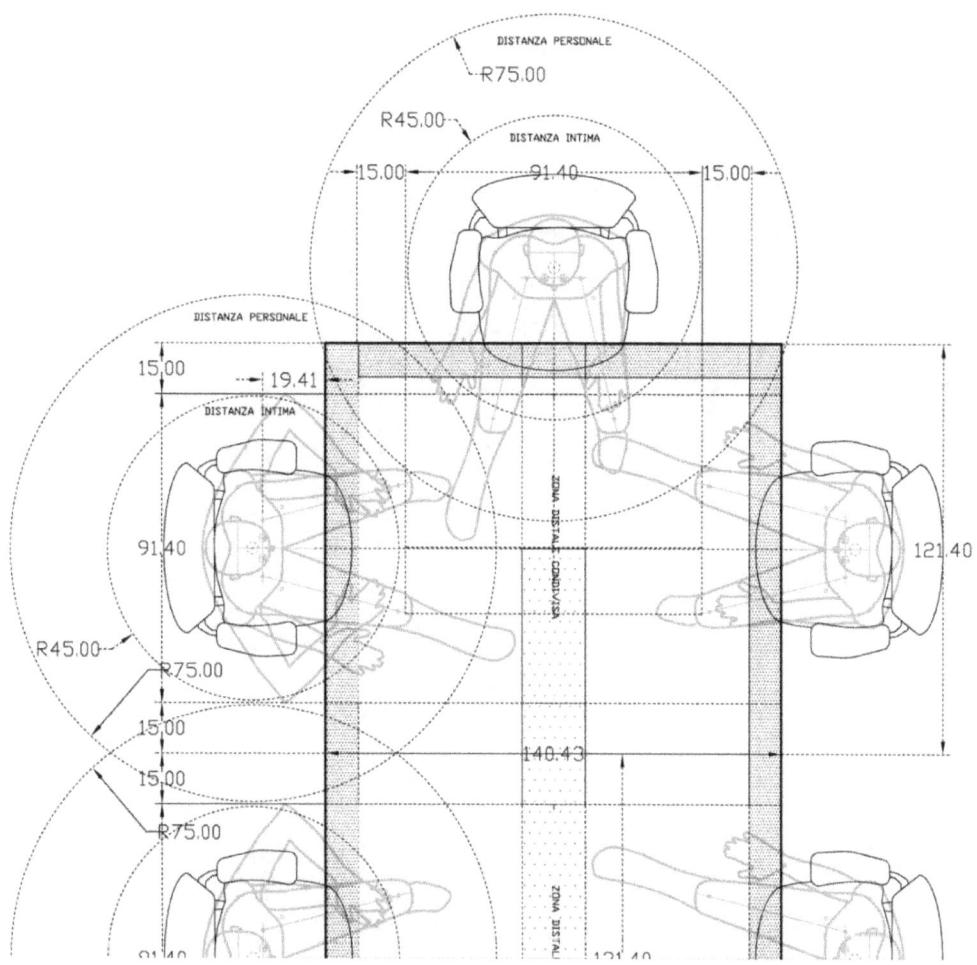

Anche con la postazione di *testa* occupata (capo tavola), vediamo mantenere invariate le situazioni sovraesposte (vedi figura successiva) nella relazione con gli altri occupanti a livello di distanze intima e personale.

La criticità del posto di *testa* si manifesta però a livello di *piano di lavoro* che, essendo convergente verso il centro del tavolo, evidenzia un conflitto di spazio rispetto alle due postazioni di seduta affiancate, con cui entra inevitabilmente in contrasto. Considerando però l'operatività del piano di un'area meeting, normalmente limitata all'utilizzo di strumenti informatici di tipo compatto (*laptop, tablet,* ecc.) o semplicemente tramite l'ausilio di documenti cartacei o fogli per appunti (come si evince dalla tavola successiva), anche una postazione attestata *direttamente* sul lato del tavolo (ossia senza prevedere ulteriore spazio di disimpegno in aggiunta alle postazioni limitrofe all'area di testa) può a nostro avviso consentire di poter operare senza particolari difficoltà.

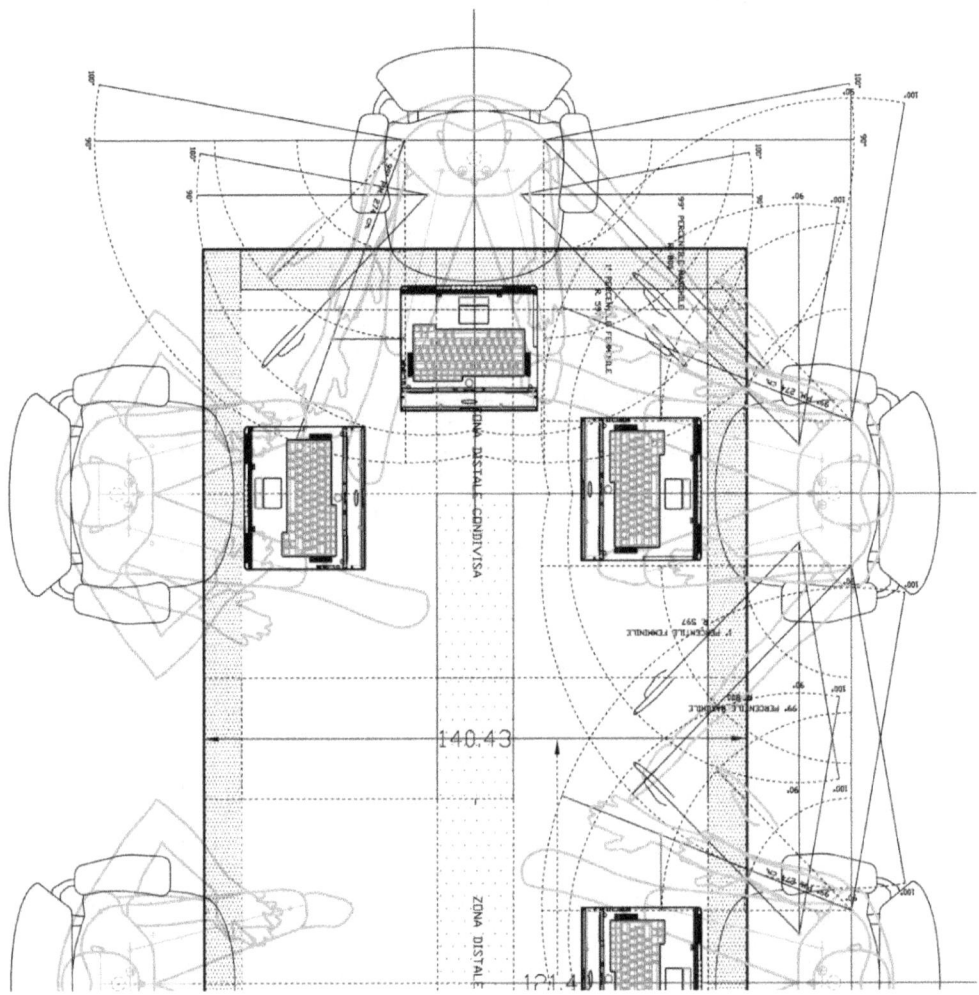

Qualora si volesse invece, mantenere lo stesso equilibrio spaziale a livello del piano di lavoro tra i vari occupanti, basterà considerare di aggiungere (nel rapporto superficie del piano/posti a sedere) in prossimità del piano di testa, la metà dello spazio riservato a una postazione lineare pari a c.a. 61 cm. (vedi figura successiva).

Seguendo questa logica e sulla scorta delle dimensioni rilevate dalle distanze sociali e dalle esigenze antropometriche, si possono ora ricavare utili elementi per le diverse possibilità di utilizzo (*flessibilità*) relazionando le dimensioni dei piani, con le possibili configurazioni di impiego (posti operativi) ottenibili.

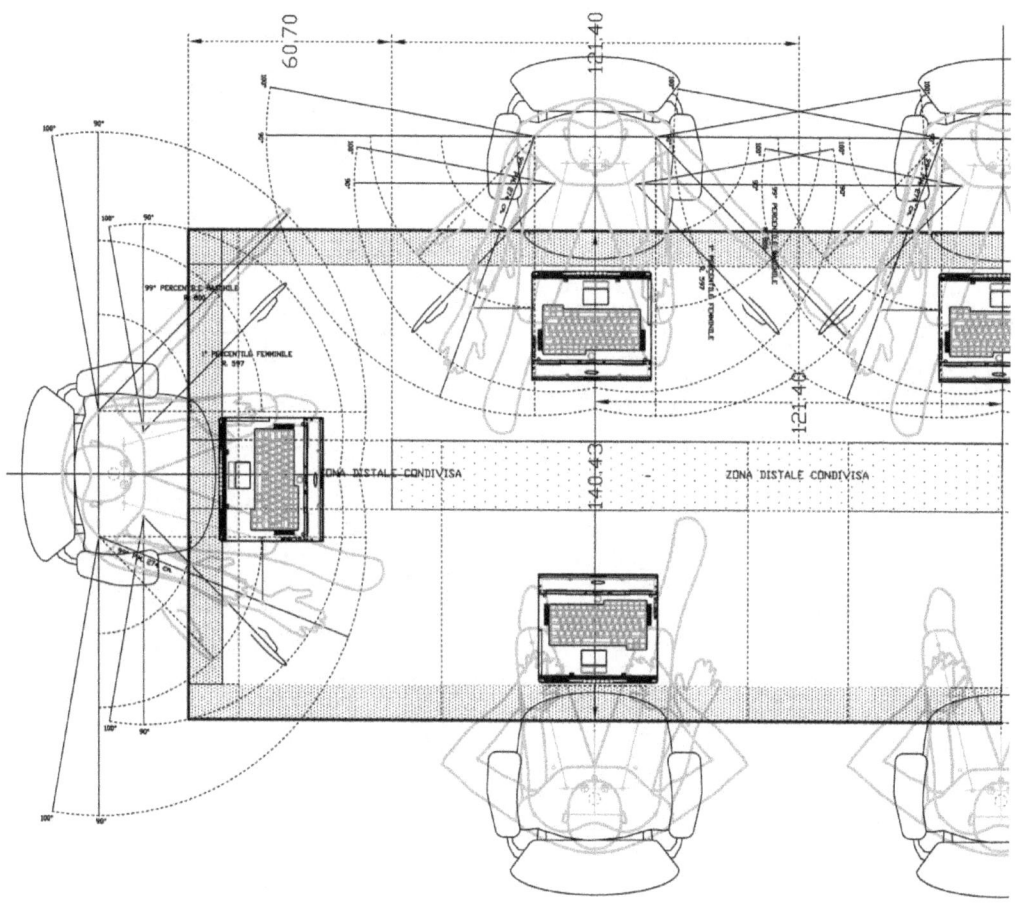

Vediamo ora come sia possibile riconfigurare un tavolo meeting delle dimensioni di c.a. 487 x 140 cm. (composto di fatto da due moduli di c.a. 243 x 140 cm.) con diverse possibilità di impiego che potremo classificare di tipo: *intensivo* (12 persone), *standard* (10 persone) o *large* (8 persone). Oppure possibilità *"miste"*: configurabili anche per un solo lato del tavolo, funzione della tipologia di incontro e di interlocutori (meeting tra staff e clienti, ecc.).

Va da sé che le soluzioni a maggiore densità di persone (spazi al confine della distanza intima) potranno essere utilizzate in funzione di specifiche destinazione d'uso della sala (es. lavori di gruppo tra colleghi, team meeting quotidiano, ecc.) e probabilmente solo in particolari condizioni culturali dove l'abitudine al contatto, al limite della sfera dell'intimo, sono parte di consuetudini acquisite e consolidate da tempo nell'ambito dell'ambiente lavorativo.

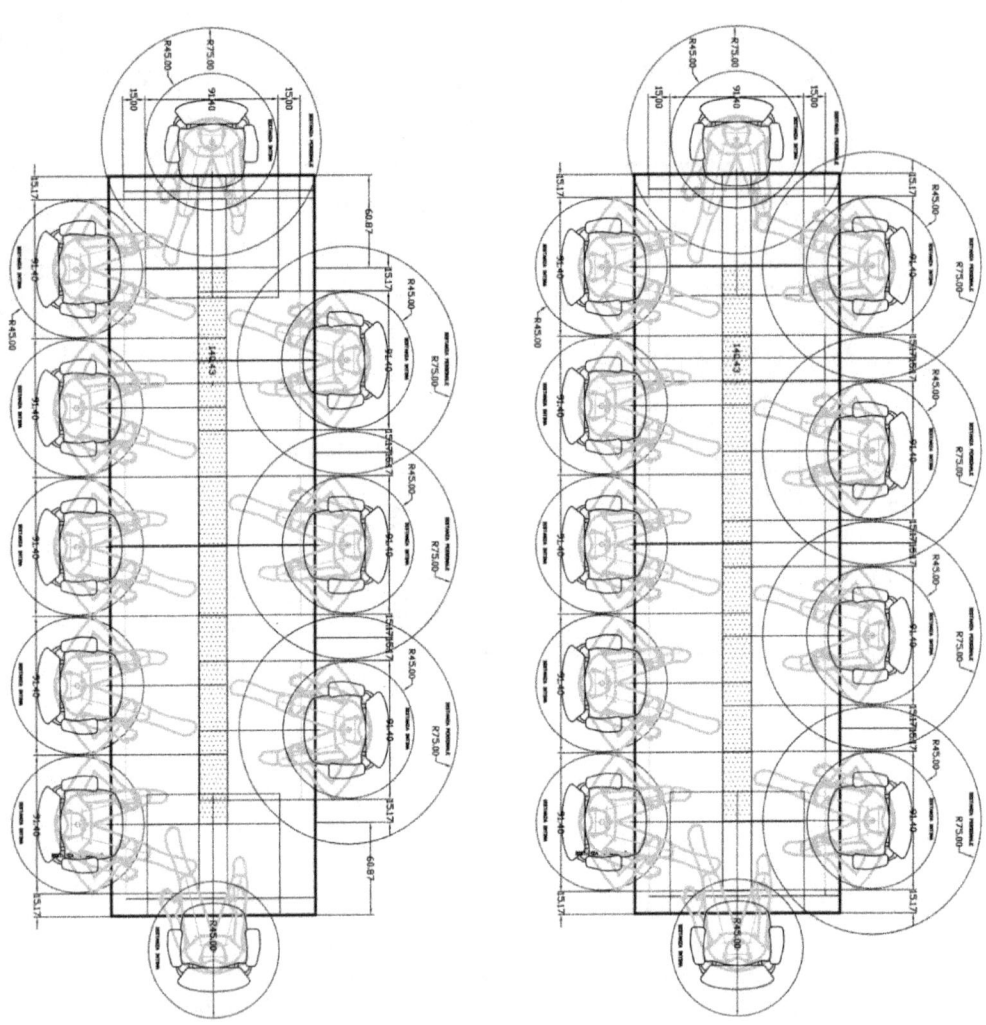

Per concludere il capitolo, occorrerà definire ora gli spazi di percorso necessari da prevedere all'interno del micro ambiente di lavoro collettivo quale è la sala riunioni.

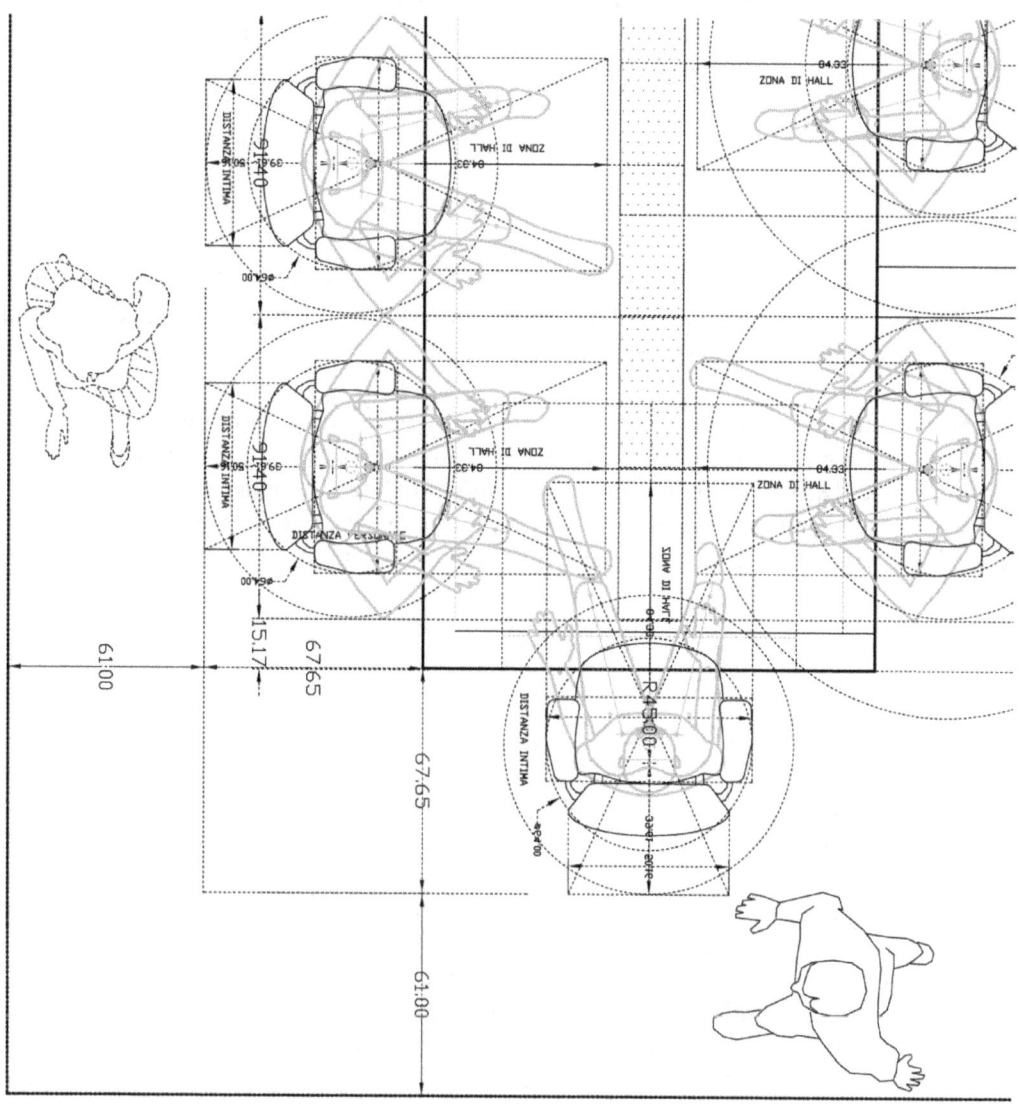

Le dimensioni riservate ai percorsi di *circolazione* nelle sale meeting, proposte dal *Panero – Zelnik* [112], indicano in 61 cm. lo spazio libero minimo da riservare dietro la schiena degli occupanti considerati seduti attorno ai tavoli.

Tale dimensione dovrà però essere considerata a partire da uno spazio limite destinato al movimento *naturale* delle persone durante i meeting che potrebbe essere quello ricavato

---

[112] *Ibidem, p. 193*

dalla *zona di Hall*. Spazio che, come da figura, lo vediamo coincidente con il confine posteriore della distanza intima (45 cm.). Sarà quindi da quella posizione (che rispetto al piano del tavolo porta la misura a c.a. 68 cm.) che andrà calcolato lo spazio di "*circolazione*" (+61 cm.) attorno ai tavoli, per un totale di spazio complessivo da calcolare da bordo tavolo, di c.a. 128,5 cm..

Polivalenza e multifunzionalità degli spazi meeting

Generalmente quello che si chiede alle aree meeting o di lavoro collettivo, è quello di offrire una vasta gamma di possibilità di impiego degli spazi, in funzione della variegata compagine di attività a cui esse possono essere destinate.

Ne elenchiamo alcune al solo scopo di fornire elementi utili alla migliore definizione di detti spazi, nonché del livello di privacy ad essi richiesto, precisando che la strutturazione degli stessi (nei termini di quantità, qualità e varietà), sono normalmente espressione di specifiche esigenze ed attitudini, della missione d'impresa di ogni singola azienda. L'elenco che di seguito andremo a fare, lo definiremo quindi per *destinazione d'uso* dei locali.

1- RIUNIONI DI STAFF QUOTIDIANE

Si svolgono generalmente tra gli operatori e il manager, con frequenza quotidiana o su convocazione. Necessita di spazi:

- di dimensioni adeguate alla necessità dipartimentale (numero di posti e frequenza d'impiego);
- riconoscibili e accessibili e dislocati all'interno del dominio dipartimentale;
- devono essere disponibili strumenti per condividere le informazioni (accesso a rete dati, video proiettore, lavagna con fogli mobili, ecc.);
- devono essere ambienti confortevoli perché si possa operare in maniera efficace ed efficiente dato il *medio alto* tempo di permanenza;
- livello basso di *privacy visiva* rispetto ai percorsi (generalmente va bene che si vedano i partecipanti al meeting dall'esterno), ma alto di *privacy acustica* bilaterale, garantita da partizionamenti in vetro ad alte prestazioni, materiali fonoassorbenti su soffitti, superfici verticali e pavimenti;
- occorrono regole per la sua occupazione (prenotabilità).

2 - RIUNIONI POLIVALENTI ESTEMPORANEE

Possono svolgersi quasi estemporaneamente, funzione della disponibilità della o delle salette, tra più operatori per scambiarsi informazioni o condividere linee di azione congiunta. Le prescrizioni sono:

- devono essere facilmente riconoscibili e accessibili e occupabili all'impronta senza prenotazione;
- devono avere un *basso* tempo di permanenza (poche ore) per permetterne il facile utilizzo da parte di tutti gli appartenenti al dipartimento;
- devono avere dimensioni e numero di posti contenuti (tavoli meeting *max* da 4 posti);
- devono mettere a disposizione semplici strumenti per annotare e condividere le informazioni;
- livello basso di *privacy visiva* (si vede dall'esterno chi la occupa) ma alto di *privacy acustica* bilaterale (qualora localizzate all'interno o prospicienti all'area di lavoro), garantita da partizionamenti in vetro ad alte prestazioni, materiali fonoassorbenti su soffitti, superfici verticali e pavimenti;
- date le dimensioni contenute, possono essere ricavate in spazi di risulta del corpo di fabbrica.

A questa tipologia di luoghi di incontro, si posso aggiungere anche i *corner meeting point*, ossia *aree meeting* caratterizzate da tavoli, posti in aree d'angolo *aperte* del building, dotate di tavoli alti (diametro *max* 90 cm.) e sgabelli, per incontri rapidi ed estemporanei di durata brevissima. Non impegnano le salette riunioni confinate e consentono rapidi scambi di idee con colleghi in zone precise del building, non creando perturbative acustiche in quanto poste fuori da traiettorie sonore dirette "*a vista*". Possono essere identificate con colori diversi o localizzate indicando la loro posizione cardinale (corner point, nord, sud, ecc.).

3 - RIUNIONI RISERVATE DI LIVELLO DIPARTIMENTALE

Ad esempio convocate dall'ufficio personale, o amministrazione e finanze e svolte all'interno di sale di tipo dipartimentale. Rispetto alle prescrizioni di cui al punto 1, può occorrere prevedere la possibilità di oscurare alla bisogna (non rendere visibile dall'esterno) il perimetro vetrato delle partizioni mobili recintuali.

4 - RIUNIONI CON FORNITORI

Normalmente convocate dall'ufficio acquisti, ma anche da altre funzioni aziendali deputate all'acquisto, e riguarda un livello di relazione e di rappresentanza non particolarmente alto. Possono assimilarsi al livello di riservatezza e di impiego, alle tipologie di salette di cui al punto 2.

5- RIUNIONI DI TEAM-WORK E BRIEFING DI PROGETTO

Normalmente convocate dal *project manager* di progetto, si svolgono a cadenza programmata, per condividere lo stato dell'arte dei progetti aziendali in corso, ma anche per sviluppare attività di gruppo. Le prescrizioni per questo tipo di sala possono essere:

- facilitare lo scambio di informazioni e l'interazione fra i piccoli gruppi di lavoro;
- gli arredi e la loro articolazione devono favorire il lavoro di gruppo. Quindi essere *mobili* e *flessibili* al fine di consentire di poter creare spazi informali per le discussioni di gruppo;
- occorre facilitare la persistenza e la condivisione dell'informazione (accesso a rete dati, video proiettore, lavagna con fogli mobili, ecc.);
- devono essere di dimensioni adeguate alla necessità aziendale (per numero di posti e frequenza d'impiego);
- devono essere ambienti confortevoli perché si possa operare in maniera efficace ed efficiente dato il *medio alto* tempo di permanenza;
- livello basso di *privacy visiva* rispetto ai percorsi (generalmente va bene che si vedano i partecipanti dall'esterno), ma alto di *privacy acustica* bilaterale, garantita da partizionamenti in vetro ad alte prestazioni, materiali fonoassorbenti su soffitti, superfici verticali e pavimenti;
- occorrono regole per la sua occupazione (prenotabilità).

6- CONFERENCE ROOM

Viene utilizzata per corsi di formazione, meeting forza vendita, ecc. e vi possono stazionare piccoli gruppi o grandi quantità di persone. La sala (generalmente *una* in un'azienda di medie dimensioni) deve occupare una posizione baricentrica rispetto al corpo di fabbrica, viene quindi di solito localizzata al piano terra vicino alla reception, in posizione facilmente accessibile sia dall'interno che dall'esterno dell'azienda.

- a livello di immagine, essendo di fatto una sala polivalente ma anche di rappresentanza, deve riflettere la cultura e i valori aziendali;
- deve essere progettata nella logica di fornire la massima flessibilità per supportare un'ampia tipologia di riunioni e garantire ambienti di dimensioni adeguate;
- necessita di un alto livello di comfort acustico, al fine garantire diverse micro-riunioni (gruppi di lavoro) contemporanee, ma anche un livello di distribuzione del suono senza perturbative sonore (eccessivo riverbero, ecc.);

- l'illuminazione deve essere molto flessibile e regolabile, sia mediante l'impiego di sistemi comandati separatamente, che mediante variatori di intensità funzione delle diverse necessità luminose della sala;
- le pareti alte possono reggere strumenti di visualizzazione;
- gli arredi mobili (tavoli e sedute) devono poter creare configurazioni che supportano metodi pedagogici diversi, oltre che il lavoro di gruppo. Devono quindi essere flessibili ed accessibili;
- occorre facilitare la persistenza e la condivisione dell'informazione (accesso a rete dati, video proiettore, lavagna con fogli mobili, sistemi di amplificazione e diffusione sonora, ecc.);
- devono essere di dimensioni adeguate alla necessità aziendale (numero di posti e frequenza d'impiego);
- devono essere ambienti confortevoli perché si possa operare in maniera efficace ed efficiente, dato il *medio alto* tempo di permanenza;
- livello alto di *privacy visiva* rispetto ai percorsi ed altrettanto alto di *privacy acustica* bilaterale, garantita da partizionamenti ad alte prestazioni, materiali fonoassorbenti su soffitti, superfici verticali e pavimenti;
- occorrono naturalmente regole per la sua occupazione (prenotabilità).

7- RIUNIONI COLLEGIALI IN VIDEO CONFERENZA

Sala destinata alle riunioni di parte dello staff locale, che si svolge in videoconferenza con altri membri dell'azienda strutturati nella stessa configurazione, ma localizzati in altri paesi o comunque in aree non vicine geograficamente. Lo spazio è dedicato alla trasmissione e ricezione di voce e immagini, perciò la privacy acustica e visiva è un requisito fondamentale perché la comunicazione sia efficace. Occorre quindi che:

- siano disponibili strumenti efficaci per la video trasmissione oltre che per condividere le informazioni (accesso a rete dati, video proiettore, lavagna con fogli mobili, ecc.);
- occorre limitare al minimo le fonti di disturbo esterne: questi spazi devono quindi essere protetti da interferenze visive ed acustiche mediante l'impiego di sistemi di partizionamento ad alte prestazioni e da materiali fonoassorbenti su soffitti, superfici verticali e pavimenti;
- la qualità dell'immagine conferita all'esterno e ricevuta deve essere ottimale. Occorre quindi prevedere l'illuminazione ambientale regolabile;
- le sue dimensioni dovranno essere adeguate alla necessità aziendali o dipartimentali (numero di posti e frequenza d'impiego);
- dovranno essere facilmente riconoscibili per dislocazione ed accessibili;
- devono essere ambienti confortevoli perché si possa operare in maniera efficace ed efficiente dato il *medio alto* tempo di permanenza;
- occorrono regole per la sua occupazione (prenotabilità).

8- RIUNIONI CON CLIENTI

Deputate alle riunioni con clienti (di solito convocate e guidate dallo staff commerciale), queste sale necessitano di particolari accorgimenti di carattere conviviale, quali la disponibilità di accedere facilmente a bevande calde (the, caffè, ecc.) e di livelli di rappresentanza *alta* a livello di arredo. Gli spazi devono essere confinati e conferire il giusto livello di privacy. Le prescrizioni per questo tipo di sala possono essere:

- essendo di fatto una sala di rappresentanza, a livello di *immagine*, deve riflettere la cultura ed i valori aziendali;
- deve avere un livello di chiusura equilibrato: i visitatori non devono sentirsi claustrofobici o a disagio. Si può mediare con l'impiego di partizioni amovibili in vetro con serigrafie;
- devono trovarsi vicino all'ingresso dell'azienda, in modo da essere facilmente accessibili per i visitatori esterni e lontano dalle "*rotte interne*" aziendali per non creare turbative reciproche;
- deve essere garantito un alto livello di *privacy acustica*: in questo modo le riunioni commerciali rimangono riservate, ciò che viene detto dentro non può essere sentito fuori;
- devono avere dimensioni adeguate alla necessità per numero di posti e frequenza d'impiego;
- devono essere riconoscibili e accessibili e dislocate in modo chiaro all'interno del perimetro aziendale;
- devono esserci a disposizione strumenti per condividere le informazioni (accesso a rete dati, video proiettore, lavagna con fogli mobili, ecc.);
- devono essere ambienti molto confortevoli in modo che vi si possa soggiornare adeguatamente dato il medio alto tempo di permanenza;
- occorrono regole per la sua occupazione (prenotabilità).

9- TRAVELLING LOUNGE

Sala meeting polifunzionale destinata ad accogliere lavoratori itineranti (consulenti, colleghi in transito, ecc.) da posizionare fuori dall'area operativa, ma dove consentirgli di poter operare e colloquiare alla bisogna con diversi membri del team. Le necessità di questo tipo di sala sono:

- avere accesso a strumenti e tecnologia (rete e dati);
- avere dimensioni adeguate alla necessità dipartimentale (numero di posti e frequenza d'impiego);
- riconoscibilità e accessibilità, dislocazione all'interno del dominio dipartimentale o aziendale;

- devono essere ambienti confortevoli perché si possa operare in maniera efficace ed efficiente dato il *medio alto* tempo di permanenza;
- devono avere un livello basso di *privacy visiva* rispetto ai percorsi (generalmente va bene che si vedano partecipanti dall'esterno), ma alto di *privacy acustica* bilaterale, garantita da partizionamenti in vetro ad alte prestazioni, materiali fonoassorbenti su soffitti, superfici verticali e pavimenti;
- occorrono regole per la sua occupazione (prenotabilità).

CONCLUSIONI

Per fare una sintesi conclusiva, potremmo dire che gli spazi destinati ad attività che vanno dalla numero 1 alla 4, hanno esigenze abbastanza simili e riguardano attività specifiche di tipo dipartimentale (es. riunioni con o tra membri dello staff, o con fornitori del gruppo di lavoro). La funzionalità delle sale potrebbe comprendere anche il livello di attività descritto nella numero 7, qualora la frequenza di scambi con gruppi di lavoro decentrati fosse tale da includere nelle attività di briefing e di andamento, riunioni collegiali con gruppi appunto, geograficamente decentrati.

Si potrebbe quindi dire che queste attività potrebbero essere svolte all'interno di una o più sale deputate (la quantità sarà funzione delle esigenze e del numero di addetti del dipartimento), localizzate all'interno dell'area dipartimentale, e accessoriate per il livello di attività precedentemente descritto nelle specifiche voci.

Lo stesso livello di similitudine funzionale, si può riscontrare nelle attività descritte nei punti 5, 6 (ivi comprendendo le attività 7). In questi casi si parla di spazi conferenza polivalenti, tendenzialmente occupati da arredi mobili quali:

- tavoli presidenza e o di lavoro con gambe ripiegabili, di dimensioni modulari (generalmente di cm. 180 x 90), configurabili a ferro di cavallo o ad aula di lavoro funzione delle specifiche esigenze;
- multi sedute per collettività impilabili e stoccabili per sovrapposizione, accessoriabili, se necessario, con tavolette *antipanico* nella configurazione sala conferenze;
- strumenti multimediali per la condivisione di dati e collegamenti esterni a distanza (video conferenza).

Sono di fatto sale di pertinenza aziendale (normalmente una sola in un'azienda medio piccola) cui l'accesso è condiviso da tutti i membri aziendali.

Rimangono separate le attività di cui al punto 8 che normalmente, per l'alto livello di rappresentanza, si svolgono in sale prossimali o agli *showroom* (qualora esistenti) o agli uffici dell'area di governo (top management aziendale).

Riguardo le attività del livello 9, la loro localizzazione di accorpamento alle sale del livello 2 o in una sala specializzata per questa specifica destinazione, è relazionata alla quantità media di persone presenti, con queste caratteristiche, all'interno della sfera operativa aziendale.

Gli spazi di pausa

Esistono poi altre tipologie di sale di utilizzo collettivo, ma con specificità diversa, quali gli spazi relax e caffetteria.

Una doverosa premessa riguardo alla necessità psicofisica di questi spazi. E' assodato che occorre evitare di mantenere posizioni statiche prolungate durante la giornata lavorativa. Alzarsi dal posto di lavoro per raggiungere altri spazi di lavoro (sale meeting), ma in particolare gli spazi di relax o la caffetteria per una breve pausa, ricordiamo che non solo è di ausilio alla salute, ma riduce gli effetti *ipnotici* e i danni fisici causati dalla eccessiva permanenza in posizione assisa, al posto di lavoro. La contrazione dei muscoli e le variazioni posturali, incrementano il flusso sanguigno, restituendo alti livelli di ossigeno al cervello e aumentando l'apporto di elementi nutritivi alla spina dorsale e ad altri tessuti di supporto. Il movimento quindi, non solo protegge da rischi fisici, ma mantiene attive attenzione e concentrazione, migliorando le performance intellettuali a beneficio della missione lavorativa.

Va da sé che non tutte le aziende, per dimensione e numero di dipendenti, hanno la possibilità di poter *scindere* l'area caffetteria da quella di relax. Nella prevalenza delle PMI, i due ambienti sono per lo più coincidenti, tendendo a raccogliere, per quanto possibile (viste le profonde necessità dei due ambienti), i benefici di uno e dell'altro.

Generalmente, mantenendoli separati, le prescrizioni sono le seguenti:

CAFFETTERIA

Area dove le relazioni sociali sono importanti e dove le persone devono potersi incontrare in un posto accogliente, durante la pausa di lavoro:

- per essere di ausilio a tutta la popolazione aziendale (a meno di aziende di grandi dimensioni), occorre che questi spazi si trovino in una posizione baricentrica rispetto al corpo di fabbrica;
- necessita di un basso livello di privacy se dislocata in una zona lontana dagli spazi di lavoro. Di fatto va considerata come una zona aperta ed accessibile, senza barriere, continuando ad essere però uno spazio ben strutturato e

comunque ben separato (con partizionamento idoneo a protezioni acustiche e visive) dalle aree operative, per evitare perturbative all'attività lavorativa.

RELAX

Sono spazi deputati alla riflessione, al relax, all'estraniamento, all'attività fisica, lontani dalle distrazioni e le perturbative:

- necessitano di un alto livello di privacy visiva e acustica;
- dovrebbero essere dislocate lontano dai percorsi principali e con accessi indiretti per minimizzare le distrazioni;
- dovrebbero consentire un accesso sia fisico che virtuale al paesaggio naturale attraverso ampie vetrate affaccianti giardini esterni (qualora esistenti) o corti interne o spazi dove ricrearli (bastano poche piante e un po' di creatività per ottenere ottimi risultati);
- in alcune aziende, esistono ulteriori spazi disegnati per contenere strumenti per l'attività fisica indoor. Aziende dove si parla di *Corporate Wellness* come di progetti dedicati alla tutela della salute dei dipendenti, affermando e supportando il ruolo etico e sociale dell'impresa, dentro e fuori i suoi confini. L'applicazione di progetti di *Corporate Wellness* in alcuni grandi gruppi multinazionali (es. *Caterpillar, Motorola, General Motors, Bank of America*, per citarne alcuni) sembra abbia consentito risparmi ingenti nei termini di riduzione delle malattie causate da attività sedentaria[113]. Sono progetti accessibili anche per piccole medie imprese: bastano 50 mq. per realizzare una sala *wellness* attrezzata e poco meno per spogliatoi e servizi accessori. Anche in termini economici, l'investimento è relativamente contenuto e, a nostro avviso, ben ripagato.

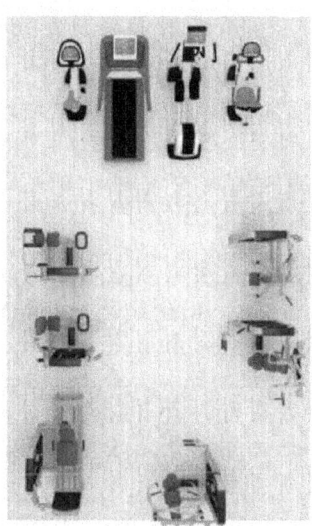

---

[113] *Riferimenti ed immagine recuperati dal Catalogo 'Technogym per le aziende, Corporate Wellness' pp. 6, 18*

Gli spazi tecnologici

Centralizzando gli spazi per fax, stampanti e fotocopiatrici, all'interno del proprio *dominio* lavorativo, si creano tra gli impiegati facili occasioni di incontro foriere di interazioni casuali e spontanee. Per rendere queste zone più efficienti occorre avere:

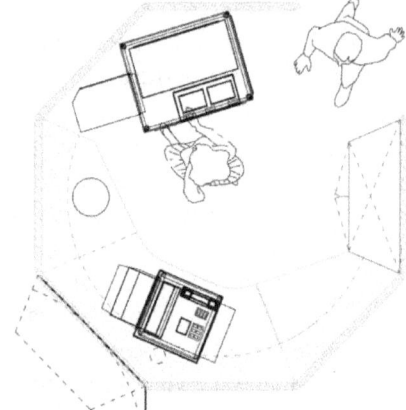

- l'ovvia disponibilità di collegamenti alla rete;
- tavoli, ripiani alti, per disporre e analizzare i risultati di stampa; l'uso di superfici verticali per affiggere eventuali informazioni (bacheche) di interesse dipartimentale ma anche privato, per la comunità del *gruppo*;
- almeno un contenitore per carta e ricambi;
- deve trovarsi in luoghi baricentrici rispetto all'intero dominio dipartimentale;
- deve garantire privacy acustica e visiva rispetto alla zona operativa;
- occorre impiegare superfici verticali fonoassorbenti atte a ridurre l'inquinamento acustico prodotto da stampanti, fax e fotocopiatrici.

Gli spazi di archiviazione

Il sistema di archiviazione, in un'azienda, è un tema complesso e passa inesorabilmente attraverso il modello aziendale e le modalità con cui la stessa ha deciso di affrontare il tema. L'archivio in senso lato, costituisce un complesso unitario di conservazione documentale, ma al suo interno, a fini essenzialmente operativi, si possono individuare diverse fasi di vita del *documento* cui corrispondono finalità prevalenti al suo uso, nelle diverse attività di gestione.

Generalmente il ciclo vitale di un documento, si esprime in tre livelli:

- una fase "*attiva*" del documento, che prevede una sua allocazione nel cosiddetto *Archivio corrente*;
- una fase "*semiattiva*" che prevede la sua dislocazione nel cosiddetto *Archivio di deposito*;
- una fase "*inattiva*" che prevede una sua dislocazione all'interno dell'*Archivio Storico*.

La dimensione, la dislocazione, la tipologia dei sistemi di archiviazione (interna o in outsourcing archivistico, digitale o cartacea), come dicevamo è materia di organizzazione del lavoro aziendale.

Nell'era digitale si può però pensare di tracciare un percorso sostenibile verso cui tendere, per risparmiare spazio, carta ed energie, e conferire un livello di maggior *accesso* ai vari livelli di documentazione aziendale.

Anche se oggi il concetto di un ufficio *senza carta* può sembrare un fenomeno futurista, si tratta in realtà molto più semplicemente, di concepire il *sistema di lavoro* dove la maggior parte delle informazioni viaggia per via elettronica.

Nell'articolo *"Il cammino verso il paperless office"* di *Carrie Rivera* pubblicato su *Industrial Trend Office Solutions*[114], l'autore supporta la tesi che, grazie alla combinazione di *scanner desktop* di piccole dimensioni ad alta velocità, uniti ad un sistema di gestione documentale dedicato (EDMS), ogni ufficio può potenzialmente diventare privo di supporti cartacei perché in grado di archiviarli elettronicamente. I risparmi in: tempo, ricerca di informazioni, carta e cartucce di stampa, e soprattutto *spazio*, sono evidentemente straordinari (basta pensare alle procedure relative alla *Conservazione Sostitutiva* ammesse dal D.Lgs. del 23/01/2004).

Un ufficio senza carta, è di fatto un modo *efficiente* per condurre il proprio business risparmiando tempo e risorse. Tecnicamente nello spazio di archiviazione di un *pen drive*, si può mettere *"l'ufficio"* nella borsa e portarlo in qualsiasi parte del globo.

Va da se che i dati vanno protetti da opportuni sistemi di *back-up*, del resto, parte delle attività strutturate come di livello base, dai sistemi informativi aziendali.

Le tendenze indicano come trend dei prossimi trent'anni, il modello di ufficio *"senza carta"* attraverso un processo di transizione graduale e di abitudine a stili di vita più orientati alla valorizzazione del tempo *umano*; ad una maggiore attenzione agli sprechi in favore della sostenibilità.

La Gestione Documentale o *Document Management*, è, di fatto, il moderno processo che guida la gestione dei documenti. Esso generalmente comporta l'adozione un sistema informativo integrato (*Electronic Document Management System*: EDMS) che implica la creazione, revisione, condivisione, memorizzazione, il *tracking* elettronico e il recupero, la distribuzione, analisi, comunicazione, amministrazione e la eventuale distruzione delle immagini digitali dei documenti cartacei, oltre che di altre forme di informazione.

---

[114] *http://www.gestionedocumentale.me/articoli/il-concetto-di-ufficio-senza-carta*

Esistono un buon numero di aziende oggi in grado di fornire una gamma di prodotti per la gestione di documenti, informazioni e servizi, adatti a una piccola società, gruppi o organizzazioni di qualsiasi dimensione: dalle imprese commerciali ai dipartimenti governativi.

Un *Document Management System* (o DMS) di solito, comprende i seguenti moduli:

1. **Imaging:** per la scansione di documenti cartacei;
2. **Indicizzazione:** per la *categorizzazione* dei documenti utilizzando i *tag* o parole chiave appropriate;
3. **Conservazione**: per la creazione di versioni elettroniche dei documenti in un database, di solito in forma di immagine, o in OCR (*Optical Character Recognition*), versione per consentire per la ricerca testuale del documento;
4. **Conversione**: per convertire i documenti da un formato elettronico a un altro (ad esempio Microsoft Word in PDF);
5. **Recupero**: per il recupero di documenti in un semplice metodo, se necessario;
6. **Distruzione**: per l'eliminazione o distruzione di documenti, se e quando necessario.

Va da sé che in momenti transizionali (da cartaceo a digitale) o in aziende con modelli di gestione dei documenti ancora per buona parte basata sul cartaceo, occorrerà operare (come vedremo nel capitolo dei *percorsi*) un'attenta analisi dei fabbisogni e del flusso documentale ai vari livelli di accesso (attivo, semiattivo e inattivo) del documento; dal dipartimento (macro) al singolo operatore (micro).

> *"Il Simbolo dell'One Minute Manager – un minuto così come appare sul quadrante di un moderno orologio digitale – serve a ricordare a tutti noi che dobbiamo dedicare un minuto della nostra giornata a guardare in faccia i nostri collaboratori. Per non dimenticare che la nostra risorsa sono loro".*
>
> K.Blanchard, P.Zigarmi, D.Zigarmi

4.4. GLI SPAZI DI GOVERNO

Desideriamo introdurre il tema degli spazi di governo (o deputati ai *managers* o agli imprenditori di una società), citando l'*incipit* del noto libro di Blanchard, Zigarmi, Zigarmi *The One Minute Manager*[115]. Testo in cui si condensa gran parte della nostra idea di *leadership* (e, in parte, l'obiettivo di questo libro).

The One Minute Manager è, a parer nostro, un testo "*storico*" che, anche se rischia di apparire datato rispetto ai numerosi trattati sul management passati e presenti, in realtà fece molto di più dei suoi predecessori e successori, per rendere il *management* digeribile e accessibile al vasto pubblico. Portando il concetto di management a un livello in cui molte persone incominciarono a credere di poterlo fare, e di poterlo fare bene.

Per entrare nel vivo sul tema dello spazio esistenziale, deputato al *governo* d'impresa, e alle sue *mille facce* rappresentative dei vari stili di management; dal punto di vista prossemico, *Hall* cita a riguardo il lavoro di *Goffman*: *Presentation of Self in Everyday Life* (Rappresentazione dell'io nella vita quotidiana), come raccolta '*...precisa e sensibile di osservazioni sul rapporto fra la facciata che la gente presenta al mondo e l'io più segreto che si nasconde dietro. Lo stesso uso della parola facciata è significativo: indica come nell'uomo ci siano diversi livelli da penetrare, e, insieme, allude alla funzione delle strutture architettoniche, che forniscono all'uomo schermi dietro cui si può ogni tanto celare. Mantenere una facciata può costare molta fatica. L'architettura si prende una gran parte di questo fardello, e fornisce agli uomini un comodo rifugio, dove ci si può mettere in libertà e sentirsi sé stessi. Che siano così pochi gli uomini d'affari che tengono l'ufficio in casa, non va spiegato solo in base a motivi di convenzione sociale o alla necessità di alti dirigenti di tenere sotto controllo i funzionari. Ho infatti osservato che molte persone hanno due o più personalità distinte: una per gli affari e un'altra per la casa. In questi casi, la separazione tra ufficio e abitazione serve a impedire il conflitto fra due tendenze caratteriali spesso*

---

[115] Blanchard K., Zigarmi P., Zigarmi D., *La Leadership e l'One Minute Manager*, trad .it. Varese,1987 (ed. orig. *Leadership and One Minute Manager* USA, 1985), p. 5

incompatibili, e può anche giovare alla realizzazione di immagini idealizzate delle due esistenze, conformi al dettato ambientale e architettonico...'[116].

La rappresentazione di *Hall,* evoca un esempio assolutamente presente nella nostra realtà manageriale e imprenditoriale interpretato dal concetto dualistico *Kantiano*: inteso come limite (inclinazione all'egoismo) da superare per raggiungere il cosiddetto *regno della libertà* pluralista; consistente nel considerarsi, tutti, a pari diritti, *cittadini del mondo*.

Oggi si sente spesso parlare di *etica per l'impresa* ispirandosi proprio ai concetti di *Kant* che, a parer nostro, si inquadra nell'esigenza di conferire all'impresa stessa una sorta di norma *moralizzatrice*: un insieme di regole morali e pratiche che si sostituiscano a quelle precedenti (quantunque ve ne fossero state!), andate drammaticamente in crisi. Le aziende che abbracciano questa nuova prospettiva, (fortunatamente) si riscoprono composte, oltre che di capitali e mezzi, di esseri umani (*Kant*: [gli esseri umani], '*i quali vanno considerati dei fini e non solo dei mezzi*') e sempre più spesso nell'esigenza di voler/dover *certificare* il proprio comportamento etico (vedi l'adozione del *Codice Etico*[117] per l'Impresa, le certificazioni *SA 8000*[118], ecc.).

I concetti di *leadership situazionale* (stili diversi di management da scegliere liberamente), e di gestione d'impresa *a piramide rovesciata* (management flessibile a supporto dell'impresa) che pongono di nuovo *la persona* e non *il ruolo*, al *centro* dell'impresa, indicano certamente una strada "*etica*" al successo d'impresa, che inevitabilmente passa attraverso la valorizzazione dell'individuo nella sua essenza. Ad una prospettiva, quindi, di gestione *esistenziale* delle risorse umane.

Ne consegue che gli "*spazi di governo*", al pari delle zone destinate ad attività collettive, devono essere intesi anch'essi quali veri e propri fulcri attrattori *rionali*, e porsi nella prospettiva di esprimere una forte relazione semantica con gli abitanti del *rione/dipartimento* che da questi spazi di governo (o meglio dai loro occupanti) ricavano informazioni e supporto adattivo e *situazionale* per la loro attività lavorativa.

Ambienti che, dal punto di visita esistenziale, dovranno favorire la migliore relazione sociale del *singolo* nel "*suo*" territorio di riferimento, secondo le logiche del *paesaggio urbano*, ossia basato su relazioni topologiche semplici, di accessibilità.

---

[116] *Hall E.T., La Dimensione Nascosta, trad. it. Milano, 1968, (ed. orig. The Hidden Dimension, New York, 1966), p. 133*
[117] *Vedi: D. Lgs. 231/2001*
[118] *La sigla SA 8000 (tecnicamente SA8000:2008; SA sta per Social Accountability) identifica uno standard internazionale di certificazione redatto dal CEPAA e volto a certificare alcuni aspetti della gestione aziendale attinenti alla responsabilità sociale d'impresa (CSR - Corporate Social Responsibility,). Questi sono: il rispetto dei diritti umani, il rispetto dei diritti dei lavoratori, la tutela contro lo sfruttamento dei minori, le garanzie di sicurezza e salubrità sul posto di lavoro. La norma internazionale ha quindi lo scopo di migliorare le condizioni lavorative a livello mondiale e soprattutto permette di definire uno standard verificabile da Enti di Certificazione. Fonte: Wikipedia*

Senza addentrarci oltre nelle tematiche relative alla psicologia o al ruolo o stile di leadership nelle aziende moderne, cercheremo ora di definire in che modo, lo *spazio di governo* possa, *"flessibilmente"* favorire a svolgere e rappresentare i concetti base della *leadership situazionale*, che ricordiamo essere:

- direzione;
- addestramento;
- sostegno;
- delega.

Oltre che riprodurne, per la *comunità* lavorativa, la corretta rappresentazione esistenziale.

Partiremo dunque dal presupposto che, per i *managers* che dirigono l'impresa e sviluppano le strategie, attraverso intense attività di collaborazione con personale interno ed esterno l'azienda, occorra progettare *ambienti riservati e specializzati* atti a favorire:

- la disponibilità di poter svolgere, nello stesso spazio, due livelli di operatività: il *lavoro individuale* e quello *di gruppo* (inteso come colloquiale con piccoli gruppi di persone);
- devono esserci a disposizione strumenti e superfici per condividere le informazioni (accesso a rete dati, piani meeting);
- devono essere ambienti molto confortevoli in modo che vi si possa soggiornare adeguatamente dato l'alto tempo di permanenza, oltre che riflettere, a livello *compositivo* (organizzazione di arredo), lo stile di management;
- a livello di *immagine*, essendo di fatto anche sale di rappresentanza, gli spazi devono riflettere la cultura ed i valori aziendali;
- devono avere un livello di chiusura *equilibrato*: i visitatori (collaboratori interni o esterni) non devono sentirsi claustrofobici o a disagio;
- deve essere garantito un alto livello di *privacy acustica* e, alla bisogna, anche *visiva*: in questo modo alcuni tipi di conversazione rimangono riservate. Si può mediare con l'impiego di partizioni amovibili in vetro con serigrafie oppure prevedere la possibilità di oscurare secondo necessità (non rendere visibile dall'esterno) il perimetro vetrato;
- a livello di localizzazione, devono essere riconoscibili e accessibili e dislocati in modo chiaro all'interno del perimetro aziendale;
- devono essere dotati di illuminazione *ambiente* regolabile;
- le pareti a tutta altezza possono reggere strumenti di visualizzazione.

IL SISTEMA DEI PIANI DI LAVORO E MEETING

Sulla base del lavoro svolto nei capitoli precedenti, proveremo ora ad aggregare due tipologie di piani di lavoro, disegnate per assolvere due funzioni diverse: operare individualmente e colloquiare con terzi.

Porremo quindi lo spazio operativo disegnato per il lavoro individuale di *flusso destrorso* (area costituita dallo spazio *digitale*, comprensiva di struttura *recintuale* a protezione di perturbative visive o meno), a destra di una ampia superficie *meeting*.

La composizione ottenuta, come si evince dalla tavola seguente, genera nello spazio precedentemente occupato dalla cosiddetta *"area concettuale"* (della ns. cellula di lavoro individuale), un ampio spazio di rispetto (*privato*) parte dell'area meeting. Con le caratteristiche prossemiche e di dimensionamento *formali* e *colloquiali*, tipiche di questa tipologia di area. Questo, oltre alla piena funzionalità di poter svolgere meeting agevoli con 4 persone (oltre l'ospitante).

Al centro, come elemento *di raccordo* tra l'area WIP e lo spazio meeting, uno spazio di minore profondità rispetto all'area meeting, (che chiameremo *piano di mediazione*) destinato a raccogliere lo svolgimento di attività operative o colloquiali di classe *prossimale*. Ossia, colloqui con stretti collaboratori, lavoro di gruppo o condivisione di dati di tipo informativo tramite lo schermo video ausiliario.

Nello *scatto tecnico* tra il *piano di mediazione* verso la regolarità geometrica del *piano meeting*, vediamo quindi aumentare la distanza di relazione, verso la dimensione colloquiale di tipo *sociale* per portarsi dal confine di vicinanza (120 cm.), a oltre la fascia di distanza dei 210 cm.: considerata come la soglia *minima* della distanza formale (fase di lontananza) per i popoli nord europei e gli inglesi (*range* dai 210-360 cm.).

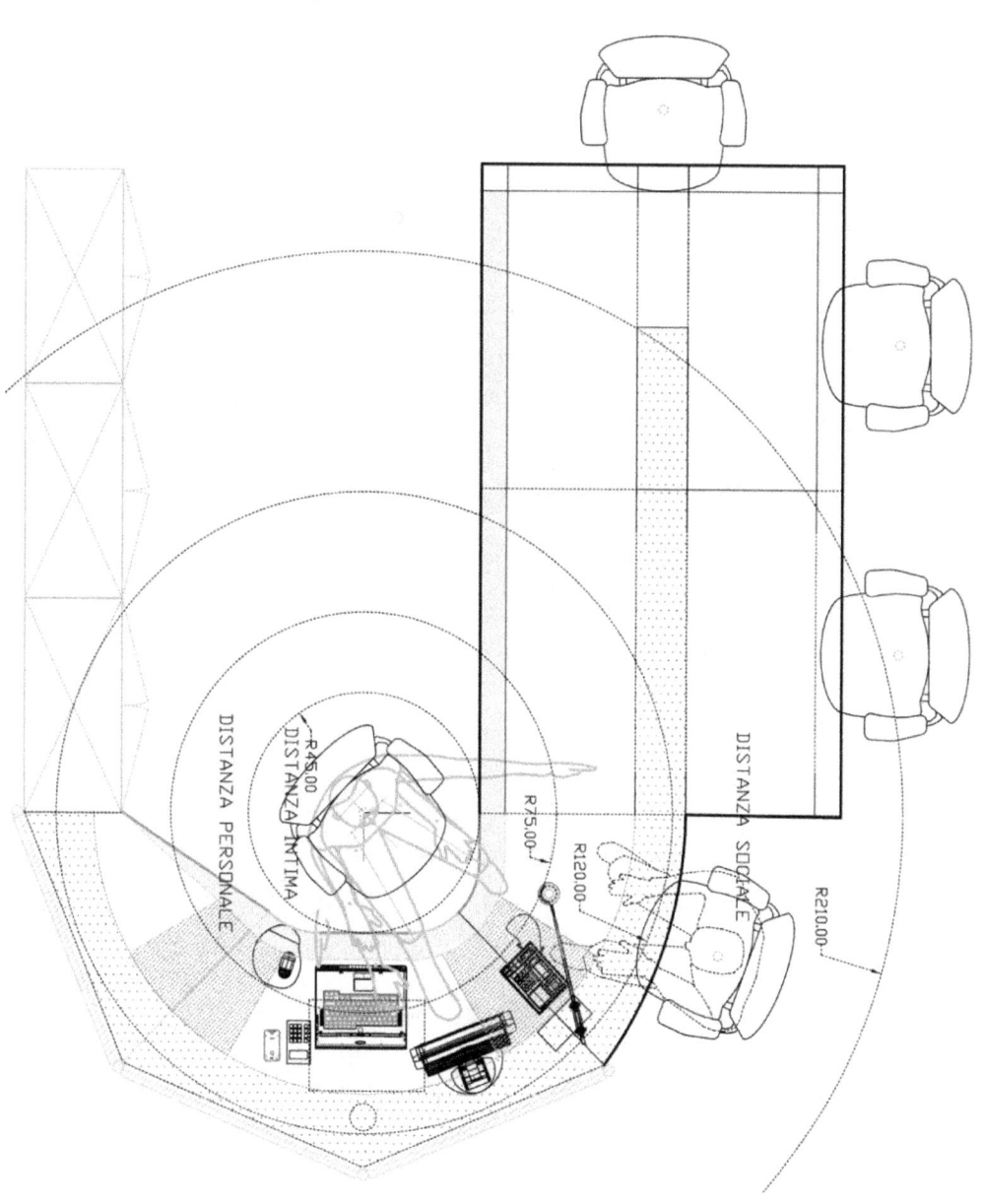

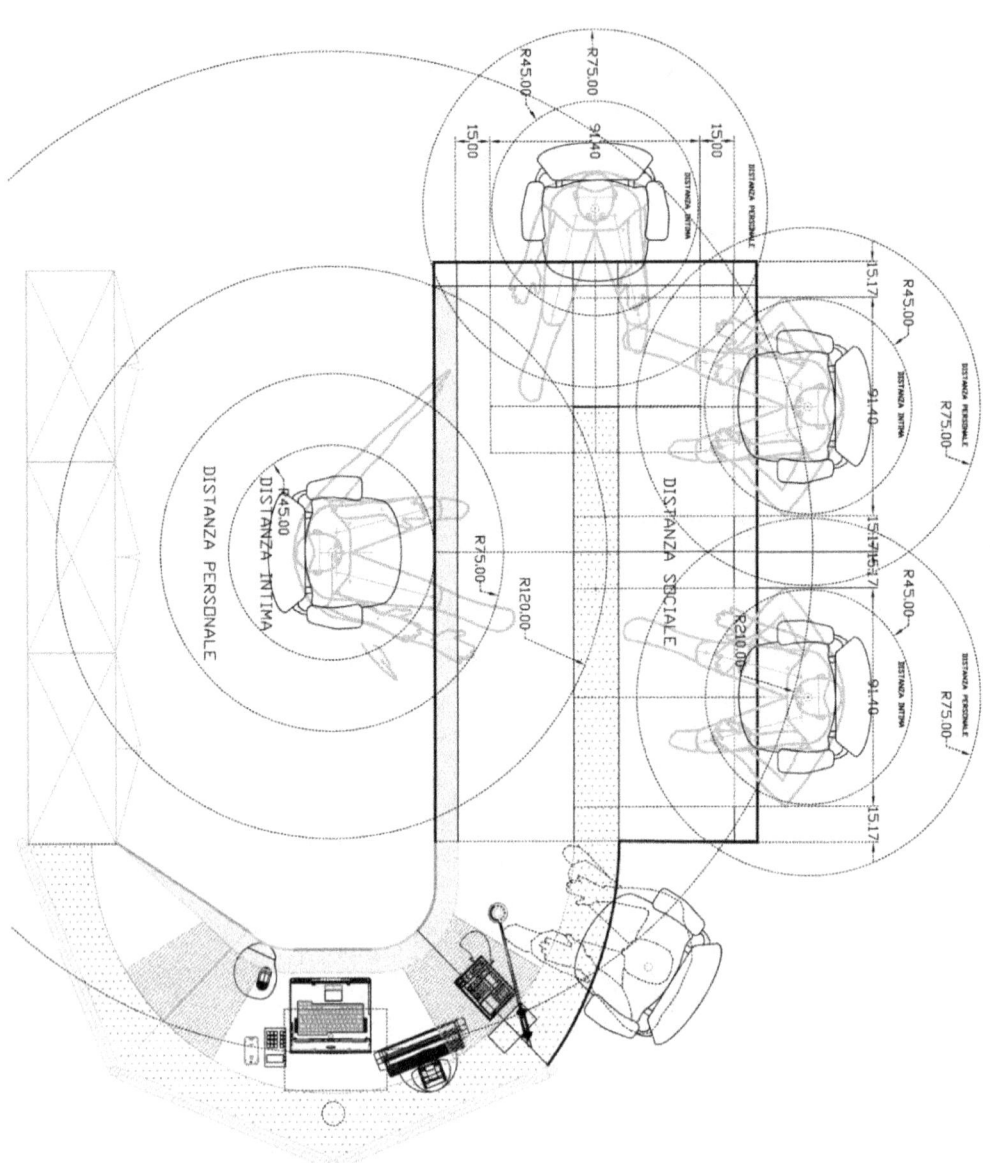

Configurazione utile a consentire l'utilizzo, da parte dell'utente, sia di spazi differenziati, corretti dal punto di vista prossemico dimensionale, e concentrati in una unica postazione lavoro, sia di poter definire *due* livelli di *colloquio*, prossimale e formale, atti (*flessibilmente*) a favorire lo svolgersi degli auspicati concetti *base* della "*leadership situazionale*", oltre che riprodurne una rappresentazione fisico-esistenziale corretta.

Possono esistere anche soluzioni dimensionalmente più *compatte*, sia in profondità sia in larghezza (vedi tavola successiva) a svantaggio della superficie meeting che, pur mantenendo intatta la doppia funzione (lavoro individuale e area meeting bivalente), si avvicinano (dal punto di vista prossemico) a una distanza colloquiale più vicina alla cultura latino europea (al di sotto del confine dei 210 cm.).

Va detto che, per entrambe le soluzioni, al fine di poter garantire di mantenere una distanza comunque adeguata, in caso di conversazioni quotidiane di tipo *formale*, con individui appartenenti a culture nordiche, è sufficiente posizionare comode *poltroncine fisse* (non girevoli su ruote) a una distanza adeguata dal piano di lavoro. Aumentando in questo modo la *distanza* tra gli interlocutori verso la zona mediale della fase di lontananza, per tramutare la postazione da *operativa colloquiale*, a postazione di colloquio *formale*.

Va da sé che le rappresentazioni grafiche espresse nelle tavole, hanno la sola ambizione di esprimere, attraverso un approccio *meta-progettuale*, la definizione di *spazi* e *piani* per gli scopi che questo lavoro si pone. Ossia la ricerca degli equilibri ideali tra spazio fisico ed esistenziale, al fine di migliorare e generare benessere per la comunità di persone che lo abita. Non è oggetto di questo lavoro (come abbiamo già detto) occuparsi della veste *stilistica* degli arredi, ma di favorire, semmai, un utile spunto di riflessione per una revisione degli attuali concetti di design del posto di lavoro, per lo più di tipo *pseudo minimalista*, costituenti il trend attuale.

Di complemento alle precedenti configurazioni, più complete nel rispetto di entrambe le esigenze di tipo colloquiale, possono essere sviluppate (come abbiamo visto) anche soluzioni spazialmente più contenute, di tipo *concentrativo*.

Proposte che consentono di sviluppare una dimensione prossemica sociale di ca. 140 cm.; ossia a c.a. metà strada tra il confine di vicinanza (120 cm.) e la fascia di distanza (210 cm.). Soluzioni tipologiche che possono sopravvivere, con e senza gli schermi recintuali, se in spazi confinati, e che prevedono per gli occupanti (il *manager* + il gruppo di lavoro o gli esterni) più lontani *prossemicamente* dalle "*culture del contatto*", l'impiego delle sale riunioni per gli incontri di tipo formale. Limitando gli spazi colloquiali di rispetto all'isola di lavoro, deputati agli incontri con i collaboratori interni.

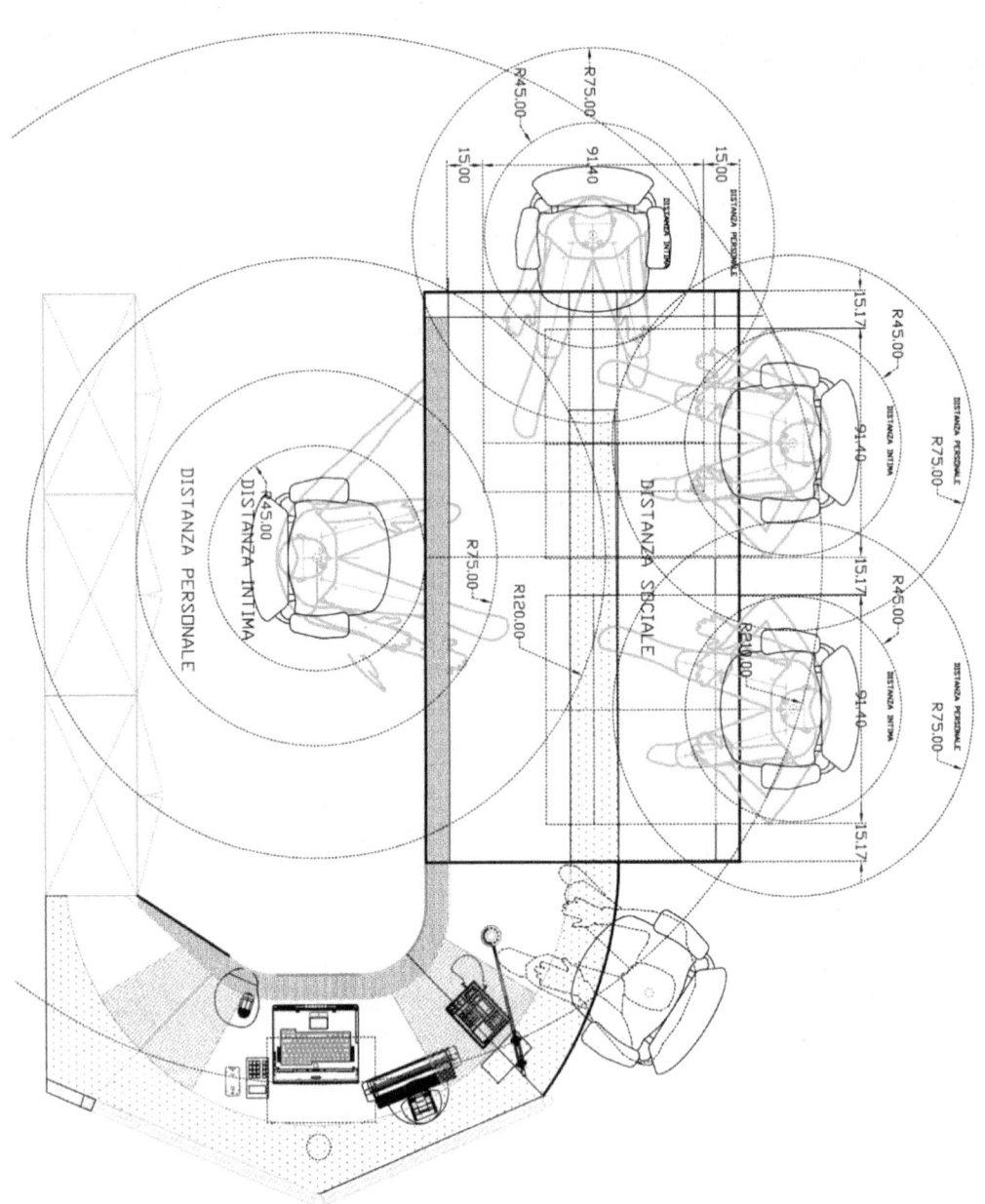

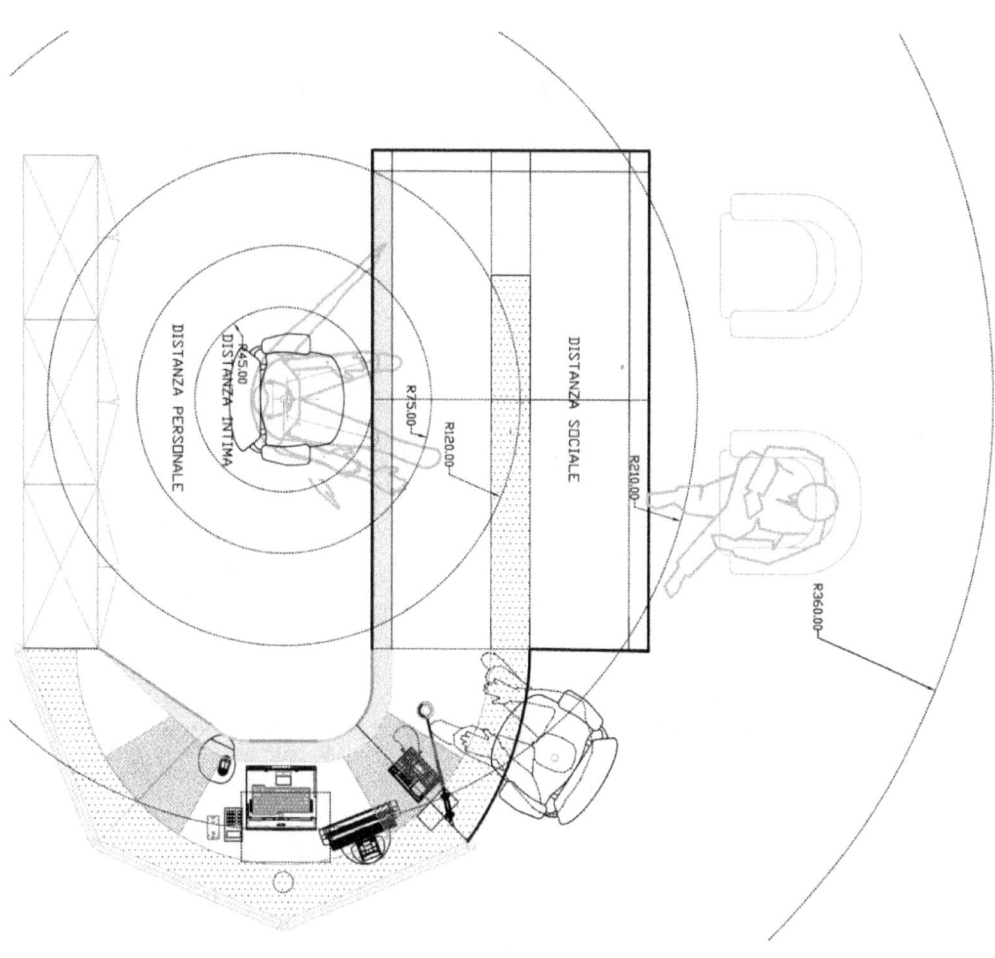

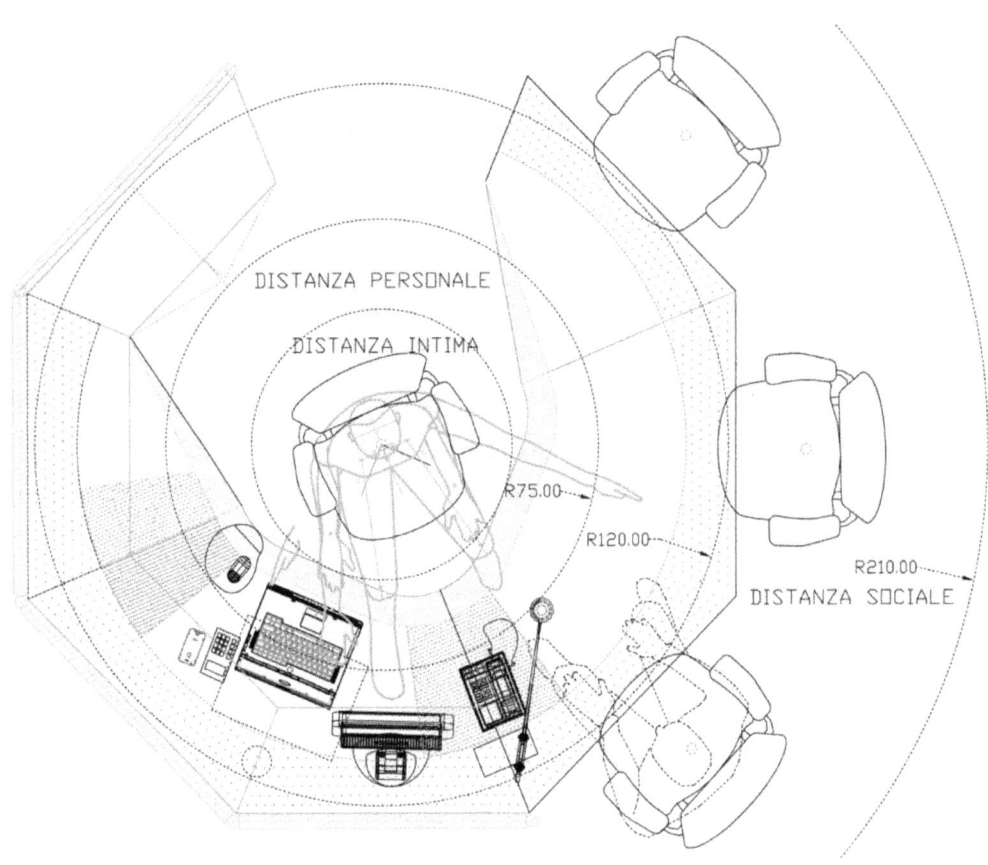

4.5 I PERCORSI E LA PIANIFICAZIONE SPAZIALE

A introduzione del capitolo dei percorsi, occorre effettuare una doverosa premessa di carattere analitico e metodologico introducendo il concetto di *analisi tassonomica*.

INTRODUZIONE ALL'ANALISI TASSONOMICA

Per poter capire bene come si *svolge* il lavoro di ufficio in una specifica realtà aziendale, definire la valenza *fulcrale* dei cosiddetti *poli attrattori rionali*, e conseguentemente determinare i *percorsi* di impianto o collegamento *principali* e *secondari*, occorre poter *quantificare* per valore il complesso lavoro di relazioni che lo regolano. In quest'ambito il *lavoro* dei cosiddetti *colletti bianchi* va paragonato a un complesso manifatturiero; dove però i *beni* da scambiare sono le *informazioni e* dove i *prodotti di scambio* da analizzare nella valutazione della *logistica* che definiremo *informativa*, sono costituiti da *files*, documenti cartacei e informazioni verbali.

Per *quantificare,* quindi, il volume e definire chiaramente la *tipologia* di queste *merci* scambiate, occorre operare analizzando in dettaglio tutti gli aspetti che compongono la vita di relazione diretta (colloquiale, esterna e interna) e indiretta (via rete o cartacea) dell'ambiente circostante l'operatore. Questo attraverso la redazione di quella che in gergo viene comunemente chiamata la stesura di una *indagine tassonomica relazionale*[119].

Mediante l'utilizzo di apposite schede di *audit* (vedi esempio di seguito rappresentato), si dovrà analizzare il tipo di lavoro svolto (amministrativo, commerciale, ecc.) di ogni impiegato sulla base dei suoi specifici aspetti relazionali. Più in dettaglio:

- *relazioni dirette con colleghi*: analisi dei flussi documentali, analisi degli strumenti relazionali disponibili e realmente utilizzati (posta ecc.);
- *relazioni dirette con il pubblico*: analisi dei flussi relazionali e contestuali sul posto di lavoro (tipo: meeting in azienda, incontri a bordo scrivania ecc.), definendone quantità per tipo, e locazione di svolgimento (dove, quando e come);
- *relazioni indirette con il pubblico*: analisi della frequenza e del tipo di strumenti adottati (es. telefono, mail, ecc.);
- *relazioni con il superiore e/o il datore di lavoro:* (descrizione del tipo di incontri, dello svolgimento, della durata, degli strumenti di relazione utilizzati ecc.).

---

[119]*Tassonomia relazionale: flussogramma di relazioni, definito per reciprocità e quote percentuali sulle ore medie di una giornata lavorativa.*

AUDIT mod.1 - --------0

Questionario rapporti di comunicazione

AUDIT per rilevazioni quantitative e qualitative

data compilazione

Premessa:

Chiediamo alcuni minuti del Vs. tempo per compilare il seguente questionario. Lo scopo di questa indagine è verificare la Vs. operatività rispetto all'ambiente che Vi circonda e gli strumenti che adottate nel Vs. lavoro. Il Ns. obiettivo infatti è verficare se i parametri di efficienza e di comfort ambientale e strumentale sono rispettati o migliorabili. Noi riteniamo infatti che un ambiente efficiente sia di fatto anche un ambiente che esprime il miglior comfort per il lavoratore. Grazie per l'attenzione che dedicherete nella compilazione.

nome Società
indirizzo
CAP
Città
partita IVA
n.telefono
n.fax
sito web
n.dipendenti Società

☐ Industria
☐ Commercio
☐ Servizi
☐ Altro - specificare:

nome e cognome intervistato
mansione
settore/divisione
riporta a:
e-mail
n.telefono
n.cellulare
note

Pagina 1

QUESTIONARIO

Descrivete brevemente il tipo di lavoro che svolgete:

Avete repporti diretti con il pubblico (clienti o personale esterno all'azienda)?
☐ si ☐ no ☐ saltuariamente ☐ frequentemente
note:

In caso affermativo; dove incontrate clienti o fornitori?
☐ alla mia scrivania ☐ in una sala dedicata ☐ presso di loro (fuori azienda)
note:

Nel Vs. lavoro utilizzate spesso il Personal Computer?
☐ si ☐ no ☐ saltuariamente ☐ frequentemente
Che tipo di PC utilizzate?

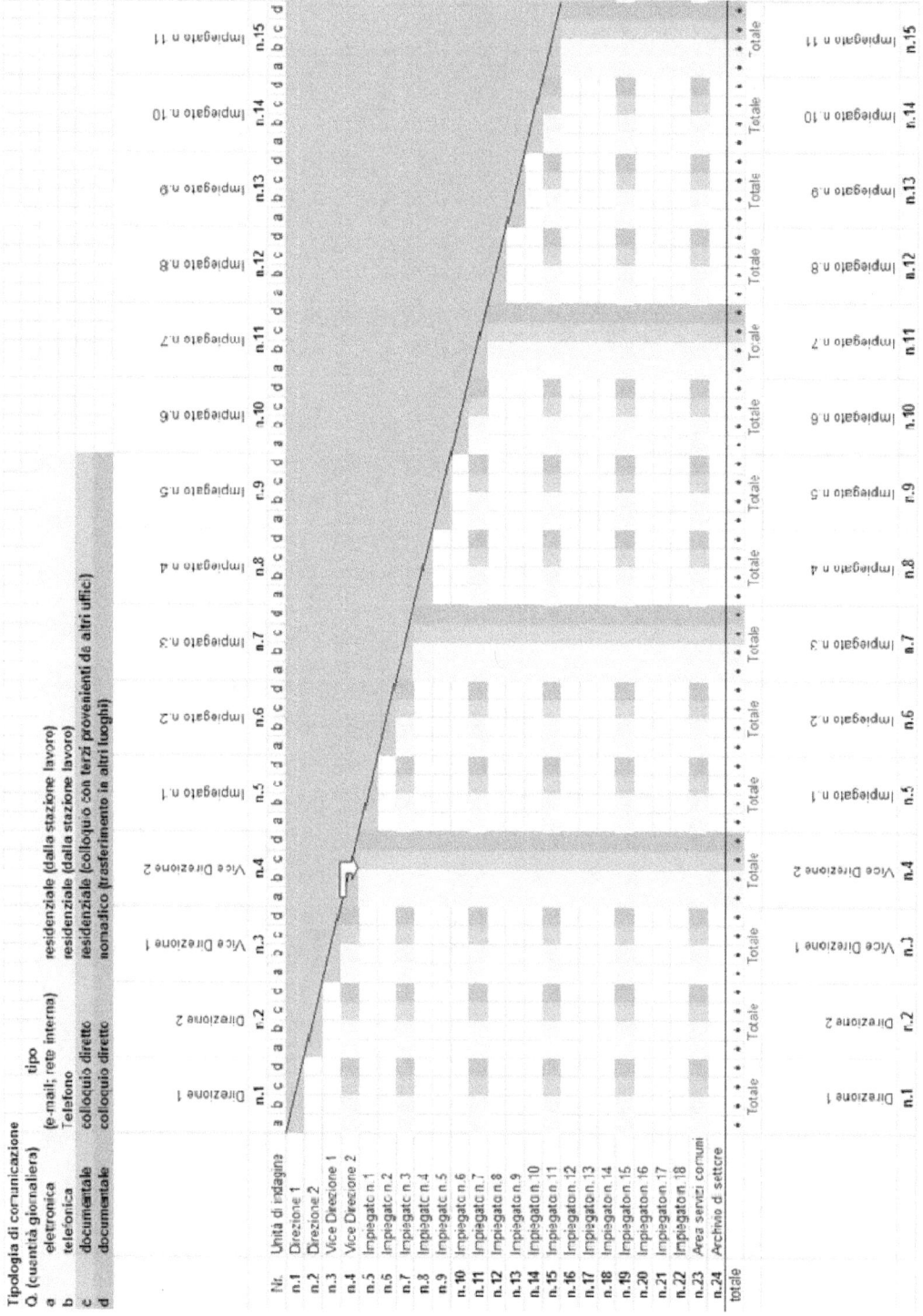

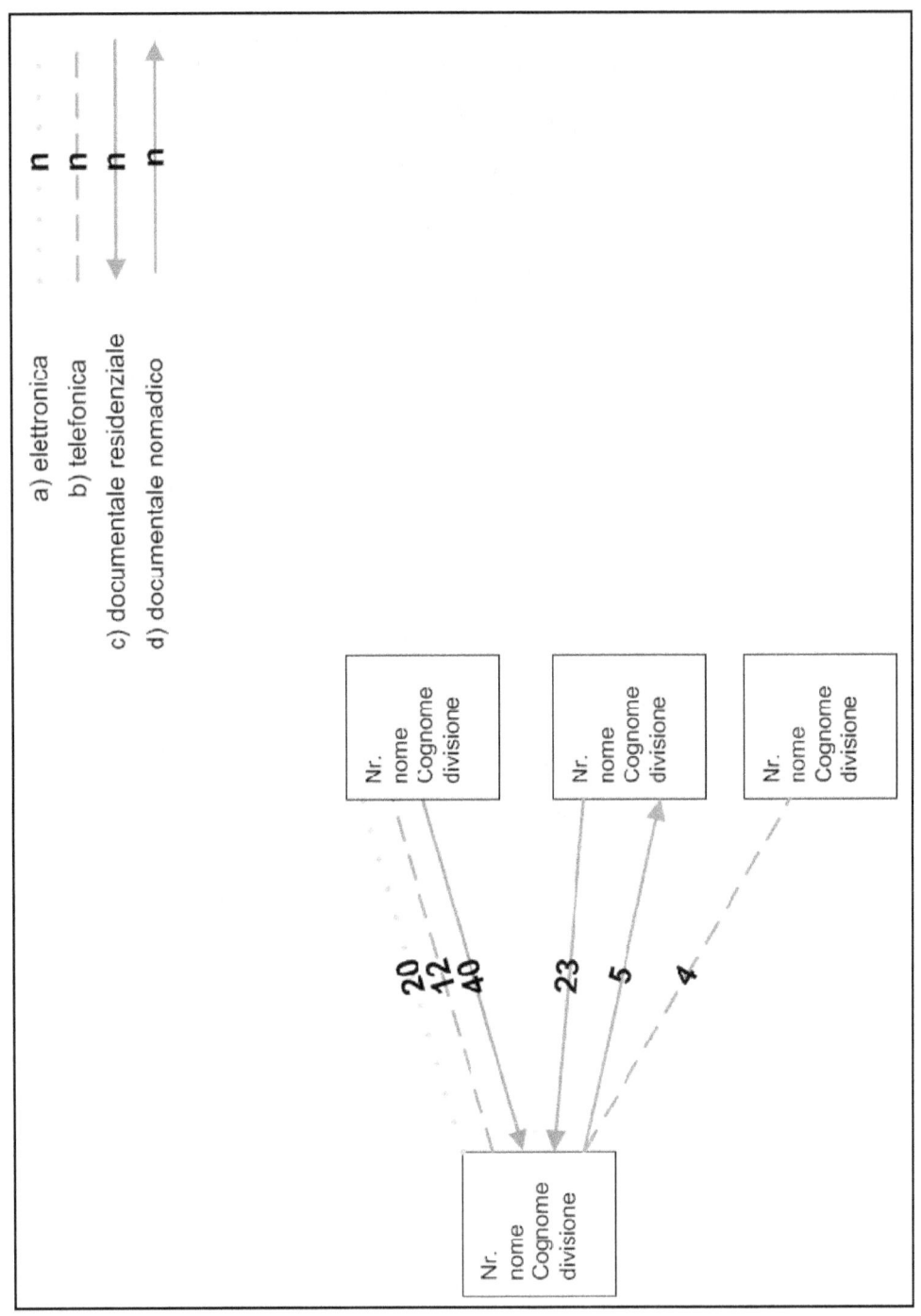

A tal proposito abbiamo allegato alcuni modelli di schede e tabelle, utili a poter realizzare questo *impianto* di relazioni. Fatto ciò, si avrà un quadro abbastanza dettagliato di come si muovono le varie funzioni aziendali nella logica *cliente-fornitore* all'interno della specifica realtà lavorativa analizzata.

Lo scopo di questa fase e l'importante risultato che, tramite essa, si dovrà conseguire, è il seguente:

- identificare il numero (quantità) e la tipologia (tipo di lavoro) di personale da attribuire ad ogni *gruppo di lavoro* omogeneo (es. commerciale, marketing, acquisti, amministrazione, personale, ufficio tecnico, ecc.);
- identificare *dove* sia più idoneo allocare ogni posto e gruppo di lavoro, rispetto al lay-out generale del building;
- qualora l'analisi si svolga in una realtà esistente, identificare e mappare la *attuale* localizzazione dei posti lavoro rispetto ai parametri relazionali di flusso percentuale;
- definire *la posizione* più conveniente dove dislocare le *aree* destinate ai *servizi comuni*, tipo: fotocopie, fax, archivio, ecc, rispetto ad ogni singola postazione o gruppi di esse;
- qualora l'analisi si svolga in una realtà esistente, occorre cercare di capire *come è strutturato* attualmente il posto di lavoro (tipo di arredi e location) rispetto al *tipo* di lavoro che si ritiene debba essere svolto. E come si suppone debba esserlo in futuro. Ossia se si relaziona prevalentemente con l'esterno (relazione fisica con clienti) dovrà avere certe caratteristiche di specializzazione e dislocazione, piuttosto che se opera unicamente all'interno dell'organizzazione, ecc.;
- qualora l'analisi si svolga in una realtà esistente, occorre cercare di capire *come* è strutturato *attualmente* rispetto ai parametri ergonomici confacenti al tipo di lavoro svolto (nel rispetto delle normative vigenti piuttosto che la dottrina ergonomica sperimentale) e, inoltre, rispetto ai parametri di *efficienza ergonomica* precedentemente espressi quali quelli riferiti alla tutela della privacy visiva ed uditiva;
- qualora l'analisi si svolga in una realtà esistente, sarà utile raccogliere le informazioni relative allo stato dell'arte dei *parametri illuminotecnici in uso*. Tipo: illuminazione dell'ambiente e del posto di lavoro (argomento che tratteremo nel capitolo successivo);
- sempre qualora l'analisi si svolga in una realtà esistente, sarà utile disegnare lo stato di *salute* dell'ambiente di lavoro per verificare se esistono elementi inquinanti nell'aria dovuti ad improprio uso di materiali. Ciò al fine di verificare o prevenire l'esistenza della *Sick Builiding Syndrome*. Quindi, analisi dei materiali di base costituenti l'edificio comprendendo i materiali utilizzati per i rivestimenti: controsoffitti, pareti e pavimenti, gli impianti di ricambio dell'aria, la manutenzione e pulizia degli ambienti e la frequenza con cui tali attività vengono eseguite, ecc.. Anche questo sarà oggetto di analisi nel capitolo successivo.

LA PIANIFICAZIONE DELLO SPAZIO

A introduzione del capitolo riguardante la pianificazione spaziale, desideriamo richiamare l'attenzione dei lettori sul concetto esistenziale di *orientamento*.

Hall scrive: '*...il sentimento dell'importanza del giusto orientamento nello spazio è radicato nel profondo dell'uomo. Si ricollega in ultima analisi al bisogno di sopravvivenza e di sanità; il disorientamento è avvertito come qualcosa di abnorme e patologico. Tra una reazione pronta e veloce come il riflesso e l'indugio indeciso c'è una differenza che può valere la vita o la morte dell'individuo: è questa una regola valida non solo per il roditore che cerca di sfuggire l'animale da preda, ma anche per l'automobilista alle prese con i pericoli del traffico...*'[120].

Hall prosegue citando i due principali sistemi di organizzazione dello spazio urbano storicamente sviluppatisi in Europa: il modello a *stella radiante*, tipico di parecchie città spagnole, francesi ed italiane, e quello a *griglia*, di derivazione militare, adottato ed esportato nel resto d'Europa dai romani (quindi anch'esso presente, quale matrice urbana *rifondativa*, in numerose città italiane oltre che prevalente nelle culture anglosassoni) durante le loro campagne di conquista e rifondazione.

Mentre il primo (quello a stella radiante) di tipo tipicamente *concentrativo*, appare più incline a favorire *attrazione sociale* il secondo, di tipo *distributivo*, appare per contro essere più incline alla *fuga sociale*. Ve n'è poi un terzo, secondo *Hall*, che segue lo schema di urbanizzazione giapponese e che potremmo definire di tipo *nodale*, ossia teso a utilizzare gli incroci tra i percorsi, rispetto alle vie, quali punti di attrazione e orientamento nelle città.

Dal punto di vista funzionale, ogni schema ha i suoi vantaggi e svantaggi. Nel percorso esistenziale che stiamo seguendo, tenderemo a prediligere lo schema *stellare* perché più vicino al pensiero *concentrativo* adottato nei livelli precedenti. Schema che offre, inoltre, la possibilità di integrare i fulcri attrattori (spazi meeting e di governo) rionali/dipartimentali, in uno spazio minore centralizzato, quindi, più facilmente identificabile e raggiungibile (accessibilità).

---

[120] *Ibidem, p.134*

La distribuzione dei flussi

La fase che raccoglie e utilizza i risultati dell'analisi tassonomica, è quella che prevede la distribuzione grafica dei flussi di lavoro sul *lay-out* del building architettonico.

E' la prima e vera azione *progettuale*, e la fase più importante delle attività di *space planning*. Da qui si genera l'impianto di progetto, ossia lo scheletro distributivo di tutta la dislocazione spaziale dei posti di lavoro.

Come abbiamo detto, occorrerà aver ben capito e identificato in precedenza, sia la funzionalità che le dimensioni delle cellule base (per attività individuali e collettive: vedi capitoli precedenti), sia la quantità e la densità delle aree collettive per dipartimento e aziendali.

Faremo di seguito alcuni esempi pratici, su come distribuire i flussi di lavoro, nelle cosiddette *"fasi operative"* dove questa fase sarà sdoppiata in due *sub*-fasi. La prima riguardante un livello *macro* di zonizzazione per aree omogenee (gruppi di lavoro, aree comuni, spazi di governo ecc.), e la seconda a livello micro, relativa alla zonizzazione *analitica*: quella dei posti di lavoro e della reciproca relazione tra gli stessi, e tra le zone comuni.

I percorsi

I percorsi normalmente si valutano in una fase parallela a quella relativa la distribuzione dei flussi e seguono regole anche dettate dalla prevenzione incendi. In queste zone l'illuminazione non gioca solo un ruolo estetico, ma diviene anche garante della sicurezza dei lavoratori in caso di fuga. Si dovrà pertanto garantire un illuminamento adeguato (illuminazione di sicurezza in affiancamento a quella principale, come vedremo nei capitoli successivi) che permetta un facile deflusso del personale verso le vie d'uscita e metta in evidenza eventuali ostacoli come scale o dislivelli del pavimento.

A livello distributivo, i *percorsi* si possono classificare in:

PERCORSI MATRICE

O *percorsi principali*. Sono tendenzialmente identificati tali, i percorsi appunto *principali*, che collegano i gruppi scale e ascensori al resto degli uffici. Sono utilizzati quali percorsi di rapida evacuazione in caso di incendi e costituiscono, di fatto, le arterie principali di *traffico* pedonale in un'azienda. Hanno dimensioni (*larghezze*) molto variabili ($120 \geq 160 \leq 200$ cm.) e necessitano di evidenziazioni topologiche *"forti"* (come: colori, segnalatori semantici, dimensioni, direzionalità, ecc.) per identificare il loro ruolo nevralgico all'interno di una azienda. Vengono di fatto utilizzati, unitamente a schermature divisorie, quali confini *marcatori* tra i vari dipartimenti per evitare perturbative visive ed acustiche.

PERCORSI DI IMPIANTO

O percorsi *secondari*. Si diramano dai percorsi *matrice* e costituiscono, a livello dipartimentale, i percorsi principali distributivi *rionali*. Le dimensioni possono variare tra i $\geq 120 \leq 160$ cm.

PERCORSI DI COLLEGAMENTO

O percorsi di *accesso*. Si diramano dai percorsi *matrice* e di *impianto* e vengono utilizzati per accedere alle isole di lavoro. Di dimensioni variabili, funzioni delle normative locali e delle tematiche di prevenzioni incendi, tendenzialmente variano tra i $\geq 75 \leq 120$ cm.

FASI OPERATIVE

Fase 0 – valutazione dell'ambiente preesistente

In questa prima fase si effettua una prima valutazione generale dello spazio a disposizione (lettura del corpo di fabbrica o del nuovo progetto di destinazione): accessi, servizi, aree tecnologiche, sistemi di climatizzazione e ventilazione, distribuzione delle reti informatiche ed elettriche, valutazione dell'acustica ambientale, dell'illuminazione, tende, ecc..

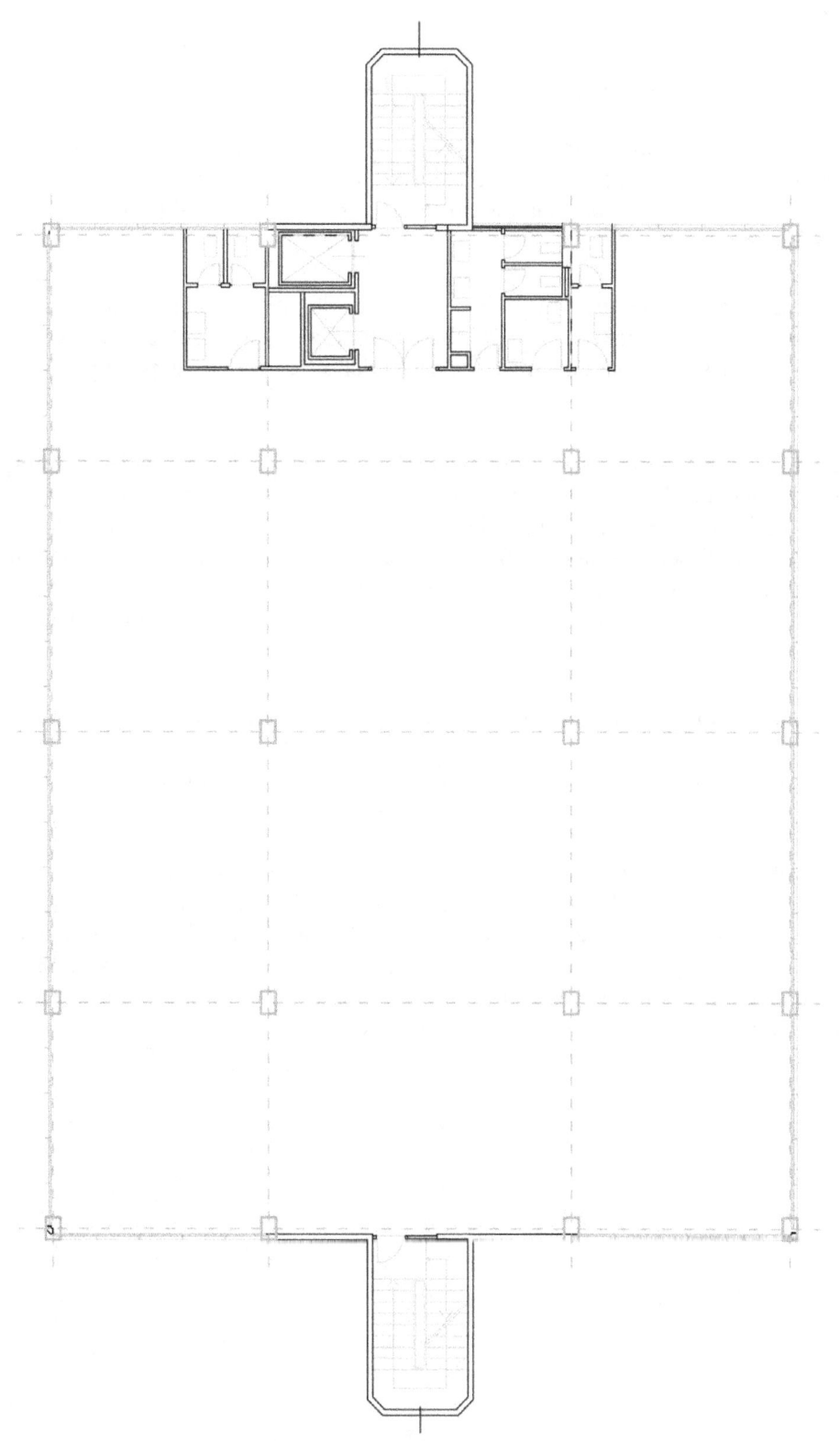

Fase 1 – macro zonizzazione per aree omogenee

Analizzato il contesto architettonico e definito un piano di interventi per ovviare le problematiche eventualmente incontrate, ai fini del miglioramento della situazione ambientale, occorre ora operare una distribuzione per macro zone delle aree operative, rispetto al *lay-out* del *building*.

Come abbiamo detto, occorrerà aver ben capito e identificato in precedenza, sia la funzionalità che le dimensioni delle cellule base (per attività individuali e collettive: vedi capitoli precedenti), oltre alla quantità e la densità delle aree collettive, per dipartimento e aziendali.

Questo perché la suddivisione delle aree e la loro posizione relativa nel *lay-out* del corpo di fabbrica, recepite dai risultati dell'analisi tassonomica precedentemente effettuata, gettano le fondamenta dell'intero impianto distributivo progettuale, componendolo nella forma che assumerà nella versione definitiva. E' una fase dove conviene (è più semplice a livello tecnico) operare diverse simulazioni alternative in modo essere sicuri di centrare l'obbiettivo dell'unica e migliore soluzione, prima di procedere con la fase successiva.

Come è visibile nella tavola seguente (l'esempio può identificare un dipartimento posto su un edificio multipiano, ma anche gli uffici di una piccola/media azienda), non appena definita la densità di occupazione per area, si è deciso di adottare una distribuzione spaziale di compromesso tra un sistema a stella radiante e uno a griglia.

Soluzione che vede i percorsi *matrice* e di *collegamento*, posizionati lungo gli assi principali del building a collegare sia le vie di fuga, sia a mediare le aree di governo e le aree collettive (meeting, caffetteria, ecc.). Aree che (alla luce delle considerazioni espresse nei capitoli precedenti) considereremo utile dotare di *forte* valenza semantica identificandole quali elementi *attrattori*, e perciò posizionati in adiacenza ai percorsi di accesso principali (area ascensori ecc.) e ai servizi (vedi *lay-out*).

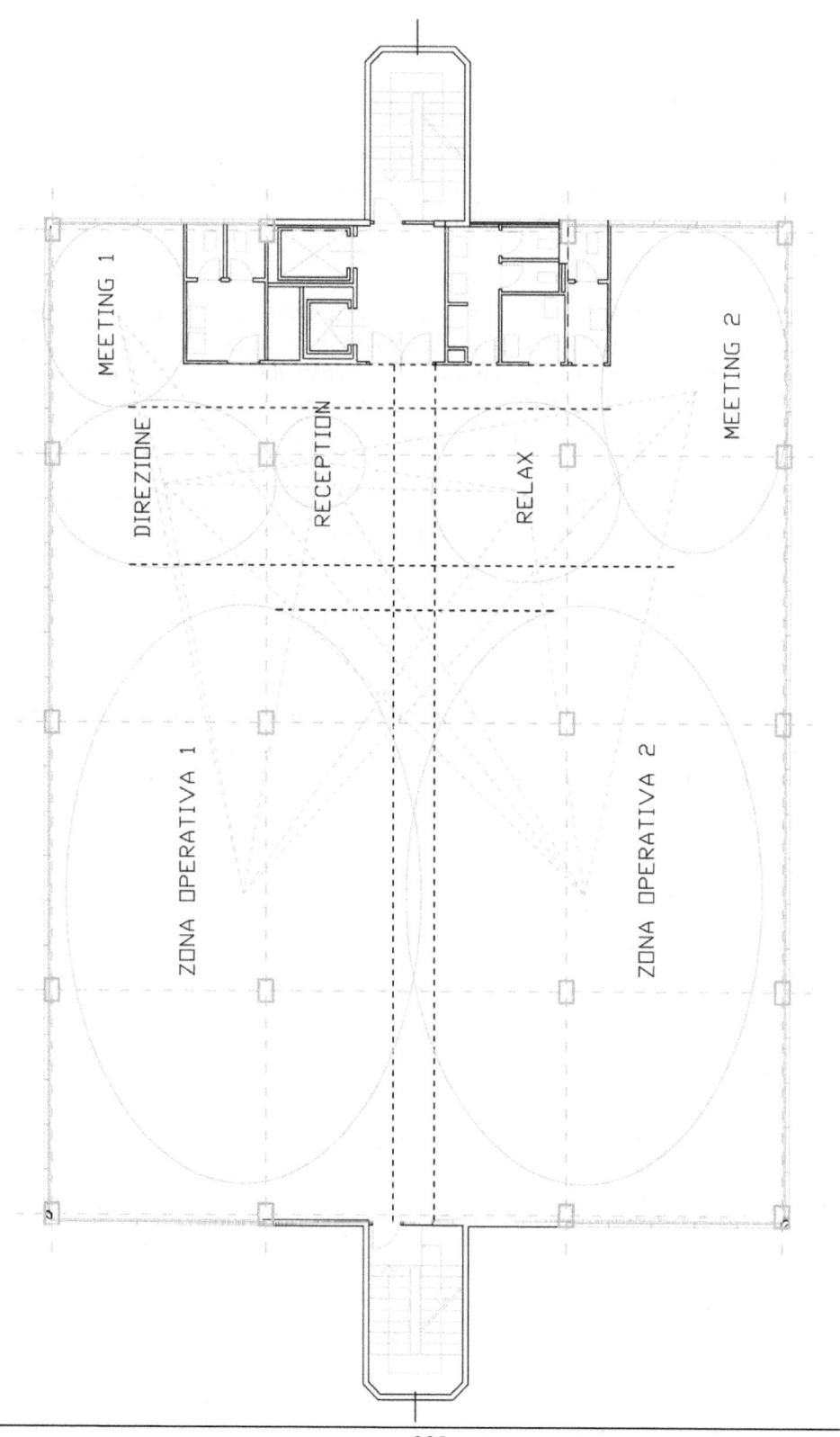

Fase 2 –zonizzazione analitica

In questa fase vengono definiti gli spazi operativi e distribuite le aree di lavoro in funzione del numero di posti lavoro complessivi necessari a ogni area, in base ai valori dimensionali e aggregativi della cellula scelta (nel caso specifico adotteremo una soluzione di cellula a matrice ottagonale).

Ciò considerando le implicazioni tecniche del corpo di fabbrica (limiti e confini: pilastri, accessi, ecc.) ma anche percorsi e delimitazioni areali definite nella fase precedente. Verrà inoltre definita, sempre in questa fase, l'eventuale localizzazione delle aree complementari (*corner point*, ecc.) funzione di una più raffinata ottimizzazione del sistema dei percorsi ed evidenziazione degli spazi di risulta.

In una seconda parte di questa fase, viene definito il sistema di partizionamento con pareti amovibili (nuovi confini) per la recinzione degli ambienti confinati (direzione, sale meetings, ecc.), e la eventuale localizzazione di divisori attrezzabili a contenitore (o aree archivio qualora necessarie), in adiacenza/aggregazione degli elementi di separazione fisica (schermi mobili o partizioni amovibili o contenitori a ridosso delle partizioni perimetrali).

E' la fase in cui gli elementi tecnologici (quali: gli impianti di trattamento dell'aria, i sistemi di illuminazione, rete dati ed energia, ecc.) assumono necessaria relazione con il posizionamento puntuale delle postazioni lavoro.

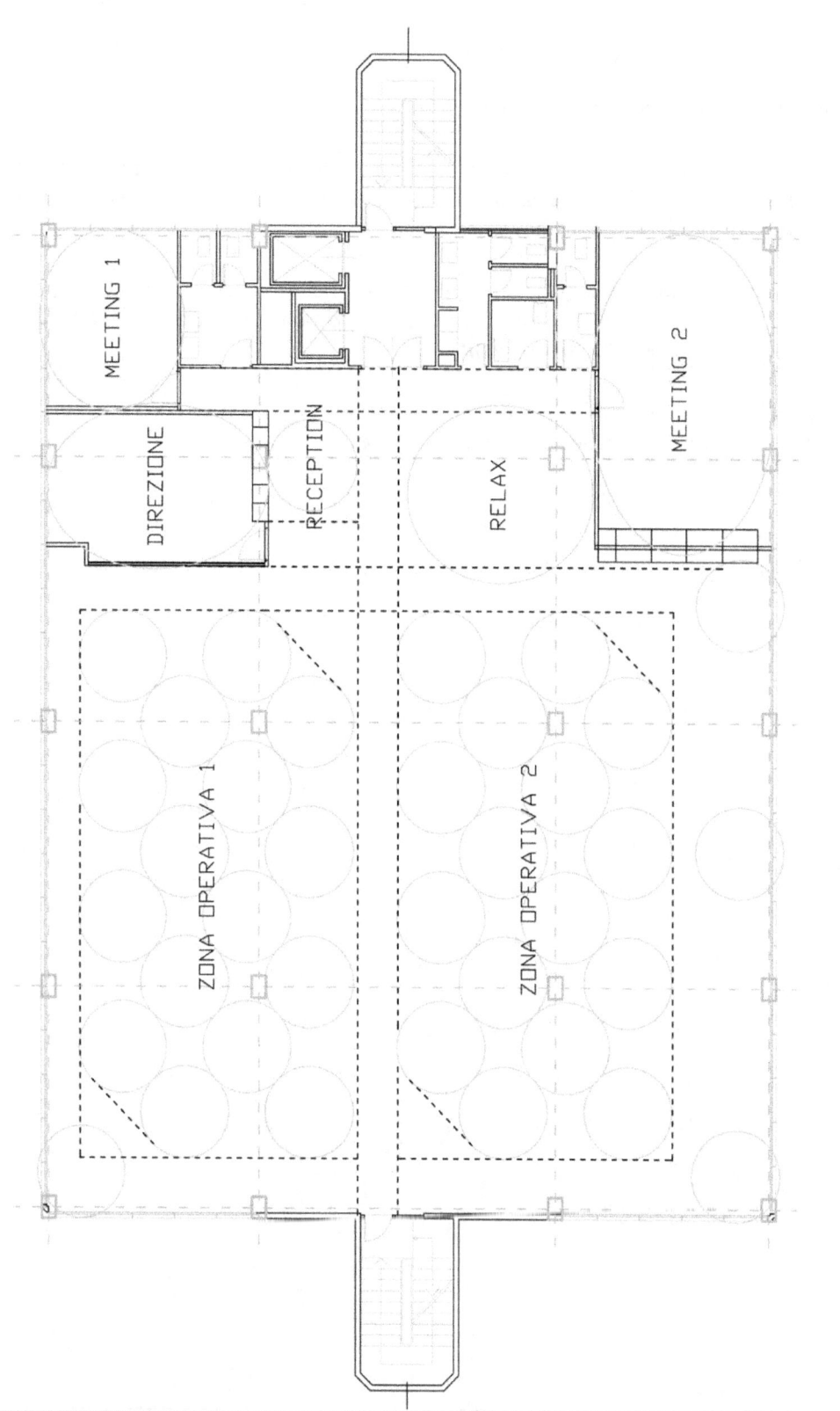

Fase 3 – assegnazione posti lavoro

In questa fase viene distribuito sul *lay-out*, il risultato finale del *flussogramma di relazioni* ottenuto dall'indagine tassonomica e quindi definita l'assegnazione dei posti di lavoro (da organigramma aziendale), nell'ambito dei relativi gruppi operativi.

Viene inoltre determinata la posizione delle aree tecniche (stampanti, fax, fotocopiatrici, ecc.), delle isole specialistiche (eventuali capi servizio con esigenze di piani particolari ecc.) e la localizzazione dei *corner points*.

Viene quindi definito, in modo conclusivo, il sistema dei percorsi e delle utenze specifiche. E' la fase propedeutica al *lay-out* finale.

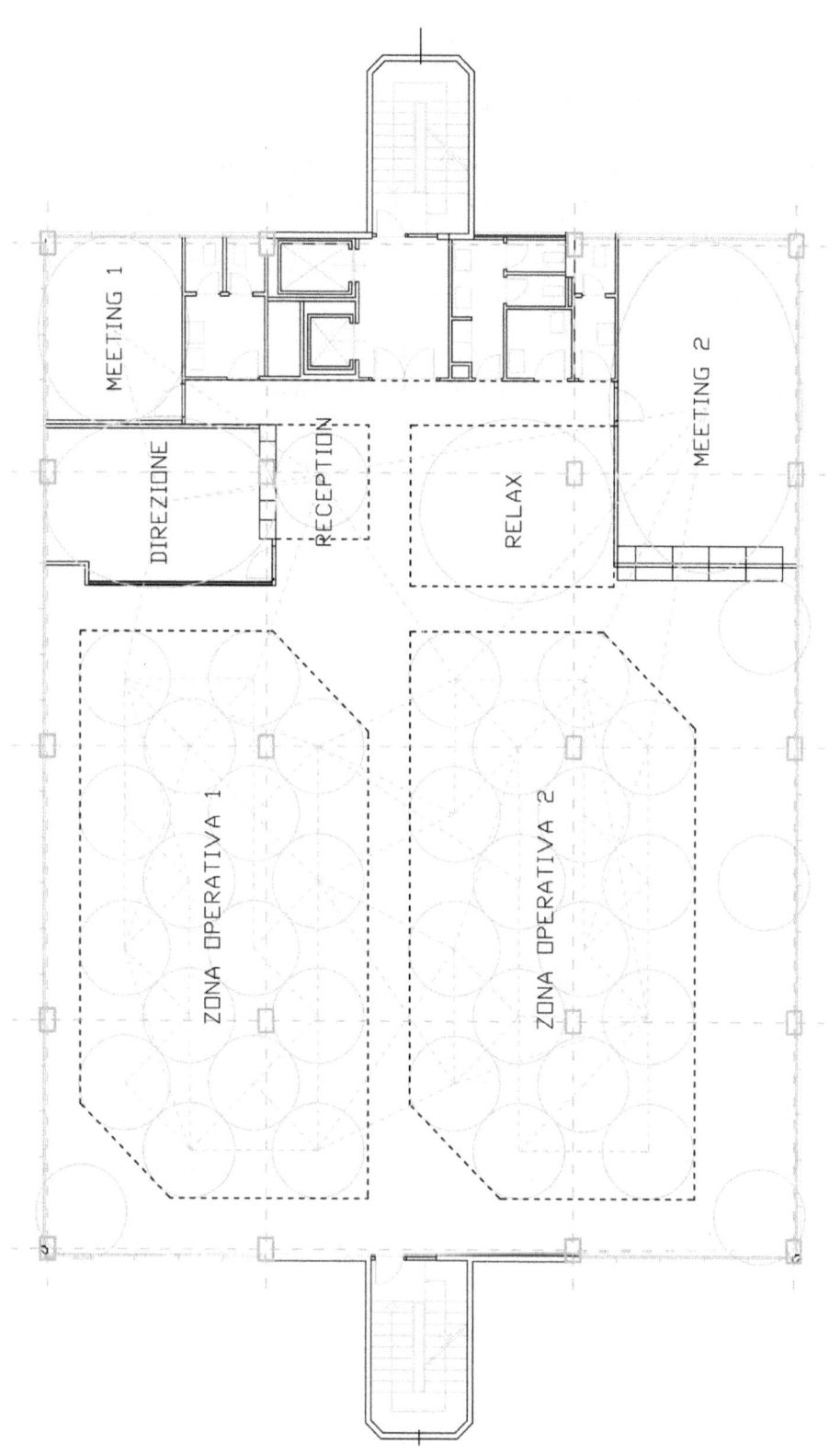

Fase 4 – progettazione lay-out finale

In questa fase si procede con la dislocazione finale delle cellule di lavoro mediante la distribuzione fisica dei simboli degli arredi che li determinano.

E' la fase in cui si è già scelto il partner ideale (normalmente tramite gara d'appalto) cui affidare la realizzazione fisica degli arredi e con cui, normalmente, viene rivisto il lay-out operando in modo simbiotico.

E' la fase finale della parte progettuale e il risultato sarà il progetto esecutivo.

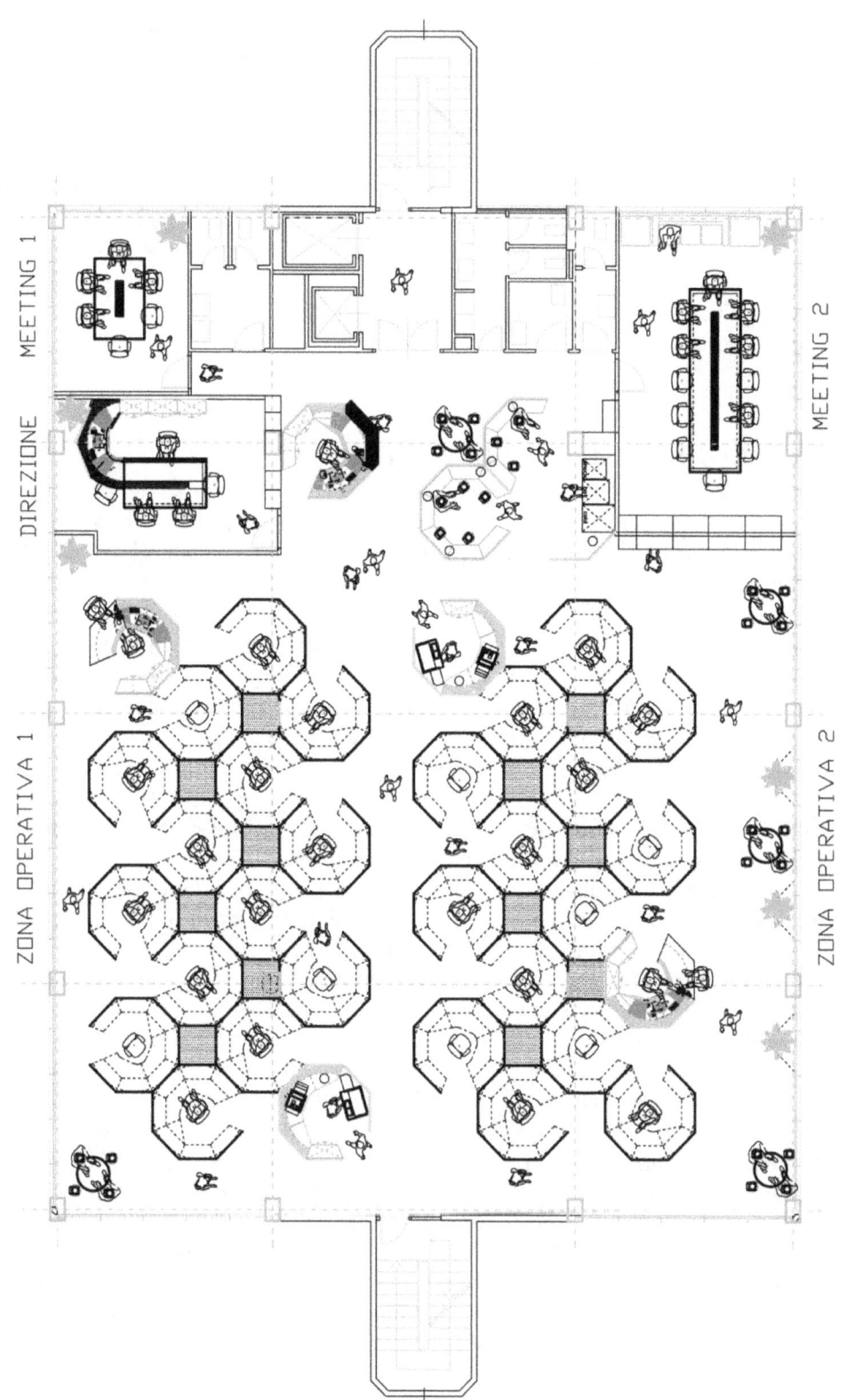

"È in noi che i paesaggi hanno paesaggio. Perciò se li immagino li creo;
se li creo esistono; se esistono li vedo. [...] La vita è ciò che facciamo di essa.
I viaggi sono i viaggiatori. Ciò che vediamo non è ciò che vediamo,
ma ciò che siamo."

Fernando Pessoa

Livello 5 - Il livello del paesaggio

Il paesaggio: i miti delle origini

Come descritto precedentemente, gli schemi di questo livello si formano dalla interazione tra le attività umane e la topografia dei luoghi, generando lo *sfondo* dello spazio esistenziale.

L'immagine iconografica del paesaggio, inteso come *ambiente* esistenziale, ha origine antichissime. La rappresentazione più nota risale all'antico Egitto e riguarda l'Enneade e i miti della creazione dove, per Enneade, si intende il gruppo di nove divinità che stanno alla base della cosmogonia egizia, composta da *Atum-Ra*, e da quattro coppie di divinità: *Shu* e *Tefnut*, *Geb* e *Nut*, *Osiride* e *Iside* e *Seth* e *Nefti*.

Atum Ra, il dio solare che svolgeva le funzioni di timoniere del mondo, è considerata una divinità autogenerata: si posa sulla collinetta in forma di Fenice, oppure esce da un fiore ivi sbocciato, o vi giunge stando sulle corna della vacca celeste *Mehetueret*, che emerge dall'Oceano. *Atum-Ra* per la prima volta sulla terra lancia in alto un getto di saliva, generante *Shu* (dio dell'aria e della luce solare che in essa si rende visibile) e *Tefnut* (dea dell'umidità). *Shu* era in effetti la personificazione del primo oggetto della creazione: il vuoto e allo stesso tempo l'incarnazione del soffio vitale che anima le creature. Egli fu creato assieme alla sorella *Tefnut* (personificazione dell'umidità), con cui formò la prima coppia divina. Nella cosmogonia i due diedero i natali ad un'altra coppia: *Geb* e *Nut*, rispettivamente terra e cielo, che *Shu* teneva separati.

Il mito della creazione legato all'enneade narra che in principio vi era il *Nun*, caos incontrollato, elemento liquido e turbolento, il non creato. Dal Nun emerse una collinetta dalla quale nacque *Atum* (visto come *Atum-Ra*). Quest'ultimo *sputando* diede vita a *Shu* (l'aria) e *Tefnut* (l'umido), i quali a loro volta generarono *Geb* (la terra) e *Nut* (il cielo). Il mito racconta che questi ultimi dei se ne stavano sempre uniti e impedivano alla vita di germogliare. Così *Atum* ordinò al loro padre *Shu* di dividerli. Con le mani *Shu* spinse *Nut* verso l'alto facendole formare la volta celeste e con i piedi calpestò *Geb*, tenendolo sdraiato. In questo modo l'*aria* separò il *cielo* dalla *terra*. *Geb* e *Nut*, a loro volta, generarono quattro figli: *Osiride, Iside, Nefti* e *Seth*.

L'immagine che segue, è la prima rappresentazione iconografica del paesaggio, inteso come rappresentazione univoca dell'ambiente.

Nell'immagine la volta celeste è rappresentata da *Nut*: raffigurata come una donna nuda, ricoperta di stelle, con le mani (a ovest) e i piedi (a est) che toccano l'orizzonte; inarcata su *Geb*, dal quale è tenuta lontana da *Shu*, che la sostiene. Sulla volta celeste è riconoscibile la barca di *Atum-Ra*, nella rappresentazione con la testa di falco e il corpo umano, mentre attraversa i cieli nel moto solare sulla sua barca, accompagnato da *Thot*, suo visir, e da *Maat*, sua figlia.

L'immagine di fatto descrivendo il moto solare, disegna anche il mito perenne della rigenerazione: la rappresentazione esistenziale più antica e radicata nella cultura dell'uomo da tempo immemorabile.

La struttura generativa del mito della creazione *enneadica*, definisce anche i livelli di *priorità genealogica* a cui riferirsi nella lettura profonda dei caratteri del paesaggio esistenziale. Livelli riscontrabili in numerosi testi sacri tra i quali, il più famoso risulta essere certamente l'Antico Testamento, nella descrizione dei primi quattro giorni della Genesi:

[Genesi 1
1 In principio Dio creò il cielo e la terra.
2 La terra era informe e deserta e le tenebre ricoprivano l'abisso e lo spirito di Dio aleggiava sulle acque.
3 Dio disse: «Sia la luce!». E la luce fu.
4 Dio vide che la luce era cosa buona e separò la luce dalle tenebre
5 e chiamò la luce giorno e le tenebre notte. E fu sera e fu mattina: primo giorno.
6 Dio disse: «Sia il firmamento in mezzo alle acque per separare le acque dalle acque».
7 Dio fece il firmamento e separò le acque, che sono sotto il firmamento, dalle acque, che son sopra il firmamento. E così avvenne.
8 Dio chiamò il firmamento cielo. E fu sera e fu mattina: secondo giorno.
9 Dio disse: «Le acque che sono sotto il cielo, si raccolgano in un solo luogo e appaia l'asciutto». E così avvenne.
10 Dio chiamò l'asciutto terra e la massa delle acque mare. E Dio vide che era cosa buona.
11 E Dio disse: «La terra produca germogli, erbe che producono seme e alberi da frutto, che facciano sulla terra frutto con il seme, ciascuno secondo la sua specie». E così avvenne.
12 La terra produsse germogli, erbe che producono seme, ciascuna secondo la propria specie e alberi che fanno ciascuno frutto con il seme, secondo la propria specie. Dio vide che era cosa buona.
13 E fu sera e fu mattina: terzo giorno.
14 Dio disse: «Ci siano luci nel firmamento del cielo, per distinguere il giorno dalla notte; servano da segni per le stagioni, per i giorni e per gli anni.
15 E servano da luci nel firmamento del cielo per illuminare la terra». E così avvenne.
16 Dio fece le due luci grandi, la luce maggiore per regolare il giorno e la luce minore per regolare la notte, e le stelle.
17 Dio le pose nel firmamento del cielo per illuminare la terra.
18 E per regolare giorno e notte e per separare la luce dalle tenebre. E Dio vide che era cosa buona.
19 E fu sera e fu mattina: quarto giorno.]

Questa lunga ma necessaria premessa è a testimoniare il profondo e antico legame esistenziale che lega l'uomo ai caratteri dominanti archetipici del suo ambiente; costituiti da: luce, aria e umidità (acqua), cielo e terra.

I CARATTERI DISTINTIVI DEL PAESAGGIO ANCESTRALE

La traslazione degli *elementi esistenziali* archetipici costituenti l'ambiente primigenio, in elementi appartenenti al microcosmo lavorativo dell'uomo contemporaneo, implica una necessaria rilettura di tali elementi al fine di una loro corretta trasposizione prioritaria. In un mondo, quale è quello che noi viviamo, a cavallo tra l'universo materiale e quello immateriale.

L'ambiente esistenziale percepito dall'uomo (oggi come nell'antichità), costruito tra i capisaldi di cielo e terra, altro non è che la risultante del sodalizio tra aria e umidità per tramite della luce: principio generatore di *ordine* sul *caos*.

E' come dire, (in una trasposizione moderna di questo antico messaggio di sostenibilità ambientale), che ciò che ci circonda tra il cielo e la terra, apprezzabile nella sua dimensione *fisioestetica*, é frutto del delicato equilibrio tra aria e acqua vivificata dalla luce.

In assenza di questi tre elementi primigeni, e della loro integrità, nulla sarebbe mai stato generato e nulla potrebbe sopravvivere.

Ciò detto, ritornando alla nostra realtà percepita; al mondo che circonda, abbiamo visto in precedenza quanto i confini fisici, le *determinazioni recintuali* delle nostre dimore lavorative, assumano necessaria valenza a protezione e difesa della propria *privacy* (come nel più remoto passato) dal nostro simile, abitante nella dimora *"vicina"* (ricordiamo le invasioni dei campi visivo e uditivo).

Vedremo invece ora che, in difetto dei parametri ottimali relativi agli elementi primigeni quali *luce* (illuminazione naturale e artificiale), *aria* che respiriamo (ventilazione, percezioni olfattive) e *umidità* (climatizzazione) si possono generare per l'uomo, problematiche di classe più alta, al limite della invivibilità degli spazi e in alcuni casi, causa di gravissime malattie.

Cominceremo quindi ad analizzare i temi del livello del paesaggio, nel rispetto della genealogia delle origini, iniziando dai temi della luce, dell'aria e del clima. Seguiranno soffitto e pavimento, (mitologica trasposizione di cielo e terra) e, a seguire, pareti perimetrali, finestrature e i relativi ambiti di caratterizzazione fisica dove, ricordando i concetti di *paesaggio* di *Schwarz* '...*le montagne sono pareti, i campi pavimenti, i fiumi corridoi, le coste margini, e il punto più basso della catena montuosa è la porta...*'[121].

---

[121] *Schwarz R., Von der Bebauung der Erde, p.11*

"Nessuno accende una lucerna e la mette in luogo nascosto o sotto il moggio, ma sopra il lucerniere, perché quanti entrano vedano la luce. La lucerna del tuo corpo è l'occhio. Se il tuo occhio è sano, anche il tuo corpo è tutto nella luce; ma se è malato, anche il tuo corpo è nelle tenebre."

Gesù di Nazareth

5.1 LA LUCE

Il termine *"luce"* ha origine dal latino lux (gen. *lucis*), dalla radice indoeuropea *leuk-* con il significato di luce, brillantezza; la stessa del greco *leukòs*, bianco, e che si ritrova in *luna*.

La luce, come tutte le onde elettromagnetiche, interagisce con la materia. I fenomeni che più comunemente influenzano o impediscono la trasmissione della luce attraverso la materia sono: l'*assorbimento*, la *diffusione*, la *riflessione speculare* o *diffusa*, la *rifrazione* e la *diffrazione*. La riflessione diffusa da parte delle superfici, da sola o combinata con l'assorbimento, è il principale meccanismo attraverso il quale gli oggetti si rivelano ai nostri occhi, mentre la diffusione da parte dell'atmosfera dà origine alla luminosità del cielo.

Una illuminazione adeguata e differenziata negli spazi di vita e lavoro, contribuisce a far raggiungere il giusto equilibrio fra mansioni visive, percezioni emozionali ed esigenze biologiche, generando sicurezza e serenità nelle persone che li abitano. Essa deve adattarsi alla nostra cultura ed educazione percettiva in quanto deve rispondere ai nostri bisogni inconsci di orientamento spaziale. Ambienti in penombra, provocano nell'uomo, reazioni diverse da ambienti ben illuminati e hanno riflessi profondi sull'emozione e l'identificazione di uno spazio. Diversi studi hanno dimostrato che, passando da un ambiente con scarsa illuminazione a uno ben illuminato, l'attività di pensiero logico può incrementare del 9%, la capacità attentiva del 15% e la velocità di calcolo del 5%.

Teoricamente e per attività aspecifiche, la condizione luminosa ideale per gli essere umani sarebbe quella che riproduce l'illuminazione diurna, al riparo dai raggi diretti del sole: la cosiddetta illuminazione *a giorno*. Più la luce si discosta da quella naturale e più è possibile che generi effetti negativi: luce troppo calda o troppo fredda, possono provocare affaticamento come anche viraggi innaturali dei colori.

L'occhio umano riesce a distinguere delle forme anche con solo 5 lux, percepire forme e colori con almeno 30 lux, leggere e lavorare da 150 lux in poi. Va considerato che in una giornata di sole all'aperto, possiamo avere illuminamenti pari anche a 200.000 lux o più. Per gli ambienti lavorativi la Commissione internazionale per l'illuminazione raccomanda un illuminamento intorno ai 500 lux.

La richiesta di luce varia con l'età. Con una bassa intensità luminosa la prestazione visiva di una persona anziana è cinque volte superiore a quella di una persona adulta e circa dieci volte superiore a quella di un bambino. Differenze che si attenuano se si aumenta la quantità di luce minima disponibile.

GRANDEZZE FOTOMETRICHE

Le grandezze fotometriche sono delle misure definite a partire dalle grandezze radiometriche mediante *pesatura* con la curva di risposta spettrale dell'occhio umano. Si definiscono fotometriche le grandezze descrittive del fenomeno; che sono: *flusso luminoso, intensità luminosa, illuminamento* e *luminanza*.

Flusso luminoso

Quantità di energia luminosa emessa da una determinata sorgente nell'unità di tempo: Qv/s. viene indicato con la lettera greca Φ (*phi*), l'unità di misura è il lumen (lm); 1 watt = 683 lumen.

$$\varphi = lm$$

Il paragone idraulico equivalente (utilizzato da *D.Ravizza*[122], e che utilizzeremo per rendere più chiari anche altri concetti successivi), è dato dalla quantità di acqua che fuoriesce da un rubinetto nell'unità di tempo (litri/ora).

Alcuni ordini di grandezza: Lampada a incandescenza 100 W = 1380 lm; Lampada fluorescente 18 W = 1300 lm; Lampada fluorescente 36 W = 3350 lm;

Intensità luminosa

Per misurare il flusso luminoso in una specifica direzione, si ricorre all'intensità luminosa, che si presenta come un vettore, relativo a una direzione data. L'intensità luminosa si identifica con il simbolo I e l'unità di misura è la candela (cd).

$$I = cd$$

Il paragone idraulico equivalente è costituito dall'intensità di un getto d'acqua in una determinata direzione (litri/cono angolare).

---

[122] *Ravizza D., Progettare con la luce, Milano, 2001, p. 28*

Alcuni ordini di grandezza: Lampada a incandescenza 100 W = 110 cd (in tutte le direzioni); Lampada fluorescente 36 W = 320 cd (in tutte le direzioni)

Illuminamento

L'illuminamento indica la quantità di flusso luminoso (Φ) che colpisce una superficie (S), e si identifica con il simbolo E e si misura in lux (Ix).

$$E = \Phi/S$$

Illuminamento = lumen/mq.

Il paragone idraulico equivalente è costituito dalla quantità d'acqua raccolta per unità di superficie nell'unità di tempo (litri/mq/h).

Generalmente nella misura viene considerato non solo il punto della superficie colpito dal flusso luminoso, ma anche gli oggetti e le superfici limitrofe. L'illuminamento viene misurato con il *luxmetro*. L'illuminamento è utilizzato nella progettazione illuminotecnica degli ambienti, nell'illuminazione naturale e artificiale degli ambienti, e nella normativa sulla salute e sicurezza nei luoghi di lavoro.

Ordini di grandezza[123]:	
Giornata estiva soleggiata all'aperto	60.000-100.000 lux
Giornata invernale nuvolosa all'aperto	3.000 lux
Notte di luna piena	0,25 lux
Notte con luna nuova (luce stellare)	0,01 lux
Lavori con esigenze visive particolari (micromeccanica, oreficeria, chirurgia)	$\geq$ 2.000 lux
Illuminazione raccomandata negli uffici	$\geq$ 500 lux
Valore minimo di Illuminamento necessario per distinguere i connotati di una persona	20 lux
Livelli medi in abitazioni e e negozi	$\geq$ 100 lux
Valore massimo oltre il quale non c'è sostanziale miglioramento di percezione	2.000 lux

---

[123] *SUVA Istituto nazionale svizzero di assicurazione contro gli infortuni- Tutela della salute, Il Lavoro al Videoterminale, Lucerna 2003, p. 16*

UTILIZZO DEL LUXMETRO

L'utilizzo del *luxmetro* rende possibile la determinazione del livello di illuminamento puntuale e medio (riferito a una superficie piana, cilindrica o semicilindrica); dell'uniformità di illuminamento e del fattore puntuale e medio di luce diurna (relativo alla sola componente di luce naturale).

Le misure puntuali dell'illuminamento orizzontale vengono normalmente effettuate all'altezza del compito visivo in corrispondenza del posto di lavoro (c.a. 80 cm. da terra), mentre per corridoi di transito, ci si posiziona a un'altezza di c.a. 20 cm. dal suolo.

Per la valutazione dell'illuminamento in ambienti privi di arredi, si adotta un reticolo a suddivisione della planimetria dell'ambiente in più zone, le cui dimensioni dipendono principalmente dall'ampiezza della superficie illuminata. La fotocellula del *luxmetro* viene posizionata al centro del reticolo ottenendo *n* valori di illuminamento per *n* punti di misura. Per quanto riguarda il fattore medio di luce diurna, è opportuno che ogni valore di illuminamento misurato all'interno dell'ambiente sia contemporaneamente rapportato al livello di illuminamento esterno.

Luminanza

La *luminanza* è la grandezza fondamentale per la visione: è la *luminanza* degli oggetti ad essere percepita. E' importante per determinare la sensazione di luminosità che si riceve da una superficie che emette o riflette luce. È l'unica grandezza "*visibile*" dell'illuminotecnica. Essa dipende dalla natura della superficie stessa (materiale e colore), dal suo modo di riflessione (*diffuso, misto, speculare*) e dalla posizione dell'osservatore.

Le prestazioni di un impianto di illuminazione possono essere valutate solo con la luminanza di tutte le superfici che si trovano nel campo visivo dell'operatore.

La luminanza si identifica con il simbolo L, si esprime in candele al metro quadrato e può essere misurata con un *luminanzometro*.

$$L = cd/m^2$$

Il paragone idraulico equivalente è relativo alla quantità d'acqua respinta in una specifica direzione da una superficie, colpita da un getto d'acqua.

Ordini di grandezza[124]:

Lampada ad incandescenza 100 Watt, opale	100.000 cd/m²
Lampada fluorescente, a seconda del colore della luce e del diametro	3.000-40.000 cd/m²
Lampada alogena	2.200.000 cd/m²
Lampada ad alogenuri metallici	10.000-80.000.000 cd/m²
Lampada a vapore di sodio ad alta pressione	40.000-6.000.000 cd/m²
Finestra aperta a mezzogiorno, scarsa nuvolosità	5.000-50.000 cd/m²
Finestra aperta a mezzogiorno, intensa nuvolosità	1.000-3.000 cd/m²
Sole a mezzogiorno, giornata serena	1.650.000.000 cd/m²
Cielo azzurro, sole allo zenit, giornata serena	3.500 cd/m²
Giornata invernale nuvolosa	800-2.400 cd/m²
Carta sulla scrivania	80-130 cd/m²
Schermo chiaro	120 cd/m²

---

[124] *Ibidem, p. 17*

UTILIZZO DEL LUMINANZOMETRO

L'utilizzo del *luminanzometro* consente di valutare la distribuzione delle luminanze in un ambiente, dei contrasti (rapporti di luminanza relativi all'area operativa e circostante) e degli indici di abbagliamento.

Poiché la *luminanza* varia in funzione della disposizione tra osservatore e sorgente luminosa, è importante considerare i *punti* di *osservazione* (*mire occupazionali*) *dalle* postazioni di lavoro in cui si svolgono le attività più rappresentative. Occorre pertanto posizionare lo strumento nella direzione di osservazione che l'operatore assume alla propria postazione di lavoro, a un'altezza corrispondente a quella degli occhi, rilevando i valori:

- del compito visivo;
- dello sfondo che contiene il compito visivo;
- delle zone periferiche circostanti il compito visivo;
- delle superfici verticali più lontane poste di fronte all'osservatore;

Per la verifica dell'abbagliamento, dovuto agli apparecchi di illuminazione, è necessario che l'apertura del campo di misura dello strumento sia uguale o minore alla superficie di emissione oggetto della rilevazione.

Tabella Grandezze fotometriche e unità di misura

Grandezza fotometrica	Simbolo	Unità di misura	Significato fisico	Strumento di misura
Flusso luminoso	I	Lumen **lm**	Somma pesata della distribuzione spettrale di potenza radiata	
Intensità luminosa	i	Lm/sr= candela **cd**	Flusso emesso per unità di angolo solido in un'assegnata direzione	
Luminanza	L	**Cd/mq**	Intensità luminosa emessa dall'unità di superficie in un'assegnata direzione	luminanzometro
Illuminamento	E	Lm/mq= **lux lx**	Flusso ricevuto dall'unità di superficie	luxmetro
Colore della luce				
Temperatura di colore della luce		gradi Kelvin	Rappresenta la qualità della luce bianca ovvero se presenta dominanti calde, nel settore dei rossi o dominanti fredde nei settori del blu.	colorimetro
Efficienza luminosa	eta	Lumen per watt **(lm/W)**	Rapporto tra flusso luminoso emesso e potenza elettrica consumata	
Contrasto			Differenza di luminanza tra due superfici prossime	

L'ILLUMINAZIONE NELL'AMBIENTE UFFICIO

Se in passato si tendeva a proporre, per gli uffici, un tipo di illuminazione uniforme e omogenea, secondo un principio generalizzato di efficienza ed economicità di scala, oggi l'approccio è più specialistico e si tende a prestare maggiore attenzione alla variabilità della luce ed alla sua capacità di qualificare gli spazi. La nuova tendenza, quindi, è di fatto opposta rispetto al passato ed invita a generare *difformità* e *specializzazione*; seguendo le nuove esigenze organizzative del mondo del lavoro. Esigenze che richiedono grande flessibilità nello *stare in ufficio* e del conseguente sistema di illuminazione.

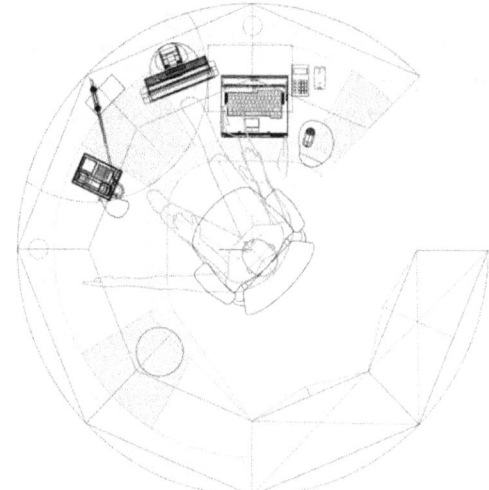

Oggi il compito lavorativo è molto più articolato e impegnativo e il processo attentivo individuale, si focalizza su una più ampia e complessa varietà di stimoli sensoriali. L'attenzione si sposta in continuazione tra documenti cartacei, video e interrelazione con terzi (diretta o indiretta tramite telefono o webcam) rendendo più ampio, specializzato e *concentrativo*, lo spazio di azione individuale, come già evidenziato nei capitoli precedenti.

Poiché il processo attentivo è accompagnato da fenomeni di concordanza in tutto l'organismo, oggi (rispetto al passato dove la maggior parte della giornata lavorativa si districava tra i compiti di lettura e scrittura) la risoluzione di maggiori compiti cognitivi, unita a una più ampia dotazione tecnologico-informatica, comporta per l'uomo maggiore stress psicofisico e una distribuzione funzionale dell'attenzione.

Un sistema illuminante composto, flessibile e controllabile, è quindi determinante per assicurare una funzionale distribuzione della luce atta a soddisfare i diversi fabbisogni individuali e collettivi, emergenti nell'arco della giornata.

Un'articolazione multilivello dell'illuminazione, oltre che concorrere all'economia generale dell'ambiente tramite una diminuzione dei costi di esercizio, tende a favorire un aumento dello stimolo lavorativo e della capacità di concentrazione, ritardando l'insorgenza di stanchezza con effetti positivi sia sulle performance sia sulla diminuzione degli errori.

Come già sappiamo, la luce e i colori nell'ambiente costituiscono un potente mezzo espressivo di comunicazione universale, veicolato da canali simbolici di cui, quello naturale, è quello più vicino alle necessità di carattere spazio-esistenziale, in quanto conservativo della *memoria ancestrale* sul mondo che ci circonda.

Nel tentativo di ricreare quindi una ripartizione *naturale* del flusso luminoso, come suggerisce D. Ravizza: '...*una ripartizione consigliata prevede luminanze più elevate nelle zone alte dell'ambiente, decrescenti fino al pavimento: quindi pavimento scuro, soffitto più chiaro (meglio se bianco), a simulazione della situazione naturale cielo-terra; nel caso inverso, pavimento chiaro, soffitto più scuro, l'occhio farà più fatica ad adattarsi a questa situazione innaturale, determinando nel soggetto uno stato di oppressione...*'[125].

Va considerata, inoltre, in linea generale, l'influenza delle caratteristiche delle superfici presenti in un ambiente, come: il colore e finitura superficiale degli arredi, sulla distribuzione delle luminanze, ai fini della massima utilizzazione del flusso luminoso (= migliore rendimento dell'impianto e benessere luminoso). Vanno tendenzialmente preferiti colori chiari e opachi, per evitare riflessi indesiderati, per: soffitti, pareti ed arredi, al fine di incrementare il potere diffondente delle superfici prevalenti.

---

[125] *Ravizza D., Progettare con la luce, Milano 2001, p. 172*

LA LUCE E IL LAVORO AL VIDEO TERMINALE

I cambiamenti radicali della nostra economia hanno spostato significativamente l'impiego dai comparti produttivi verso quelli del terziario e dei servizi, creando, nel settore dei *colletti bianchi*, precise specializzazioni caratterizzate da esigenze ergonomiche differenziate. Si può dire oggi che il 99% delle attività in ufficio viene svolta utilizzando strumenti informatici. La qualità dell'illuminazione per questa tipologia di attività, è oggi quindi nettamente dominante rispetto a quanto potesse esserlo in passato e indissolubilmente connessa con la missione lavorativa rivoluzionando radicalmente il *tradizionale* lavoro d'ufficio.

D.Ravizza scrive in merito: '...*l'illuminazione della postazione al videoterminale è complessa, perché l'osservazione alternata di campi di luminanza molto diversa (schermo circa 20-50 cd/mq., documento 100-200 cd/mq.), determinano continue azioni di adattamento dell'occhio, durante le quali la sensibilità visiva risulta ridotta, con conseguente affaticamento. Il compito visivo, infatti, presenta tre componenti con esigenze opposte: documento, tastiera, schermo. Per la lettura del testo e per il controllo della tastiera è necessario un livello di illuminamento elevato, mentre per la lettura del video è importante avere un contrasto equilibrato tra sfondo video e ambiente, cioè non avere luminanze dell'ambiente che ne riducano la leggibilità. Oltre a ciò, la postura prevalentemente eretta, con cui si svolge il lavoro al computer, fa sì che nel caso di ambienti per più operatori, la sorgente luminosa dedicata ad una postazione operativa possa rientrare nel campo visivo di un'altra o, nel caso di illuminazione indiretta, il soffitto stesso possa essere causa di abbagliamento. Inoltre, l'inclinazione stessa degli schermi rispetto all'operatore, li porta a rispecchiare buona parte dell'ambiente circostante con conseguenti effetti fastidiosi per gli operatori...*'[126].

Standard internazionali prescrivono che, le riflessioni dei corpi illuminanti sullo schermo del PC, devono avere una luminanza media non superiore alle 200 cd/mq.. Idem per le superfici circostanti (finestre, pareti e arredi).

Contrasto corretto tra schermo e superfici	
tra schermo e foglio	1:1,18
tra schermo e tavolo	1:1,14
tra schermo e ambiente (pareti e altre superfici)	1:1,4

La varietà delle categorie di utilizzatori degli strumenti informatici, indica quanto sia difficile generalizzare una soluzione illuminotecnica *comune* a tutte le esigenze. I *VDT*,

---

[126] *Ibidem, p. 173*

così come i *PC* o i *laptop* connessi in rete ai sistemi informativi aziendali, popolano il mondo delle professioni, del terziario avanzato, della formazione e dell'Impresa produttiva. In quest'ultima convivono *in simbiosi* con l'*Homo Impiegatus*, attraverso le innumerevoli e diverse dotazioni informatiche in continua evoluzione. Nei comparti produttivi (manufacturing, logistica, qualità, sicurezza), nei settori commerciali e marketing (tra di loro i *call-center*), in quelli amministrativi (contabilità e finanza, controllo di gestione), in quelli tecnici (*engineering*, operatori CAD, gestione commesse) così come in quelli direttivi (managers, imprenditori).

Per ogni settore, le esigenze lavorative, la dotazione informatica e, di conseguenza, la *qualità* della luce richiesta, varia notevolmente e ogni *specializzazione* lavorativa meriterebbe, (ai fini di creare le migliori condizioni lavorative e di benessere per gli operatori), approfondita analisi.

A questo scopo, come abbiamo evidenziato, possono essere utilizzati quali strumenti di indagine, questionari redatti *ad hoc* da distribuire ai destinatari dello spazio, per ottenere una precisa *geografia* delle attività. Mappatura in grado di segnalare le difficoltà del compito visivo, il grado di precisione e di dettaglio richiesto, onde poter quindi stabilire la quantità di luce necessaria per ogni tipologia di ambiente e operatore.

In assenza di indagini puntuali o per risolvere esigenze di alta flessibilità *nomadica*, una soluzione può essere quella di dotarsi di un'illuminazione *generalista*, con luminanze basse in tutte le direzioni, *correggendo* la dotazione specifica con l'ausilio di illuminazione *controllabile* semi indiretta o diretta-indiretta (lampade sospese o a colonna) e puntuale (lampade da tavolo, come abbiamo già visto).

PREVENZIONE DA INQUINAMENTO LUMINOSO

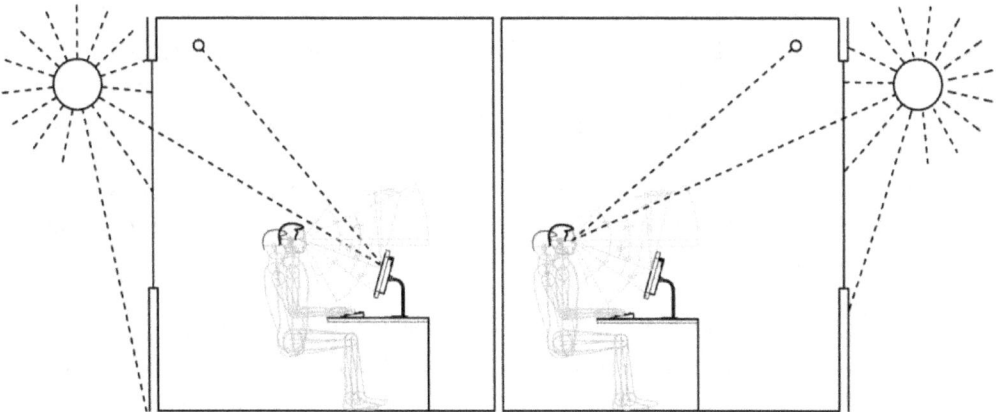

Posizionamento del posto lavoro rispetto alle sorgenti di luce artificiali

La prima indicazione da seguire per minimizzare i riflessi e il conseguente fenomeno dell'abbagliamento, qualora la dotazione illuminotecnica preesistente sia di tipo diretta/simmetrica[127], è di verificare che i corpi illuminanti montati a soffitto (o integrati nello stesso), siano dotati di paraluce a lamelle anti-abbagliamento e posizionati in file lineari parallele alle finestrature perimetrali.

Anche l'eventuale lampada da tavolo, così come e le altre sorgenti luminose, non devono rientrare nel cono visivo dell'operatore e creare riflessi su parti e componenti del sistema degli *strumenti* lavorativi (quali: monitor, tastiera, documenti da consultare, etc.).

L'abbagliamento delle lampade sui piani di lavoro, si ovvia utilizzando per le superfici dei piani di lavoro, materiali e colori opachi *non* riflettenti.

---

[127] *Generalmente utilizzata per l'illuminazione dei posti di lavoro, sale riunione, spazi pubblici e aree di transito. L'angolo di disposizione del pannello antiabbagliante è pari a 30° (in caso di luci disposte in ambienti di lavoro e sale riunione); in caso di particolare comfort ottico è maggiore o uguale a 40°. Il progetto dell'illuminazione deve prevedere un angolo di irradiazione compreso tra 70° e 90°. Emissione del 90-100 % del flusso luminoso al di sotto della linea orizzontale. I sistemi a illuminazione diretta possono avere un'alta efficienza, indirizzando la luce dove serve, creano però spesso alti contrasti e ombre marcate. La luce, direzionata solo sulle superfici orizzontali (quelle dove si svolgono i principali compiti visivi), provoca un'atmosfera d'effetto, ma poco luminosa, lasciando le zone non "direttamente" colpite dalla luce, nella penombra.*

Posizionamento del posto lavoro rispetto alle sorgenti di luce naturali

La seconda indicazione da seguire, è quella che tutte le superfici vetrate affacciate verso l'esterno, debbano essere *schermate* mediante tende frangisole o altro tipo di protezione *regolabile*.

La soluzione più efficace da adottare, sarebbe costituita da tende *alla veneziana* (ossia a lamelle orizzontali orientabili) sovrapposte da tendaggi mobili più *pesanti* (del tipo a rullo o verticali) da usare in certe stagioni dell'anno e utili anche a fini fonoassorbenti[128].

La posizione ideale delle postazioni di lavoro, prive di schermature laterali, è quella in cui le finestre sono *parallele* alla direzione di posizionamento frontale del posto lavoro (vedi tavola seguente).

Sono da evitare situazioni con finestre di fronte all'operatore, a meno che non siano perfettamente schermate, in quanto la luminanza naturale risulta preponderante rispetto a quella dello schermo.

Ugualmente sconsigliabile è un posizionamento con la finestra posta alle spalle dell'operatore: fonte di riflessi sullo schermo come, del resto, la collocazione delle postazioni di lavoro sotto *lucernari* o *pozzi di luce* a soffitto non adeguatamente schermati.

---

[128] *Vedi capitolo: 'Prescrizioni per uffici in pianta aperta'*

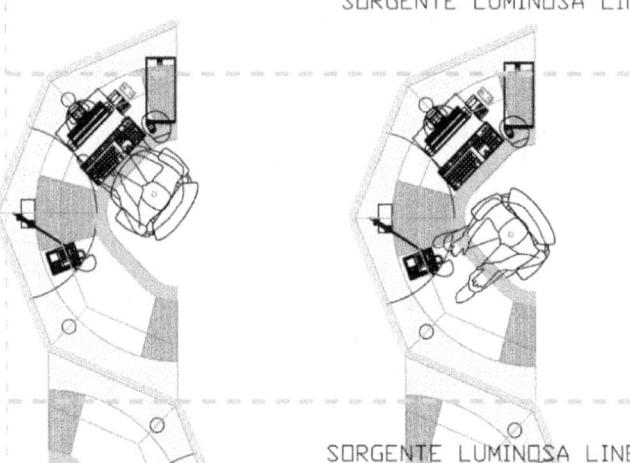

Come ovviare al contrasto

L'eccessivo *contrasto di luminosità*, che può avvenire quando lo sguardo dell'operatore si sposta verso l'alto e incontra la sorgente luminosa (corpo illuminante a soffitto), è naturalmente da evitare. A questo scopo è opportuno che le zone di *contorno* alla sorgente luminosa vengano *rischiarate* in modo tale, da consentire che la diminuzione d'intensità di illuminazione avvenga in modo continuo e uniforme.

Quindi, un'illuminazione *troppo* uniforme crea effetti di affaticamento, rendendo più difficile la percezione spaziale dei volumi. Al contrario, ombre *troppo nette* creano invece superfici con luminosità troppo differenziata e quindi una situazione di sostanziale *non* comfort visivo.

All'interno del campo *visivo ristretto* (sostanzialmente nella zona relativa al posto di lavoro), i contrasti di luminosità non devono superare il rapporto di 1:3; mentre per il campo *visivo esterno* (soffitto, pareti, pavimento), il rapporto è di 1:10.

Occorre infine proteggere *l'intorno* visivo del video degli operatori (l'area distale), come abbiamo già visto, mediante l'utilizzo di schermi mobili non riflettenti, in modo da evitare fastidiosi abbagliamenti dovuti a differenti livelli di luminanza e provvedere a mantenere un contrasto equilibrato tra sfondo video e ambiente circostante.

Reazioni dell'operatore in caso di illuminazione inadeguata

Cosa può avvenire in caso non si voglia o non si possa intervenire per ovviare alle problematiche poco fa citate?

La risposta del lavoratore di fronte a questi fenomeni perturbativi (in termini di caduta di rendimento) è, il più delle volte, collegata all'impossibilità di operare classificandosi nel novero di queste reazioni:

1. l'operatore *si sposta* o orienta il video in modo *inappropriato* rispetto al piano di lavoro, creando perturbative ergonomiche di altro tipo: es. movimenti innaturali per riuscire a leggere i dati; affaticamento al sistema muscolare per lo sforzo di mantenere una postura non corretta, per ridurre la distanza dal compito visivo, oppure per evitare di essere disturbati o distratti da riflessi fastidiosi;
2. l'operatore *si dedica a altre attività* (non sempre produttive) fino a che il fenomeno (che può durare in alcune stagioni, *alcune ore al giorno*) non scompare, con evidente nocumento per il lavoro stesso.

Difficile ottenere dati statistici strutturati a riguardo, nei termini di calo del rendimento, senza un'analisi puntuale della singola realtà lavorativa; per l'ovvia diversità dei potenziali campioni, funzione dei diversi fattori sia umani sia ambientali, che possono intervenire a determinare una specifica situazione.

Si può però dire che, come reso evidente da quanto espresso precedentemente, gli accorgimenti *minimi* da adottare (almeno nei termini di orientamento e protezione della stazione di lavoro) per risolvere alcune situazioni, sono abbastanza chiari e facilmente attuabili.

Si può, in ogni caso, ipotizzare che, se la persistenza del fenomeno dell'abbagliamento genera impedimenti tali da portare alla condizione (2), il fenomeno, anche se prudenzialmente abbattuto del 50% rispetto alle *due ore* citate (e quindi ipotizzabile in 60 minuti al giorno), può provocare un calo di rendimento pari al 10-12% rispetto alle 8 ore lavorative.

Si rende utile anche evidenziare che, per l'attività di lettura di documenti in condizioni di luminosità ottimale: attorno ai 1000 lux, la frequenza di errori dovuti a *difficoltà visiva* sia a livelli minimi e valutabile attorno al 10% con incrementi percentuali in carenza e in eccesso come evidenziato dal grafico successivo.

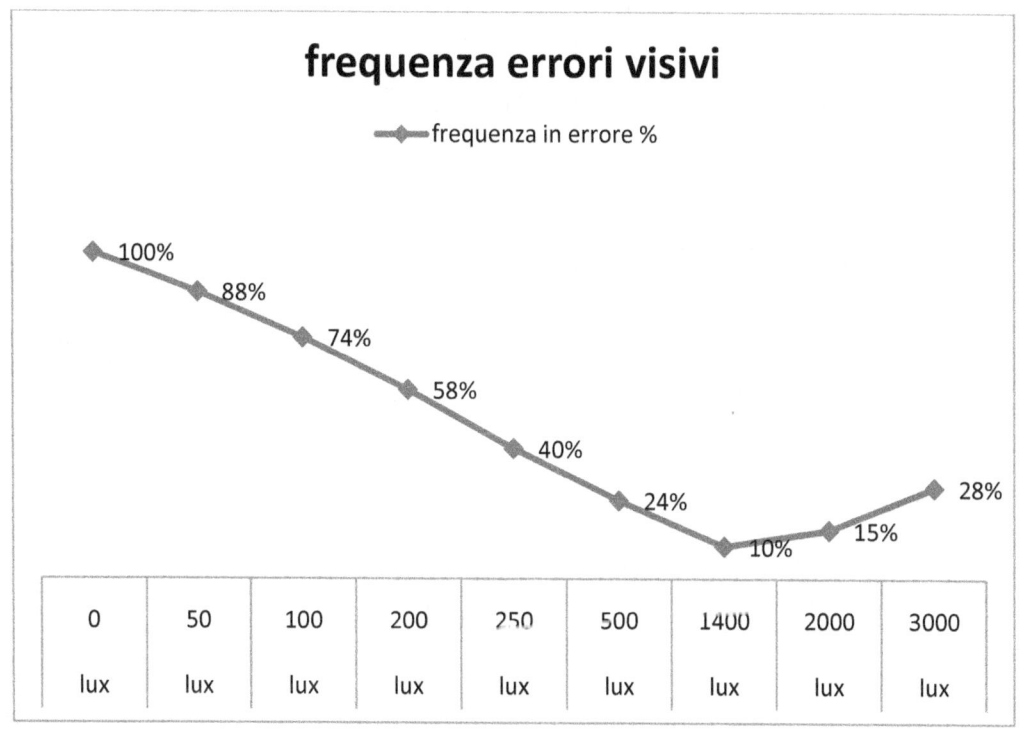

Rilevazione:		(all'aperto in un giorno estivo ore 12)	(all'aperto in un giorno invernale coperto tra le ore 10 e 14)	
Valori:	min	max	medio	
Parametri esterni (luce solare) in lux:	10	100.000	5.000	
			10%	
		Valore minimo	500	
Parametri illuminotecnici				
	media			rendimento lavorativo per attività di ufficio legate alla lettura
Visibilità richiesta in rapporto all'attività lavorativa	esigenza di illuminazione	Destinazione d'uso	Valori medi consigliati in lux	frequenza in errore %
ridotta	bassa	Percorsi, Garage, Servizi	120	74%
sufficiente	media	Archivi, Sport, Tempo libero, Impianti	250	40%
buona	alta	Ufficio	500	24%
molto buona	molto alta	Disegno tecnico, grandi ambienti	1000	10%
			2000	15%
			3000	28%

ENERGIA, ILLUMINAZIONE SOSTENIBILE E LUCE NATURALE

Nella progettazione della luce è determinante considerare un impiego *sostenibile* dell'energia. Il pressante e globale problema energetico e i danni all'ambiente, hanno sensibilizzato l'opinione pubblica, governanti, tecnici e aziende, sui temi della eco compatibilità dei prodotti e della qualità luminosa e sostenibile dell'ambiente di vita.

La luce solare come fonte energetica (attraverso i sistemi fotovoltaici), e anche irriproducibile fonte di illuminazione ambientale (per qualità sensoriale e spettrale), hanno spinto tecnici e committenza, a tenere in maggior considerazione la strategia dell'illuminazione naturale negli ambienti lavorativi e domestici.

A livello sensoriale, la luce *naturale* scandisce i ritmi biologici e sociali della vita dell'uomo. Nell'arco della giornata genera gradualità, mutevolezza di ombre e variabilità cromatica, valorizzando e vivificando dinamicamente gli *spazi*. Restituendoli a un dialogo *ancestrale* tra uomo, tempo, ambiente costruito e natura, generando benefici e soddisfazioni *psicovisive* sui loro abitanti.

Grazie allo studio sull'orientamento e la forma degli edifici, in relazione alla latitudine e ai diagrammi solari, si possono ottenere adeguati livelli di *illuminazione naturale* degli ambienti, interagendo con opportuni strumenti di schermatura delle superfici vetrate (frangisole, veneziane o tende oscuranti).

Nei primi anni del secolo scorso, era emergente la teoria che proponeva la disposizione delle costruzioni lungo l'asse *eliotermico* come soluzione idonea per uniformare i valori termici e luminosi: edifici, quindi, disposti lungo l'asse *nord-sud*, inclinati di 19°, con le facciate principali rivolte all'incirca verso est ed ovest.

Recenti studi sull'architettura *bioclimatica* hanno confutato questa teoria, in quanto limitativa, nella captazione della radiazione solare, perché circoscritta solo ai periodi in cui risulta essere meno utile per il comfort termico. Nella stagione invernale, infatti, raggiunge soltanto *tangenzialmente* i fronti est e ovest, regalando un basso contributo termico nel momento in cui ve n'è più bisogno. Mentre d'estate, sia al mattino che nel pomeriggio, la radiazione solare colpendo in maniera molto più *diretta* le stesse facciate, surriscalda eccessivamente l'edificio nell'arco della giornata generando *discomfort* per gli occupanti.

Appare oggi essere, quindi, di maggiore interesse, analogamente alla captazione solare ai fini energetici (posizionamento dei pannelli fotovoltaici orientati verso sud), l'orientamento dell'asse principale degli edifici secondo la direzione est-ovest; con la disposizione delle facciate principali a sud e a nord.

Situando le zone destinate ai servizi a nord e le attività collettive rivolte verso sud, si consentirebbe alla luce diretta di penetrare in estate con un angolo di incidenza acuto e, in inverno, quasi orizzontale. Occorre naturalmente preoccuparsi di schermare *dinamicamente* le finestrature (in particolare a sud) in modo che la radiazione solare possa penetrare in inverno ed essere ostacolata in estate ai fini del guadagno termico solare (climatizzazione *passiva*).

Per garantire un'adeguata illuminazione naturale, la superficie totale delle finestre non dovrebbe essere inferiore al 10-12% della superficie calpestabile del locale stesso. Va detto che, aumentando la dimensione delle finestre, la luminosità non aumenterà però proporzionalmente: al raddoppio della dimensione di una finestra si avrà un incremento della luminosità pari a a c.a. il 60%.

Interessanti applicazioni da segnalare sono quelle relative agli studi di captazione, trasporto e trasmissione forzata della luce naturale, all'interno degli ambienti (sono studi antichissimi e fortunatamente oggi ripresi). In questi sistemi, denominati *daylighting*, la luce esterna viene catturata e convogliata tramite una serie di riflettori nei vari piani dell'edificio; in zone lontane dalle zone finestrate o, addirittura, sprovviste del tutto di aperture.

PRESCRIZIONI GENERALI

Riepilogando i concetti finora espressi in merito ai temi della luce e della illuminazione, possiamo ora riassumere i seguenti punti di attenzione:

1. Occorre valutare positivamente l'impiego di soluzioni illuminanti con integrati sensori di rilevamento della presenza, e regolazione basata sulla luce naturale. Accorgimenti che possono garantire un risparmio energetico valutabile nell'ordine del 55% rispetto ai sistemi convenzionali.

2. E' da preferire un sistema di illuminazione dinamico e flessibile, ossia misto: *indiretto/diretto* (o *semi-indiretto*), affiancato da illuminazione *puntuale* con lampade da tavolo a braccio regolabile e regolatore di intensità.

    a. Quindi, illuminazione *semi-indiretta* (dal 60 al 90 % di luce orientata verso l'alto e il rimanente verso il basso, dedicata all'illuminazione del piano di lavoro). Oppure *diretta-indiretta* (70% illuminazione diretta,

30% illuminazione indiretta: suggerita nel caso di locali di altezza $\geq$ 3 m.).

    b. Lo scopo è quello di ottenere basse luminanze in tutte le direzioni (attorno ai 300 lux) e luminanze del soffitto inferiori alle 200 cd/mq. Ciò consentirà agli operatori di avere un'area *intorno-video* di luminanza minore o uguale alla luce proveniente dal video stesso; consentendo un contrasto *equilibrato* tra *sfondo video* e *ambiente*. Una soluzione *mista* consentirà inoltre di illuminare, alla bisogna, aree specifiche della postazione di lavoro attraverso l'utilizzo di illuminazione *puntuale* (lettura di documenti dove si necessitano luminanze più elevate).

    c. Considerando che circa il 40% dell'elettricità utilizzata negli edifici è attribuibile all'impianto di illuminazione, l'adozione di lampade con tecnologia LED (o sistemi ibridi) potrebbe consentire di ottenere un ulteriore e notevole risparmio energetico (una lampada LED da 6 Watt, corrisponde a circa 40 Watt di una lampada a incandescenza, per non parlare della durata, valutabile attorno alle 50.000 ore con intensità luminosa del 70%).

3. Qualora ciò non sia possibile per preesistenze o forti impedimenti del manufatto edilizio, sostituite i corpi illuminanti esistenti (se dotati di lampade vecchio tipo con alimentatore elettromagnetico), con lampade di nuova generazione e alimentatore elettronico, a basso impatto ambientale (10% di risparmio energetico e 90% in meno di mercurio) conformi alla norma EN 12464-1. Dotateli di schermatura anti-abbagliamento (se non presenti) magari *darklight,* e fateli riposizionare in file parallele alla direzione dello sguardo dell'operatore (*mai* sopra la testa dello stesso). Cercate di ottenere una luminanza generalizzata attorno ai 300 lux e compensate con lampade da tavolo (luce *puntuale*) a braccio regolabile (magari con lampade LED) e regolatore di intensità.

4. Occorre schermare tutte le superfici finestrate, mediante l'impiego di tende frangisole alla *veneziana* o similari, dotate di regolatori del flusso luminoso proveniente dall'esterno e sovrapponetegli tende più pesanti *semi-oscuranti* da utilizzare in alcune stagioni dell'anno.

5. Occorre evitare la collocazione delle postazioni di lavoro sotto i lucernari. Se non è possibile altra soluzione, i lucernari dovranno essere dotati di tende fortemente schermanti.

6. Occorre orientare le postazioni lavoro, in una posizione in cui le finestre siano parallele alla direzione dello sguardo degli operatori.

7. Occorre prestare attenzione alla *riflessione* sugli schermi generata da eventuali pareti mobili vetrate. Anch'esse dovrebbero essere posizionate parallelamente alle finestre di facciata e quindi parallele allo sguardo dell'operatore.

8. Occorre evitare il posizionamento dei posti di lavoro di fronte a finestre, a meno che esse non siano perfettamente schermabili; in quanto la luminanza naturale è preponderante rispetto a quella dei monitor dei VDT.

9. Evitate parimenti posizioni in cui le finestre siano posizionate *alle spalle* degli operatori, in quanto in queste posizioni, si possono generare fastidiosi riflessi sullo schermo.

10. Qualora non lo aveste già fatto, proteggete l'intorno visivo del video degli operatori mediante l'utilizzo di schermi mobili, in modo da evitare fastidiosi abbagliamenti dovuti a differenti livelli di luminanza e consentire un contrasto equilibrato tra sfondo video e ambiente. Questa schermatura ricordiamo proteggerà inoltre gli operatori, dalle interferenze visive ed acustiche di cui abbiamo parlato nei capitoli precedenti.

11. Per una corretta distribuzione del flusso luminoso, converrebbe inoltre intervenire sui *colori* dell'ambiente (tinteggiatura, rivestimenti o pareti mobili) con una ripartizione che preveda luminanze più elevate nelle zone alte dell'ambiente, decrescenti fino al pavimento. Quindi, pavimento *scuro*, pareti *chiare* e soffitto *più chiaro* (meglio se bianco), a simulazione della situazione naturale *cielo-terra*.

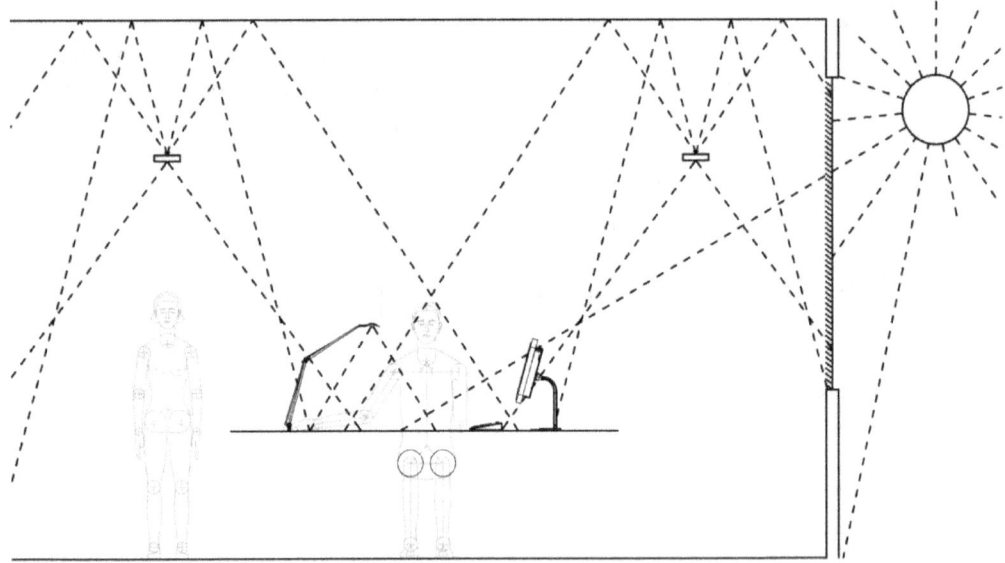

ESEMPIO DI CALCOLO

Progettare un'installazione illuminotecnica implica il controllo di molti fattori: livelli di illuminamento, abbagliamento, controllo delle luminanze, resa del contrasto, ecc. Esistono numerosi software che possono aiutare i progettisti a definire i parametri ottimali, per la definizione delle condizioni di illuminazione *ideale* di un ambiente. Software, il cui risultato è sempre bene confrontarlo con il supporto di produttori o rivenditori di soluzioni illuminotecniche. E' possibile però, in assenza di ciò o in via preliminare, utilizzare il seguente metodo di calcolo per una prima valutazione dei fabbisogni.

Esercizio

Individuato il livello di illuminamento occorrente per uno specifico ambiente (diciamo 500 lux), dobbiamo definire tipo, quantità e posizione degli apparecchi necessari.

Sappiamo che l'*illuminamento* rappresenta la luce che *perviene* su una *superficie*, che è misurabile in *lux,* e che *1 lux* rappresenta un flusso di *1 lumen* distribuito su di un *metro quadrato* di superficie. Per conoscere quindi la *quantità* di energia luminosa che occorre riversare su una superficie (es. piano di lavoro) per ottenere un certo illuminamento, bisogna moltiplicare il valore dell'illuminamento desiderato (in lux) per la superficie (in mq).

Dunque, se ad esempio il nostro locale ha una superficie di 40 mq. e ci occorre un illuminamento di 500 lux, dobbiamo fare in modo che sul piano di lavoro arrivi un flusso di:

$$40 * 500 = 20.000 \; lm$$

Questo è il flusso che deve essere riversato sul piano di lavoro. Ancora non sappiamo, però, qual è il flusso totale che dobbiamo inserire nell'ambiente, perché sul piano di lavoro ne finisca la quantità desiderata. Immaginiamo di usare delle lampade *nude* prive di qualsiasi apparecchio o accessorio che possa *limitarne* il flusso. Immaginiamo anche che le pareti del locale siano in grado di riflettere tutta la luce che li colpisce, senza assorbirne neanche la più piccola quantità.

Se una tale condizione si potesse verificare nella realtà, sarebbe dunque sufficiente installare nell'ambiente, un numero di lampade atte a generare un flusso complessivo di 20.000 lumen; per essere certi di avere sul piano di lavoro un illuminamento medio di 500 lux.

Nel nostro esempio si potrebbero quindi usare 15 lampade a incandescenza da 100W (15 x 1.380 lm = 20.700 lm), oppure 6 tubi fluorescenti da 36W (6 x 3.350 = 20.100 lm).

Purtroppo, nella realtà, una grande quantità di luce emessa dalle lampade si disperde nell'ambiente e non sempre (le lampade) sono montate in corpi illuminanti in grado di essere così *efficienti* da convogliare più del 75-80% della luce nella direzione desiderata.

E' bene quindi, al di là dei calcoli empirici come quello indicato, verificare tramite attenta analisi dell'ambiente e l'utilizzo di un software dedicato, la corretta lettura dei fabbisogni illuminotecnici di un ambiente.

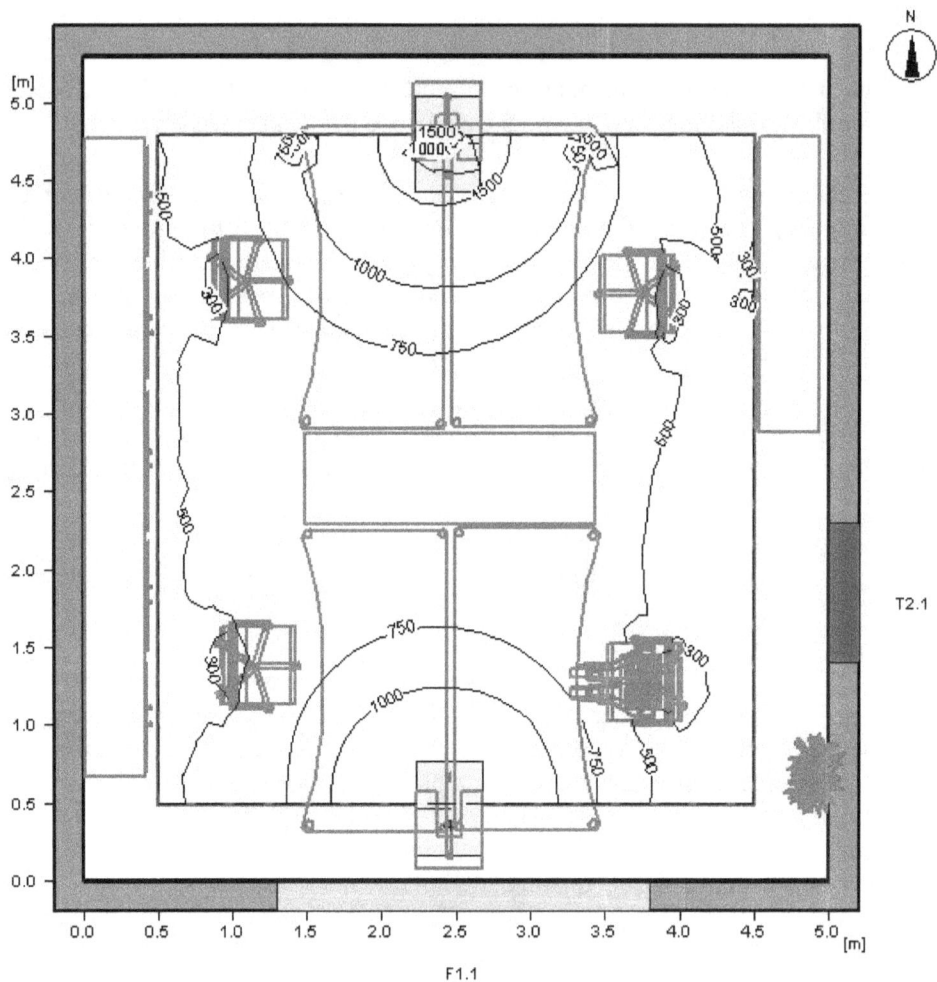

APPROFONDIMENTI LIVELLO – 5.1 - LA LUCE

5.1.1 Nozioni di illuminotecnica

ENERGIA RADIANTE ELETTROMAGNETICA

La *luce* viene definita dalla teoria elettromagnetica (proposta da Maxwell alla fine del XIX sec. e ancora utilizzata oggi per la grandissima maggioranza delle applicazioni) come il *campo* delle onde elettromagnetiche visibili dall'occhio umano, che si propaga attraverso radiazioni ondulatorie comprese tra i 380 nm.[129] e i 760 nm..

Le radiazioni con lunghezza d'onda minore (e quindi frequenza maggiore) sono gli ultravioletti (UV), i raggi x e i raggi gamma. Quelle con lunghezza maggiore (e frequenza minore) sono gli infrarossi (IR), le microonde e le onde radio. Tutte queste radiazioni hanno la stessa natura: sono infatti tutte composte da *fotoni*.

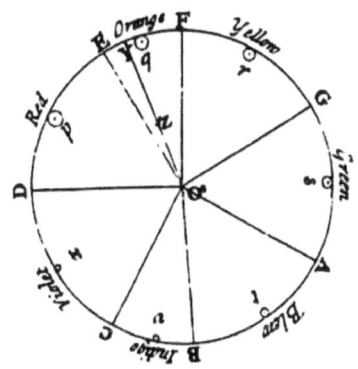

Lo spettro visibile rappresenta la parte *centrale* dello spettro ottico che comprende anche ultravioletto e infrarosso. Quest'ultimo (IR) è percepito dai ricettori della pelle sottoforma di calore, mentre la radiazione ultravioletta (UV) viene percepita dagli esseri umani in maniera molto indiretta; in quanto la sovraesposizione della pelle ai raggi UV causa scottature.

Le differenti lunghezze d'onda vengono interpretate dal cervello come colori che vanno dal *rosso*, delle lunghezze d'onda più ampie (minore frequenza) al *violetto* delle lunghezze d'onda più brevi (maggiore frequenza). Le frequenze comprese fra questi due estremi, vengono percepite come *arancio, giallo, verde, blu* e *indaco*. Lo spettro visibile non contiene tutti i colori che l'occhio e il cervello possono distinguere: il marrone, il rosa, il magenta, sono assenti; in quanto si ottengono dalla sovrapposizione di diverse lunghezze d'onda.

---

[129] *Il nanometro (simbolo nm) è un'unità di misura di lunghezza, corrispondente a 10^{-9} metri (cioè un miliardesimo di metro, pari a un milionesimo di millimetro)*

Tipo di luce	Temperatura colore (K)
Luce bianca	5.000
Luce neutra	3.300-5.000
Luce bianco calda	Minore di 3.300

Essendo la luce lo stimolo fisico che genera la percezione del colore, si usa il termine *sensazione di colore* per qualificare l'interpretazione delle *differenze* di lunghezza d'onda, come *diversità cromatiche* da parte del nostro apparato percettivo.

PROPAGAZIONE DELLA LUCE

La luce si propaga in linea retta a una velocità pari a 299.792,458 km/s, approssimata in 300.000 km/s. Attraversando un ostacolo, si possono verificare i seguenti fenomeni: *assorbimento, riflessione, trasmissione,* e *rifrazione*; fenomeni strettamente dipendenti dal *mezzo* che incontra.

Per la legge di conservazione dell'energia, la somma delle quantità di energia rispettivamente assorbita, riflessa e trasmessa è uguale alla quantità di energia incidente.

$$\rho + \tau + \alpha = 1$$

Dove:

$\rho = fattore\ di\ riflessione$

$\tau = fattore\ di\ trasmissione$

$\alpha = fattore\ di\ assorbimento$

Il *grado* di riflessione indica la quota di luce incidente che viene riflessa da una superficie. La riflessione può essere *diretta* (o speculare, quando l'angolo d'incidenza e quello di riflessione sono identici), *diffusa* (la superficie riflettente appare opaca), o *mista* (sulla superficie opaca possono sovrapporsi immagini riflesse visibili).

L'efficienza di un impianto di illuminazione dipende in larga parte dal *grado* di riflessione delle superfici presenti nell'ambiente, quali: soffitto, pareti, pavimento, superfici degli arredi e delle finestre.

MATERIALI: RIFLESSIONE E TRASMISSIONE

Un materiale può essere:

- *opaco*: non lascia passare luce;
- *traslucido*: lascia passare parzialmente la luce, ma non permette di distinguere i contorni dei corpi dietro di esso, ha una trasmissione *diffusa* del raggio incidente;
- *trasparente*: lascia passare la luce, ha una trasmissione *diretta* del raggio incidente.

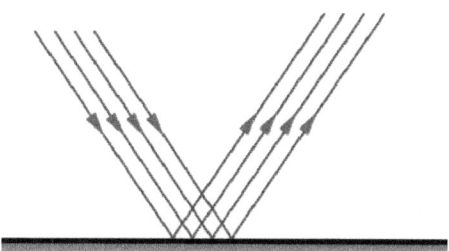

Riflessione dei materiali:

Materiali che danno riflessione speculare:

- argento   92 % di luce riflessa
- vetro argentato   80-90%
- alluminio brillantato   75-85%
- alluminio lucido e cromo   60-70%
- acciaio inossidabile   55-65%

Materiali che danno riflessione diffusa:

- intonaco a gesso   80-90%
- acero e legni simili   50-60%
- calcestruzzo   45-40%
- mattoni   5-25%

Materiali che danno riflessione mista:

- smalto bianco   70-90%
- alluminio satinato   70-90%
- alluminio spazzolato   55-60%
- cromo satinato   50-55%

Riflessione della luce in base al tipo ed al colore della superficie:

- muro bianco e liscio   85%
- crema   75%
- giallo   65%
- arancio/vermiglio   < 40%

Trasmissione:

Materiali che danno trasmissione regolare:

- vetro;
- plastica trasparente, ecc.

Materiali che danno trasmissione diffusa:

- vetro opalizzato;
- superfici traslucide, contenenti piccole quantità di particelle bianche, ecc.

Materiali che danno trasmissione mista:

- vetro smerigliato, ecc.

PERCEZIONE VISIVA

La percezione visiva appare essere come una sommatoria di processi interpretativi di elaborazione dell'informazione visiva.

Esiste un processo definito *primario* attraverso il quale si perviene a una descrizione morfologica dello stimolo visivo (si dà forma dell'oggetto mediante l'analisi delle proprietà fisiche dello stimolo: intensità, lunghezza d'onda, frequenza spaziale, ecc.) e uno successivo definito dell'*elaborazione cognitiva*; attraverso il quale avviene il *riconoscimento* dell'oggetto. Questa complessa operazione richiede l'intervento di altre funzioni cognitive quali l'attenzione, la memoria, il linguaggio, l'immaginazione e la coscienza, che lavorano in maniera integrata a produrre ciò che noi percepiamo.

Acuità visiva

L'acuità visiva è la capacità dell'individuo di discriminare *fini* dettagli spaziali (o piccoli oggetti) ed è definita come l'*ampiezza dell'angolo* (detto *Angolo Di Separazione Minimo*) formato dalle rette congiungenti l'occhio, con due punti distanti tra loro, della minima quantità che permetta di distinguerli separatamente. Se si riesce a distinguere un dettaglio più piccolo, l'acuità visiva è maggiore, mentre diminuisce se si riesce a leggere solo caratteri più grandi.

L'acuità visiva è influenzata da numerosi fattori, tra i quali, i più importanti sono: l'*età* (diminuisce con l'avanzare dell'età), la *luminanza* (l'acuità visiva aumenta con l'aumentare della luminanza), l'*adattamento* (necessità di una diffusione equilibrata della luminosità), l'*accomodazione* (capacità di messa a fuoco), il *contrasto* (aumenta con il contrasto), il *colore* della luce (diminuisce in presenza di luce blu; aumenta con luce bianca o gialla).

Contrasto

Il contrasto in un'immagine è il rapporto o differenza tra il valore più alto (punto più luminoso) e il valore più basso (punto più scuro) della luminosità nell'immagine. Se si aumenta tale differenza, i valori più luminosi tendono al valore massimo e i valori più scuri tendono al valore minimo. I valori intermedi non cambiano. Per distinguere gli oggetti è quindi importante la differenza di luminanza o di colore tra l'oggetto osservato e l'ambiente che lo circonda. Nel caso di un'immagine in *bianco e nero* aumentare il contrasto significa eliminare il *grigio intermedio*.

Sensibilità della differenza

Stabilisce la capacità di percepire differenza di luminanza tra superfici ravvicinate ed è funzione dei seguenti fattori: dimensioni delle superfici, luminanza e tempo di osservazione. Maggiore è la luminanza, minore è il contrasto dei caratteri necessario per garantire una determinata capacità percettiva. Mentre gli oggetti sono visibili ottimamente con un elevato contrasto, le superfici nel campo visivo ravvicinato e periferico, non devono presentare un'enorme differenza in termini di luminosità.

Accomodazione

Si intende la capacità dell'occhio di mettere a fuoco un oggetto che si trova ad una certa distanza, modificando la convessità del cristallino. L'ampiezza *accomodativa* indica la distanza entro la quale è possibile vedere con nitidezza e viene misurata in diottrie (D). L'elasticità del cristallino tende a diminuire con l'età e, con essa, l'ampiezza e la velocità di accomodazione.

L'allungamento del tempo di accomodazione è molto importante per le attività al videoterminale. Quando l'operatore orienta lo sguardo tra il documento, la tastiera o lo schermo, la distanza di osservazione muta rapidamente e frequentemente ($\geq 0,5$ sec.) funzione della disposizione di questi elementi. Al decremento dei valori di illuminamento diminuiscono l'ampiezza, la velocità e la precisione di accomodazione.

Adattamento

L'adattamento dell'occhio alla luminanza avviene in virtù di un cambiamento dell'apertura pupillare e a modificazioni fisiologiche nella retina. Questo fenomeno appare evidente quando si passa da una stanza molto illuminata a una stanza molto buia. Inizialmente si ha una perdita della capacità visiva fino a quando non si completa l'adattamento dell'occhio alle nuove condizioni. Questa *facoltà* dell'occhio si esprime con la capacità di adattarsi a un campo di luminanza che varia da 10-6 cd/m^2 a 105 cd/m^2 circa e influisce in larga misura su tutte le funzioni visive. Il tempo di adattamento è funzione della luminanza iniziale e finale nella fase stessa, appunto, di *adattamento*.

Abbagliamento

In medicina l'abbagliamento rappresenta un disturbo transitorio della vista. Percepibile come una sensazione eccessiva di luce, senza alcun oggetto *reale* interpretabile, causato da un'alterazione delle vie oculari o nervose. In generale dunque, l'abbagliamento è un *turbamento* e una soppressione momentanea della vista, generata da valori *eccessivi* di luminanza presenti all'interno del campo visivo. Conseguenze dell'abbagliamento, sono la riduzione delle prestazioni visive; affaticamento e stanchezza.

Nell'illuminazione di interni si possono verificare due tipi di abbagliamento: di tipo *fisiologico* e *psicologico*. Il primo impedisce la visione degli oggetti senza necessariamente causare disagio, mentre il secondo avviene quando la luce provoca disagio senza necessariamente impedire la visione degli oggetti. In entrambi i casi il benessere e le performance lavorative possono essere compromesse.

Colore

Percezione del colore

Il colore, è la percezione visiva generata dai segnali nervosi, che i fotorecettori della retina mandano al cervello, quando assorbono radiazioni elettromagnetiche di determinate lunghezze d'onda e intensità. In assenza totale di luce non è leggibile alcun messaggio cromatico, come del resto al di sotto di una certa soglia di illuminamento dove si ha una comunque una visione acromatica (in bianco e nero).

La formazione della percezione del colore avviene in tre fasi:

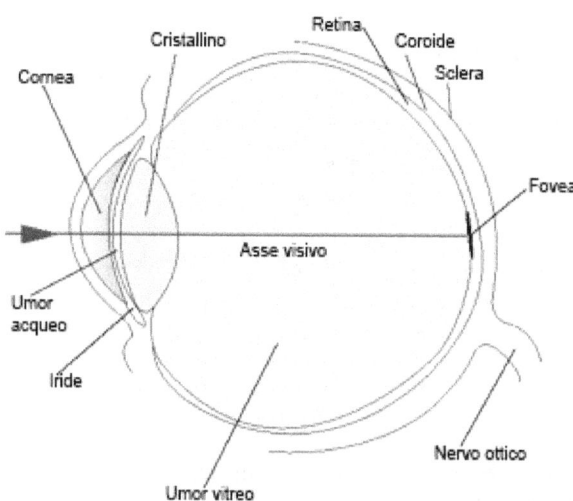

Nella **prima fase** un gruppo di fotoni (stimolo visivo) giunge all'occhio, attraversando cornea, umore acqueo, pupilla, cristallino e umore vitreo. Raggiunge i fotorecettori della retina (bastoncelli e coni), dai quali viene assorbito generando (trasduzione) tre segnali nervosi, che sono segnali elettrici in modulazione di ampiezza.

Nella **seconda fase** avviene l'elaborazione e compressione dei tre segnali nervosi tramite generazione dei segnali opponenti (segnali elettrici in modulazione di frequenza), e la loro trasmissione al cervello lungo il nervo ottico.

Nella **terza fase**, tramite l'interpretazione dei segnali opponenti da parte del cervello, avviene la percezione del colore.

Utilizzo del Colorimetro

Utilizzando il *colorimetro* è possibile procedere alla determinazione degli indici relativi agli aspetti cromatici della luce, che sono: le coordinate tricromatiche e la temperatura di colore correlata. Il *colorimetro* è uno strumento che permette di determinare le due coordinate cromatiche x e y della luce emessa da una sorgente e di misurarne l'illuminamento generato. Le modalità di utilizzo e il funzionamento sono analoghe a quelle descritte per il *luxmetro*: strumento assai simile per funzionamento al *colorimetro*.

5.1.2 Sistemi di illuminazione degli interni

LAMPADE

Lampade a incandescenza

Sono veri e propri radiatori termici ed emettono una piccola parte del calore prodotto, pari al 10-20%, sotto forma di luce. Fino a qualche anno fa erano le più comuni (sono state le prime lampade artificiali dal 1878), sono caratterizzate dal filamento di tungsteno entro un contenitore di vetro o quarzo, che al passaggio della corrente elettrica diventa incandescente emanando luce.

La temperatura colore va da 2500/3200 gradi *Kelvin*, quindi: luce mediamente calda con spettro d'emissione relativamente equilibrato.

Fra le lampade a incandescenza si citano quelle a incandescenza con alogeni (dette *alogene*), a bassa tensione e con riflettore *dicroico* ad attenuazione del calore emesso nella direzione del flusso luminoso.

Lampade a scarica

Sono lampade dove l'emissione luminosa è dovuta a cause chimiche. Riconoscibili perché prive del filamento, sostituito da *elettrodi* che sottoposti ad alta tensione, generano una scarica elettrica luminosissima entro un bulbo di quarzo contenente gas e composti ad alta pressione.

La temperatura colore di queste lampade è alta: 3500/6500 gradi *Kelvin*, considerabili quindi: luce *fredda* con richiami al bluastro e quindi con enfatizzazione dei colori nella zona del verde/blu.

Fra le lampade a scarica si citano:

<u>LAMPADE FLUORESCENTI</u>

Sono lampade a *vapori di mercurio* a bassa pressione dove la luce non è prodotta direttamente dall'arco elettrico, ma dall'eccitazione chimico/fisica che questo induce, in particolari *polveri fluorescenti*, di cui e rivestito internamente il tubo di vetro. Sono lampade che nascono prevalentemente *lineari* quindi per illuminazione di grandi spazi con luce diffusa, con resa cromatica accettabile, a seconda dei tipi.

Un passo avanti importante nell'ambito delle lampade fluorescenti, è stato compiuto con le *nuove* lampade fluorescenti *compatte* che hanno svincolato i costruttori di apparecchi dalla forma classica dei tubi fluorescenti lineari che aveva come unico sbocco la costruzione di plafoniere dalla tipica sagoma allungata.

Con l'immissione sul mercato delle *fluorescenti compatte* le aziende produttrici di apparecchi luminosi hanno potuto effettuare anche la ricerca di nuove forme dando maggiori possibilità di integrazione con gli elementi architettonici. Gli sviluppi ottenuti nel campo delle sorgenti luminose hanno una stretta connessione con quelli degli apparecchi. La *miniaturizzazione*, resa possibile dalle nuove lampade, consente un più facile  inserimento nei controsoffitti e, grazie alla maggiore efficienza luminosa, permette la riduzione del numero degli incassi, con vantaggi sia di tipo estetico che di tipo economico.

Le lampade fluorescenti di nuova generazione, sono inoltre progettate a *basso impatto ambientale* in conformità alla norma EN 12464-1, ed hanno un contenuto di mercurio fortemente ridotto (90% in meno). Il vetro di cui sono costituiti i tubi, inoltre, ha la proprietà di assorbire in maniera molto ridotta il mercurio contenuto all'interno.

LAMPADE A TECNOLOGIA LED

Un LED (*Light Emitting Diode*, diodo a emissione luminosa) è un diodo-semiconduttore che emette luce non appena viene attraversato da elettricità. Si tratta di dispositivi elettronici caratterizzati dall'emissione monocromatica di luce e da un bassissimo assorbimento di energia. Sono infatti detti *a luce fredda* proprio perché generano (e quindi disperdono) poco calore durante il loro funzionamento. Cosa che invece avviene nelle lampadine a incandescenza, con filamento al tungsteno, che disperdono nell'ambiente il 95% dell'energia ricevuta per il loro funzionamento.

Nell'ultimo decennio questa tecnologia è stata completamente rivoluzionata. L'abbattimento dei costi di produzione e le migliori tecnologie di produzione (oggi sono in commercio LED 10 volte più potenti rispetto a quelli di qualche anno fa) hanno permesso di realizzare i cosiddetti *LED ad alta luminosità*, utilizzati sempre di più in sostituzione delle lampade a incandescenza/fluorescenza.

Allo stato attuale, un modulo LED da 7,5 W (tre LED uniti insieme) genera la stessa quantità di luce di una sorgente convenzionale (lampadina a incandescenza/alogena) da 40 W.

I moduli di illuminazione LED consentono di ottenere una qualità della luce molto simile a quella offerta dalle lampadine a incandescenza. L'indice di resa cromatica (CRI) di una lampadina è pari a 100: analogo a quella delle lampadine alogene a risparmio energetico. I moduli LED hanno un CRI di 85-90. La temperatura colore, espressa in *Kelvin*, è pari a 3100 K, mentre la luce emessa è simile, in termini di colore, alla luce intensa prodotta dalle sorgenti di luce alogene a bassa tensione.

La durata di funzionamento media dei LED è di 50.000 ore mantenendo sempre un +70% di diffusione luminosa. Prendendo in considerazione l'elettronica combinata necessaria per controllare il funzionamento dei LED, si traduce in una durata di funzionamento di 20.000 ore che è equivalente a 20 anni per un utilizzo medio di tre ore al giorno.

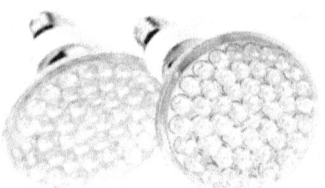

Le lampade LED, si dividono nelle seguenti categorie:

- lampade multi led;
- lampade a led singolo.

I vantaggi dell'utilizzo del LED rispetto alle altre tipologie di lampade sono i seguenti:

- alta qualità di illuminazione e potente fascio luminoso;
- un modulo da 7,5 W produce un'emissione luminosa equivalente a quella di una lampadina a incandescenza di 40 W (350 Lumen);
- luce bianca calda: 3100 Kelvin;
- accensione istantanea con diffusione luminosa totale: un grosso vantaggio rispetto alle altre lampadine a risparmio energetico;
- rispetto alle lampadine tradizionali consentono un risparmio energetico ed economico senza compromessi in termini di output luminoso;
- durata estremamente lunga, superiore alle sorgenti di luce tradizionali, con oltre 20.000 ore di utilizzo. Non sarà praticamente più necessario sostituire la lampadina;
- sorgente luminosa priva di mercurio;
- intensità luminosa regolabile con *dimmer*;
- i moduli LED offrono svariate angolazioni di illuminazione: luce diretta con un angolo di illuminazione di 40° o luce diffusa con un angolo di 180°.

Corpi illuminanti

Complemento fondamentale a qualsiasi lampada, il corpo illuminante assicura funzioni di natura fotometrica, elettrica e meccanica. Deve assicurare una ripartizione della luce equilibrata, funzione della destinazione d'uso del locale e del tipo di lampada che utilizza, e fungere da mediatore tra rete elettrica e lampada.

I corpi illuminanti più innovativi comprendono sistemi di rilevazione della luce solare e sensori si presenza che prevedono lo spegnimento automatico in caso di assenza di persone.

In relazione alle modalità di controllo e protezione del fascio luminoso, i corpi illuminanti possono assumere denominazioni diverse tipizzando, assieme alla lampada, le diverse modalità di illuminazione. Eccone di seguito alcuni esempi:

Illuminazione diretta/simmetrica

Utilizzata largamente per l'illuminazione dei posti di lavoro, sale riunione, spazi pubblici e aree di transito. L'angolo di disposizione del pannello antiabbagliante è pari a 30° (in caso di luci disposte in ambienti di lavoro e sale riunione), in caso di particolare comfort ottico è maggiore o uguale a 40°. Il progetto dell'illuminazione deve prevedere un angolo di irradiazione compreso tra 70° e 90°. Emissione del 90-100 % del flusso luminoso al di sotto della linea orizzontale. I sistemi ad illuminazione diretta possono avere un'alta efficienza, indirizzando la luce dove serve, creando però spesso alti contrasti e ombre marcate. La luce, direzionata solo sulle superfici orizzontali (quelle dove si svolgono i principali compiti visivi), provoca un'atmosfera d'effetto, ma poco luminosa, lasciando le zone non *direttamente* colpite dalla luce, nella penombra.

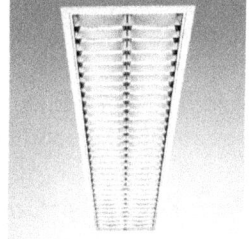

Illuminazione semi-indiretta

Esprime dal 60 al 90 % di luce orientata verso l'alto e la rimanente verso il basso. Può offrire il vantaggio di una luce d'ambiente, con una frazione di essa dedicata all'illuminazione del piano di lavoro: aumentando il rendimento del sistema e la vivacità dell'ambiente luminoso.

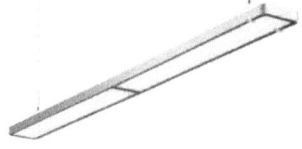

Illuminazione indiretta

L'effetto di luminosità (anche nel caso di grado di illuminamento minimo) e assenza di abbagliamento (causato dalla luce riflessa) caratterizzano questa modalità di illuminazione. Utilizzabile solo in caso di ambienti di altezza adeguata.

Emissione del 90-100 % del flusso luminoso al di sopra della linea orizzontale, i sistemi a luce indiretta mandano luce al soffitto, che la distribuisce a sua volta, attraverso riflessione, al locale. I costi di esercizio connessi a un sistema d'illuminazione indiretta sono maggiori di quelli relativi all'illuminazione diretta, a causa del minore fattore di utilizzazione del flusso luminoso. Il quale, prima di arrivare sul piano utile, viene attenuato dalla riflessione del soffitto. Perché il sistema risulti efficiente, è fondamentale che il plafone abbia un *alto* grado di riflessione e che l'apparecchio illuminante abbia una distribuzione del flusso luminoso adeguata alla superficie che va ad illuminare. Vanno anche valutate eventuali irregolarità o dislivelli dei soffitti, poiché questi, oltre a diventare maggiormente visibili, potrebbero compromettere l'efficace distribuzione della luce.

Illuminazione diretta-indiretta

Detta anche *ibrida*, grazie all'effetto di ambiente luminoso e al contenuto consumo energetico (70% illuminazione diretta, 30% illuminazione indiretta). Nel caso di locali ad altezza maggiore o uguale a 3 metri, è certamente da prediligere questo tipo di illuminazione.

Illuminazione diffusa

Le componenti orientate verso l'alto e verso il basso sono circa equivalenti: 40-60 %. Ha un'efficienza minore della diretta o semi-diretta, può essere utile in ambienti con alti livelli di riflessione delle superfici (cucine, bagni, esposizione di oggetti brillanti).

Proiettore a parete a largo fascio luminoso

Utilizzato per l'ottenimento di illuminazione omogenea della parete, sull'ambiente produce effetto di illuminazione indiretta.

Proiettore a largo fascio incassato nel soffitto

Viene usato in caso di carenza di spazio, ed esclusivamente per l'illuminazione di pareti.

Faretto direzionale – downlight:

utilizzato nel caso si voglia ottenere un'illuminazione spaziale differenziata. Il faro, con fascio di luce relativamente stretto, può essere orientato di 40° e ruotato di 360°.

Proiettore a largo fascio luminoso per pareti e soffitti

Viene usato per l'illuminazione di pavimenti e soffitti.

Luci per pareti

Di norma utilizzate per l'illuminazione decorativa e anche per l'ottenimento di *effetti luce* (filtri colorati e prismi); utilizzate talvolta per l'illuminazione di soffitti e pavimenti.

Binario attrezzato per proiettori a largo fascio luminoso

Usato soprattutto in mostre e musei; l'ambiente circostante non viene illuminato.

Tecnica darklight

Con la tecnica *darklight* studiata per ambienti con severe esigenze illuminotecniche, si ottengono angoli anti-abbagliamento all'interno dei quali il riflettore rimane scuro: chi guarda non viene abbagliato né dalla lampada né dal riflettore stesso.

Sono disponibili numerosi modelli con diverse dimensioni e diversi angoli di antiabbagliamento (da 30° a 60°) adatti alle differenti necessità di comfort visivo: da scuole o uffici con lavori saltuari ai videoterminali, a uffici di progettazione CAD con postazioni di lavoro fisse.

5.1.3 Panorama legislativo

LAVORO AL VDT – ABBAGLIAMENTI E RIFLESSI

OGGETTO: Decreto legislativo 19 settembre 1994, n. 626. Prime direttive per l'applicazione

14. Titolo VI - Uso di attrezzature munite di videoterminali.

b) Illuminazione. L'illuminazione generale e/o l'illuminazione specifica (lampade di lavoro) devono garantire un'illuminazione sufficiente e un contrasto appropriato tra lo schermo e l'ambiente, tenuto conto delle caratteristiche del lavoro e delle esigenze visive dell'utilizzatore. Fastidiosi abbagliamenti e riflessi sullo schermo o su altre attrezzature devono essere evitati strutturando l'arredamento del locale e del posto di lavoro in funzione dell'ubicazione delle fonti di luce artificiale e delle loro caratteristiche tecniche.

c) Riflessi e abbagliamenti. I posti di lavoro devono essere sistemati in modo che le fonti luminose quali le finestre e le altre aperture, le pareti trasparenti o traslucide, nonché le attrezzature e le pareti di colore chiaro non producano riflessi sullo schermo. Le finestre devono essere munite di un opportuno dispositivo di copertura regolabile per attenuare la luce diurna che illumina il posto di lavoro.

DECRETO 2 ottobre 2000

LINEA GUIDA D'USO DEI VIDEOTERMINALI

c) Per quanto riguarda l'illuminazione, al fine di evitare riflessi sullo schermo, abbagliamenti dell'operatore ed eccessivi contrasti di luminosità la postazione di lavoro va correttamente orientata rispetto alle finestre presenti nell'ambiente di lavoro. L'illuminazione artificiale dell'ambiente deve essere realizzata con lampade provviste di schermi ed esenti da sfarfallio, poste in modo che siano al di fuori del campo visivo degli operatori; in caso di lampade a soffitto non schermate, la linea tra l'occhio e la lampada deve formare con l'orizzonte un angolo non inferiore a 60' (figura 1). Va in ogni modo evitato l'abbagliamento dell'operatore e la presenza di riflessi sullo schermo qualunque sia la loro origine.

NORMA UNI EN 12464-1 NOVEMBRE 2002

Norma EN 12464-1 "Luce ed illuminazione – Parte 1: illuminazione di luoghi di lavoro in ambienti interni". Questa nuova normativa, in vigore dal 1 luglio 2003, va a sostituire la vecchia UNI EN 10380 datata 1994 "Illuminazione di interni con luce artificiale", andando a definire i criteri per una corretta progettazione illuminotecnica dei luoghi di lavoro e introducendo alcuni concetti nuovi atti a migliorare la qualità dell'illuminazione.

> *"Dentro un raggio di sole che entra dalla finestra, talvolta vediamo la vita nell'aria.*
> *E la chiamiamo polvere."*
>
> Stefano Benni

5.2 L'ARIA E IL CLIMA

LA FUNZIONE DEI SENSI CHIMICI

Sono tre le modalità sensoriali che ci permettono di riconoscere e distinguere, le sostanze chimiche presenti nell'ambiente:

- ***olfatto***: riconosce le molecole presenti nell'aria;
- ***gusto***: riconosce le molecole ingerite;
- ***sistema chemocettivo trigeminale***: riconosce le molecole nocive.

L'informazione che nasce dai recettori del gusto e dell'olfatto, percorre vie nervose parallele; queste informazioni sensoriali sono strettamente e primariamente correlate a necessità fisiologiche, come la fame e la sete, ma anche a stati emotivi e alla memoria.

L'OLFATTO

Il sistema olfattivo ci permette di ottenere informazioni dall'ambiente circostante, attraverso il riconoscimento di molecole presenti nell'aria, chiamate *odori* o *sostanze odorose*.

Nell'uomo, anche se non indispensabile per la sua sopravvivenza, svolge una funzione di *allarme* nei confronti di sostanze pericolose o ambienti malsani e sicuramente migliora la qualità della vita.

È un sistema particolarmente raffinato. Infatti, possiamo riconoscere un'enorme varietà di sostanze odorose nell'aria, percependone alcune, in concentrazioni estremamente basse.

L'olfatto ci fornisce informazioni sulle sostanze chimiche presenti nei cibi, nel nostro corpo, in altre persone, negli animali, nelle piante e in altri elementi ambientali. Tali informazioni possono influenzare le scelte alimentari e le interazioni sociali.

L'olfatto ci fornisce un criterio di giudizio circa la qualità dell'aria, sia all'aperto, sia in ambiente confinato. L'olfatto è origine di sensazioni piacevoli o spiacevoli; gli odori possono essere classificati in una scala di gradevolezza, peraltro assolutamente soggettiva.

La presenza di un aroma può aumentare il grado di piacevolezza di un materiale o mediare reazioni affettive nei confronti dell'ambiente, persona o oggetto; facendo riemergere emozioni ad esso collegate. La memoria degli odori o *memoria olfattiva*, ha un riscontro nelle connessioni anatomiche e funzionali tra circuiti olfattivi e circuiti legati alla memoria.

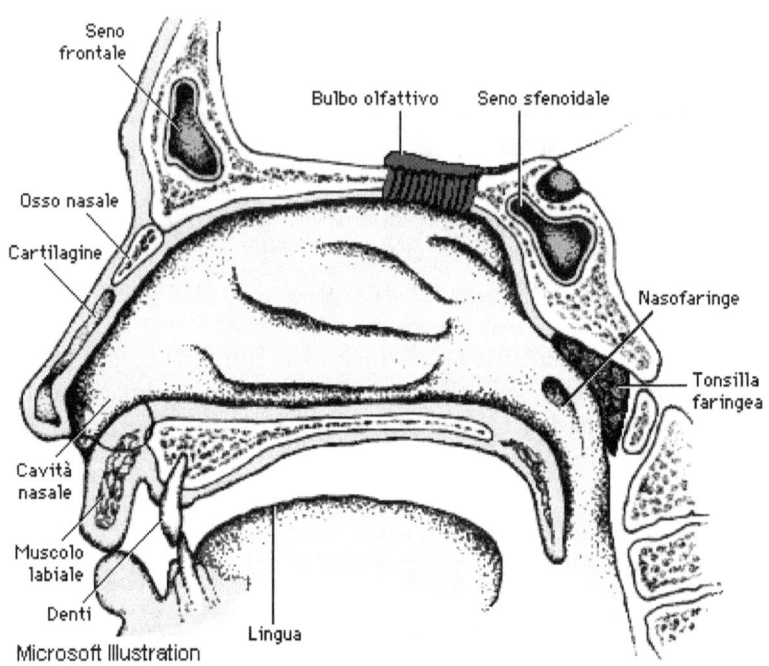

LA SENSAZIONE OLFATTIVA

Solo una piccola parte dell'aria inspirata è utilizzata per produrre la sensazione olfattiva.

La risposta olfattiva può decadere per una serie di motivi:

- il flusso d'aria inspirata può allontanare le molecole odorose, sostituendole con altre;

- il permanere per lungo tempo di un'alta concentrazione della stessa molecola odorosa, induce una risposta recettoriale che diminuisce rapidamente, con conseguente riduzione della frequenza di scarica dei nervi olfattivi. Questo fenomeno di *adattamento recettoriale* comporta una rapida diminuzione dell'intensità della sensazione odorosa.

ORGANIZZAZIONE DELLE VIE OLFATTIVE E CONSEGUENZE FUNZIONALI

L'anatomia dell'olfatto è unica e quindi uniche sono le implicazioni funzionali.

- ***Organizzazione:*** il tratto olfattivo proietta direttamente nelle regioni primitive della corteccia olfattiva primaria; e solo allora proietta al talamo e quindi alla neocorteccia. Per tutti gli altri sistemi sensoriali, gli assoni proiettano al talamo, prima di proiettare alla corteccia sensoriale. Inoltre è molto importante rilevare che i neuroni del bulbo olfattivo, influenzano direttamente e ampiamente le zone della corteccia che svolgono un ruolo importante in processi come l'emozione, la motivazione e alcuni tipi di memoria.
- ***Conseguenze funzionali***: in generale, percorsi paralleli mediano differenti funzioni olfattive; come la discriminazione degli odori e la percezione consapevole, gli aspetti motivazionali ed emozionali, nonché comportamenti cognitivi ed emotivi come la sessualità e la memoria.

PSICOFISICA DELLA PERCEZIONE OLFATTIVA

Le caratteristiche principali del sistema olfattivo sono la capacità di discriminare la qualità e l'intensità degli odori. Il sistema olfattivo ha infatti un'elevata capacità di discriminazione tra migliaia di odori diversi e una bassa eccitabilità.

La soglia per l'identificazione delle sostanze odorose diminuisce al crescere della liposolubilità della molecola odorosa: più la sostanza è idrofoba, più bassa è la soglia di identificazione. La sensibilità olfattiva diminuisce con l'età. Gli anziani presentano anche soglie più elevate e maggiore difficoltà oltre che nella discriminazione, anche nel ricordo degli odori.

Anche se si tratta di una classificazione piuttosto riduttiva ed empirica, studi *psico* e *neurofisiologici* hanno permesso di individuare: sette (secondo alcuni autori sei) *odori primari*:

- fiore (rosa);
- muschio;
- canfora;

- menta piperita;
- etere;
- pungente (aceto);
- putrido (uova marce).

Infatti, in maniera analoga alla visione dei colori, si è cercato di individuare odori *elementari*, mescolando i quali, teoricamente si ottengono tutti gli odori percepiti.

L'*intensità* della sensazione si riduce alla metà dopo appena un secondo, e si esaurisce in circa un minuto. Gli odori sgradevoli tendono a persistere più a lungo. Oltre all'adattamento rapido possiamo registrare anche un adattamento incrociato: vale a dire che l'esposizione a un odore, diminuisce la percezione di altri odori.

Inoltre sul piano percettivo, il fenomeno dell'adattamento comporta una diminuzione della capacità di riconoscimento di odori inalati ripetutamente.

Si intende per *anosmia*, la perdita del senso dell'olfatto; per *iposmia* la sua diminuzione funzionale e per *disosmia* turbe con distorsione delle sensazioni olfattive. Oltre a ridurre l'intensità di determinati piaceri, ciò può contribuire ad aumentare il fattore di rischio per il soggetto, non più capace di riconoscere odori malsani (fumo) o pericolosi (gas) e reagire di conseguenza.

GLI STIMOLI OLFATTIVI

Non esiste nello studio dell'olfatto l'equivalente dell'audiogramma normale o della curva fotometrica. Nel caso dell'udito e della vista, l'intensità della sensazione è legata alla potenza convogliata dall'onda (sonora o elettromagnetica) e la sua qualità (tonalità, colore) alla frequenza dell'onda.

Invece nel caso dell'olfatto l'intensità della sensazione è legata alla *concentrazione della sostanza aerodispersa* e la sua qualità dipende dal tipo di sostanza.

GLI EFFETTI PSICOLOGICI DEGLI ODORI

A differenza degli stimoli visivi e sonori, gli odori possono inoltre essere gradevoli o sgradevoli, e non sempre un odore percepito come gradevole da un soggetto è considerato tale da tutti. L'acutezza olfattiva è molto diversa da persona a persona, anche in giovane età.

Una caratteristica interessante, che rende la percezione olfattiva diversa da tutte le altre, è il fenomeno della *memoria olfattiva*, meno vivida di quella verbale e visiva sul breve periodo, ma molto più persistente col trascorrere del tempo. Per contro, molto più difficile appare l'identificazione degli odori.

Dal punto di vista tecnico è poi importante sottolineare il fenomeno, particolarmente spiccato, dell'*assuefazione*, che impedisce a chi soggiorna da tempo in un ambiente maleodorante, di percepire la sgradevolezza dell'aria, soprattutto quando questa è inquinata da odori corporali (*bioeffluenti*).

Aria di buona qualità vuol dire aria che non presenta *odore sgradevole* e *inquinanti* in concentrazioni pericolose per la salute.

L'ARIA E LE MALATTIE ASSOCIATE AGLI EDIFICI

Negli anni '70 in America, strane malattie caratterizzate da febbre, mal di testa e dolori muscolari, colpirono diversi impiegati di alcuni uffici pubblici. Alcuni medici statunitensi notarono l'insorgere di *alveoliti allergiche* tra gli impiegati di uffici con aria condizionata. A tali sintomi, si attribuì il nome di *Sick Building Syndrome* (italianizzata in *Sindrome da Edificio Malato*).

La *Sindrome da Edificio Malato* o SBS è, da allora, il nome dato a un insieme di sintomi che compaiono principalmente in coloro che lavorano in edifici con aria condizionata, anche se è stata però osservata anche in individui che lavorano in edifici ventilati naturalmente.

Studi effettuati negli Stati Uniti dal *National Institute of Occupational Safety and Health* (NIOSH) tra gli anni '80 e '90, rivelarono che il 50% dei problemi di salute degli impiegati negli Stati Uniti era dovuto proprio ad una ventilazione *inadeguata* o *mal funzionante*. Tale problema fu la causa di assenze dal lavoro, con conseguenze intuibili anche sul piano dei costi sociali.

In seguito, sulla base di questi studi, si cominciò a diagnosticare un altro quadro patologico particolare: la *Sindrome da Sensibilità Chimica Multipla*, anch'essa legata agli stessi agenti inquinanti, generativi della *Sick Building Syndrome*.

Dopo la scoperta di queste due malattie, alla fine degli anni '90, si cominciò a parlare di *Malattie associate agli edifici* e a porre sempre maggiore attenzione alla situazione qualitativa dell'aria negli ambienti *confinati* in genere e negli *uffici*: spazi dove ciascun individuo, non direttamente coinvolto in attività manifatturiere, trascorre la maggior parte del suo tempo.

Si acquisì maggiore consapevolezza, di dover creare in questi spazi, le condizioni favorevoli per poter soddisfare le esigenze di ordine fisiologico in merito alla *qualità dell'aria e al microclima*. Gli studi resero inoltre evidente quanto, una situazione di aria e clima pur minimamente disagevole, potesse influire in modo molto negativo sull'attività lavorativa: creando una *sensibile* perdita di concentrazione e una maggiore irritabilità; abbassando di conseguenza, i livelli di performance lavorativa.

L'INQUINAMENTO INDOOR

Le *Malattie associate agli edifici*, in particolare negli edifici moderni di grandi dimensioni, dotati di ventilazione artificiale e di condizionamento dell'aria, appaiono dovute all'inquinamento *indoor*. Legato alla presenza di agenti biologici, chimici e fisici (polveri sottili, formaldeide, radon, amianto, ecc.) al loro interno e all'alterazione dei parametri microclimatici[130] generando un effetto deleterio sulla salute. Questo effetto è tanto più dannoso quanto il suo manifestarsi in modo ambiguo e ingannevole tra gli operatori: imputando a volte lo scarso rendimento, a problemi *endogeni* degli stessi invece che a *queste* condizioni ambientali sfavorevoli.

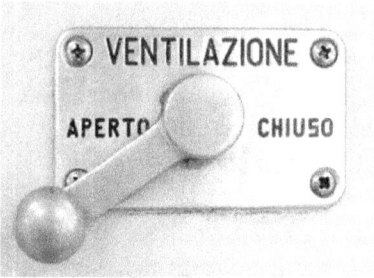

I *sintomi* con cui la SBS si manifestano sono: fastidio e irritazione agli occhi, al naso ed alla laringe, concomitanti a cefalea, astenia, irritazione cutanea, percezione di odori sgradevoli. Sintomi che migliorano con l'allontanamento dall'edificio stesso.

Gli effetti sulla salute umana riguardano:

- *l'apparato respiratorio*: asma, bronchiti, malattie respiratorie, legionellosi, alveoliti allergiche, ecc.;
- *cute e mucose*: irritazioni, dermatiti atopiche, sensibilizzazione, ecc.;
- *il Sistema nervoso*: cefalee, sonnolenza, vertigini, astenia, ecc.;
- *il Sistema immunologico*: reazioni allergiche, febbre, febbre da umidificatori, ecc..

---

[130]*Per microclima si intende la combinazione di diversi fattori come umidità, temperatura dell'aria, ventilazione, etc.*

Diverse ricerche hanno inoltre dimostrato che le persone che trascorrono molto tempo in ambienti confinati, dove sono presenti alcuni agenti quali: il fumo di sigaretta (attivo e passivo), il radon, l'amianto, composti organici volatili quali: formaldeide, benzene e composti presenti nel fumo del tabacco, sono significativamente esposte al rischio di cancro.

Sebbene non sia sempre possibile, sulla base di dati epidemiologici associare specifici agenti causali alla SBS, è stato evidenziato che la presenza di agenti biologici può influenzare la prevalenza dei sintomi e che essi sono chiaramente correlati con la presenza di sistemi di ventilazione meccanica e di finestre ermeticamente sigillate. In Italia, il D.Lgs. 626 e successivi, prevedono che il datore di lavoro provveda alla valutazione dei rischi anche di origine biologica e a far in modo che l'aria nell'ambiente di lavoro sia salubre.

E' opportuno sottolineare inoltre che (come espresso nella GU del 3/11/2006 n. 256): la progettazione, l'installazione, la manutenzione e il collaudo degli impianti, devono rispettare quanto previsto dalle disposizioni legislative e regolamentari vigenti in materia di sicurezza (legge 5 marzo 1990, n.46 e successive) oltre che di risparmio energetico. Come pure le norme tecniche di sicurezza dell'Ente italiano di Unificazione (UNI) e del Comitato Elettrotecnico Italiano (CEI).

LE MALATTIE

Tecnicamente le malattie correlate con la *non* buona ventilazione degli edifici possono essere suddivise in due gruppi, in base a considerazioni di ordine epidemiologico, eziopatogenetico[131], clinico, diagnostico e prognostico.

Al primo gruppo appartiene appunto la *Sindrome dell'Edificio Malato*, caratterizzata da una sintomatologia di modesta entità, aspecifica e polimorfa (cefalea, sonnolenza, bruciore degli occhi, senso di irritazione della gola, tosse, irritazione cutanea, etc), strettamente correlata con la permanenza nell'edificio. Si manifesta durante il lavoro, in un particolare ambiente, e si risolve o si attenua rapidamente con l'allontanamento dallo stesso.

Al secondo gruppo appartengono malattie con un quadro clinico ben definito, che non si risolvono rapidamente abbandonando il luogo di lavoro, la cui modalità di insorgenza è di tipo allergico o tossico-infettivo, talora caratterizzate da notevole gravità. Appartengono a questo gruppo malattie quali: l'*asma bronchiale*, le *alveoliti allergiche estrinseche*, la *febbre da umidificatori*, le *infezioni da Legionella Pneumophila* (*malattia dei Legionari e febbre di Pontiac*) le malattie da *Rickettsie* (*febbre Q*), da virus e da funghi.

I principali inquinanti che si possono rinvenire negli edifici sono:

1. ***di natura chimica:*** (composti organici volatili, formaldeide, monossido di carbonio, ossidi di azoto, anidride carbonica, ozono, etc.);
2. ***di natura fisica:*** (fibre di asbesto, fibre di vetro, polveri, radon, etc.);
3. ***di natura biologica:*** (virus, batteri, actinomiceti, spore fungine, acari, alghe, amebe, peli e forfora umani, frammenti di insetti).

Negli ambienti confinati per uffici la carica microbica dell'aria è influenzata da diversi fattori:

1. numero ed attività delle persone e flora microbica delle loro vie respiratorie e della loro cute;
2. tipo e cubatura dei locali;
3. tipo di pavimentazione ed eventuale rivestimento;
4. procedure di pulizia meccanica;
5. sistemi di ventilazione, riscaldamento e/o condizionamento;
6. stagione.

---

[131] *Eziopatogenesi: studio delle cause e dei meccanismi di insorgenza di una malattia*

In natura esistono difese naturali dall'inquinamento microbiologico: la *luce*, la *temperatura*, la *ventilazione*. Le prime misure di prevenzione consistono, quindi, nel valorizzare questi sistemi di difesa naturali:

a. migliorando la ventilazione e il ricambio d'aria;
b. operando una *diluizione* delle persone che occupano una stessa stanza e, quando questo non sia attuabile, semplicemente facendo ricorso a ventilazione forzata.

I sistemi di condizionamento dell'aria, gli umidificatori e le superfici umide, costituiscono un ambiente favorevole per lo sviluppo e la diffusione di microrganismi.

L'umidità e le temperature elevate facilitano la crescita di muffe e funghi. Una errata progettazione e installazione dei sistemi di climatizzazione, scarsa igiene e inappropriata manutenzione, possono contribuire a trasformarli da strumenti utili e di comfort a sorgenti di diffusione e amplificazione di contaminanti.

LINEE GUIDA PROPOSTE DALLA ASHRAE

Selezione di linee guida per alcuni inquinanti				
Agente	**Fonti tipiche**	**Livello di interesse**	**Commento**	**Standard WHO/Europe**
CO	Apparecchi di combustione ventilati o no; ambiente esterno	3 ppm oltre il valore esterno (livello di allerta) 9 ppm (livello sanitario)	Il livello di allerta indica una concentrazione interna anormale: si consiglia di determinare le possibili fonti. Il livello sanitario si basa su effetti su persone con malattie alle coronarie, con una esposizione media di 8 ore	87 ppm (15') - 52 ppm (30') 26 ppm (1h) - 8,7 ppm (8 h)
Formaldeide	Prodotti di legno pressato; mobilio e arredi.	120 mg/m3 (0,1 ppm)	Basato su effetti irritativi in persone sensibili, 30' di esposizione (WHO[132])	0,081 ppm (30')
O3	Fotocopiatrici e macchinari da ufficio; aria esterna.	100 mg/m3 (50 ppb)	Basato sulla potenzialità di effetti cronici o acuti; 8 ore di esposizione (WHO)	
COV (Composti Organici Volatili)	Arredi e materiali da costruzione nuovi; aria esterna.	< 300mg/m3 (rari insoddisfatti); 300-3000 mg/m3 (possibili insoddisfatti); > 3000mg/m3 (insoddisfatti).	Odori e risposte irritanti a composti organici sono altamente variabili. Le tre linee guida per i COV rappresentano il *range* dove odori e reazioni irritanti sono rari (comfort), diventano significativi (passaggio dal comfort al discomfort), sono frequenti (discomfort).	

---

[132] WHO: World Health Organization – Organizzazione Mondiale della Sanità

INQUINANTI BIOLOGICI NEGLI AMBIENTI LAVORATIVI PER UFFICIO

Luoghi e circostanze di possibile esposizione per i lavoratori ad agenti biologici	
AGENTE BIOLOGICO	**LUOGO/CIRCOSTANZA**
Acari della polvere e loro particelle fecali.	Archivi[133], locali polverosi.
Microrganismi patogeni (es. batteri come Legionella pneumophila, virus, muffe, funghi) e altri agenti biologici (acari della polvere, pollini) presenti nell'aria e/o in impianti di aerazione/condizionamento	Locali con impianto di condizionamento non sottoposto a manutenzione periodica; locali ove i filtri dei condizionatori non sono periodicamente sostituiti; contatto più o meno ravvicinato con persone; vetture con filtri dell'aria non periodicamente sostituiti e/o senza filtri antipolline; presenza nei locali di piante con pollini allergizzanti.
Microrganismi vari (patogeni e non) altri agenti biologici (acari della polvere, pollini).	Locali con moquette, tappeti e tendaggi non regolarmente puliti; contatto con acqua nebulizzata contaminata.

---

[133] *Un recente studio effettuato dall' INAIL in diverse location lavorative ha invece rilevato che l'Archivio, tra le diverse tipologie di stanze campionate, è risultato in assoluto il sito meno infestato (AM 3.5, range 0.46 ÷ 6.51) rispetto a tutti gli altri ambienti di lavoro. Quello a più alta concentrazione allergenica è stato invece l'ambiente con più persone (AM 18.9, range 3.39 ÷ 34.37). Tra i fattori che potrebbero spiegare un tale risultato c'è sicuramente quello "umano", ossia la presenza o meno di impiegati fissi in tali ambienti; gli acari, infatti, si nutrono essenzialmente di frammenti organici presenti nella polvere quali residui di cibo, fibre naturali e spoglie di artropodi, nonché i prodotti della desquamazione cutanea dell'uomo, sufficienti per lo sviluppo e la diffusione di migliaia di acari, pur in presenza di frequenti pulizie quotidiane (tipiche per locali ad alta frequentazione) rispetto ai locali archivio. Rif. Atti 2° seminario professionisti CONTARP "Dal controllo alla consulenza in azienda", Cuneo 2001, p. 533*

GLI IMPIANTI DI CLIMATIZZAZIONE COME CAUSA DI INQUINAMENTO

Una causa frequente di scadente qualità dell'aria, è rappresentata, come abbiamo visto, da impianti di climatizzazione inadeguati al carico umano; obsoleti, mal progettati o gestiti in modo inopportuno, oppure installati inadeguatamente.

Gli impianti per la climatizzazione svolgono le funzioni di controllo delle condizioni termiche e di umidità dell'aria, di ricambio controllato della stessa e di cattura, per filtrazione, di polvere e altre particelle. Se queste condizioni vengono a mancare, essi possono, in determinate condizioni, provocare un impatto negativo sulla qualità dell'aria *indoor* attraverso due distinti meccanismi: mediante trasporto e diffusione di contaminanti generati da sorgenti presenti nell'edificio e/o da sorgenti esterne, oppure favorendo la generazione di contaminanti.

Di seguito elenchiamo alcuni esempi ripresi dalle ricerche dell'APAT[134]:

a. una inopportuna installazione della griglia di presa d'aria in prossimità di fonti *outdoor* di inquinamento (come traffico veicolare, parcheggi, garage, depositi di rifiuti, scarichi di altri impianti, ecc.), può comportare l'introduzione negli ambienti, di aria altamente inquinata o l'immissione di odori sgradevoli;
b. un posizionamento non corretto delle griglie di presa e di scarico dell'aria all'esterno, può creare situazioni di corto circuito tra l'aria viziata espulsa e l'aria aspirata dall'esterno;
c. impianti con flusso d'aria intermittente o flusso regolato in relazione ai fabbisogni termici, a minor consumo energetico, possono a volte causare una ventilazione insufficiente e quindi un possibile accumulo di inquinanti che possono essere difficilmente rimossi;
d. la bassa efficienza dei filtri, unita ad una scarsa manutenzione, può provocare l'accumulo di polvere, pollini e l'insorgere di batteri, acari e altri microrganismi biologici;
e. gli alti livelli di umidità possono provocare con il tempo acqua stagnante ed incrostazioni lungo le canalizzazioni e nei diversi componenti dei condizionatori, con conseguente sviluppo di microrganismi.

Ogni componente dell'impianto quindi, è soggetto ad azioni di degrado più o meno concatenate, tali da rendere gli stessi sorgenti di inquinamento e concorrenti al

---

[134] *APAT (Agenzia per la protezione dell'ambiente e per i servizi tecnici), Climatizzazione e ventilazione, Roma 2005, p. 6*

peggioramento continuo delle condizioni di salubrità dell'aria. I componenti dell'impianto principalmente soggetti a degrado sono:

a. *griglie*: si possono formare incrostazioni;
b. *filtri:* accumulo eccessivo di polveri o particelle e di conseguenza filtrazione inadeguata;
c. *ventilatore*: incrostazioni e polvere nel box e sulle pale;
d. *batteria di riscaldamento*: incrostazioni e polvere sulle lamine;
e. *batteria di raffreddamento*: incrostazioni e polvere sulle lamine, acqua stagnante o incrostazioni nella vasca di drenaggio;
f. *umidificatore*: ugelli incrostati, proliferazione microbica nell'acqua;
g. *canalizzazione dell'aria*: polveri, incrostazioni, contaminazione microbica;
h. *diffusori*: sedimentazione di polvere.

Di seguito riportiamo una tabella di potenziali fonti di contaminanti, emessi da sorgenti intrinseche agli impianti[135]:

Tabella di potenziali fonti di contaminanti:

Sorgenti e problemi	Esempi tipici
1. Contaminanti emessi da sorgenti intrinseche agli impianti	
1.1 Materiali fibrosi	Asbesto; danneggiamento e rilascio di fibre da isolanti interni
1.2 Prodotti di degradazione delle superfici metalliche	Deterioramento e erosione di materiali di trattamento superfici di rivestimento, di prodotti di corrosione e di metalli
1.3 Sigillanti, stucchi, adesivi	Sviluppo di gas ed emissione di VOC; deterioramenti
1.4 Oli lubrificanti, ecc.	Ventilatori, motori
2. Inquinanti e processi di contaminazione che possono svilupparsi in componenti impiantistici	
2.1 Contaminazione biologica e crescita di microrganismi	Sviluppo di microrganismi; Emissione di aerosol con contaminanti biologici e di VOC in parti dell'impianto (e.g. batterie fredde, vasche condensa, scarichi, filtri, superfici interne e isolamento dei canali, plenum, umidificatori, torri)
2.2 Accumuli di VOC	Isolanti; Filtri; attenuatori acustici; accumuli di polvere
2.3 Altri depositi di materiali organici	Foglie; deiezioni di volatili, ecc.
2.4 Accumuli di polveri	Materiali di costruzione, recessi, ecc. nei quali si formano accumuli di polvere che possono dar luogo a contaminazione microbica, ad

---

[135] *Ibidem, p. 7*

Sorgenti e problemi	Esempi tipici
	assorbimento.- cessione di VOC, a riduzione di portata, ecc.
2.5 Inquinanti immessi nel vapore (prodotto in caldaia)	Anticorrosivi, biocidi, anticalcare, neutralizzanti per il controllo del pH
2.6 Impiego di prodotti di pulizia e biocidi	Biocidi, disinfettanti, deodoranti
3. Inadeguato funzionamento degli impianti in relazione al controllo di sorgenti estrinseche	
3.1 Ventilazione e ricambi d'aria	Inadeguata immissione di aria esterna; inadeguata miscelazione e diluizione dei contaminanti
3.2 Controllo delle condizioni termoigrometriche	Umidità dell'aria ambiente troppo elevate o troppo basse
3.3 Trasporto di contaminati tra locali e zone dell'edificio	Migrazione di odori, VOC e particolato
3.4 Prese di aria esterna	Posizionamento; aria esterna inquinata, reingressi di contaminanti scaricati dall'edifici
3.5 Pressurizzazione dell'edificio	Ingresso non controllato negli ambienti di aria esterna contaminata
3.6 Migrazione di contaminanti nei recuperatori di calore	Contaminazione incrociata; assorbimento - cessione di VOC

Aspetti di manutenzione e igienici

Premessa indispensabile affinché i sistemi di climatizzazione e ventilazione possano funzionare in modo opportuno, è che i requisiti igienici siano permanentemente rispettati. Tali sistemi devono essere quindi: progettati, costruiti ed istallati in modo tale da consentire la pulizia di tutte le superfici interne e di tutti i componenti, in conformità alle disposizioni normative.

Fondamentale risulta l'aspetto di manutenzione. Devono essere effettuate ispezioni tecniche e manutenzioni regolari, insieme a frequenti controlli igienici da parte del personale addetto alla manutenzione. I filtri, infine, devono essere ispezionati, puliti o sostituiti periodicamente e comunque sempre prima dell'utilizzo dell'impianto dopo un lungo periodo di inattività.

A tal proposito ci viene in aiuto il provvedimento del 5 ottobre 2006[136]: '*Linee guida per la definizione di protocolli tecnici di manutenzione predittiva sugli impianti di climatizzazione*' (GU n. 256 del 3-11-2006 - Suppl. Ordinario n. 207).

L'accordo è stato sottoscritto, per definire i contenuti tecnici e igienico-sanitari della manutenzione degli impianti di climatizzazione, installati negli ambienti confinati. In

---

[136] *Repertorio atti n. 2636 della Conferenza permanente per i rapporti tra lo Stato, le Regioni e le Province autonome di Trento e Bolzano pubblicato sul supplemento ordinario alla Gazzetta ufficiale n. 256 del 3 novembre 2006*

tale accordo si fa riferimento alle principali norme tecniche riguardanti: la progettazione, l'installazione e la manutenzione di impianti e sistemi aeraulici; alle linee guida dell'*Aicarr*[137] e alla norma tedesca *Vdi 6022* del 1998: '*Hygienic standard for ventilation and air-conditioning systems for offices and assembly rooms*'.

Dopo le doverose premesse, per rendere più comprensibili le disposizioni, le *linee guida* si soffermano:

a. ***sulla pianificazione della manutenzione***, specificandone lo scopo, la frequenza degli interventi, la documentazione, la scelta delle *modalità* degli interventi, il significato e lo scopo della manutenzione *correttiva* e *preventiva*;
b. ***sui requisiti igienici,*** per le operazioni di manutenzione degli impianti di climatizzazione. Specificando le generalità e le operazioni sui componenti. In particolare su: unità centrali di trattamento aria, filtri per l'aria, umidità d'aria, batterie di scambio termico, ventilatori, recuperatori di calore, condotte d'aria e silenziatori, prese d'aria esterna e griglia di espulsione, torri di raffreddamento, apparecchi terminali;
c. ***sulla qualificazione*** e formazione del personale, specificando: le generalità, la formazione per operazioni semplici, la formazione dei responsabili dell'igiene;
d. ***sull'esercizio*** dei sistemi di ventilazione e condizionamento dell'aria, specificando: la manutenzione, le ispezioni, le riparazioni.

Per quanto riguarda la frequenza degli interventi di manutenzione, merita di essere preso a riferimento l'*Appendice B* del provvedimento, nel quale sono elencate le principali azioni per la manutenzione degli impianti e la loro periodicità.

---

[137] *Aicarr: Associazione Italiana Condizionamento dell'Aria e Refrigerazione*

CONCLUSIONI E PRESCRIZIONI

Difficile esprimere una correlazione *diretta* di tipo valoriale, tra il benessere ambientale derivato da un corretto uso delle prescrizioni in merito al trattamento dell'aria, e il miglioramento delle performance lavorative. Anche se la sperimentazione e la letteratura sembrano dimostrare che, al miglioramento della *qualità* dell'aria, corrisponde certamente un beneficio nella missione lavorativa. Affermazione tanto più vera quanto maggiore è l'impegno psichico e attentivo richiesto agli operatori.

Si potrebbe, per contro dire che le implicite responsabilità per *inadempienze* sul tema, per *managers* o imprenditori, visto che le stesse potrebbero essere causa dell'insorgenza di malattie (alcune delle quali anche molto gravi), possono avere in questi casi anche ricadute di natura giuridica oltre che etica.

Può essere utile, a riguardo, osservare la seguente tabella, che riporta una valutazione *quantitativa* dell'impatto sulla salute (riferito alla popolazione italiana), attribuibile ogni anno agli *inquinanti* residenti negli *ambienti confinati*, per sottolineare la rilevanza del problema. Questo non solo dal punto di vista etico e legale (garantire a tutti il diritto alla salute), ma anche economico; per le importanti ricadute sulle imprese oltre che sull'assistenza sanitaria nazionale.

Valutazione quantitativa dell'impatto sulla salute della popolazione italiana[138]		
Inquinante	**Malattia**	**Impatto sanitario**
Allergeni (acari, muffe, forfore animali)	Asma bronchiali (bambini/adolescenti)	> 160.000 casi prevalenti/anno
Radon	Tumore del polmone	1.500 – 6.000 decessi/anno
Fumo di tabacco ambientale (fumo passivo)	Asma bronchiali (bambini/adolescenti)	> 30.000 casi prevalenti/anno
	Infezioni acute delle vie aeree inferiori e superiori	> 50.000 nuovi casi /anno
	Tumore del polmone	> 500 decessi/anno
	Infarto del miocardio	> 900 decessi/anno
Benzene	Leucemia	36 -190 casi/anno
Monossido di carbonio (CO)	Intossicazione acuta da CO	> 200 decessi/anno

---

[138] Accusani di Retorto Eugenia, *Gli studi sulla qualità dell'aria negli ambienti confinati.* http://www.minerva.unito.it/Chimica&Industria/MonitoraggioAmbientale/A4/Confinati9.html

Prescrizioni per impianti esistenti.

Qualora operiate in un ambiente dove già esiste un sistema di ventilazione e trattamento dell'aria, il nostro suggerimento è di sottoporlo a immediata verifica da parte di un tecnico specializzato e abilitato in progettazione e manutenzione di impianti di trattamento dell'aria, tenendo presente questi principi basilari:

a. tutti gli ambienti confinati hanno bisogno di *ricambio*, tramite rifornimento, di *aria esterna*. In funzione delle condizioni atmosferiche esterne, l'aria può avere necessità di essere *riscaldata* o *raffreddata* prima di essere distribuita all'interno dello spazio occupato[139]. Mentre l'aria esterna viene aspirata all'interno dell'ambiente, l'aria interna viene espulsa all'esterno, consentendo la rimozione delle *sostanze contaminanti* presenti in essa;

b. i Sistemi di Trattamento dell'aria (*Heating Ventilating and Air Conditioning Systems:* HVAC) sono generalmente in grado di fornire agli ambienti, *aria esterna riscaldata* o *raffreddata* e *filtrata*, con un certo grado di *umidità* controllata.

Considerate che la valutazione delle caratteristiche di un sistema di trattamento dell'aria in edifici esistenti, è funzione di parecchie variabili:

1. l'epoca di cui l'edificio è stato progettato;
2. il clima;
3. i regolamenti in vigore al momento della progettazione;
4. il budget a disposizione al momento della sua realizzazione;
5. le prima destinazione d'uso dell'edificio;
6. le preferenze soggettive della proprietà e del progettista;
7. le modifiche e adeguamenti in epoche successive.

Generalmente, gli edifici di recente costruzione, utilizzano sistemi di ventilazione meccanica per introdurre aria esterna negli ambienti, opportunamente riscaldata o rinfrescata per garantire il comfort termico e integrata con sistemi di umidificazione controllata. E' altrettanto vero però che non tutti i sistemi di trattamento dell'aria

---

[139] *Biasiotti A.- Biasiotti S., Tecnologia e gestione degli edifici, Roma 1995, p. 178*

possono svolgere queste funzioni: alcuni edifici si affidano solo alla ventilazione *naturale*, altri non dispongono di sistemi di raffreddamento controllato, e in molti casi, vi è poco o nessun controllo del livello di *umidità* relativa.

Qualora il tecnico incaricato delle verifiche, riscontrasse inadeguatezze di sistema o carenze di manutenzione, sono ora chiare le conseguenze e i danni che, il perdurare di una situazione del genere, potrebbe creare per voi e per il patrimonio umano della vostra Impresa.

Prescrizioni per nuovi impianti

Qualora vi trovaste nella condizione di dover operare una completa ristrutturazione dell'impianto esistente o dell'intero ambiente in cui vi trovate; oppure, ancora meglio: state per definire le specifiche impiantistiche per un ambiente di nuova costruzione, vi suggeriamo di esplorare soluzioni di tipo *sostenibile*. Come, ad esempio, quelle ad *irraggiamento*: sistema oggi alla base delle tecnologie di climatizzazione più evolute.

SISTEMI DI CLIMATIZZAZIONE AD IRRAGGIAMENTO

L'irraggiamento è, oggi, alla base delle tecnologie di climatizzazione più evolute: sia per piccoli spazi domestici, sia per uffici e grandi aree manifatturiere. E' un sistema di produzione di calore e raffrescamento di tipo *radiante* a basse temperature e ampia superficie di scambio.

Le superfici *emittenti* possono essere integrate strutturalmente nei controsoffitti, nei pavimenti o nelle pareti perimetrali, in modo tale da agire più naturalmente, direttamente e senza dispersioni sull'ambiente, (opportunamente combinati con sistemi di ventilazione e di controllo dell'umidità).

Possono generare numerosi *vantaggi* a parità di temperatura dell'aria, dal punto di vista sia del comfort ambientale sia della prevenzione di malattie, rispetto a quelli ad alta differenza di temperatura.

Ecco i principali a titolo esemplificativo:

1. la temperatura media radiante si avvicina maggiormente a quella dell'aria;
2. vi è maggiore uniformità termica spaziale e stabilità termica nel tempo;

3. unico sistema per riscaldamento invernale e raffrescamento estivo;
4. minor formazione di polveri totali sospese[140] e sviluppo di microrganismi;
5. assenza di fastidiose correnti d'aria nell'ambiente;
6. assenza di rumore.

La dotazione energetica di questi impianti, è inoltre *sostenibile* con impianti di tipo non convenzionale (pannelli solari, pompe di calore, celle a combustibile, ecc.) con risparmi energetici dell'ordine del 40%.

In caso di controsoffitti e rivestimenti parietali, le stesse pannellature possono anche integrare, nelle superfici a vista, pannelli ad alte proprietà fonoassorbenti utili ad ovviare le perturbative acustiche di cui ai capitoli precedenti, generando un comfort complessivo del sistema evidentemente molto superiore a sistemi di tipo convenzionale.

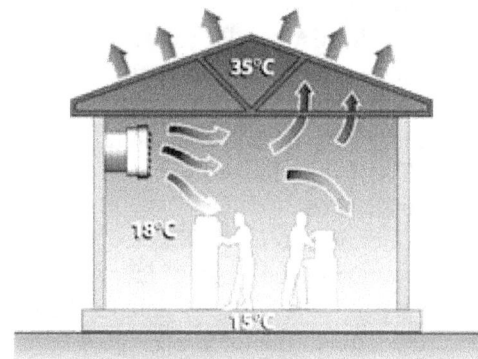
CONVEZIONE

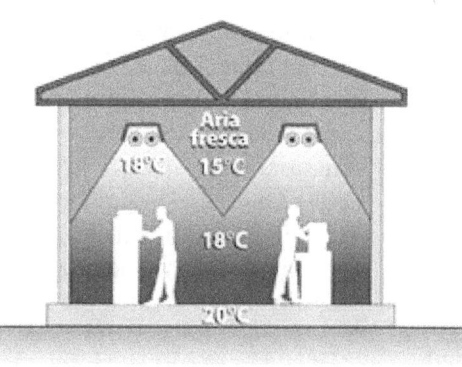
IRRAGGIAMENTO

[141]

---

[140] *Negli impianti a convezione la polvere e i microrganismi vengono continuamente tenuti sospesi in aria a causa della ventilazione tipica di tali impianti. Negli impianti ad irraggiamento non essendoci movimentazione d'aria non vi è sollevamento di polveri sottili nell'ambiente.*
[141] *Immagine adattata da: http://www.carlieuklima.com/irraggiamento_ita.php*

APPROFONDIMENTI LIVELLO – 5.2 - L'ARIA E IL CLIMA

Panorama normativo rilevante

- Convenzione Quadro delle Nazioni Unite sui cambiamenti climatici (dichiarazioni)
- Protocollo di Kyoto
  Convenzione sui cambiamenti climatici
- LEGGE del 5 marzo 1990, n. 46 (G.U. del 12-03-1990, n. 59)
  Norme per la sicurezza degli impianti. Testo aggiornato in base al contenuto dei seguenti provvedimenti legislativi:
  DPR 18 aprile 1994, n. 392;
  DPR 9 maggio 1994, n. 608;
  Legge 5 gennaio 1996, n. 25.
- Libro Verde 2000
  Scambio dei diritti di emissione dei gas ad effetto serra
- Accordo del 27 settembre 2001 - Accordo tra il Ministro della Salute, le Regioni e le Province Autonome sul documento concernente: "Linee guida per la tutela e la promozione della salute negli ambienti confinati"
- Disposizioni di attuazione per il monitoraggio e la comunicazione delle emissioni dei gas ad effetto serra (rif. 2003-87-CE), luglio 2005
- Convenzione di Stoccolma del 22 maggio 2001 (Gazz. Uff. 31-07-2006)
  Accordo internazionale sugli inquinanti organici persistenti (POPs)
- Linee guida su: microclima, aerazione e illuminazione nei posti di lavoro
  Coordinamento tecnico per la sicurezza nei luoghi di lavoro - 01 giugno 2006
- "Linee guida per la definizione di protocolli tecnici di manutenzione predittiva sugli impianti di climatizzazione. (GU n. 256 del 3-11-2006 - Suppl. Ordinario n. 207).
- Decreto Legislativo n. 51 del 7 marzo 2008 Modifiche ed integrazioni al decreto legislativo 4 aprile 2006, n. 216, recante attuazione delle direttive 2003/87/Ce e 2004/101/Ce in materia di scambio di quote di emissione dei gas a effetto serra nella Comunità, con riferimento ai meccanismi di progetto del protocollo di Kyoto.
- Decreto Legislativo n. 155 del 13 agosto 2010. Attuazione della direttiva 2008/50/CE relativa alla qualità dell'aria ambiente e per un'aria più pulita in Europa.

5.3 Cielo e Terra

"Un tempo gli indios abitavano non solo sulla terra, ma anche in cielo. Solo che il cielo non era in alto come oggi: allora cielo e terra erano così vicini che ogni indio era libero di spostarsi dall'uno all'altra senza alcun impedimento. Ma venne un tempo in cui gli indios che vivevano nella zona del cielo cominciarono ad ammalarsi di una tremenda malattia che si diffuse in modo micidiale, seminando la morte in tutta la regione. I pochi che riuscirono a sopravvivere, per salvarsi attraversarono il confine e si stabilirono sulla terra. Il cielo ormai senza indios diventò leggero leggero e, piano piano, cominciò a sollevarsi e a salire sempre più su, fino a raggiungere l'alto, dove ora lo vediamo..." [142]

Il mito degli *indios* che vivevano tra cielo e terra, ci aiuta a introdurre e proseguire su un tema, accennato in chiusura nel capitolo precedente: il tema della *armonizzazione* dell'uomo con il suo *ambiente naturale* e del suo legame ancestrale con questi principi. Non ci è dato conoscere la causa della malattia degli indios, ma l'abbandono del cielo a nostro avviso, equivale alla metaforica perdita di questo legame. E nel mito come nella realtà, la *perdita* della *sincronia naturale,* come una sorta di allontanamento (...*il cielo che diventò leggero e si sollevò...*) dagli equilibri primordiali della relazione cosmologica e, molto probabilmente, della vita sulla terra per come dovrebbe essere vissuta.

Abbiamo visto in chiusura del capitolo precedente quanto, il: *sistema ad irraggiamento*, sia il sistema più naturale per controllare la temperatura negli spazi confinati, perché *imitativo* del processo ciclico della successione giorno-notte. Durante il giorno il sole irradia la superficie terrestre riscaldandola e questa cede il calore ricevuto all'aria, che si trova a contatto con il suolo. Durante la notte la superficie terrestre esaurisce il calore accumulato durante il giorno, il suolo si raffredda, raffreddando così anche l'aria con cui è a contatto.

Questo flusso chiamato *irraggiamento*, consiste nel passaggio del calore dalla superficie più calda a quella più fredda senza che queste siano in contatto diretto. Dunque,

---

[142] *Alessandro Oppes, "La via degli indios", in La Repubblica delle Donne, Anno 4°n.148, aprile 1999, Roma, p. 24 - http://www.cinpsy.com/dallap.htm*

contrariamente a quanto comunemente si pensa, in natura non è il sole che scalda l'aria ma la temperatura dell'aria dipende dalla temperatura delle superfici con cui l'aria stessa viene a contatto.

PAVIMENTI

Pavimenti galleggianti

A differenza del rumore aereo, che viene assorbito dall'aria e si dissipa in ragione della distanza, il rumore impattivo (il rumore da calpestio, un oggetto che cade sul pavimento, la sedia che si sposta trascinandola) coinvolge nella sua vibrazione altri elementi, generando una sorta di *amplificazione* veicolata da strutture orizzontali (solai) o verticali (murature in genere) superando anche notevoli distanze. Nella necessità di ridurre le sollecitazioni meccaniche che insistono sulla struttura, si rende opportuno quindi realizzare pavimenti *galleggianti* usufruendo di uno schema fisico riconducibile, anche in questo caso, al sistema *massa-molla-massa*.

L'efficacia dei pavimenti galleggianti è fortemente correlata con le proprietà meccaniche dei materiali resilienti utilizzati, in particolare, con la loro *rigidità dinamica*. Lo strato elastico, perché sia efficace, deve essere posto in opera in modo accurato. Il piano di posa deve essere livellato e privo di rugosità che potrebbero creare di ponti acustici. Se il pavimento galleggiante viene montato a regola d'arte e rivestito di moquette con buone qualità fonoassorbenti, la riduzione del rumore di calpestio, come quella di eventuali ponti acustici passanti sotto le pareti, può arrivare anche a 30 dB.

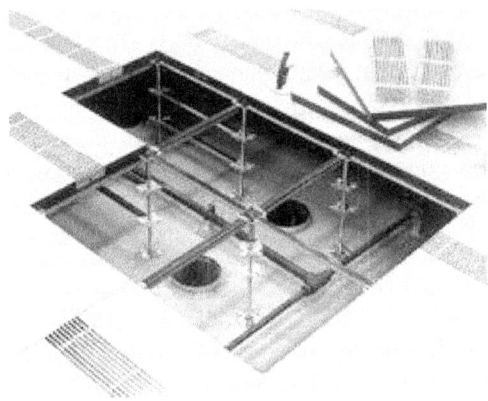

Moquette

Come abbiamo visto nei capitoli precedenti sui temi della *privacy acustica*, mentre sono rilevabili differenze minime di risultato tra moquette diverse di vario spessore, al contrario, in presenza di pavimenti duri (quindi riflettenti dal punto di vista sonoro) i valori di intelligibilità del parlato si incrementano rapidamente, portando la privacy del parlato al di sopra di valori considerati accettabili. Quindi il suggerimento è quello di utilizzare moquette, in uffici in pianta aperta, con caratteristiche di fonoassorbenza attorno ai valori di $SAA^{143} \geq 0,20$.

L'utilizzo generalizzato di moquette in alternativa a pavimenti *duri*, contribuisce inoltre, come già detto, a ridurre i valori di alcune altri fonti di rumore, anch'esse causa di caduta dell'attenzione quali: il calpestio e il movimento di sedie su ruote. Essa contribuisce per di più a ridurre al minimo la propagazione del suono attraverso le possibili fessurazioni nella parte inferiore degli schermi divisori nelle zone di contatto col pavimento, o passante sotto le scrivanie.

La moquette, inoltre, contrariamente a quello che si pensa, riduce alcuni dei principali problemi respiratori e allergici che sorgono spesso in luoghi confinati. Le fibre dei tappeti e della moquette, catturando le particelle e gli allergeni quando cadono a terra, impediscono loro la libera circolazione in aria.

Le fibre conduttive che li rendono antistatici, limitano inoltre l'elettricità statica. Occorre naturalmente provvedere ad una costante manutenzione tramite trattamenti di pulizia e lavaggio effettuati da personale specializzato.

La moquette crea inoltre le condizioni per un miglioramento dell'isolamento termico, trattenendo maggior calore rispetto ai pavimenti duri.

---

[143] *Sound Absorption Average: (SAA)costituita dalla media del coefficiente di 1/3 di banda di ottava di assorbimento. La media viene calcolato sui valori da 200 a 2.500 Hz e sostituisce l'indice NRC*

MOQUETTE ECO-COMPATIBILI

Nella scelta della moquette, oltre a design e colore, è fondamentale la valutazione di *sostenibilità* del prodotto. Occorre accertarsi che sia realizzata con materiali eco-sostenibili, composti da fibre riciclate di tappeti (minimo garantito del 70%), provenienti da scarti industriali e polimeri vergini. Prodotti di questo tipo certificano che, durante l'intero ciclo di vita (dall'estrazione, alla trasformazione e alla produzione, dall'installazione, alla manutenzione e allo smaltimento) viene garantito il minore impatto ambientale.

Questi prodotti devono assicurare, oltre a elevate qualità acustiche: alta qualità igienica e sicurezza in conformità agli standard normativi Europei (BS EN 1307:1997).

SOFFITTI

Requisiti acustici

Abbiamo visto nei capitoli precedenti, quanto siano importanti gli aspetti prestazionali del soffitto, ai fini del controllo della privacy del parlato bilaterale e della protezione da invasioni del campo uditivo. Questo sia in condizioni di open space che in uffici confinati.

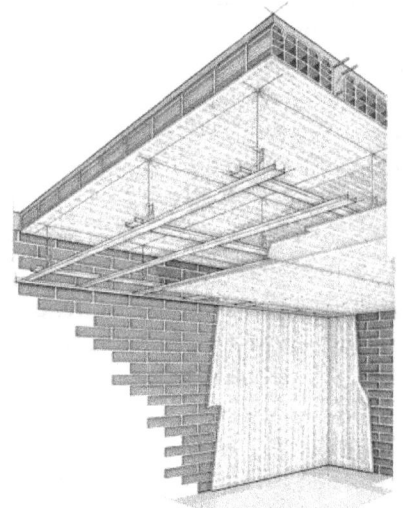

Come abbiamo visto, gli esperimenti hanno dimostrato quanto, riducendo anche di poco le proprietà fonoassorbenti del controsoffitto (rispetto ad uno con un valore di SAA pari a = 0.95), appaia significativo l'incremento del valore SII[144]: che si innalza progressivamente molto oltre i parametri identificati accettabili.

Al contrario, utilizzando controsoffitti con

---

[144] *Speech Intelligibility Index: (SII)*

maggiori proprietà fonoassorbenti, vi è un innalzamento della privacy del parlato utile, a volte, a compensare alcuni parametri magari bassi di altri componenti presenti nello spazio in analisi.

La sommatoria dei test e delle simulazioni fatte, ci indica che un controsoffitto con proprietà fonoassorbenti inferiori a valori di SAA = 0,90, non può garantire l'ottenimento di un valore ritenuto accettabile. Questo perché il controsoffitto appare essere il più importante componente *riflettente* dell'ambiente ufficio ed è fondamentale averlo con il più alto coefficiente di fonoassorbenza: ossia con valori di SAA ≥ 1 secondo la STM C 423, e in Classe "A" secondo le EN ISO 11654.

Altezze di posizionamento

I risultati evidenziati negli esperimenti citati, hanno mostrato che l'aumento dell'altezza ad oltre 3,5 m. ha avuto un effetto trascurabile sul calcolo del SII. Tuttavia, diminuendo l'altezza degli ambienti da 2,7 mt. a 2,4 mt., il livello di privacy del parlato sale al di sopra del livello di accettabilità. Il suggerimento che se ne ricava è quindi quello di evitare altezze particolarmente basse in uffici open space, e non scendere mai al disotto dei 2,7 m.

Sostenibilità delle materie prime

Nella scelta dei controsoffitti, occorre verificare se le materie prime utilizzate siano a *basso impatto ambientale* e integrabili nel ciclo ecologico.

Occorre quindi che le *materie prime* dei pannelli, siano classificate come *rinnovabili* e abbondanti in natura. Come ad esempio: lana minerale *biosolubile* (nel rispetto dei requisiti previsti per la categoria "*esente*" definiti dalla direttiva CE 97/69/EC del 1997), la perlite, l'amido naturale, la carta riciclata e l'argilla.

Occorre anche verificare che il fornitore dei pannelli, abbia in essere una procedura aziendale che consenta l'impiego di materie prime riciclate (almeno nella percentuale del 70%) quali: lana minerale di scorie, altre lane minerali riciclate, carta riciclata e pannelli per soffitto riciclati provenienti da scarti di processo oltre che da rientri di controsoffitti smantellati e rientrati in azienda.

CONCLUSIONI SUL LIVELLO DEL PAESAGGIO

Secondo *Christian Norberg-Schulz*: '*...l'individuo non percepisce un universo comune a tutti, come sostengono i realisti ingenui, ma mondi diversi che derivano da motivazioni personali e da esperienze precedenti...*'[145].

Ma è anche vero che: '*...il paesaggio naturale e culturale rimane indefinito fino a che la coscienza non lo trasforma in parole, immagini, racconti e rappresentazioni. Rappresentazioni che non solo danno visibilità al paesaggio, ma significato e senso all'esperienza della vita nel tempo e nello spazio. <Il termine 'rappresentazione' indica due diversi concetti: una organizzazione interna che raccoglie e integra le immagini mentali e le disposizioni relazionali di sé e degli altri, e dall'altra i contenuti e le caratteristiche cognitivo-affettive di queste immagini che si collocano all'interno dell'esperienza personale >(M. Ammaniti, D.N. Stem, 1991) [...] La psicologia sociale, i paradigmi propri della teoria delle rappresentazioni sociali e le teorie connesse all'identità sociale, sono oggetto euristico per lo studio dei legami tra psicologia e paesaggio. In particolare lo studio dei luoghi, places, e le rappresentazioni dell'ambiente convergono con le varie teorie del Sé...*'[146].

A conclusione del capitolo sul paesaggio, non potevamo esimerci dal considerare la dimensione più *effimera*, opinabile e indefinibile, ma quanto mai *determinante* in quanto fondamentale tramite tra cuore e mente dell'uomo. Ossia quella della "*bellezza*" e delle sue connotazioni profonde con il paesaggio naturale e culturale. Luogo dove essa '*può rivelarsi e coinvolgere il cuore e la mente dell'uomo*' [147].

Quindi, al di là delle considerazioni tecniche su prodotti e materiali, necessarie a soddisfare la qualità fisica di un ambiente, occorre concentrare i propri sforzi anche verso una qualificazione *estetica* del paesaggio, tendendo a ripristinare un legame perduto con la dimensione "*naturale*", più vicina alle necessità umane di tipo spazio-esistenziale, in quanto (come abbiamo già detto) testimone della memoria ancestrale del mondo che ci circonda.

Sulla necessità di rinsaldare il legame tra esistenza e bellezza, ci piace concludere questo capitolo, con le considerazione di *James Hillman* a riguardo: '*...di tutti i peccati della*

---

[145] Norberg-Schulz C., Esistenza Spazio e Architettura, trad. it. Roma, 1975 (ed. orig. Existence, Space and Architecture, Oslo 1971), p. 11

[146] Cit. da C. G. Barbisio, introduzione, Laura Lettini e Daniela Maffei, Place Identity Self Identity, Torino, 1999

[147] http://www.psicologidelpaesaggio.org/lapsicologia.htm

psicologia, il più mortale è la sua indifferenza per la bellezza. Una vita, in fondo, è una cosa bella. Ma leggendo i libri di psicologia, non lo si immaginerebbe mai [...] La bellezza arresta il moto, dice Tommaso D'Acquino nella Summa Theologiae. La bellezza in sé è una cura per la psiche [...] Il simile cura il simile: una teoria sulla vita deve fondarsi sulla bellezza, se vuole spiegare la bellezza che la vita cerca. I romantici avevano colto questa verità fondamentale. I gesti concitati con i quali si protendevano verso glorie nebulose, miravano a riportare in questo mondo forme dell'invisibile che essi sapevano indispensabili per immaginare che cosa è una vita. Uno degli ultimi romantici, il poeta americano Wallace Stevens, sa rendere trasparenti questi pensieri nebulosi:

> *...prima di tutto vennero le nuvole.*
> *C'era un cuore di fango prima del respiro.*
> *C'era un mito prima dell'inizio del mito,*
> *venerabile, articolato e perfetto* [148].

---

[148] Hillman James, Il Codice dell'anima, Milano 1997, (ed. orig. The Soul's Code) pp. 56-60

> *"Non sappiamo niente dell'uomo, molto poco. La sua psiche dovrebbe essere studiata perché siamo l'origine di tutti i mali che esistono."*
>
> Carl Gustav Jung

ESISTENZA E SOCIETÀ DELLA CONOSCENZA

Come anticipato in premessa, gli anni novanta hanno rappresentato, per il mondo intero, gli anni della grande transizione sociale verso la *"Società della Conoscenza"* (*Knowledge Society*) causati dalla nascita e dalla rapidissima diffusione di *Internet*.

La straordinaria influenza del *World Wide Web* (definita recentemente da *Al Gore*[149], come una: *"tecnologia democratizzante"*), sulla società, è stata ed è tuttora, di carattere epocale. Da allora la società è diventata *globale*: si parla di politica della *"seconda modernità"* slegata dalla cultura statalista della *"prima"* modernità, orientata verso orizzonti transnazionali veicolati dai media e dall'informazione digitale.

La caratteristica emergente della società della *conoscenza globale*, è l'incredibile velocità con cui si è evoluta e si evolve tuttora.

I riflessi nel mondo del lavoro sono prevalentemente sulle persone, che sentono costantemente la necessità di rivedere le proprie competenze per adattarsi a questo mutamento incalzante. I problemi della disoccupazione e della crescente disparità tra le classi sociali sono in buona parte riconducibili all'incapacità far fronte alle esigenze di *auto-rieducazione*, verso i più impegnativi impieghi di tipo intellettuale che essa reclama. Anche i gruppi più avanzati intellettualmente, come: ricercatori, educatori, dirigenti e tecnici, spesso si sentono sopraffatti dalla velocità dei cambiamenti imposti nel loro dominio lavorativo.

Il futurologo *Alvin Toffler*[150], studiando l'accelerazione dei cambiamenti e dei suoi effetti sulla psiche, ha intravisto una serie di possibili disturbi fisici e mentali, da lui denominati: *Future Shock Syndrome*, in grado di generare stati di impotenza e di inadeguatezza, riconoscibili quali cause di alcuni dei modelli attuali di degenerazione (o

---

[149] *Durante la trasmissione televisiva: Anno Zero, Rete 2, giov. 19 Maggio 2011*
[150] *Alvin Toffler (New York, 3 ottobre 1928) è uno scrittore statunitense e "futurologo" (come egli stesso si definisce), che da anni studia i mezzi di comunicazione e il loro impatto sulla compagine sociale e il mondo della cultura. Tra i suoi studi più significativi Powershift del 1991 e The third wave del 1980.*

decadenza) sociale quali: ansia, insicurezza, aggressività, sindrome di *Burnout*[151], depressione, alcoolismo e tossicodipendenza.

L'accelerazione del cambiamento è legata inevitabilmente all'aumento delle informazioni necessarie per sostenerlo. Da ciò ne conseguono problemi psicologici, fisici e sociali causati dall'ansia di doversi adattare continuamente, a una situazione in continua evoluzione. Un sondaggio sul tema, a livello mondiale, ha rivelato che due terzi dei *managers* soffre di aumento dello stress e un terzo ha problemi di salute a causa del sovraccarico cognitivo, cui si aggiungono: ansia, scarsa capacità decisionale, difficoltà di memorizzazione e ridotta capacità attentiva.

Parte del problema sembra essere causato dal progresso tecnologico, che rendendo le informazioni più accessibili, ne ha al contempo generato una sovrabbondanza, ma di bassa qualità; i cosiddetti *data smog*, che rendono sempre più difficile discernere '*la foresta attraverso gli alberi*'.

Quello che sembra trapelare, dal punto di vista esistenziale, è che la nostra mente, la nostra fisiologia e le strutture sociali, non sembrano adatti a far fronte a una tale velocità di cambiamento e sovraccarico di informazioni. Temi, tra l'altro, abbastanza *astratti* da cui doversi difendere nella vita comune, tali per cui, poche persone hanno *veramente* capito che, spesso, contribuiscono *loro stesse* a generare l'ansia che provano.

La stragrande maggioranza degli individui, per spiegare le cause della loro insoddisfazione, le ricerca in quelle più facilmente riconoscibili, come la disoccupazione, l'inquinamento, la criminalità, la corruzione o l'immigrazione. Fenomeni che, diventati molto più visibili a causa della attenzione che ricevono dai media, assumono il ruolo di veri e propri capri espiatori[152].

---

[151] *La sindrome da Burnout (o più semplicemente Burnout) è l'esito patologico di un processo causato da stress che colpisce le persone che esercitano professioni d'aiuto, qualora queste non rispondano in maniera adeguata ai carichi eccessivi di stress che il loro lavoro li porta ad assumere. Maslach e Leiter (2000) hanno perfezionato le componenti della sindrome attraverso tre dimensioni: deterioramento dell'impegno nei confronti del lavoro, deterioramento delle emozioni originariamente associati al lavoro ed un problema di adattamento tra persona ed il lavoro, a causa delle eccessive richieste di quest'ultimo. In tal senso il Burnout diventa una sindrome da stress non più esclusiva delle professioni d'aiuto ma probabile in qualsiasi organizzazione di lavoro. Fonte: Wikipedia*
[152] *Riferimenti raccolti da: http://pespmc1.vub.ac.be/CHINNEG.html*

L'ILLUSIONE DEL MULTITASKING

Edward M.Hallowell, medico, esperto di disturbi da deficit dell'attenzione, (ADD) paragona il mito moderno del *multitasking*, come a una partita a tennis giocata con due, tre, quattro palle invece di una. Se la partita è importante, il risultato, a livello di qualità di gioco, non può essere certamente paragonato al gioco con *una* palla sola. Inevitabilmente, qualcosa (poco o tanto) si perde. '*...ogni volta che introducete un nuovo oggetto di attenzione, in quello che state facendo, voi diluite l'attenzione su tutti gli altri oggetti...*'[153]. Egli continua, dicendo che è fatale che la vita moderna induca a operare contemporaneamente su diverse attività, ma che sarebbe sbagliato considerare questo modello altrettanto efficiente a quello di focalizzarsi a ognuna di esse singolarmente. Inoltre, l'adrenalina che si genera durante lo sforzo del *multitasking* è alta e genera nel breve periodo, una sorta di eccitazione che non può essere sostenuta a lungo dal nostro fisico.

Nel quotidiano, l'area "*attentiva*" di ognuno di noi si contrae perché oggi esistono molti più oggetti catalizzatori dell'attenzione che defocalizzano la concentrazione, rispetto a quelli che siamo in grado di respingere. Costringendo il nostro cervello ad eseguire continui *reset* verso gli innumerevoli eventi a cui ci siamo auto-esposti, senza soluzione di continuità.

Hallowell continua dicendo che: '*...siamo così impegnati che rischiamo di non trarre alcun vantaggio dalle tante e inaspettate opportunità che ci arrivano. Quando ci pervengono attraverso la nostra nuova tecnologia [ndr: smartphones, tablets, notebooks ecc.], siamo come dei ragazzi che hanno appena preso la patente e che vogliono guidare costantemente, anche se non hanno una destinazione in mente...*', solo per il gusto di farlo. E inoltre, riferito agli stessi strumenti: '*...la nostra attuale abilità di portare il nostro ufficio e tutti i nostri contatti con noi dovunque noi andiamo, trasforma "dovunque noi andiamo" in un luogo dove siamo sempre [...] Dove ci fermiamo a pensare? Quando possiamo indugiare su un pensiero?[...] cosa c'è, in questi migliaia di messaggi, di così importante? Perché non possono aspettare? [...] Perché permettiamo a noi stessi di diventare "crazybusy" prendendo l'ultima informazione, la più recente news flash, l'ultima quotazione di borsa, la più recente e-mail, invece mettere i piedi per aria e leggere un buon libro, fare una lunga riflessione, gioire di un*

---

[153] Hallowell E.M., *Crazy Busy- Strategy for handling your fast-paced life*, New York, 2006, p.20

lungo bacio o guardare fuori dalla finestra per un minuto o due? Certamente molti messaggi possono aspettare…'[154].

Hallowell elenca quali possono essere secondo lui, le possibili cause di questo *impegno permanente*, rispondendo alla domanda: *"Perché siamo tutti così impegnati?"* Riportiamo di seguito alcune delle risposte proposte dallo stesso *Hallowell*:

'Continuiamo a essere così impegnati perché[155]:

- *Possiamo esserlo. Potete immaginare la noia che c'era prima di avere i telefoni cellulari e le e-mail?*
- *Vogliamo esserlo. Nessuna quiete è paragonabile all'eccitazione di verificare le e-mail ogni dieci minuti o il prezzo delle azioni di borsa sessantacinque volte al giorno.*
- *Dobbiamo esserlo. Il lupo è alla porta. Si chiama Cina. E il lupo successivo si chiama India. Il terzo in coda è il tizio giù in strada.*
- *Noi immaginiamo di doverlo essere. Tutte le persone sveglie dicono che la vita di questi giorni è veramente insicura così è meglio restare occupati per essere pronti per i tempi brutti a venire.*
- *Essere occupati è divertente. La velocità è la moderna e naturale tendenza odierna (non intesa come droga, ma come sensazione che si prova ad andare veloci).*
- *Siamo super impegnati. Conoscete qualcuno che non lo sia?*
- *Essere impegnati è uno status symbol. E' così strano?*
- *Possiamo evitare tutto ciò che è difficile e che non vogliamo fare. Come inseguire quel sogno nel cassetto o aiutare nostro figlio nel compito di fisica.*
- *Non dobbiamo sentirci in colpa se non facciamo niente. E ancora riusciamo a sentirci in colpa!*
- *Tutti gli altri sono impegnati. Pertanto, essere impegnati deve essere la cosa migliore da fare. Le scimmie guardano, le scimmie fanno. Benvenuti nel nostro zoo.*
- *Avete una scusa per non andare a una festa a cui non volete andare; a visitare persone che non volete visitare; partecipare a boards o comitati cui non volete partecipare…*
- *Non ti annoi quando sei impegnato. L'attore George Sanders lasciò uno scritto dove indicò, come causa del suo suicidio, che lasciava il mondo perché era annoiato. Io credo che sia possibile essere allo stesso tempo impegnati e annoiati.*
- *Non devi pensare troppo. Che sollievo!*
- *Essere impegnati è meglio che non sapere cosa c'è da fare.*
- *Non sai come <u>non</u> essere impegnato.*

---

[154] Ibidem, pp.88-89
[155] Ibidem, pp.89-91

Esiste, peraltro, un po' di confusione nella definizione del termine *multitasking* riferito alle attività umane anziché informatiche. *Dave Crenshaw* ne chiarifica il significato asserendo che il termine è erroneamente e impropriamente utilizzato per classificare *"compiti multipli svolti contemporaneamente"* dalle persone, per i limiti stessi della mente umana. Il termine giusto da usare potrebbe essere *"switchtasking"*[156] (*commutazione di compito*) che è quello che facciamo normalmente quando decidiamo di lasciarci interrompere da una lunga serie di *distrazioni auto-inflitte*. L'attribuzione errata della funzione del *multitasking*[157], nell'accezione sociale corrente, potrebbe essere secondo *Crenshaw* più facilmente assimilabile, alla definizione nota come *background tasking*, e può accadere, ad esempio, quando uno solo tra due compiti, richiede un particolare sforzo mentale. Come: guardare la TV, mangiare, ascoltare musica o fare jogging, ecc. e *contemporaneamente* conversare.

Creanshaw, nel suo libro, procede con una serie di esempi pratici. Evidenziando i costi (*microswitching costs*) misurati in *tempo-persona* e gli errori, causati dai tempi di caduta e di ripresa dell'attenzione tra una attività e l'altra, oggetto dello *switch-tasking*. Costi, che si moltiplicano esponenzialmente, quando in essi coinvolgiamo terze persone (collaboratori o terzi) quali spettatori. Un tipico esempio è quando riceviamo telefonate o siamo interrotti (o decidiamo di rispondere ad una urgentissima mali) *durante* la conversazione con un collaboratore.

Oltre a valutare il costo di *switch* del vostro tempo, occorre sommare anche il suo (che aspetta che voi finiate). Per non parlare dei costi occulti derivanti dal danneggiamento delle relazioni con i vostri collaboratori. Presenziare in uno stato di *attesa* a una telefonata o ad altri disturbi da parte di terzi, comporta, per chi li subisce, mancanza di rispetto generando frustrazione e senso di poca attenzione sia per la persona (dal punto di vista umano) sia per il ruolo che egli occupa nella società: qualsiasi esso sia.

Cambiamenti importanti nella gestione dello *"switch-style"* da parte vostra, potrebbero avere riflessi sostanziali nell'intera filiera di business. A partire dai vostri collaboratori fino ai vostri clienti: generando anche importanti riflessi sulla sfera sociale e privata.

---

[156] *Crenshaw Dave, The Mith of multitasking, how "doing it all" gets nothing done, San Francisco, 2008, p. 31*

[157] *Nel multitasking solo la CPU è coinvolta e cambia compito da un programma all'altro, talmente velocemente che genera l'apparenza di eseguire i programmi allo stesso tempo. - Internet.com Webopedia*

L'ANSIA DA ADATTAMENTO

I riflessi negativi della *Knowledge Society* sulle persone, abbiamo visto essere *l'ansia di adattamento* a situazioni in continua evoluzione, e problemi di *disorientamento* causati del *sovraccarico cognitivo,* generato dalla ridondanza delle informazioni non strutturate di bassa qualità (*data smog*).

Questo genera un eccesso di produttività *non orientata* e *defocalizzante*, che non lascia il tempo a valutazioni qualitative sull'organizzazione del lavoro e dello spazio esistenziale.

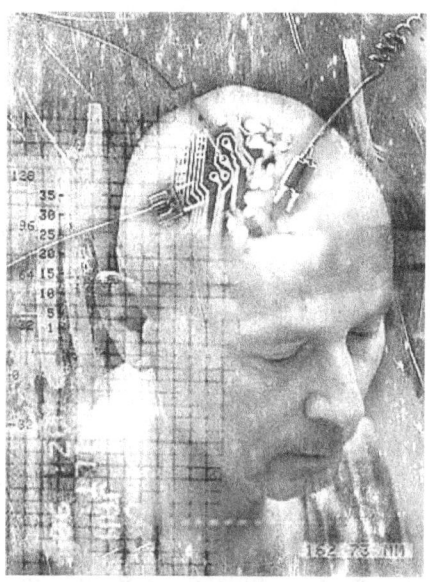

Gli esperti americani infatti, se sono difficilmente in accordo nell'identificare i parametri di produttività dei cosiddetti *colletti bianchi* della società della II modernità, sono generalmente concordi nell'affermare che, una grande parte del *tempo-lavoro* in ufficio, viene sprecato in distrazioni di vario genere.

Una società californiana di ricerca[158] che conduce indagini periodiche sul tema relativo a "*come gli impiegati trascorrono le loro giornate*", in un suo recente sondaggio, ha rilevato che gli impiegati dedicherebbero c.a. 27,3 ore alla settimana, in compiti giudicati *non essenziali*, comprese le riunioni: da loro stessi considerate *inefficienti*.

Dave Crenshaw, teorizza che il 28% del tempo di un impiegato è speso in interruzioni di attività e recupero di concentrazione (il menzionato *switchtasking*) che consiste nel passare sul web da sito a sito, da una e-mail all'altra e da una conversazione all'altra, oppure incrociare queste attività. Alla fine della giornata se si domanda loro "*cosa hanno fatto*", difficilmente potranno pensare immediatamente a qualcosa di specifico, diciamo ad alto valore aggiunto. Molto più probabilmente avranno avuto la sensazione di essere stati tutto il giorno costantemente occupati, ma di non aver realizzato *nulla* di oggettivamente concreto.

Qualcuno ha teorizzato che il solo interrompere la funzionalità di *notifica* della posta elettronica, riservandosi di guardarla solo a intervalli cadenzati e volontari, diminuirebbe lo stress facendo guadagnare *almeno* un'ora alla settimana in produttività.

---

[158] PEP Productivity Solutions, Inc.

Ellen Wulfhorst il 31/01/2007, pubblicò sul *National Post*, questo interessante articolo sullo stesso tema, che riproponiamo integralmente[159]:

DAL NATIONAL POST, ELLEN WULFHORST

'NEW YORK - **Le probabilità che voi riusciate a finire di leggere questo articolo senza essere interrotti o distratti sono scarse.**

Una ricerca stima che gli impiegati americani subiscono interruzioni sul lavoro, fino a 11 volte all'ora, e queste interruzioni costano ai loro datori di lavoro, almeno 588 miliardi di US $ ogni anno.

Gli esperti dicono che il controllo della posta elettronica, navigare in Internet e chattare con il computer sono inclusi nella equazione e i lavoratori si interrompono da soli, quasi quanto vengono interrotti da altri.

"Con le attivazioni dell'instant messaging sul desktop e gli avvisi di notifica di e-mail, avete praticamente settato un disturbo automatico per voi stessi", ha detto John Putzier, fondatore di Step Fir Inc., business strategist in Prospect, Pa.

Un tipico manager viene interrotto di media sei volte all'ora, e uno studio recente ha dimostrato, che un impiegato medio operante in una postazione di lavoro in pianta aperta (cubicle worker) è interrotto più di 70 volte al giorno.

Altre ricerche hanno riscontrato che gli impiegati vengono interrotti ogni 11 minuti, mentre un altro studio ha riscontrato che quasi la metà delle interruzioni di lavoro sono auto-imposte.

Uno studio condotto da BaseX ha stabilito che le distrazioni in ufficio occupano in media 2,1 ore al giorno - 28% - con i lavoratori che impiegano una media di cinque minuti per riprendersi da ogni interruzione, e tornare ai loro compiti originali. Ancora un altro studio ha effettuato test su due gruppi di lavoratori, riscontrando che il gruppo che subiva interruzioni da e-mail e telefonate, aveva un punteggio più basso nel test di intelligenza, rispetto a un gruppo che aveva fumato marijuana.

I lavoratori vivono in uno stato di "attenzione parziale continua", ha detto Linda Stone, una scrittrice di Seattle, docente di attenzione e tendenze.

La motivazione riscontrata sovente da Linda è: "io non voglio perdere nulla perché il collegamento mi fa sentire importante [...] C'è il mio BlackBerry... C'è il mio

---

[159] http://www.basex.com/press.nsf/InFrames/98E890C7ABD17CB285257280000E0708?OpenDocument

cellulare... Che ora è in Europa in questo momento? Quante telefonate ho ricevuto?' "E' una sensazione di stimolo e di busy-ness[160]*".*

Molta gente sarebbe persa senza la batteria dei loro telefoni "multi-tasking", palmari e dispositivi di messaggistica istantanea dei loro computer, sostiene Mr. Putzier.

"In alcuni casi, molta gente sarebbe già andata in pensione se non fosse costantemente interrotta [...] Per alcune persone, le interruzioni non sono interruzioni al loro lavoro: "sono" il loro lavoro".

Il fuoco di fila di interruzioni e distrazioni è al suo culmine nel periodo appena prima della fine dell'anno, dicono gli esperti.

"Abbiamo più cose che attiriamo a noi", ha detto Jonathan Spira, amministratore delegato di BaseX, una società di consulenza aziendale che ha analizzato il costo delle interruzioni. "Dallo shopping online dal posto di lavoro, alla pianificazione delle feste per le vacanze, i lavoratori sono bombardati da distrazioni" sostiene Mr. Spira. "Le distrazioni per le vacanze sono la causa di molte interruzioni. It's certainly a recipe for even less work getting done, no question about it".

I lavoratori sembrano inclini a non essere in grado di resistere alla tentazione di ciò che Lee Rainie, direttore della sede di Washington del Pew Internet & American Life Project, descrive come "scrutare l'orizzonte per qualsiasi nuova possibilità."

"Perché non basta spegnere la tua e-mail? Perché non spegnere il telefono o chiudere la porta? "La risposta è <perché non potrò mai dire dove un messaggio più importante volerà>", ha detto Rainie.

Mr. Putzier addossa la colpa sulle spalle dei giovani lavoratori appartenenti alle Generazioni X e Y. "Essi sono coloro che ne abusano. Se necessitano di qualcosa o vogliono qualcosa, non alzano il telefono per chiedere un appuntamento. They just barge in, and it's all about them".

BaseX ha calcolato che il costo delle interruzioni, in ore di lavoro perse per le imprese degli Stati Uniti, è 588 miliardi di dollari l'anno.

"E' molto tempo e produttività sprecati," ha dichiarato Sherman Bary, responsabile dell'Istituto per la Business Technology-USA a San Diego, California, che ha sviluppato un White Collar Productivity Index.

---

[160] *"Busy-ness" indica la qualità o la definizione di essere occupato, operoso, impegnato, caratterizzata da molta azione e movimento.*

Mr. Rainie ha definito il ritmo delle interruzioni come "un'arma a doppio taglio (a double-edged proposition)"

"Alla gente piace la comodità e le possibilità che questa tecnologia offre loro quando vogliono usarlo", ha detto. "Ma non piace l'intrusione che crea per loro quando altre persone vogliono esercitare gli stessi diritti".

"Il trend "costantemente collegato (constantly connected)" sta iniziando a gettare i semi della propria distruzione" ha dichiarato Mr. Stone; "Siamo sovrastimolati, sopraffatti e insoddisfatti.'

IL SOVRACCARICO COGNITIVO

Il sovraccarico cognitivo, meglio conosciuto come *Information Overload* (ing), si verifica quando si riceve un eccesso di informazioni tale, da renderci incapaci di sceglierne una sulla quale focalizzarsi.

Lo sviluppo della tecnologia digitale ha contribuito alla diffusione e alla riconoscibilità di questo fenomeno. La grande quantità di informazioni che si ottengono dal *web*, può inibire la capacità di scremarle fino al punto di renderci incapaci di operare una valutazione, nella situazione del paradosso dell'*asino di Buridano*[161]. Nel caso della Internet dipendenza, vi sono soggetti che passando in continuazione da un sito web all'altro, non riescono a soffermarsi e ricordare le informazioni recepite: perché tutto viene percepito, in termini cognitivi, come *rumore* informativo.

Combattere l'*asfissia dei dati* è difficile, ma possibile, almeno secondo quanto sostenuto da *William Van Winkle*[162], uno scrittore americano specializzato in temi riguardanti gli impatti sociali della tecnologia digitale, di cui riportiamo un estratto del suo articolo sul tema (appunto) dell'"*Information Overload*".

INFORMATION OVERLOAD DI WILLIAM VAN WINKLE

'I dati sono come il cibo. Un buon pasto viene servito in porzioni di dimensioni ragionevoli da diversi gruppi di alimenti. E ti lascia soddisfatto e non eccessivamente sazio [...] Purtroppo, [con le informazioni] *spesso facciamo il contrario, ingeriamo informazioni costantemente fino al limite del soffocamento. [...] Il più ovvio locus di inondazione di informazioni è l'ufficio: e-mail, voice mail, telefonate, incontri, riviste economiche, fax, appunti, manuali, ricerche web. L'elenco potrebbe continuare. Lungi dal realizzare l'agognato "ufficio senza carta" e ridotto carico di lavoro: le innovazioni tecnologiche hanno incrementato entrambe le aree.*

David Shenk, nel suo libro Data Smog, riferisce che tra il 1980 e il 1990, il consumo di carta negli Stati Uniti è triplicato a 1.800 libbre a persona. Il sessanta per cento del tempo medio di chi lavora in ufficio, è speso in elaborazione di documenti cartacei. Inoltre, "il business manager tipico si dice leggere un milione di parole alla settimana." Cioè l'equivalente di 1,5 romanzi al giorno.

---

[161] *L'asino di Buridano (o Paradosso dell'asino) è un paradosso erroneamente attribuito a Giovanni Buridano: "Un asino, affamato e assetato, è accovacciato esattamente tra due mucchi di fieno con vicino a ognuno un secchio d'acqua, ma non c'è niente che lo determini ad andare da una parte piuttosto che dall'altra. Perciò, resta fermo e muore".*
[162] http://www.gdrc.org/icts/i-overload/infoload.html

Diminuire l'efficienza

La tecnologia dell'informazione, infatti, riduce spesso l'efficienza sul lavoro. Scientific American ("Taking Computers to Task," July 1997) ha sottolineato che, nonostante i mille miliardi dollari spesi ogni anno in tutto il mondo, "la crescita della produttività misurata in sette nazioni più ricche è scesa precipitosamente negli ultimi 30 anni [...] La maggior parte della crescita economica può essere spiegata dalla maggiore occupazione, il commercio e la capacità produttiva. Il contributo dei Computers, al contrario, quasi scompare tra il rumore di fondo". [...] La colpa, tuttavia, è attribuibile al mezzo e alla mancanza di formazione su come utilizzarlo in modo efficace. Quando i dipendenti utilizzano la posta elettronica per comunicare con qualcuno a 50 piedi di distanza, c'è un problema.

Il salvataggio delle offerte dei clienti nella directory dei "documenti" è come chiedere al documento di perdersi tra centinaia di altri file. Software di gestione dell'inventario inefficienti, generano frustrazione quando un semplice elenco su carta potrebbe risolvere il problema.

Al di fuori dell'ufficio

Il problema continua anche fuori dall'ufficio. Un'edizione domenicale del New York Times contiene più informazioni di quante un cittadino medio del XIX secolo riusciva ad accedere in tutta la sua vita. Cartelloni pubblicitari soffocano le nostre strade e gli edifici. In alcune città, la pubblicità è arrivata a invadere le fiancate dei veicoli della polizia (Immaginate uno slogan pubblicitario su una pattuglia della polizia recitare: "correte verso il confine."). Tv via cavo e satellite offrono decine di canali TV, carichi di sciocchezze senza senso.

La linea delle casse al supermercato porge una serie di riviste "educative" per il lettore su questioni di ampio respiro come: "10 modi per raggiungere il Big O^{163}" e nuove foto di un arca biblica scoperta su Marte. Noi accettiamo tutte queste informazioni con un sorriso stanco, a volte anche incuriosito.

Affaticamento da informazioni

David Lewis della "Stress Management Association" ha originato la frase "sindrome da stanchezza di informazioni". La raffica di dati a cui siamo continuamente esposti comporta un costo, sia fisico che mentale. In molti modi, è una dipendenza in buona fede. Posso vivere senza il web per una settimana, ma comincio a essere in ansia dopo un solo giorno senza aver controllato la mia e-mail. [...] Questo è il nostro tempo di rilassamento? La mia memoria a breve e poca capacità di attenzione sono noti a tutti

---

[163] *Grande Orgasmo*

quelli che mi conoscono. Mi sento stanco di continuo, nonostante un regolare esercizio fisico, ma continuo a pensare di caricare le informazioni della giornata, fino alla perdita di coscienza.

David Shenk ha pubblicato studi psicologici che abbracciano 30 anni di ricerca ed elenca alcuni dei sintomi che accompagnano il "sovraccarico di informazioni":

- *aumento dello stress cardiovascolare, a causa di un aumento della pressione sanguigna;*
- *visione indebolita, indica uno studio giapponese che prevede una quasi universale miopia nel prossimo futuro;*
- *confusione (vedi sotto) e frustrazione;*
- *della capacità di giudizio sulla base di overconfidence (eccesso di confidenza);*
- *diminuzione della benevolenza verso gli altri a causa di un eccesso di input ambientali (che può benissimo essere attribuita, per una parte, dalla abituale "scortesia" comunemente attribuita agli abitanti delle grandi città).*

C'è un pezzo di saggezza comune che sostiene che qualunque dato di fatto può essere rigirato per adattarsi alle proprie esigenze. Ne è testimone il dilemma della nutrizione. Sulla base dei reports di questa settimana: il latte è buono o cattivo per noi? La risposta, ovviamente, dipende dal report che si legge. Ci sono talmente tante notizie contrastanti che emergono costantemente che non ci è concesso sapere a cosa credere: una condizione a volte indicata come "paralisi da analisi".

Questo fenomeno può spiegare in parte la causa del declino della salute in America. Angelo A. Alonzo, docente di sociologia medica alla Ohio State University, ha riferito a USA Today Magazine (ottobre 1994), quanto segue: "Gli educatori sanitari devono affrontare uno aumento significativo della desensibilizzazione nella popolazione; ampi segmenti sono immobilizzati dalla paura, dall'indecisione e dalla confusione". Quando non c'è un metodo chiaro per migliorare i nostri stili di vita, molti adottano il modello più spesso raccomandato dai nostri mezzi di comunicazione di massa: fast food, consumismo materiale e apatia. [...]

A livello sociale, il pericolo del sovraccarico di informazioni è enorme. I sentimenti di impotenza, confusione e rabbia generati, vedono erodere l'efficienza del lavoro, il funzionamento della famiglia, e molto probabilmente aumentare i tassi di criminalità. [...]

Se la coscienza di un individuo è costituita dalle informazioni e dagli gli stimoli che generano esperienza, l'influenza della saturazione dei dati sul nostro pensiero è innegabile. Acquista il nostro cibo, dice l'Ad di McDonald's, perché "non è colpa tua se hai dovuto alzarti questa mattina." Accettando ciò, un individuo media-programmabile (media-programmed) abbandona la responsabilità delle sue azioni indipendenti ed è molto più sensibile alla suggestione'.

"Fare due cose alla volta equivale a non fare niente".

Pubilio Siro (I secolo a.C.), scrittore latino

PREVENZIONE DA INQUINAMENTO COGNITIVO E DISTRAZIONI AUTO INFLITTE

LE DISTRAZIONI AUTO INFLITTE

Lo scenario che emerge da questi articoli, è che la difesa del proprio spazio esistenziale dall'inquinamento digitale della *Società della Conoscenza*, è in realtà una battaglia contro noi stessi, in quanto si tratta prevalentemente di distrazioni auto-inflitte. Questo dovuto in buona parte, come abbiamo visto, al mal definito concetto di *"multitasking"*; che altro non è, come dice *Dave Crenshaw* che *"una menzogna"* [164].

William Van Winkle, nel prosieguo del suo articolo di cui riportiamo altri estratti, assieme a *Dave Crenshaw*, appena citato e *E.M.Hallowell*, suggeriscono diverse strategie (con diversi punti in comune tra loro), per combattere le distrazioni auto-inflitte da overdose di *switch-tasking,* e dall'inquinamento cognitivo. Il nostro compito sarà quello di cercare di fonderle raccogliendo i migliori suggerimenti di tutte.

Cosa fare?

Cosa si deve fare? *Van Winkle* suggerisce che, per esercitare maggiore controllo nelle diverse *aree* del nostro tempo, occorre prima di tutto interiorizzare questa massima: *"diminuire la quantità, aumentare la qualità"*.

---

[164] *"Multitasking is worse than a lie": Dave Crenshaw, The Mith of multitasking, how "doing it all" gets nothing done, San Francisco, 2008, pp. 9, 11*

Crenshaw individua una strada simile, che passa prima attraverso la distruzione del mito del *multitasking* riconoscendone la *menzogna* di fondo; l'inefficienza e i costi occulti, per poi operare una nuova ottimizzazione dei propri *task* quotidiani.

Tasks basati su:

- orari programmati, dedicati al proprio lavoro personale, senza disturbi;
- pianificazione *ricorrente* e cadenzata degli incontri con i collaboratori;
- orari *disponibili* della giornata dedicati a ricevere chicchessia;
- segreteria telefonica con risponditore per quando si mette in "*off*" il telefono;
- rigorosa pianificazione degli orari dedicati al disbrigo della corrispondenza elettronica e delle chiamate raccolte dalla segreteria telefonica.

Tutti rigorosamente *salvi,* da elementi distrattivi *incrociati,* causati da utilizzo compulsivo della tecnologia, e abuso (auto-inflitto) di disponibilità (apparente) verso le persone.

'*Assicuratevi di fare ciò che conta di più per voi*'

Hallowell pone questo slogan, come *Soluzione Centrale* al problema. La via, non semplice, secondo lui, ma abbastanza in linea con le tesi di *Van Winkle* e *Crenshaw*, dovrebbe essere quella di recuperare la misura e il controllo del "*proprio*" e personale sistema di vita. Prevedendo la creazione di un ambiente *positivo*, basato su ritmi ad esso emotivamente confacenti.

Una ricerca che, per contro, potrebbe generare quello che *Hallowell* definisce come il *paradosso del controllo*. Ossia la proprietà di *perderlo* nella misura in cui lo si sta conquistando, per effetto del *tempo* e dell'*energia* che uno sforzo del genere richiede.

"*La chiave è quella di trovare il giusto bilanciamento tra controllo e mancanza di controllo*" [165] accettando i propri limiti con la serenità espressa nella "*Serenity prayer*" (di *Reinhold Niebuhur*: citata ampiamente tra gli *alcoolisti anonimi*), e da lui stesso modificata ai fini dei concetti espressi nel suo libro:

> "*Dio concedimi la serenità di accettare le cose che non posso modificare*
> *l'intuizione di dare saggiamente le priorità a ciò che voglio cambiare*
> *la pazienza di resistere a cercare di controllare tutto quello che posso,*
> *avendone l'energia e il tempo.*

---

[165] Hallowell E.M., *Crazy Busy- Strategy for handling your fast-paced life*, New York, 2006, p.138

*Il coraggio e l'abilità di cambiare le cose che ho scelto di cambiare
e la saggezza di riconoscere la differenza tra di esse."* [166]

Il libro di *Hallowell* si sofferma infine ad indicare 10 principi fondamentali per gestire la "*modern life*". A essi abbiamo integrato alcune nostre riflessioni e altri spunti raccolti dalle tesi di *Van Winkle* e *Crenshaw*, e il risultato è la seguente lista:

IN UFFICIO

Fate ciò che più conta per voi. Concentratevi su ciò che più vi piace e su ciò che sapete fare meglio. Nel lavoro e nella vita, in generale, non c'è abbastanza tempo per tentare di ottenere risultati da cose che non sapete fare bene o che non vi piace fare (a meno che non siate costretti a farlo). Per il resto, passate al punto seguente.

Delegate se potete, ciò che non sapete fare, che non vi piace fare, che non potete fare o che fate male. Il vostro obiettivo dovrebbe essere quello di non essere *indipendenti*, ma piuttosto efficaci *interdipendenti*. "*Tu fai per me ed io faccio per te*": questo è quello che rende la vita possibile, perché non si può realisticamente fare tutto da soli.

Rallentate. Le infinite opportunità e obblighi con cui ci dobbiamo confrontare ogni giorno, hanno indotto in ognuno di noi una sorta di *impazienza indotta*. Ci svegliamo

---

[166] *Ibidem, p. 139.*

impazienti, e rimaniamo tali anche quando non abbiamo ragione di esserlo. Dobbiamo fermarci e pensare alle cause reali di tanta fretta. Scopriremo che il più delle volte è immotivata e quindi dannosa per la nostra vita. Un approccio più *meditato* alle cose, sarà sicuramente più efficace e soddisfacente.

Pianificate la vostra giornata e cercate il vostro ritmo. Quando lo troverete, la vita sarà meno faticosa, e consentirete che una buona parte della vostra giornata, sia governata dal "pilota automatico" del vostro cervello, liberando *energie* utili per la parte creativa.

Non fate dello switch-tasking inefficace. Ottimizzate i vostri *task*s quotidiani, orientando tutta la vostra attenzione a un singolo "*task*" per volta. Il risultato sarà migliore in termini di efficienza, riduzione dei costi occulti e rispetto per il vostro lavoro e quello dei vostri collaboratori.

Create un ambiente emotivamente positivo dovunque voi siate. Le emozioni positive non sono *optional* ma basilari per lavorare serenamente. La soluzione è quindi instaurare relazioni positive con le persone, dovunque voi siate. Un'atmosfera negativa riduce la flessibilità, l'entusiasmo, l'abilità a confrontarsi con situazioni complesse, la pazienza, l'umore e la creatività.

Investite saggiamente il vostro tempo in modo da ottenere il massimo ritorno di investimento. Cercate di non lasciarvi "*rubare*" il tempo da voi stessi con distrazioni auto-inflitte o eccessiva disponibilità/generosità di tempo. Il tempo, come il denaro, è prezioso e limitato. Viene facilmente sprecato se non si è attenti a usarlo bene.

Fate riunioni brevi, serene e mirate. Fate sapere in anticipo quali sono i vostri limiti di tempo e definite una agenda dei lavori chiara e costruttiva. Pianificate riunioni ricorrenti (giornaliere o settimanali) con i collaboratori più stretti che normalmente vi rincorrono per avere il vostro tempo. Rendetevi disponibili, a orari prefissati *"affissi"* alla porta del vostro ufficio, a ricevere tutti gli altri. Questo vi lascerà tempo per concentrarvi nel vostro lavoro e a dedicare maggiore attenzione durante le riunioni, ai problemi posti dal vostro *staff*.

Non sprecate tempo inutilmente davanti allo schermo (screensucking) del vostro computer. La *dipendenza da schermo* è una sorta di malattia verosimilmente associabile al fumo e può generare *privazione* esattamente come la nicotina. Anche se non causa danni conclamati alla salute, può seriamente limitare la produttività della persona e la sua salute mentale. Fate il possibile per rompere le abitudini quotidiane e imponete a voi e ai vostri collaboratori, delle pause programmate.

Organizzatevi. *Microsoft Outlook, Windows live mail* e *Google calendar*, sono buoni esempi di programmi per la strutturazione del vostro tempo e per svuotare la scrivania dai foglietti adesivi colorati.

Giocate. *Sdrammatizzate*. Non significa perdere tempo. Significa impegnare la fantasia e la creatività (ossia la parte migliore della vostra mente) in quello che state facendo.

Identificate e controllate le fonti di distrazione nel vostro ambiente. Eccone alcune tra le più comuni:

- I problemi "*del computer*" per cui trascorrete le successive tre ore a sistemarli, piuttosto che fare un lavoro importante che preferite rimandare. Fate le cose più importanti prima di tutto. Appendete un cartello di fronte a voi con scritto: "*fallo subito*".

- Le cose importanti che continuate a rimandare. "*Procrastinare*" è un altro spauracchio da cui guardarsi. Guardate il cartello che avete appena appeso di fronte a voi e, con una certa aggressività, fate in modo di obbedirgli ogni volta che potete.

- Le mail che devono essere ancora aperte. Programmate orari fissi della giornata in cui aprire le *e-mail* e rispondere, e non derogate da essi.

- Il telefono fisso, il cellulare, lo *smartphone*. Spegneteli durante il tempo programmato per attività specifiche, come:

    - il vostro lavoro che richiede concentrazione;
    - le riunioni con collaboratori e clienti.

    Limitate il tempo dedicato a prendere le chiamate. Fate come i pediatra che possono essere chiamati solo a certi orari prefissati, a meno di reali emergenze (ed è noto che, nel business, la maggioranza degli eventi non sono mai *reali* emergenze). Adottate la tecnica della segreteria telefonica proposta da *Crenshaw*: in modo elegante dovrà recitare che "*siete momentaneamente impegnati e che normalmente utilizzate questi orari prefissati (dalle ore... alle ore.. :almeno 3 volte al giorno) per richiamare*".

- Quando chiamate qualcuno non tollerare lunghe attese al telefono, ascoltando musica ridicola. Lasciate un messaggio breve ed efficace che indichi con precisione quali azioni si vuole intraprendere e andate oltre. Un recente sondaggio *Reuters* ha rilevato che il 20% del tempo speso con le *voice-mail*, viene impiegato armeggiando tra i menu.

- Una porta aperta che invita la gente a entrare. Chiudete sempre la porta quando lavorate e, comunque, quando non volete essere interrotti. Questo per preservare il vostro tempo operativo *personale* e per rispetto a chi magari è già entrato, per una riunione pianificata, nel vostro ufficio.

- Senso di colpa. Il senso di colpa o la sua *moderna* manifestazione, è in grado di buttarvi a terra *come l'ancora di una nave*. Occorre imparare ad accettare il principio che non si può riuscire a fare tutto e che non si ha il controllo completo della propria vita. Quando il senso di colpa *arriva*, occorre ricordare a se stessi che si sta facendo *tutto il possibile* e nel *miglior modo* che si possa fare.

- La conversazione nella stanza accanto. Fate un test sull'isolamento acustico della vostra stanza. A volte un semplice generatore di rumore bianco può aiutare a risolvere il problema e migliorare la vostra concentrazione.

- Rumore. Non vi rendete conto del *rumore* che percepite fino a quando non c'è silenzio. Il *rumore*, nella moderna vita cittadina, ha raggiunto i livelli di un "*ruggito sordo*". Fate tutto il possibile per ridurlo: chiudete le finestre, le porte, e cercate di adottare tutte le misure necessarie (ne abbiamo parlato a lungo) per difendervi da esso.

- Il disordine. Il disordine è una delle problematiche che, se non gestite, non tenderanno solo a distrarvi; bensì a sopraffarvi. Dovete preoccuparvi di tenere sgombero lo spazio di lavoro ogni giorno, con metodo, togliendo di mezzo tutto ciò che non vi serve al momento (anche di questo ne abbiamo parlato a lungo).

- Riducete la carta. Usate la regola che un pezzo di carta si deve toccare una sola volta (OHIO: *Only Handle It Once: whatever it is*). Utilizzatelo, quindi archiviatelo oppure gettatelo nel cestino.

- Discussioni. Pianificate luoghi e tempi per dirimere cause e discussioni. Quando saprete che c'è un *tempo* e un *luogo* per farlo, vi distrarranno meno nell'arco della giornata.

- Cicalini-cercapersone. Sbarazzatevene se potete. Usate un servizio di segreteria. Se proprio dovete averlo, dite ai vostri collaboratori di usarlo solo in caso di *estrema* necessità.

- Le apparentemente incontrollabili peregrinazioni della vostra mente. Questa tendenza: l'*essenza* del vero deficit "*attentivo*", colpisce tutti prima o poi. Sfortunatamente, quando si allontana, non siete consapevoli della sua presenza fina a quando non ritorna. Se questo comincia ad accadere più frequentemente, è un segnale che qualcosa non sta andando bene. Alcune possibili cause possono essere attribuibili a:
    - sovraccarico – Avete tirato *troppo* la corda e dovete mollare;
    - carenza di sonno;
    - carenza di cibo;
    - disidratazione. Bevete un bicchiere d'acqua;
    - noia. E' tempo di una pausa;
    - stress. La vostra mente sta cerando di evadere da una situazione *stressogena*. Fate il possibile per ridurre lo stress. Provate a condividere le vostre preoccupazioni con un'altra persona e decidete insieme come operare per ridurre lo stress;

- depressione. A volte la depressione comincia con una mancanza di concentrazione.

Naturalmente potreste anche avere un disturbo da deficit dell'attenzione (ADD), nel qual caso, varrebbe la pena di consultare uno specialista.

A CASA

Il televisore. Alcune famiglie hanno un solo televisore e lo lasciano chiuso in una sorta di armadio, tranne che per visioni occasionali. Il *Dipartimento degli Stati Uniti dei servizi sanitari e sociali,* sembra abbia pubblicato i risultati (un po' scontati) che la televisione *"potrebbe realmente"* causare disturbi di apprendimento, per indurre le famiglie a impiegare più tempo a leggere. In realtà come gli altri oggetti elettronici, la TV è un grande strumento nella misura in cui non ne abusi. Troppa TV è come troppo di qualsiasi altra cosa. La *"misura"* della quantità giornaliera la dovete stabilire voi.

Il cellulare, lo smartphone. Spegneteli durante il tempo dedicato alla vostra famiglia: ne vale veramente la pena. Se proprio dovete assolutamente verificare *mails* o chiamate, *programmate* queste attività e dedicate loro un tempo molto limitato (magari dieci minuti dopo cena). Prevedendo comunque che la mente vi riporterà repentinamente in ufficio (e quindi di nuovo al lavoro) a scapito della vostra salute e delle relazioni con i vostri affetti famigliari. Quindi, se potete, fatene a meno.

Mantenete il vostro numero di telefono di casa, o il vostro cellulare personale, riservato per ridurre le sollecitazioni di ogni genere nell'ambiente famigliare.

Sviluppate un hobby. Molti pensano di non avere il tempo o il talento per un *hobby*. Un *hobby*, oltre a generare le sue ricompense intrinseche, richiederà *tempo* dal cervello altrimenti destinato a essere sprecato magari con la televisione. L'esercizio fisico (come il golf, il tennis o il jogging) può certamente essere visto come un *hobby*. Può richiedere qualche ora fuori del vostro ripetitivo rituale, ma pensate agli anni extra di salute che guadagnerete. E' inoltre un'altra buona occasione per spegnere i vostri cellulari o *smartphones*.

Quei fastidiosi malanni che non volete sottoporre al medico. Una variazione del vostro stato di salute che non volete far verificare al medico, può costarvi la vita. Andate dal medico o fate in modo di farvi accompagnare da un famigliare.

Denaro. Il denaro distrae tutti. Una soluzione è quella di pianificare di doversi occupare del proprio denaro con una cadenza fissa: magari a casa. In questo modo avrete sempre la sensibilità sulla vostra situazione finanziaria.

Preoccupazioni. Esiste un piano in tre *steps* per le preoccupazioni *"tossiche"*:

- step 1: parlatene con qualcuno, non preoccupatevi da soli;
- step 2: guardate i fatti, le preoccupazioni normalmente derivano da una scarsa o errata informazione;
- step 3: fate un piano d'azione per affrontarle. Anche se il vostro piano non funziona, avrete maggiore controllo semplicemente perché avete un piano. La sensazione di controllo riduce le preoccupazioni.

Pericoli immaginari. Il prezzo che paghiamo per la nostra fervida immaginazione è quello di sognare ogni tipo di pericolo. Un rimedio è quello di parlarne con qualcuno in famiglia, per verificarne lo stato di rischio reale.

Cercando di sintetizzare i concetti fin qui espressi, la cosa prioritaria su cui focalizzarci apparirebbe essere quella cercare di gestire la variegata tecnologia del "*constantly connected*" in modo da poterla utilizzare senza subirne i *costi* e i danni della auto-distrazione.

Questo significherebbe passare attraverso uno sforzo di autodisciplina che, nella logica dell'elementare *buon senso,* potrebbe riassumersi in una gestione *equilibrata* degli strumenti di connessione. In favore di una gestione più *umanizzata* del proprio tempo-lavoro, delle relazioni interpersonali e della vostra vita privata.

Assumere, in sintesi, nel rapporto con essa, maggiore *responsabilità* del proprio tempo, *disattivando* ogni cosa non sia strettamente legata all'attività su cui si è al momento concentrati, privilegiando e ricercando rapporti interpersonali diretti.

CONCETTI DI ORGANIZZAZIONE SNELLA

Occorre ora capire *quando* e *dove* possa essere efficace, nel mondo dell'ufficio, adottare una politica di *lean* delle informazioni ridondanti e di auto educazione. Questo per prevenire e curare *l'ansia di adattamento* a situazioni in continua evoluzione, nonché le problematiche di disorientamento originate del sovraccarico cognitivo e dalle distrazioni autoimposte.

Come abbiamo visto dai capitoli precedenti, il mondo oggi vive una velocità e complessità che supera spesse volte la capacità di chi lo abita, di adattarsi a situazioni in continua evoluzione. Generando problemi di insicurezza tali, da renderci incapaci di operare valutazioni equilibrate (paralisi) nella situazione del già citato paradosso dell'asino di Buridano.

Le regole fin qui tracciate per restituire all'uomo *"ciò che è dell'uomo"* sia nello spazio fisico, sia, come abbiamo visto in quest'ultimo capitolo, nello spazio digitale-tecnologico, non sono però sufficienti quando seri problemi organizzativi incombono sul paesaggio aziendale.

Esistono diverse tecniche sperimentate per il miglioramento dell'efficienza dei modelli organizzativi aziendali. Una di esse si basa sui concetti di impresa *"lean"* (snella).

La *"Lean Production"*, fu un termine coniato per indicare il *Toyota Production System* (TPS - anni 1940-1950), e ha avuto il merito di diffondere i concetti legati alla *Organizzazione Snella* (caccia agli sprechi, ciclo produttivo a flusso, miglioramento rapido) negli ambienti manifatturieri. Contribuendo a generare risultati strabilianti in termini di aumento di produttività, riduzione delle scorte e miglioramento dei tempi di risposta alle richieste del mercato.

Va ricordato che la Toyota, nell'immediato dopoguerra, si trovava in condizioni gravissime di mancanza di risorse, come peraltro gran parte dell'industria del Giappone: paese uscito sconfitto e stremato dal conflitto bellico. L'idea quindi di *fare di più con meno*, era una necessita strategica derivante dal dover utilizzare le poche risorse disponibili, nel modo più produttivo possibile, con l'obiettivo di incrementare drasticamente la produttività della fabbrica. Gli straordinari risultati ottenuti portarono all'affermazione del TPS su scala mondiale, dove ne uscì ribattezzato appunto come *"Lean Production"* (Produzione Snella).

Negli ultimi anni è emersa la consapevolezza che gli stessi principi, pur con adeguati aggiustamenti, possono portare notevoli benefici anche alle attività dei *white collars* contribuendo anche in esse all'aumento di produttività.

Generalmente supportata da *coach* esterni, in questo processo tutta l'azienda viene coinvolta a disegnare e condividere una sorta di *visione di insieme* della stessa, tramite la messa a flusso dei suoi processi principali. Dalla progettazione fino alla gestione degli ordini, focalizzata nella caccia agli sprechi: all'eliminazione di ciò che *non crea valore*.

Anche nell'impiego di questi strumenti, originati da esigenze contingenti (vedi il caso Toyota; e rivisti in seguito con un taglio *efficientista*, tipico della società pre-crisi economica del 2008), così come per l'impiego ragionato ed *umanizzato*, della tecnologia del "*Constantly Connected*", va usata grande cautela.

Questo al fine di evitare di aggiungere ulteriori problemi, causa di nuove ansie di riadattamento, a realtà aziendali già "*malate di altri mali*", aggravandone ulteriormente la condizione.

Quando si mette mano a questi temi, occorre farlo quindi con grande attenzione. Ma soprattutto avendo ben chiaro che il fine, per quanto possa apparire utopico, è quello del ricongiungimento dell'essere umano con le sue profonde esigenze esistenziali. Le uniche in grado di consentire un riposizionamento dell'uomo e della sua dignità intellettuale, al centro del suo universo etico, sociale ed individuale. Novello *faber* di un mondo nuovo, sostenibile e libero, auspicabilmente migliore di quello che viviamo.

Un mondo dove l'accettazione del *divenire* attribuita ad Eraclito: *Panta rei os potamòs* (dal greco πάντα ῥεῖ ὡς ποταμός: tradotto in "*Tutto scorre come un fiume*"), intesa nell'accezione più ampia del termine, non debba essere vissuta come ansia da riadattamento: bensì come accettazione naturale della propria umanità.

A questo proposito vorrei concludere citando un brano di *Virginia Woolf*, dal suo libro *Momenti di essere*:

'...*se la vita ha una base su cui poggia ...allora la mia senza dubbio poggia su questo ricordo. Quello di giacere mezzo addormentata, mezzo sveglia, sul letto nella stanza dei bambini a St. Ives. Di udire le onde frangersi, uno, due, uno, due ...dietro la tenda gialla. Di udire la tenda strascicare la sua piccola nappa a forma di ghianda sul pavimento quando il vento la muove. E' di stare sdraiata e udire gli spruzzi e vedere questa luce e pensare: sembra impossibile che io sia qui...*'

Grazie per l'attenzione e buon lavoro

BIBLIOGRAFIA

Bellini M. - Origlia G., *Album 2, annuario di progetto e cultura materiale*, Progetto Ufficio, Milano, 1983.

Berger Peter L. – Berger Brigitte, *Sociologia – La dimensione sociale della vita quotidiana*, Bologna 1987, (ed. orig. *Sociology. A Biographical Approach*, New York, 1975).

Biasiotti A.-S.Biasiotti, *Tecnologia e gestione degli edifici*, Roma 1995.

Blanchard K., Zigarmi P., Zigarmi D., *La Leadership e l'One Minute Manager*, trad.it.Varese,1987 (ed. orig. *Leadership and One Minute Manager*, USA, 1985).

Bollnow Otto Friedrich, *Le tonalità emotive*, trad. it. Milano 2009 (ed. orig. *Das Wesen der Stimmungen*, Frankfurt am Main, 1956.

Bradley J.S. , The *Acoustical design of conventional open plan offices*, Canada, 2003.

Buccolieri Cosimo Carlo, *La parete attrezzata e l'ufficio – Qualità e caratteristiche di un dispositivo tecnico per l'articolazione e l'organizzazione dello spazio interno*, Bologna 1982.

Carugati Decio Giulio Riccardo, *Castelli*, Milano, 2000.

Commissione Europea, Direzione Generale per l'Occupazione, gli affari sociali e le pari opportunità, Unità F4, "*Come evitare o ridurre l'esposizione dei lavoratori al rumore durante il lavoro*" *Guida non vincolante di buone prassi per l'applicazione della direttiva 2003/10/CE del Parlamento europea e del Consiglio sulle prescrizioni minime di sicurezza e di salute relative all'esposizione dei lavoratori ai rischi derivanti dagli agenti fisici (rumore)*, Lussemburgo, 2009.

Crenshaw Dave, *The Mith of multitasking, how "doing it all" gets nothing done*, San Francisco, 2008.

Dreyfuss H. Associates - A. R. Tilley, *The measure of man & woman* revised edition, New York, 2002.

Eliade Mircea, *I riti del costruire*, trad. it. Milano 1990 (ed. orig. *Commentarii la legenda Mesterului Manole*, Bucarest 1943).

Fiorini Roberto, *L'Orizzonte dei Re*, Ferrara 2003.

Giedion Sigfried, *Spazio, Tempo ed Architettura*, trad. it. Milano 1984, (ed. orig. *Space, Time and Architecture*, Cambridge, Mass. 1941).

Gladwell Malcom, *The Tipping Point, How Little Things Can Make a Big Difference*, New York, 2002.

Gottschalk O., *Progetto Ufficio*, trad. it. Milano, 1982 (ed.orig. *Flexible Verwaltungsbauten*, Wiesbaden und Berlin 1979).

Hall Edward T., *La Dimensione Nascosta*, trad. it. Milano, 1968, (ed. orig. *The Hidden Dimension*, New York, 1966).

Hallowell Edward M., *Crazy Busy- Strategy for handling your fast-paced life*, New York, 2006.

Harris Cyril M., *Manuale di controllo del rumore*, trad. it. Milano, 1983 (ed.orig. *Handbook of Noise Control*, New York 1979).

Hessel S. - Vanderpooten G., *Impegnatevi!* Trad. it. Milano, 2011 (ed. orig. *Engagez-vous!*, France 2011).

Hillman James, *Il Codice dell'anima*, trad. it. Milano, 1997, (ed. orig. *The Soul's Code*, USA, 1996).

Heidegger Martin, *Bauen Wohnen Denken*, 1953.

Inail, *Il lavoro al videoterminale*, ed. 2010.

Lareau William, *Office Kaizen – Transforming Office Operations Into A strategic Competitive Advantage*, Milwaukee (USA), 2003.

Lynch Kevin A., *The Image of the City*, Cambridge Mass., 1960.

Magrini Anna, *Progettare il silenzio – Tecniche di intervento per il benessere acustico*, Roma, 2003.

Marcolli Attilio, *Teoria del Campo*, Firenze, 1971.

Nicolao Umberto, *Acustica applicata per la diffusione sonora*, Milano, 2003.

Norberg-Schulz Christian, *Esistenza Spazio e Architettura*, trad. it. Roma, 1975 (ed. orig. *Existence, Space and Architecture*, Oslo 1971).

Norberg-Schulz Christian, *Intenzioni in architettura*, trad. it. Roma, 1983 (ed. orig. *Intentions in Architecture*, London, 1963).

Panero J.– Zelnik M., *Spazi a misura d'uomo*, trad. it Milano 1983 (ed. orig. *Human Dimension & Interior-Space*, New York, 1979).

Peters Tom, *Leadership*, trad. it. Torino 2005 (ed. Orig. Tom Peters, *Essentials: Leadership*, London, 2005).

Piaget Jean, *The Child's Conception of the World*, London, 1929.

Posner M.I., *Orienting of attention, The Quarterly journal of experimental psychology*, USA, 1980.

Rampini Federico, *Slow economy – Rinascere con saggezza*, Milano, 2009.

Ravizza Donatella, *Progettare con la luce*, Milano, 2001.

Richardson Jerry, *Introduzione alla PNL*, trad. it. Bergamo, 2004 (ed. orig. *The Magic of Rapport*, Capitola (CA), USA, 2000).

Rykwert Joseph, *L'idea di città*, a cura di G. Scattone, trad. it. Torino 1981 (ed. orig. *The idea of a town*, Princeton, 1976).

Società Italiana di Ergonomia, *Atti IV Congresso Nazionale*, Napoli, 1988.

Schwarz Rudolf, *Von bau der Kirche*, Würzburg, 1938.

Schwarz Rudolf, *Von der Bebauung der Erde*, Heidelberg, 1949.

Shiller J. Robert, *Il nuovo ordine finanziario, il rischio del XXI secolo*, trad. it. Milano 2003 (ed. orig. *The new financial order*, Princeton, 2003).

Spath Dieter – Kern Peter, *Office 21 – Push for the Future Better performance in innovative working environments*, Stuttgard, 2003.

SUVA Istituto nazionale svizzero di assicurazione contro gli infortuni- *Tutela della salute, Il Lavoro al Videoterminale*, Lucerna, 2003.

Tapping D., Dunn A., D.Fertuck, V.Baban, *Lean Office Demistified II*, Chelsea MI (USA), 2010.

Tosi F., Beccali M., Gussoni M., *Ergonomia e ambiente, Progettare per i cinque sensi*, Milano, 2003.

Turati Carlo, *L'Organizzazione Semplice – Sfida alla complessità inutile*, Milano, 1988.

Venturi Robert, *Complexity and Contradiction in Architecture*, New York, 1966.

Zaffagnini Mario, *Azione Parete – Aspetti fruitivi e tecnologici di dispositivi per l'articolazione e l'organizzazione dello spazio interno*, Bologna, 1975.

www.ingramcontent.com/pod-product-compliance
Lightning Source LLC
Chambersburg PA
CBHW080533300426
44111CB00017B/2712